HEYNE
HARDCORE

ROB HALFORD
MIT IAN GITTINS

ICH BEKENNE

Die Autobiografie

Aus dem Englischen von
Stephan Glietsch und Philip Bradatsch

WILHELM HEYNE VERLAG
MÜNCHEN

Die Originalausgabe erschien unter dem Titel
CONFESS – THE AUTOBIOGRAPHY
bei Headline Publishing Group, London

2. Auflage

in der Penguin Random House Verlagsgruppe GmbH,
Neumarkter Str. 28, 81673 München
Redaktion: Lars Zwickies
Lektorat: Markus Naegele
Umschlaggestaltung: Nele Schütz Design, München,
unter Verwendung des Originalumschlags.
Fotos von © Larry Rostant (Frontcover und Autorenfoto) und
© Fin Costello/Redferns/Getty Images (Rückseitencover)
Satz: Satzwerk Huber, Germering
Druck und Bindung: GGP Media GmbH, Pößneck
Printed in Germany

ISBN: 978-3-453-27343-6

Klarstellung

In diesem Buch bin ich so offen und ehrlich, wie ich nur sein kann. *Ich bekenne* enthält die reine Wahrheit und nichts als die Wahrheit. Doch es steht mir nicht zu, von anderen Menschen zu erwarten, dass sie ihr Innerstes ebenso bereitwillig nach außen kehren. Zu ihrem Schutz wurden deshalb einige Namen sowie Details geändert, die Rückschlüsse auf diese Personen zulassen. Das gilt für die Unschuldigen genau wie für die Schuldigen.

Inhalt

Einleitung

Ich ersticke!

Ein Wochentag, morgens um halb neun in den frühen Sechzigern. Es ist Zeit, zur Schule zu gehen, meiner Mom »Tschüss« zu sagen und das Haus zu verlassen. Durchs Gartentor raus und bis zum Ende der Straße laufen, dann links in die Darwin Road einbiegen. Noch ein Stückchen weiter geradeaus, einmal rechts, tief durchatmen … und über den Kanal.

Am Ufer des Kanals – oder der »Kluft«, wie wir in Walsall sagen – stand ein gewaltiges Hüttenwerk namens G. & R. Thomas Ltd. Es war eine dieser Höllenfabriken, die dem Black Country während der industriellen Revolution seinen Namen gaben. Eines dieser lärmenden, stampfenden, stinkenden Maschinen Dreckslöcher, in denen die meisten Männer von Walsall ihre Arbeitstage verbrachten.

In meiner Kindheit lärmte, stampfte und stank es rund um die Uhr. Es hätte viel zu lange gedauert und viel zu viel gekostet, die gewaltigen Öfen immer wieder neu zu befeuern, also kam die Fabrik niemals zur Ruhe. Und es war unglaublich, wie viel Dreck und Gift diese Schlote ausspuckten.

Stahlwerke wie G. & R. Thomas Ltd. prägten und bestimmten damals mein gesamtes Umfeld … und mein Leben. Zu

Hause hängte meine Mutter am Waschtag unsere weißen Bettlaken auf die Leine und holte sie dann mit grauen und schwarzen Rußschlieren wieder ein. Das Pult, an dem ich in der Schule saß, vibrierte im Rhythmus des gewaltigen Dampfhammers der Fabrik auf der anderen Straßenseite:

WUMMS! WUMMS! WUMMS!

Manchmal sah ich auf dem Schulweg die Silhouetten der Stahlarbeiter, die den gigantischen Schmelzkessel über der Sandgrube leerten. Das geschmolzene Metall floss wie Lava heraus und erstarrte auf der Stelle zu riesigen Platten aus Roheisen. *Pig iron*, wie es in England heißt. *Schweine-Eisen*. Ein Name, der den Schmutz und die Hässlichkeit perfekt zum Ausdruck bringt.

Auf meinem täglichen Schulweg daran vorbeizugehen, war ein Härtetest. Ich war mir nicht immer sicher, ob ich ihn überstehen würde. Der dichte Qualm, den die Fabrikschornsteine ausstießen, raubte einem den Atem und war unglaublich giftig. Wenn der Wind aus der falschen Richtung wehte, was er irgendwie dauernd tat, blies er einem den Rauch direkt ins Gesicht, und die feinen Rußteilchen setzten sich tagelang in den Augen fest. Das tat höllisch weh.

Ich habe immer gesagt, dass ich Heavy Metal bereits riechen und schmecken konnte, bevor diese Musik überhaupt erfunden war …

Ich holte jedenfalls tief Luft, umklammerte meine Schultasche und rannte über die Brücke, so schnell ich konnte. An den schlimmsten Tagen, wenn der Smog so dicht war, dass man die Luft hätte schneiden können, geriet ich in Panik und wollte meine Qual hinausschreien:

Ich ersticke!

Ich habe geröchelt und gehustet, um jeden Atemzug gekämpft und die andere Seite doch immer erreicht. Wenn ich am Nachmittag nach Hause ging, wiederholte sich das Ganze. Ich war daran gewöhnt. So war das Leben im Black Country.

Ich sollte in meinem Leben noch sehr oft denken: Ich ersticke. Vor allem während der klaustrophobischen, verzweifelten Jahre – und es waren jede Menge –, in denen ich ein Gefangener meines Erfolgs war: Ich sang in einer der größten Heavy-Metal-Bands der Welt und hatte panische Angst, mich öffentlich zu meiner Homosexualität zu bekennen. In diesen Jahren lag ich nachts oft wach, zermarterte mir den Kopf und fragte mich immer wieder:

Was würde passieren, wenn ich mich oute?

Würden wir all unsere Fans verlieren?

Wäre es das Ende von Judas Priest?

Die Angst und die Getriebenheit führten mich tief in die Dunkelheit. Wenn man aufgrund von Alkoholismus und Drogensucht bis zum Hals in der Scheiße steckt, fällt es schwer zu atmen. Es war verdammt hart, ständig von einer zum Scheitern verurteilten Beziehung zur nächsten zu stolpern, sogar mit Männern, die nicht einmal meine sexuelle Orientierung teilten. Am härtesten war wohl jener Tag, an dem mich ein gequälter Liebhaber zum Abschied umarmte … um sich Minuten später die Pistole an den Kopf zu setzen. Und abzudrücken.

So endet man, wenn man nicht mehr atmen kann. Mein selbstzerstörerischer Lebensstil hat mich beinahe das Leben gekostet. Ich stand irgendwann kurz davor, mich ebenfalls umzubringen. Glücklicherweise habe ich überlebt. Ich habe einen Weg aus der Dunkelheit gefunden. Ich atmete tief durch, lief über die Brücke und habe so die Kluft überwunden.

Heute bin ich clean, trocken, glücklich verliebt … und ich bin furchtlos. Dass ich ein Leben ohne Lügen lebe, heißt auch, dass mir nichts und niemand mehr wehtun kann. Ich bin so etwas wie die Rock'n'Roll-Variante eines meiner ersten heimlichen Helden: Quentin Crisp (der auch in dieser Erzählung auftauchen wird). Ich bin der Vorzeige-Homo des Heavy Metal.

Der Titel meiner Memoiren könnte nicht passender sein: *Ich bekenne*. Denn glaubt mir, *dieser* käufliche Priester hat gesündigt, gesündigt und immer wieder gesündigt. Jetzt ist es an der Zeit, diese Sünden zu bekennen … und dafür, liebe Leser, vielleicht sogar eure Absolution zu erhalten.

Also, lasst uns beten.

Ich bekenne erzählt die Geschichte davon, wie ich lernte, wieder zu atmen.

1

Speed, bonnie boat ...

Am Anfang war die Beechdale-Siedlung.

Und es war gut.

Nach Ende des Zweiten Weltkriegs bedankte sich das britische Volk bei Winston Churchill, indem es den Premier vor die Tür setzte und eine Labour-Regierung wählte. Im Kampf gegen die Wohnungsnot im Nachkriegs-England machte sich diese Regierung eilig an die Umsetzung eines ehrgeizigen sozialistischen Wohnungsbauprogramms und zog auf Staatskosten Hunderttausende von Häusern hoch.

Unter Premierminister Clement Attlee und Wohnungsbauminister Aneurin Bevan entstanden überall im Land neue Sozialbausiedlungen. Sie ersetzten jene Häuser, die die Bomben des Zweiten Weltkriegs in Schutt und Asche gelegt hatten, und sollten britischen Arbeiterfamilien ein neues Zuhause geben. Die Gipsy-Lane-Siedlung in Walsall, die bald darauf in Beechdale umbenannt wurde, war eins dieser typischen Neubauprojekte.

Fünfzehn Minuten zu Fuß vom Stadtzentrum Walsalls entfernt und sechzehn Kilometer nördlich von Birmingham gelegen, wurde Beechdale Anfang der Fünfziger auf einer Industriebrache aus dem Boden gestampft. In den ersten zwanzig Jahren meines Lebens hat diese Siedlung mich geprägt. Sie war der Mittelpunkt meines Lebens, meiner Hoffnungen, meiner Träume, meiner Ängste, meiner Triumphe und meiner Rückschläge. Dabei wurde ich nicht einmal dort geboren.

Nachdem meine Mom und mein Dad, Joan und Barry Halford, im März 1950 geheiratet hatten, lebten sie bei den Eltern meiner Mom in Birchills, einem Ortsteil von Walsall. Das Haus war winzig. Als Mom mit mir schwanger wurde, zogen sie und mein Dad deshalb zu ihrer Schwester Gladys und deren Mann Jack nach Sutton Coldfield. Das liegt auf halber Strecke nach Birmingham (oder Brum, wie die Stadt im Black Country genannt wird).

Ich kam am 25. August 1951 zur Welt und wurde auf den Namen Robert John Arthur Halford getauft. Der Name Arthur hat in unserer Familie Tradition: Es war der zweite Vorname meines Vaters, und sein Vater hieß ebenfalls Arthur. Der zweite Vorname meines Großvaters war Flavel. Ich bin froh, dass ich den nicht geerbt habe.

Ein Jahr später kam meine Schwester Sue zur Welt, und meine Eltern erhielten den Zuschlag für eine Sozialwohnung in der Lichfield Road in Walsall. 1953 zogen wir dann um nach Beechdale – in die Kelvin Road 38.

Die Reihenhäuschen von Beechdale, Doppelhaushälften aus solidem roten Backstein, waren so einfach, wie man es von einer britischen Sozialbausiedlung erwarten konnte. Aber wie so viele Bauten der Bevan-Ära strahlten sie einen gewissen Idealismus aus. Sie überschritten die gesetzlich festgelegte Mindestgröße und hatten sogar Gärten und Vorgärten.

Die Gemeinde Walsall hatte sich diese Häuser zweifellos mit grünem Rasen und hübschen Blumenbeeten vorgestellt ...

aber die Realität sah etwas anders aus. In den Nachkriegsjahren waren Lebensmittel noch immer rationiert, also nutzten die Familien von Beechdale ihre Gärten, um Kartoffeln und anderes Gemüse anzupflanzen. Wer vor seine Haustür trat, stand im Grunde in einem Schrebergarten.

Ich habe das Innere des Hauses in der Kelvin Road 38 noch exakt vor Augen. Im Erdgeschoss befanden sich das Wohnzimmer, die Küche und ein kleines Esszimmer. Im ersten Stock lagen das Klo, ein winziges Badezimmer, das Schlafzimmer meiner Eltern, ein Abstellraum sowie das Kinderzimmer, das Sue und ich uns teilten. Ich hatte das Bett am Fenster.

In Beechdale herrschte ein sehr nachbarschaftlicher Geist. Ständig besuchten die Bewohner einander. Manche Leute waren der Meinung, die Siedlung sei ein raues Pflaster, aber das habe ich nicht so erlebt. Mom* riet mir zwar, mich von gewissen Straßen fernzuhalten. »Egal was du machst, geh da nicht hin!« Aber ich habe dort nie etwas Schlimmeres gesehen, als ein paar rostige, alte Kühlschränke in den Vorgärten.

Wie die meisten Arbeiter im Black Country schuftete auch mein Vater in einem Stahlwerk. Angefangen hatte er als Maschinist bei Helliwells, einer Fabrik, die Flugzeugteile herstellte und deshalb direkt an dem kleinen Flugfeld von Walsall lag, das es schon lange nicht mehr gibt.

Der Job war genau das Richtige für meinen Dad, der immer schon eine Schwäche für Flugzeuge hatte. Er war Reservist der Royal Air Force gewesen, doch als er seinen Wehrdienst

---

* Die meisten Briten schreiben »Mum«, aber Sue und ich verwendeten immer »Mom«, weil wir es genauso aussprachen. Jeden Muttertag liefen wir uns die Füße wund, um in Walsall eine Glückwunschkarte mit dieser Schreibweise zu finden.

leisten musste, wurde er zum Heer geschickt. Den Zweiten Weltkrieg verbrachte er auf der Hochebene von Salisbury.

Dad steckte mich mit seiner Flugzeugbegeisterung an, und wir bauten gemeinsam Airfix-Modelle: »Fliegende Festungen«, Spitfires und Hurricanes. Er nahm mich mit zum Flugfeld, wo wir den Segelfliegern beim Starten zuschauten. Ein paarmal fuhren wir sogar nach London, um uns in Heathrow die Flugzeuge anzusehen. *Das* war aufregend.

Nach dem Job bei Helliwells fing mein Dad bei einer Stahlrohrfabrik an. Als ein Kollege von ihm kündigte, um eine neue Firma namens Tube Fabs zu gründen, ging Dad mit ihm. Er wechselte von der Werkhalle in den Einkauf. Anstelle der Kartoffeln zierte unseren Vorgarten jetzt ein schnuckeliger kleiner Rasen, über den ein gepflasterter Pfad zur Straße führte. Wir legten uns auch ein Auto zu. Nichts Schickes, nur einen Ford Prefect. Trotzdem war es etwas Besonderes und fühlte sich wie ein gesellschaftlicher Aufstieg an. Ich genoss es, herumkutschiert zu werden, statt den Bus zu nehmen.

Solange Sue und ich Kinder waren, blieb Mom zu Hause, schmiss den Haushalt und putzte täglich. Sie war fest überzeugt, dass Reinlichkeit und Gottesfürchtigkeit Hand in Hand gingen. Bei uns sah es rund um die Uhr aus wie in einem Musterhaus.

Wir heizten mit Kohleöfen, und wenn Jack, ein entfernter Verwandter, die Kohle ins Haus trug, dann passte Mom wie ein Schießhund auf. Einmal sah ich vom Fenster aus zu, wie er den schweren Sack vom Lastwagen hievte, ihn unsere Auffahrt hinauf und am Motorrad meines Vaters vorbei schleppte, bevor er ihn schließlich im Kohleschuppen fallen ließ.

»Mach nicht so viel Staub, Jack«, wies meine Mom ihn zurecht.

»Das ist Kohle, Bab!«, erwiderte Jack lachend. »Was erwartest du?«

Die Zukunft erreichte die Kelvin Road 38 in Gestalt eines Tauchsieders. Um Geld zu sparen, durften wir ihn erst fünfzehn Minuten vor dem Baden einschalten, deshalb saßen wir meistens im lauwarmen Wasser. Manchmal gingen auch alle Lichter aus, weil wir vergessen hatten, genug Geld in den Stromzähler zu werfen.

Mom und Dad legten ihre Pennys in die Zählerbox im Wohnzimmer. Der Kasten war so kalt, dass Mom oft den Wackelpudding hineinstellte, um ihn steif werden zu lassen. Wenn der Ableser kam, um den Zähler zu leeren, blieben meistens fünf oder sechs Pennys über. Wenn wir Glück hatten, steckte Mom Sue und mir einen oder zwei davon zu.

Die Nächte an der Kelvin Road waren so kalt wie Sibirien im Winter. Ich lag unter Decken begraben in meinem Bett und sah zu, wie sich an den Fenstern Eisblumen bildeten. Der Schlafzimmerboden war aus Linoleum. Wenn ich nachts auf die Toilette wollte, musste ich über den eiskalten Boden laufen.

Das Klo war winzig, und wenn man auf dem Pott saß, stieß man mit den Knien an beide Wände. Daddy war starker Raucher und nahm häufig die Zeitung mit aufs Klo, um dort stundenlang vor sich hin zu paffen.

Wenn er hineinging, erinnerte ihn Mom regelmäßig: »He! Denk dran, das Fenster zu öffnen!« Aber im Winter hielt er sich nie daran. Wenn er fertig war, mussten wir fünf Minuten warten, bis sich der Zigarettenqualm verzogen hatte. Genauso wie die anderen Ausdünstungen.

Dad leerte seine Lohntüte an jedem Freitagabend auf dem Tisch des Hauses, und Mom kümmerte sich um die Finanzen.

Das Essen war einfach: Fleisch mit Gemüse, Fish and Chips vom Imbisswagen, der jeden Freitag in die Siedlung kam, oder eine leckere regionale Spezialität: Faggots and Peas* – Fleischbällchen mit Erbsen.

Bald war ich alt genug, um in die Schule zu gehen. An meinem ersten Tag hielt ich auf dem Weg zur Beechdale Infant School verängstigt die Hand meiner Mutter. Weil Teile der Siedlung immer noch Baustelle waren, stapften wir durch den Matsch. Die Schule lag nur zwei Straßen von unserem Haus entfernt, doch es fühlte sich so an, als wären es hundert Kilometer.

Das Grauen, das Grauen! Als wir dort ankamen und Mom mich auf dem Spielplatz umarmte, bevor sie mich mit ihrem drolligen »Tschüss erst mal, Rob!« verabschiedete … da überkam mich die blanke Panik. *Hilfe, ich bin verlassen worden!* Ich heulte und barmte zum Steinerweichen.

Meine ersten Schultage waren traumatisch – bis sich eine sehr glamouröse Lehrerin meiner annahm. In den Augen eines Fünfjährigen sah sie aus wie ein Filmstar. Ich hing jeden Morgen an ihrem Rockzipfel. *Wenn diese Lady hier ist, dann kann die Schule nicht so schlimm sein!*

Diese Lehrerin war eine engelsgleiche Erscheinung, eine Lebensretterin und meine gute Fee. Wenn ich mich doch nur an ihren Namen erinnern könnte! Ich habe generell nicht mehr viele Erinnerungen an die Vorschule, abgesehen von denen an meine anfängliche Panik – und an die Qualen, die ich beim Krippenspiel durchlitt.

Als Weihnachten vor der Tür stand, ergatterte ich nämlich eine Rolle als einer der Heiligen Drei Könige. Meinen Text

---

* An all meine schwulen Freunde in Amerika: O ja, in England gibt es wirklich ein Fleischbällchengericht namens Faggots and Peas!

weiß ich immer noch: »Wir haben einen Stern im Osten gesehen!« Wie alle guten Könige musste ich eine Krone tragen. Und genau das war mein Problem.

Diese Krone bestand aus Pappkarton und wurde an der Rückseite von einer Aktenklammer zusammengehalten, die an meinem Hinterkopf schrecklich schmerzte. Kaum hatte mir die Lehrerin die Krone aufgesetzt, hatte ich das Gefühl, die Klammer würde mir ein Loch in den Schädel bohren. Ich nestelte ständig daran herum, bis die Lehrerin schließlich ihre Geduld mit mir verlor.

»Robert Halford, hör auf, an deiner Krone rumzuspielen!«

»Aber Miss, es tut so weh! Au!«

»Das hört gleich auf!«

Es hörte nicht auf. Während der ganzen Kinderaufführung über das Wunder der Geburt unseres Herrn Jesus Christus krallte sich diese gottverdammte Aktenklammer in meine Kopfhaut, bis mir der Schädel pochte.

Moms Eltern habe ich nie wirklich kennengelernt. Sie starben, als ich noch sehr klein war. Aber Arthur und Cissy, die Eltern meines Vaters, habe ich vergöttert und viele Wochenenden bei ihnen verbracht. Sie wohnten nur drei Kilometer entfernt, und häufig setzte Dad mich freitagabends bei ihnen ab, um mich dann am Sonntagnachmittag wieder abzuholen.

Sie hatten eine Außentoilette. Der nächtliche Gang aufs Klo war bei ihnen also noch schlimmer als zu Hause. Ich musste mich immer erst mental darauf vorbereiten, bevor ich die Küchentür öffnete und durch den dunklen Garten zu dem kleinen Backsteinhäuschen hastete. Im Winter war die Klobrille so kalt, dass ich Angst hatte, daran festzufrieren.

Außerdem hielt mein Opa nichts von Klopapier. »Reine Geldverschwendung!«, sagte er. »Zeitungspapier tut's genauso gut! Das haben wir im Krieg auch benutzt!« Also saß ich mit sieben Jahren zähneklappernd im stockdunklen Garten und wischte mir mit dem *Walsall Express & Star* den Arsch ab.

Grandad und Nan hatten tolle Geschichten auf Lager. Sie erzählten mir, wie sie während des Krieges einmal zum Luftschutzbunker gerannt waren. Über sich am Nachthimmel hatten sie die Nazi-Bomber gesehen, die nach Coventry unterwegs waren, um dort ihre tödliche Fracht abzuwerfen. Ich habe ihre Bezugsscheine für Milch und Zucker noch genau vor Augen: kleine Heftchen mit braunen, fast orangefarbenen Pappumschlägen.

Grandad hatte im Ersten Weltkrieg in der Schlacht an der Somme gekämpft, aber wie die meisten Männer, die diese Hölle überlebten, sprach er nie darüber. Doch eines Tages, als ich in ihrem Haus herumstromerte, machte ich eine fantastische Entdeckung.

Meine Nan baute mir im Wohnzimmer immer ein Bettchen auf, indem sie zwei Stühle zusammenrückte und ein paar Kissen darauf legte. Es war das gemütlichste Bett der Welt. Gleich daneben stand ein kleiner Wandschrank mit einem Vorhang. Als ich ihn eines Tages aufzog, fand ich dahinter eine Truhe.

Voller Neugier öffnete ich sie ... und fand haufenweise Erinnerungsstücke aus dem Ersten Weltkrieg. Darunter eine Luger-Pistole, eine Gasmaske und einen ganzen Stapel deutscher Uniformabzeichen. Die aufregendste Entdeckung war eine echte alte Pickelhaube, komplett mit Spitze.

Ich setzte den Helm auf und machte mich auf die Suche nach Grandad und Nan – mein kleiner Kopf wackelte unter dem Gewicht hin und her. »Was ist das, Grandad?«, fragte ich meinen Großvater. Erst war er verärgert und schrie mich an, ich solle das Ding absetzen. Aber meine Großeltern konnten mir nie lange böse sein.

Am liebsten hätte ich alle meine Wochenenden bei ihnen verbracht, denn zu Hause gab es zwischen Mom und Dad immer öfter schrecklichen Streit.

Sie stritten sich nie, wenn Sue und ich dabei waren, aber wenn wir im Bett lagen, konnten wir sie hören. Sie schrien sich an, dass die Fetzen flogen. Sue und ich verstanden nicht so richtig, worum es ging, aber wir zuckten in unseren Betten zusammen, wenn wir sie hörten.

Manchmal schlug Dad meine Mom. Das passierte nicht oft, aber wir hörten dann Schreie, das Klatschen der Hand, und dann Moms Geheul. Für ein Kind gibt es wohl kein schlimmeres Geräusch.

Manchmal drohte einer von ihnen damit, den anderen zu verlassen. Einmal machte Dad ernst. Sue und ich waren im Wohnzimmer, in der Küche brach ein Streit aus, und wir hörten ihn brüllen: »Mir reicht's. Ich bin weg!«

Dad stürmte die Treppe rauf, packte einen Koffer, rannte aus dem Haus und knallte dann die Tür hinter sich zu. Ich glotzte aus dem Fenster und sah, wie er draußen in der Dämmerung verschwand. Es brach mir das Herz: *Er hat uns verlassen! Dad ist weg! Ich werde ihn nie wiedersehen!*

Am Ende der Straße machte er kehrt und kam zurück. Aber für mich ging in diesen wenigen Sekunden die Welt unter. Diese Auseinandersetzungen prägten mich auf eine Weise, deren Ausmaß ich erst sehr viel später erkennen sollte.

Ich bekenne ist kein Buch voller Leid und Elend. Ganz im Gegenteil! Die Streitereien meiner Eltern gingen mir zwar sehr nahe, aber als Sue und ich älter wurden, hörten sie wieder auf. Mom und Dad waren liebevolle, fürsorgliche Eltern, und ich würde meine Kindheit niemals als unglücklich oder von Gewalt geprägt beschreiben.

Meine Mom war ein sehr ruhiger, ausgeglichener Mensch. Ein Fels in der Brandung, wie ihn jedes Kind braucht. Wenn wir als Familie zusammen waren, verlor sie nie die Nerven … außer an dem Tag, an dem wir zum Wrestling gingen.

Ich war noch sehr jung, aber ich erinnere mich daran, als wäre es gestern gewesen. Wir hatten gute Plätze in der Stadthalle von Walsall, direkt am Ring. Wir setzten uns, der erste Kampf ging los – und Mom flippte aus.

Als einer der Wrestler einen besonders heimtückischen Move machte, sprang Mom auf und beschimpfte ihn: »Das kannst du nicht machen, du mieser Betrüger! Schiedsrichter! Der Kerl gehört disqualifiziert!« Sie sah aus, als wäre sie verrückt geworden. So hatte ich sie noch nie zuvor erlebt.

Ich war sprachlos, und Dad schämte sich schrecklich. »Setz dich, Frau!«, zischte er sie an. »Was sollen die Leute denken?«

Mom setzte sich wieder hin, war aber immer noch außer sich. »Dafür sollte man den Kerl aus dem Ring werfen!«

Und sie war noch nicht fertig. Als der Wrestling-Bösewicht den nächsten unfairen Trick versuchte, sprang Mom erneut aus ihrem Sitz und rannte wie ein geölter Blitz zum Ring, wo sie mit ihrer Handtasche ausholte und durch die Seile auf ihn eindrosch. Es setzte richtig Prügel.

Ich habe immer noch Dads Gesicht vor Augen. Danach gingen die Halfords nie wieder gemeinsam zum Wrestling.

Ich machte gerne Ausflüge in die Innenstadt. Von Beechdale war es nur eine kurze Fahrt, und mir gefiel das geschäftige Treiben in Walsall. Am örtlichen Pub Three Men in a Boat* stiegen Mom, Sue und ich in den Oberleitungsbus und

---

* Benannt nach einem berühmten Sohn der Stadt, Jerome K. Jerome, der die humorvolle Erzählung *Drei Mann in einem Boot* geschrieben hat.

fuhren bis zum Markt, der sich den gesamten Hügel bis zur St.-Matthew's-Kirche hochzog.

Sue und ich bettelten Mom immer an, anschließend noch mit uns zur Park Street zu gehen, der Haupteinkaufsstraße von Walsall. Dort wollten wir bei Woolworth Süßigkeiten kaufen. Einmal bekam ich in dem Laden eine Panikattacke. Als über die Lautsprecheranlage durchgegeben wurde, dass das Geschäft in Kürze schließen würde, drehte ich durch.

»Mom!«, schrie ich. »Wir müssen hier raus! Schnell! Die machen zu!« Die Vorstellung, die ganze Nacht bei Woolies eingeschlossen zu sein, machte mir schreckliche Angst. Bis ich noch einmal darüber nachdachte: »Moment mal, wir wären dann ja mit den Süßigkeiten eingeschlossen! Das fände ich allerdings ganz okay …«

An manchen Wochenenden brachte Mom Sue und mich zur Kinder-Matinee im örtlichen Kino. Wir schauten Filme oder Folgen von *The Cisco Kid*. Allerdings konnte man kaum etwas verstehen, weil die ganzen Kinder, die von der süßen Limo einen Zuckerrausch hatten, schreiend in der Gegend herumrannten.

1957 kam die Queen nach Walsall. Ich ging ins Arboretum, den Stadtpark, um sie zu sehen, und war ganz aufgeregt: *Das ist die Königin! Aus dem Fernsehen!* Sie trug einen bunt leuchtenden Mantel. Als sie der Menge zuwinkte, stellte ich mir vor, sie würde nur mir alleine winken.

Anschließend erfuhr ich, dass die Queen die Sättel für ihre Pferde in Walsall machen ließ. Das erfüllte mich mit noch mehr Stolz. Walsall ist berühmt für seine Lederindustrie. Bei einem Schulausflug in eine Lederfabrik sah ich einmal, wie dort Peitschen, Nietenbänder und Kettengeschirre hergestellt wurden. Das hat mich zweifellos sehr beeindruckt, immerhin trage ich all diese Dinge sechzig Jahre später immer noch!

Lederpeitschen, Ketten und Nieten – das wäre auch kein schlechter Titel für dieses Buch gewesen.

An Weihnachten wirkte Walsall wie verzaubert. Die brechend vollen Straßen waren schneebedeckt. Ein Kerl, der aussah wie ein Landstreicher, verhökerte heiße Kartoffeln und Maronen. Seine Hände waren ganz schwarz von der Kohlenpfanne, aber das war mir egal: »Mom, darf ich bitte eine Kartoffel haben? Bitte?«

Der Mann gab mir eine in Zeitungspapier eingewickelte Kartoffel mit einer Prise Salz. Für mich war das so exotisch, dass es wie Kaviar schmeckte – nicht, dass ich damals eine Vorstellung davon hatte, wie Kaviar eigentlich schmeckt. Ich weiß es im Grunde immer noch nicht.

Die Weihnachtsfeste meiner Kindheit liefen immer nach demselben Muster ab. Fast krank vor lauter Vorfreude darauf, meine Geschenke auszupacken, lag ich die ganze Nacht wach. Und um acht Uhr früh war dann alles vorbei. Ich bekam stets einen kleinen Karton voller Süßigkeiten wie KitKat, Fruchtdrops und Smarties, um den ich dann den ganzen Tag herumschlich.

»Mom, darf ich ein KitKat haben?«

»Nein, ich mach gerade den Truthahn fertig. Dann hast du keinen Hunger mehr aufs Weihnachtsessen!«

»Ach, Mom! Kann ich denn wenigstens ein Smartie haben?«

»Ja, nimm dir eins, aber nur eins!«

»Danke, Mom!«

Zehn Minuten später:

»Mom, darf ich ein KitKat haben?«

So ging das den ganzen Tag, bis zur Ansprache der Königin, und danach ging es weiter.

Einmal schenkte mir mein Vater etwas ganz Besonderes: eine kleine Dampfmaschine. Mit einem Brenner, in den man Spiritus füllte, der dann angezündet wurde. Die violette Flamme heizte einen Dampfkessel, der ein Rad antrieb. Es war eine wunderschöne technische Spielerei.

1958 wechselte ich auf die Grundschule, die sich gleich neben der Vorschule befand. Der Unterricht wurde etwas anspruchsvoller, und ich musste schreiben lernen … mit einem Füllfederhalter! Kaum noch vorstellbar, aus heutiger Sicht.

Als ich lesen lernte, begann ich mich für Comics zu begeistern. Die *Beano*- und *Dandy*-Hefte kamen jede Woche zu mir nach Hause. Sie wurden immer kurz vor der Schule durch den Türschlitz geworfen. Im Unterricht saß ich dann den ganzen Morgen wie auf heißen Kohlen, bis ich mittags endlich heimgehen und schmökern konnte.

Am meisten mochte ich die Abenteuer von Dennis, Korky the Cat und Minnie the Minx. Ich bin mir jedoch nicht sicher, ob diese Comics immer die besten Botschaften vermittelten. Ich erinnere mich an eine *Beano*-Figur namens Little Plum, die ungefähr so sprach: »Iche rauche eine Pfeife vonne Friede!« Wir Kinder wuchsen in dem Glauben auf, die amerikanischen Ureinwohner würden wirklich so sprechen.

Nun, das England der Fünfzigerjahre war eben nicht gerade ein Musterbeispiel für politisch korrektes Verhalten. Bei meinen Großeltern hatte ich eine Spardose für mein Taschengeld. Sie hatte die Form eines schwarzen Mannes mit übertrieben dicken Lippen. Wenn man einen Penny in seine Handfläche legte und dann auf seine Schulter drückte, führte er die Hand zum Mund, um das Geldstück zwischen seine Lippen zu schieben. Und welchen entzückenden Namen hatte der Hersteller seinem Spielzeug gegeben? *Black Sambo.*

Ich kann mir nicht vorstellen, dass so etwas noch mal in Mode kommt.

Nach der Schule hatte ich es auch deshalb so eilig, nach Hause zu kommen, weil ich meine Lieblingssendungen im Kinderfernsehen nicht verpassen wollte. Besonders gut gefielen mir die schwarz-weißen Puppentrickfilme von Gerry und Sylvia Anderson. In *The Adventures of Twizzle* ging es um einen Jungen, der seine Arme und Beine ausfahren kann. *Torchy the Battery Boy* hatte eine fest eingebaute Lampe an seiner Stirn. Und der Held von *Four Feather Falls* war ein Sheriff mit magischen Pistolen und einem sprechenden Pferd.

Als die Andersons ihre Tricktechnik weiterentwickelt hatten, produzierten sie Science-Fiction-Trickfilme wie *Fireball XL5, Kommando Stingray* und *Thunderbirds.* Die fand ich alle großartig, liebte aber auch Sendungen wie *Muffin the Mule* – eine feine Dame, die einem Marionetten-Esel Ständchen am Klavier brachte – und *The Woodentops,* eine zappelige Puppenfamilie.

Ende der Fünfzigerjahre war ich also ein ganz normales Kind, das ganz normale Dinge tat – bis zu einem außergewöhnlichen Erlebnis. Es war einer dieser Augenblicke, die man wohl als Erleuchtung bezeichnen kann. In denen man förmlich spürt, wie sich einem das persönliche Schicksal offenbart.

Folgendes war passiert.

Ich saß im Musikunterricht, und die Lehrerin wählte diejenigen Schüler aus, die im Schulchor singen sollten. Sie spielte Klavier, und wir mussten nacheinander zu ihr kommen und vorsingen.

Sie spielte ein altes schottisches Lied über Bonnie Prince Charlie namens »The Skye Boat Song«. Ich kannte das Stück, denn wir hatten es bereits im Unterricht durchgenommen. Als ich an der Reihe war, ging ich also nach vorn und sang:

»Speed, bonnie boat, like a bird on the wing
Onward the sailors cry
Carry the lad that's born to be king
Over the sea to Skye.«

Mir gefiel das Lied. Also schmetterte ich es geradezu heraus. Als ich fertig war, starrte mich die Lehrerin an. Zuerst sagte sie überhaupt nichts, dann forderte sie mich auf:

»Sing das bitte noch mal für uns.«

»Ja, Miss.«

Sie wandte sich an den Rest der Klasse. »Seid jetzt bitte alle mal still und hört Robert zu«, bat sie. »Hört gut zu!«

Ich war mir nicht ganz sicher, was gerade vor sich ging. Sie stimmte »The Skye Boat Song« erneut an, und ich gab abermals mein Bestes. Als ich dieses Mal fertig war, passierte etwas Seltsames: Die anderen Schüler klatschten.

»Komm bitte mit mir«, sagte meine Lehrerin und führte mich in das Klassenzimmer nebenan. Sie sprach kurz mit dem Lehrer, der dort gerade Unterricht gab. Er nickte.

»Liebe Klasse, ich möchte, dass ihr zuhört, wenn Robert Halford jetzt ein Lied für euch singt«, sagte er.

Allmählich wurde es SEHR seltsam.

Ich sang ein weiteres Mal »The Skye Boat Song«, jetzt aber a cappella, ohne Klavierbegleitung. Kaum war ich fertig, begannen die Schüler in die Hände zu klatschen – genau wie die Kinder in meiner Klasse. Ich stand wie angewurzelt da, starrte sie entgeistert an und badete in dem Applaus.

Ich konnte gar nicht genug davon bekommen!

Ich weiß, dass sich jedes Kind nach Zuwendung und Aufmerksamkeit sehnt. Aber in diesem Augenblick habe ich zum ersten Mal gedacht: *Okay, das ist es, was ich tun möchte!* Es fühlte sich wundervoll an, und wenn ich diesen Tag heute als Beginn meiner Karriere bezeichne, dann ist das nicht nur augenzwinkernd gemeint. Denn genau das war er.

Wie jedes englische Kind machte ich am Ende der Grundschule den Aufnahmetest für die weiterführende Schule. Dieser Test entschied darüber, ob man schlau genug für die Oberschule war oder in die Mittelschule abgeschoben wurde. Obwohl ich den Test bestand, wollte ich nicht von meinen Kameraden getrennt werden. Deshalb verzichtete ich darauf, an die Oberschule zu wechseln.

Ich hatte damals ohnehin andere Dinge im Kopf.

Denn als ich mich der Pubertät näherte, erkannte ich allmählich, dass ich nicht wie die anderen Jungs war.

2

Freundschaftsdienste

Als ich zehn Jahre alt war, wusste ich, dass ich schwul bin.

Na gut, das ist vielleicht nicht ganz richtig. Ich wusste in diesem Alter noch nicht, was »schwul« überhaupt bedeutete. Doch ich wusste genau, dass ich lieber mit Jungs zusammen war und sie attraktiver fand als Mädchen.

Schon in der Grundschule schwärmte ich für einen Jungen namens Steven. Ich fühlte mich wirklich zu ihm hingezogen und suchte ständig seine Nähe. In den Pausen folgte ich ihm immer über den Schulhof und wollte mit ihm spielen.

Ich bezweifle, dass Steven etwas bemerkt hat. Und wenn doch, dann hielt er mich wohl bloß für einen etwas anhänglichen, nervigen Spielkameraden. Vermutlich wusste er genauso wenig wie ich, was los war. Aber Steven brachte neben meinem jungen Herzen definitiv auch meinen Hormonhaushalt aus dem Takt.

Wie alle vorpubertären Schwärmereien war meine Leidenschaft für Steven glücklicherweise rasch verflogen, als ich auf die weiterführende Schule wechselte. Von nun an besuchte ich die Richard-C.-Thomas-Schule, eine große alte Mittelschule im Nachbarort Bloxwich.

Jeden Morgen zog ich meine graue Hose, das Jackett und die blaue Krawatte mit dem goldenen Streifen an, schnappte mir meinen Ranzen und begab mich auf den zwanzigminütigen Fußmarsch zur Schule. Nachdem ich die Fabrik der G. & R. Thomas Ltd. möglichst schnell und mit zugehaltener Nase hinter mir gelassen hatte, machte ich in der Regel einen kurzen Abstecher zur Bäckerei, wo ich mir für einen Penny ein ofenwarmes Brötchen kaufte. Ich aß das weiche Innere und hob den Rest für später auf.

Ich lief diese Strecke an jedem Schultag, selbst dann, wenn es in Strömen regnete und stürmte. An solchen Tagen kam die ganze Klasse durchnässt zum Unterricht, und während unsere klatschnassen Klamotten beim Morgenappell trockneten, hing eine Dampfwolke über unseren Köpfen. Immerhin bekamen wir dann ein Gratisfläschchen mit Milch.

Ich gewöhnte mich schnell an die Mittelschule. Ungeachtet früherer Anwandlungen sexueller Verwirrung wurde ich immer selbstsicherer und ausgeglichener. Ich hatte gute Freunde und war weder besonders schüchtern noch sonderlich laut. Ich war ein ganz normaler englischer Junge.

Als Schüler war ich durchaus annehmbar. Mein Lieblingsfach war Englische Literatur, und ich begeisterte mich für Dichter wie W. B. Yeats. Auch der Musikunterricht machte mir Spaß, und ich war gut in Geografie. Da ich fest an Schicksal glaube, ergibt das für mich alles einen Sinn: Ich habe mein Leben damit verbracht, Texte zu schreiben, Musik zu machen und auf Tourneen den ganzen Globus zu bereisen!

Im Technischen Zeichnen war ich zwar auch ganz gut, aber das Fach interessierte mich nicht besonders. Es machte mir sogar ein bisschen Angst. Alles Technische erinnerte mich an die gefürchteten Stahlfabriken. Und dort wollte ich – bei allem Respekt gegenüber meinem Dad, der sein ganzes Leben dort verbracht hat – keinesfalls enden. Ich wusste noch nicht, was meine Bestimmung im Leben war. Aber eins wusste ich: *Das* war sie nicht.

Damals reiste ich auch zum ersten Mal ins Ausland. Als ich etwa dreizehn war, fuhren wir mit der Schule für ein Wochenende nach Ostende in Belgien. In einem Hostel, nicht weit vom Strand entfernt, schliefen wir in Mehrbettzimmern.

Diese Klassenfahrt fühlte sich damals ungeheuer abenteuerlich und bedeutend an. Ich weiß noch, dass ich kaum fassen konnte, wie *anders* dort alles war: das Essen, die Autos, die Kleidung, die Menschen und – natürlich – die Sprache. All das, bis hin zu den Leinentischdecken im Hotelrestaurant, erschien mir so viel *kultivierter* als Walsall.

Mein bester Schulfreund war ein Junge namens Tony, der ebenfalls aus Beechdale kam. Wir hatten den gleichen Sinn für Humor. Auf dem Heimweg zitierten wir Peter Cooks und Dudley Moores *Derek and Clive*-Sketche oder dachten uns selbst welche aus. Sie waren natürlich ziemlich unanständig, denn halbwüchsige Jungs stehen halt auf so was.

Was halbwüchsige Jungs mindestens genauso faszinierend finden, ist selbstverständlich Sex – und der nahm in meinem Leben eine immer zentralere Rolle ein. Alles begann damit, dass ich das Wichsen lernte.

Und zwar von einem Jungen, der ein oder zwei Jahre älter war und in derselben Straße wohnte wie ich. An einem Wochenende hing ich mal mit ein paar Schulkameraden in unserer Siedlung rum, als er uns ansprach.

»Wollt ihr was richtig Cooles lernen?«, fragte er uns.

»Ja, klar!«

»Okay. Dann kommt mal mit.«

Wir gingen zu ihm nach Hause. Er lotste uns in ein Zimmer im Erdgeschoss, schloss die Tür – und holte seinen Schwanz raus. »Passt auf, ich zeig euch, wie das geht«, sagte er. »Ihr müsst ihn *so* halten.« Er fing an, seinen Penis zu rubbeln, hoch und runter, immer fester. »Wenn ihr das ganz schnell macht, bekommt ihr ein gutes Gefühl!«, erklärte er und errötete ein wenig.

Ich wusste nicht, wie ich darauf reagieren sollte. Aber da meine Freunde bereits die Hosen runtergelassen hatten und seinem Vorbild folgten, schien es mir angebracht, ebenfalls mitzumachen. Anfangs war ich ziemlich gehemmt – mal ehrlich, wer wäre das nicht? –, doch irgendwann hatte ich den Dreh raus. Der Junge hatte tatsächlich recht: Wenn man es schnell genug machte, bekam man ein *sehr* gutes Gefühl!

Der Kerl war vermutlich ein angehender Perverser, aber er sagte nicht so was wie »Lass mich mal deinen halten« oder fasste uns an. Er hatte es sich einfach zur Aufgabe gemacht, uns die uralte, ganz und gar nicht hohe Kunst der Masturbation beizubringen. Und damit eröffnete er mir eine ganze Welt nie gekannter Freuden.

Von da an fummelte ich ständig an mir rum. Zu Hause war ich inzwischen aus dem gemeinsamen Zimmer mit Sue ausquartiert worden. Es war Sues Idee gewesen: Sie wollte mehr Platz und Privatsphäre haben, und mir machte es nichts aus, in die kleine Kammer zu ziehen. Auch deshalb, weil es das Wichsen erleichterte.

Wann immer sich die Gelegenheit bot, wedelte ich mir einen von der Palme, und das war in der Schule nicht anders. Ich verabredete mich mit den Kumpels, die beim Masturbationsunterricht in Beechdale dabei gewesen waren, oder mit ein paar anderen Freunden … und wir wichsten uns gegenseitig.

Dafür hatten wir den perfekten Schlupfwinkel gefunden. Für meine guten Leistungen in der Schule war ich mit dem

Posten des Schulbibliothekars belohnt worden. Das war eine Aufgabe, die mir wirklich Freude machte. Ich genoss es besonders, jeden Morgen zum Zeitschriftenladen zu gehen, um die Tageszeitungen für die Schulbücherei zu kaufen.

Das Allerbeste daran war aber, dass ich einen kleinen Sperrholzverschlag zur Verfügung hatte, um die Bücher in die Dewey-Dezimalklassifikation einzuteilen. Dort waren wir vor fremden Blicken geschützt – das dachten wir zumindest – und konnten kurz hineinschlüpfen, wenn uns die Lust überkam. Also eigentlich … *immer.*

Eines Nachmittags war ich mit einem guten Kumpel namens Pete Higgs in dem Kabuff. Alles lief wie immer: Eben büffelten wir noch fleißig für unser Englisch-Referat, und im nächsten Moment holten wir uns gegenseitig einen runter.

Pete und ich wälzten uns mit runtergelassenen Hosen auf einem Tisch herum, als ich über der verschlossenen Tür ein schmales Fenster bemerkte, das mir noch nie zuvor aufgefallen war. Hinter der Scheibe erschien das schockierte Gesicht unseres Englischlehrers.

Verdammt!

»Runter!«, zischte ich Pete an, und wir duckten uns beide hinter den Tisch. Als wir dort hockten, pochte unser Puls so heftig wie der Dampfhammer in der Fabrik auf der anderen Straßenseite.

Der Lehrer kam nicht herein, aber mein Herz schlug mir bis zum Hals.

So ein Mist!

Das war übel. Und es konnte nicht ohne Konsequenzen bleiben. In den Tagen darauf geschah zwar nichts, aber mir graute vor der nächsten Englischstunde. Die verlief dann wie immer, doch als am Ende der Gong ertönte und wir aus dem Klassenraum marschierten, rief uns der Lehrer.

»Halford! Higgs! Ihr bleibt hier!«

Er winkte uns zu sich, und wir trotteten zum Pult.

»Hände raus!«

Wir streckten ihm unsere Hände entgegen.

»Ihr wisst genau, wofür das ist, hab ich recht?«

Pete sah mich an. Ich sah ihn an. Wir beide sahen den Lehrer an.

»Ja, Sir«, sagte ich und nickte.

Er schlug uns mit dem Rohrstock. Drei harte Schläge auf jede Hand. Sechs insgesamt.

»Ihr werdet das in dieser Schule *niemals* wieder tun!«, ermahnte er uns.

»Nein, Sir!«

»Und jetzt verschwindet!«

Die blutigen Striemen in meinen Handflächen schmerzten so sehr, dass ich mit den Tränen kämpfte. Aber natürlich hielt uns das nicht davon ab, es wieder zu tun … und wieder …

Für manche mag das vielleicht komisch klingen, aber dass meine Freunde und ich einander einen runterholten, hatte nichts mit Homosexualität zu tun. Wir waren einfach nur Kumpels, die – nun ja, sich gegenseitig zur Hand gingen. Meine Freunde waren hetero; später wurden sie alle Väter, und ich bin mir sicher, dass sie inzwischen Großväter sind.

Aber das galt nur für sie. Bei *mir* lag der Fall völlig anders.

Was ich mit zehn bereits vermutet hatte, wurde mir als Teenager zur Gewissheit: Ich stand mehr auf Jungs als auf Mädchen, so einfach war das. Eine Einsicht, die mich nicht einmal erschreckte, sondern sich ganz selbstverständlich und völlig normal anfühlte. Trotzdem war mir instinktiv klar, dass ich es für mich behalten musste.

Aber was wusste ich schon von Homosexualität? Das Walsall der frühen Sechzigerjahre war nicht gerade ein Hotspot der sexuellen Aufklärung! Ich war ein verwirrter Junge, der keinen Schimmer von der verbotenen Welt hatte, zu der er sich hingezogen fühlte. Aber hin und wieder erhielt ich vereinzelte Hinweise.

Unsere Familienurlaube waren einfach und günstig. Das Ausland war für uns so unerreichbar wie der Mond. Aber ich hatte immer Spaß. Blackpool mochte ich besonders. Am Strand war es häufig kalt, und das Meer sah aus, als wäre es einen Kilometer weit weg. Ich rannte über den Sand, stürzte mich in die Wellen und sprintete dann wieder den Strand hinauf, wo mich meine Mutter sofort in ein Handtuch wickelte, damit ich mir keine Unterkühlung holte. In einem Jahr mieteten wir einen verbeulten alten Wohnwagen in Rhyl, im Norden von Wales. Er stand direkt an den Bahngleisen und wackelte jedes Mal, wenn ein Zug vorbeifuhr.

Ich muss dreizehn gewesen sein, als wir in den Ferien nach Westward Ho! in Devon fuhren. Wir verbrachten den Urlaub auf einem Campingplatz, und eines Nachmittags ging ich aus Langeweile in den dazugehörigen Laden.

Dort entdeckte ich einen Roman mit zwei eng umschlungenen Männern auf dem Umschlag. Er weckte sofort meine Neugierde, und ich blätterte darin herum. Die Geschichte enthielt ein paar homoerotische Szenen. Ich kaufte das Buch, versteckte es unter meinem Hemd und nahm es mit in unseren Wohnwagen.

Den Rest des Urlaubs schmökerte ich darin, wann immer ich konnte. Regelmäßig schmuggelte ich es auf die Toilette des Campingplatzes. Es erregte mich nicht unbedingt, sondern erklärte mir vielmehr ein paar Dinge, von denen ich bis dahin keine Ahnung gehabt hatte. *Ah, verstehe, so machen das schwule Männer also!* Es war wie eine Art Leitfaden und half mir, ein paar meiner klaffenden Wissenslücken zu füllen.

Als es zurück nach Hause ging, wartete ich, bis mein Dad all unsere Sachen im Kofferraum des Autos verstaut hatte. Sobald er mir den Rücken zudrehte, stopfte ich das Buch ganz nach hinten. Ich wollte nicht, dass es irgendjemand fand – am allerwenigsten Dad! Und obwohl ich es bei der Abfahrt so vorsichtig versteckte, hatte ich es absurderweise bereits völlig vergessen, als wir zu Hause ankamen. Die Fahrt von Devon nach Walsall war lang, also packten meine Eltern den Kofferraum erst am nächsten Tag aus. Als ich das sah, traf mich die Erkenntnis wie ein Blitzschlag: *Heilige Scheiße! Das Buch!*

Vielleicht finden sie es ja nicht, versuchte ich mich zu beruhigen. Von wegen. Ich saß im Wohnzimmer vor dem Fernseher, als mein Vater hereinstürmte. Er warf mir das Buch vor die Füße.

»Was ist *das?*«

»Was?«

»Du weißt genau, was! Das Buch!«

»Das ist nur ein Buch.«

»Ach ja? Und weißt du auch, worum es in dem Buch geht?«

»Ja«, sagte ich.

Er starrte mir direkt in die Augen. Dann fragte er: »Und du streitest es nicht mal ab?«

Ich schätze, ich hätte alles Mögliche antworten können. Ich hätte sagen können: »Ich war neugierig, Dad! Ich fand es bloß komisch!« Auf gewisse Weise wäre das sogar wahr gewesen. Stattdessen sagte ich:

»Nein. Ich streite es nicht ab.«

Und das war mein Coming-out gegenüber meinem Vater. Mit dreizehn Jahren. Er glotzte mich an, drehte sich um, verließ das Zimmer und knallte die Tür hinter sich zu.

Er sprach es nie wieder an – zumindest nicht in meiner Gegenwart. Trotzdem sorgte das Buch für einige Aufregung in der Familie. Ich wusste, dass Dad mit Mom darüber gesprochen hatte, und bald darauf fanden die Neuigkeiten auch das Ohr meiner Oma Cissy. Mir gegenüber gab sie sich von der Angelegenheit allerdings angenehm unbeeindruckt.

»Mach dir deshalb keine Sorgen, Schatz!«, beruhigte sie mich. »Ich weiß noch, wie dein Vater durch so eine Phase ging!«

Wie bitte? Ich wusste, dass mein Dad ein sehr gut aussehender junger Mann gewesen war. Wie sich herausstellte, hatte es, lange bevor er meine Mom kennenlernte, einen Verehrer gegeben, der ihm ständig irgendwelche Sachen kaufte. So erzählte es mir zumindest meine Nan. Ob die beiden es je miteinander getrieben hatten? Wer weiß?

Ich war nicht einmal sonderlich schockiert von dem, was Nan mir erzählte. Es verstärkte nur dieses generelle Gefühl der Verwirrung, das mich nicht loslassen wollte.

Außerdem hatte Dad seine eigene Geheimlektüre. Einmal war ich allein zu Hause und lungerte ohne einen bestimmten Grund im Schlafzimmer meiner Eltern herum. Ich schaute in ihren Kleiderschrank, zog ein Paar Schuhe heraus – und fand darunter mehrere Magazine.

Die Hefte trugen den Titel *Health and Efficiency* und richteten sich an FKK-Anhänger, zu denen meine Eltern definitiv nicht gehörten. »Was machen *die* denn hier?«, fragte ich mich. »Von Mom können die nicht sein – die müssen Dad gehören!« Es waren keine Schmuddelhefte oder gar Pornografie, sie waren einfach nur ziemlich … *nackt*. Ich jedenfalls fand die Fotos von unbekleideten Männern in ganz alltäglichen Situationen sehr erregend.

Auf eine weitere überaus aufschlussreiche Publikation stieß ich in einem Jugendzentrum in Bloxwitch. Eines Tages ging ich aufs Klo und fand dort ein Buch mit schwarz-weißen Erotikfotos von einem gewissen Bob Mizer, einem – wie ich heute weiß – amerikanischen Pionier der homoerotischen Fotografie.

Mit vierzehn oder fünfzehn hatte ich noch nicht den leisesten Schimmer, wer Bob Mizer war, aber die Fotos fesselten mich. In dem Buch wimmelte es von Bildern knackiger Kerle in knappen Tangaslips, die sich auf Felsen räkelten oder an Pfosten lehnten. Während ich es in der Toilettenkabine durchblätterte, rauchte mir der Schädel.

Einen kurzen Moment lang rang ich mit meinem Gewissen: Sollte ich es einstecken oder nicht? *Fuck it!* Mein Gewissen würde diesen Kampf niemals für sich entscheiden! Ich stopfte das Buch also in meinen Hosenbund und ließ meine Freunde mit der faulen Ausrede stehen, ich hätte noch Hausaufgaben zu erledigen. Dann eilte ich, so schnell ich konnte, nach Hause.

Das Buch erwies sich als wahre Schatzkiste! Es war voller inszenierter Fotogeschichten. Darin fragte beispielsweise ein Kerl im Unterhemd einen anderen Kerl im Unterhemd: »Mein Motorrad hat eine Panne, kannst du es reparieren?« Dann beugte er sich über seine Maschine. Daraufhin erwiderte der andere: »Du hast aber einen hübschen Arsch!«, und griff ihm an den Hintern.

Mizers Fotografien waren pures Gold für mich. Ich wichste mir zu ihnen die Finger wund. Schon erstaunlich, wie oft ein pubertierender Junge zu ein und demselben Bild onanieren kann, bevor es ihm langweilig wird. Ich versteckte das Buch in meinem Zimmer. Angesichts des Umstands, dass meine Mom die Kammer jeden Tag aufräumte, grenzt es an ein Wunder, dass sie es niemals gefunden hat.

Auf der bereits erwähnten Toilette des Jugendzentrums von Bloxwitch fand ich auch einen Dildo, der auf einem Regal lag. Ich säuberte ihn im Waschbecken und schmuggelte ihn dann in meinem Parka nach Hause. Er bereitete mir viele Stunden grenzenloser Lust. Wenn er nicht in Gebrauch war, lag er versteckt unter den Klamotten in meinem Kleiderschrank. Meine Eltern ahnten nicht das Geringste davon.

Dachte ich zumindest. Eines Abends saß ich im Wohnzimmer vor dem Fernseher. Dad las den *Express & Star*. Ohne von seiner Zeitung aufzusehen, richtete er das Wort an mich.

»Du solltest dieses *Gerät* besser entsorgen, Rob.«

Mir gefror das Blut in den Adern. *Woher wusste er davon? Wie lange wusste er es bereits?* Zurück in meinem Zimmer konnte ich mich allerdings nicht dazu durchringen, den Dildo wegzuwerfen. Ebenso gut hätte ich mir meinen Arm abhacken können! Er blieb in seinem Versteck im Schrank, und Dad erwähnte ihn nie wieder.

Eine kleine Eisenhütte in der Nachbarschaft startete damals ein Projekt, bei dem Schüler einmal die Woche nach dem Unterricht lernen konnten, mit Bohrer, Drehbank und Schraubstock zu hantieren. Ich schätze, die Idee dahinter war, uns möglichst jung an die Praxis heranzuführen. Wohl in der Hoffnung, uns auf diese Weise für ein Praktikum zu begeistern.

Da meine Freunde dort hingingen, schloss ich mich ihnen an. Obwohl ich eigentlich keinerlei Interesse an der Fabrikarbeit hatte – wie ich bereits sagte, war die bloße Vorstellung der blanke Horror für mich. Aber es war ja nur eine Stunde nach der Schule und immer noch besser, als gelangweilt zu Hause rumzuhängen.

Unglücklicherweise fanden wir schnell heraus, dass der Kerl, der diese Einführungskurse leitete, eine ganz eigene Vorstellung davon hatte, was »an die Praxis heranführen« bedeutete. Er hatte kein Interesse daran, uns die handwerklichen Fähigkeiten zu vermitteln, er wollte uns bloß begrapschen.

Dieser schnauzbärtige Mann mittleren Alters zeigte uns, wie man Pflanzkellen oder Schürhaken herstellte, und dabei machte er sich an uns ran. Er gab mir ein Stück Metall mit einer Bleistiftmarkierung und wies mich an, es bis zu der Linie abzufeilen. Während ich munter vor mich hin werkelte, legte er seine Hand auf meinen Hintern oder schob sie vorne in meine Hose.

Der Kerl lief in der Werkstatt von einem Jungen zum anderen, betatschte uns alle, und niemand sagte etwas. Er sprach dabei nicht ein einziges Wort mit uns. Das passierte Woche für Woche – und dennoch redeten meine Freunde und ich niemals darüber. Es war, als wäre es nie geschehen.

Ich hatte Schwierigkeiten, mich mit dem Schwulsein zurechtzufinden, und obwohl mich sein Verhalten nicht erregte – im Gegenteil: ich fand es schmutzig und gemein –, fragte ich mich: *Machen das alle schwulen Männer so? Läuft das immer auf diese Weise?* Meine Überlegungen gingen sogar noch weiter: *Geschieht das in allen Fabriken?*

Komischerweise ließen wir ihn mindestens sechs Wochen lang gewähren. Keine Ahnung, warum. Ich wusste einfach nicht, was ich tun sollte. Doch nachdem er mich eines Tages besonders aufdringlich befummelt hatte, erklärte ich auf dem Heimweg, ich sei von den Lehrstunden gelangweilt.

»Bin ich auch«, erwiderte der Freund, mit dem ich unterwegs war, und er klang dabei ziemlich erleichtert. »Was hältst du davon, wenn wir nicht mehr hingehen?«

»Okay«, sagte ich.

Und das war's dann. Wir haben das Thema nie wieder angesprochen.

Ich stand auf Jungs, aber ich ging immer noch mit Mädchen aus. Alle zwei Wochen gab es einen Tanzabend – das war noch vor dem Siegeszug der Diskotheken – im alten Hallenbad von Bloxwich, den Bloxwich Swimming Baths.

Ich habe immer schon gerne getanzt und besuchte nach der Schule sogar eine AG für Volkstänze, wo ich Tänze wie den Lancer oder den Gay Gordons lernte. *Gay Gordons!* Das ist doch mal ein klangvoller Name. Über die Volkstänze wuchs ich schnell hinaus, und als ich einmal mit einem Mädchen namens Angela in den Bloxwich Baths war, gewann ich sogar den Twist-Wettbewerb. Der Preis war eine Enttäuschung: ein Kalender der Comic-Zeitschrift *Eagle* mit einem roten Plastikumschlag.

Allerdings war ich nicht annähernd so enttäuscht wie Angela kurz darauf von mir. Der DJ hatte Zettel neben dem Plattenspieler ausgelegt, auf denen man seine Song-Wünsche sowie Botschaften notieren konnte, die er dann vorlas. Aus Gründen, die nur meinem dämlichen pubertierenden Ich bekannt waren, schrieb ich Folgendes:

»Spiel bitte ›These Boots Are Made for Walkin'‹ von Nancy Sinatra und sag: ›Das ist für Angela, von Rob. Diese Stiefel sind zum Laufen gemacht, aber ich hab einen Stiefel für dich, der noch was ganz anderes kann.‹«

Was zum Teufel hatte ich mir bloß dabei gedacht? Ich klang wie ein alter Perversling. Das war jedenfalls mein letztes Date mit Angela, glaube ich.

Es war nicht billig, Mädchen in die Bloxwich Baths auszuführen, also suchte ich mir einen Wochenendjob. Mein Großvater arbeitete bei Reginald Tildesley, einem Autohaus mit angegliederter Werkstatt. Auf dem Hof standen immer zwanzig Autos, die mein Freund Paul und ich von nun an jedes Wochenende gründlich schrubbten. Jedes einzelne – und das monatelang.

Es war eine echte Schufterei, aber sie machte mir nichts aus. Manchmal freute ich mich sogar richtig darauf, weil ich mich bei der Arbeit so erwachsen fühlte. Der Besitzer gab uns für die Arbeit zwei Pfund, was Mitte der Sechziger eine Menge Geld war. Doch eines Nachmittags, nachdem wir uns vier Stunden lang den Rücken krumm geschuftet hatten, drückte er uns fünfzig Pence in die Hand.

»Was ist das?«, fragte ich ihn erschrocken.

»Dein Geld.«

»Fünfzig Pence? Sonst kriegen wir doch immer zwei Pfund.«

»Tja, das ist aber alles, was ihr heute kriegt. Steckt es ein, oder lasst es bleiben.«

Wir nahmen das Geld und kamen nicht mehr wieder.

Fremdsprachen waren damals kein großes Thema in der Mittelschule. Aber bei uns wurde eine Handvoll Schüler ausgewählt, die Französisch lernen sollten, und ich gehörte dazu. Ich war begeistert. Ich stand total auf unsere Lehrerin Mrs. Batterby und war schon bald ihr eifrigster Schüler.

Französisch gefiel mir, weil es so exotisch war. Ich arbeitete hart daran, ohne Akzent zu sprechen – zumindest ohne Walsall-Akzent. Ich wollte »Ouvrez la fenêtre« sagen, nicht »Uhray lah fennetrah«. Niemand möchte hören, wie die wunderschöne französische Sprache zu Yam-yam verschandelt wird.

Was Yam-yam ist? Eine abschätzige Bezeichnung für den Black-Country-Dialekt, über den sich die Einwohner von Birmingham – auch Brummies genannt – gerne lustig machen. »*Am yo*w from Walsall?« »I yam!« Für Außenstehende mögen

Brummie- und Black-Country-Dialekt vielleicht ähnlich klingen, aber sie sind sehr, sehr verschieden.

Wie jeder Teenager wollte ich möglichst cool und trendbewusst sein. Neuerdings schlenderte ich in Wildleder-Loafers durch Beechdale, die so empfindlich waren, dass ich ständig Schiss hatte, es könnte regnen.

Mein ganzer Stolz war ein grüner Cordmantel, den ich so oft anhatte, dass Mom Flicken auf die Ellbogen nähen musste. Dazu trug ich bevorzugt Krawatte und weite Hosen. Dank Henry's, Walsalls einzigem halbwegs ordentlichen Modehaus, war ich ein ziemlicher Modegeck.

Solche Klamotten konnte man in Beechdale nicht unkommentiert anziehen, und ich erinnere mich, wie ich eines Abends vom Tanzen in Bloxwich nach Hause spazierte. Ich war ungefähr fünfzehn. Ich hatte Heißhunger auf eine Portion Pommes und legte am Hotdog-Wagen eine kurze Pause ein. Inzwischen trug ich mein Haar toupiert und nach vorne gekämmt wie die Small Faces. Mein Outfit erweckte die Aufmerksamkeit von zwei Rowdys, die gerade ihre Hotdogs runterschlangen.

»Oi, Alter. Wie siehst 'n du aus? Du Schwuchtel!«, empfing mich einer der beiden. »Was bist 'n du, 'n Mädchen oder 'n Kerl?«

Ich ließ die Frage unbeantwortet, aber irgendwie beschäftigte sie mich weiter. Ich wusste damals bereits, dass ich schwul war. Aber dass diese Typen sagten, ich sähe aus wie ein Mädchen, verunsicherte mich. *Ob das wohl alle Leute denken, wenn sie mich sehen? Ist das vielleicht ein Teil von mir?*

Um meinen sechzehnten Geburtstag herum bereitete ich mich gerade auf die Abschlussprüfungen vor, als meine Familie von einem überraschenden Ereignis durchgeschüttelt wurde. Zumindest für Sue und mich kam es völlig unerwartet. Obwohl Mom und Dad kaum weniger perplex wirkten. Die Halfords bekamen ein neues Familienmitglied: meinen kleinen Bruder Nigel.

Nigel war sicherlich nicht geplant, aber ein höchst willkommener Zuwachs. Ein Baby im Haus zu haben, war großartig. Mom und Dad waren überglücklich. Auch Sue und ich hatten sofort einen Narren an ihm gefressen. Er verzauberte uns alle.

Trotzdem bekam meine Mom nach Nigels Geburt Depressionen. Sie hatte Stimmungsschwankungen und wurde sehr still und verschlossen, bis der Arzt ihr Tabletten verschrieb – Happy-Pillen, wie ich die Antidepressiva nannte, als ich Jahre später selbst gegen den schwarzen Hund ankämpfen musste.

Doch wie alle Teenager war ich damals ganz mit mir selbst und einem Leben beschäftigt, das bald eine ausgesprochen skurrile Begegnung für mich bereithielt. Eine *übernatürliche* Begegnung. *In Belgien.* Schräger ging es wirklich nicht.

Fragt mich nicht, warum, aber mein bester Kumpel Tony und ich hatten beschlossen, uns auf die Spuren unserer Klassenfahrt nach Ostende zu begeben. Wir kauften uns billige Bustickets und stiegen in einer Pension in der Innenstadt ab. Das Gebäude hatte fünf oder sechs Stockwerke, und die Hauswirtin gab uns ein Zimmer ganz oben.

Unsere Betten standen einander gegenüber. In der ersten Nacht, kurz nachdem wir eingecheckt hatten, begann meins urplötzlich zu wackeln.

»Rob, was treibst du da?«, hörte ich Tonys argwöhnische Stimme aus der Dunkelheit.

»Gar nichts!«, erwiderte ich, und mein Herz klopfte laut. »Mein Bett wackelt hin und her!«

Ich stand auf und knipste das Licht an. Das Bett stand bewegungslos da und wirkte völlig normal. Nachdem ich das

Licht ausgeschaltet und mich wieder hingelegt hatte, ging es von vorne los. Die ganze Sache dauerte nicht allzu lange, aber ich machte in dieser Nacht dennoch kaum ein Auge zu.

Am nächsten Tag zogen Tony und ich durch Ostende. Die Aussicht, am Abend wieder in mein Bett zu steigen, stimmte mich allerdings nicht gerade fröhlich. Und das natürlich aus gutem Grund. Kaum war das Licht aus, bebte es wieder wie verrückt, und sogar die Bilder an der Wand klapperten. Diesmal dauerte es sehr viel länger als in der Nacht zuvor, und ich hatte schreckliche Angst.

Als uns die Hauswirtin am Morgen darauf das Frühstück servierte, bemühte ich mich, ihr mithilfe meines Taschenwörterbuchs die Vorfälle zu schildern.

»Ähm. Excusez-moi. Madame! Hier soir, mon lit. Ähm. Tremblait!«, radebrechte ich auf Französisch.

Sie starrte mich an und schüttelte den Kopf. »Darüber sprechen wir nicht!«, kläffte sie und marschierte davon. Und sie verlor tatsächlich kein Wort mehr darüber. Ich bin mir sicher, dass mein fester Glaube an alles Übernatürliche auf dieses Wochenende in Belgien zurückgeht.

Zurück in Walsall entwickelte ich eine neue Leidenschaft. Eine, von der ich hoffte, sie eines Tages zu meinem Beruf machen zu können.

Ich schaute damals eine Menge Fernsehserien wie *Z Cars*, *Dixon of Dock Green*, *Simon Templar* oder *Mit Schirm, Charme und Melone* und die BBC-Reihe *Play of the Month*. Fernsehen, Kino und Theater faszinierten mich, und mir gefiel die Vorstellung, später einmal Schauspieler zu werden.

Könnte so meine Zukunft aussehen? Die Schulzeit ging zu Ende. Ich paukte hart für meine Prüfung und schnitt tatsächlich ganz ordentlich ab, aber ich hatte kein Interesse, in die Oberstufe zu wechseln. Für Arbeiterkinder war das damals auch einfach nicht üblich, und außerdem wollte ich die Welt kennenlernen.

Meine Eltern waren damit einverstanden. Es war ihr fester Wille, mich bei allem zu unterstützen, was ich aus meinem Leben machen wollte. Mom fragte mich regelmäßig: »Rob, bist du glücklich?« Und wenn ich darauf mit »Ja« antwortete, sagte sie: »Also, wenn *du* glücklich bist, dann bin ich es auch.« Ein besseres Mantra kann man seinem Kind kaum mitgeben.

Meine Eltern und ich schmökerten abends oft in den Hochglanzbroschüren der Birmingham School of Acting und versuchten herauszufinden, ob diese Schauspielschule wohl etwas für mich wäre.

Diese Prospekte waren voller Fotos von Kerlen in Strumpfhosen mit großen Beulen im Schritt. Das fand ich durchaus anziehend. Ein Problem sah ich allerdings in meiner mangelnden Schauspielerfahrung. Ich bezweifelte, dass man mir den Auftritt im Krippenspiel als solche anrechnen würde – und zwar nicht nur, weil es mir damals nicht gelungen war, die von der zwickenden Aktenklammer verursachten Schmerzen zu überspielen.

Mein Dad hatte einen Bekannten, der Amateurschauspieler war, also sprach er mit ihm. Dieser Bekannte trat gerade in einem örtlichen Theater namens Grange Playhouse auf, und er erzählte, dass dort immer neue Talente gebraucht würden: »Rob soll einfach mal vorbeikommen! Es wird ihm gefallen!«

»Na gut, ich gehe hin und schau es mir an«, sagte ich und schmiss mich in Cordmantel, Krawatte und Wildlederschuhe.

Es gefiel mir tatsächlich. Sie besetzten mich in einem häuslichen Drama. Ich spielte einen Jugendlichen, der mit seiner dysfunktionalen Familie zu kämpfen hat. Die anderen

Schauspieler waren größtenteils älter als ich, nahmen mich aber sehr herzlich auf. Dads Bekannter zeigte sich besonders hilfsbereit.

Ich freute mich jedes Mal auf die wöchentliche Probe und lernte fleißig meinen Text. Sobald sich der Vorhang hob, war ich ganz allein auf der Bühne und putzte meine Schuhe. Der Intendant hatte die Idee, mich dabei eine Melodie aus der Fernsehwerbung singen zu lassen.

»Welche Werbung denn?«, fragte ich ihn.

»Ist mir ganz egal«, sagte er. »Was du willst. Such dir eine aus.«

Die einzige Werbung, die mir spontan einfiel, war die für Pepsodent-Zahnpasta. Ein flotter kleiner Ohrwurm, der einem nur schwer wieder aus dem Kopf ging:

> Keine gelben Zähne kennt
> Wer sie putzt mit Pepsodent!

Das Theaterstück war eine Woche lang zu sehen, und der *Express & Star* schickte einen Kritiker in die Vorstellung. In seiner Besprechung erwähnte er mich sogar: »Robert Halford spielt seine Rolle so reizend wie aufmerksam ... Behalten Sie diesen Jungen im Auge!« Ich war von der Kritik so begeistert, dass ich mir auf Nans Klo von nun an den Hintern nicht mehr mit dem Lokalblatt abwischte.

Ich hoffte auf weitere Rollen. Als Dads Bekannter sich wieder bei mir meldete, war ich also hocherfreut. Er kannte Leute am Grand Theatre in Wolverhampton, einem angesehenen Schauspielhaus in den Midlands. Sie wollten in Walsall etwas trinken gehen – ob ich vielleicht Lust hätte, mich ihnen anzuschließen, dann könne er mich seinen Freunden vorstellen?

Natürlich! Was für eine Frage! Sie hatten sich in einem Pub verabredet, der nicht weit vom Haus meiner Großeltern entfernt war. Also fragte ich Nan und Grandad, ob ich bei ihnen übernachten könne. Das würde mir den umständlichen Heimweg ersparen.

Zwei Tage später holte mich Dads Bekannter nach dem Tee in der Kelvin Road ab. Wir machten einen Zwischenstopp bei einem Theaterfundus, zu dem er aus irgendwelchen Gründen Zugang hatte. Es war eine wahre Schatzkammer, und all die fantastischen historischen Kostüme verschlugen mir die Sprache. Eine gute Kostümierung hatte es mir immer schon angetan.

Anschließend ging es weiter zum Pub. Die Theaterleute waren nett, wenn auch ein bisschen hochnäsig, und sie geizten nicht mit den Drinks. Dads Bekannter spendierte mir einen Rum mit Cassis. Und bei diesem einen blieb es nicht.

Ich hatte vorher kaum jemals Alkohol getrunken. Nan hatte mir vielleicht mal zu Weihnachten ein kleines Glas Bier mit Limonade oder einen Schluck von ihrem Snowball aus Eierlikör und Limo gegeben. Aber das hier war etwas völlig anderes. Rum! Mit Theaterleuten! Und ich war davon heillos überfordert. Ich wollte dazugehören, also versuchte ich mitzuhalten. Kein Wunder, dass ich schon nach kurzer Zeit total betrunken war.

Gegen Ende des Abends drehte sich alles. »Ich weiß, wie's dir geht – lass uns zu mir gehen!«, schlug Dads Bekannter mir vor. Ich hätte ohnehin alles abgenickt. Und bevor ich überhaupt wusste, wie mir geschah, waren wir in seiner Wohnung.

Möglicherweise hat er mir noch mehr zu trinken gegeben. Ich weiß es nicht mehr. Er sprach über das Theater, und im Hintergrund lief der Fernseher, während ich mich verzweifelt bemühte, meine Sinne beisammenzuhalten. Dann ging plötzlich das Licht aus, und er schmiegte sich an mich.

Jetzt redete er nicht mehr vom Theater. Dafür waren seine Hände umso beredter. Sie waren überall: auf meinen Armen, meiner Brust, in meinem Schritt. Das geschah alles in völliger Stille. Es fiel kein einziges Wort. Genau wie in der Werkstatt. Nur, dass er dabei sogar noch weiter ging.

Ich war völlig hilflos. Der Kerl wusste genau, was er wollte, und er nahm es sich. Er öffnete meinen Reißverschluss, holte meinen Penis aus der Hose, beugte sich darüber und schob ihn in den Mund. Während ich betrunken, stumm und bewegungslos dasaß, gab er mir meinen ersten Blowjob.

Was ist das?

Was geschieht hier?

Was mache ich JETZT?

Kann ich das irgendwie beenden?

Ich tat … gar nichts. Keine Ahnung, wie lange es dauerte, aber als es vorbei war, stand Dads Bekannter wortlos auf und verließ das Zimmer. Mir fiel ein, dass meine Großeltern in der Nähe wohnten. Ich schnappte mir meinen Mantel und sah zu, dass ich wegkam. Panisch und orientierungslos stolperte ich hinaus in die Nacht.

Ich hatte keine Ahnung, wie ich die Geschehnisse einordnen sollte. Ich wusste ja nicht mal, *was* überhaupt geschehen war. Völlig verwirrt lag ich in Nans Gästezimmer und dämmerte weg. Am nächsten Morgen dröhnte mir der Kopf. Und zwar nicht nur von meinem allerersten Kater. Meine Gedanken fuhren so lange mit mir Karussell, bis mir schwindelig wurde. War das normal für schwule Männer? War das normal fürs Theater? War ich etwa auf der Besetzungscouch gelandet?

Natürlich war nichts davon normal. Heute weiß ich, dass der Kerl ein pädophiler Sexualstraftäter war. Er sah, wie jung und verletzlich ich war. Das nutzte er gnadenlos aus, um mich zu missbrauchen. Damals war mir das alles nicht so klar. Ich dachte, dass alles wohl meine Schuld sein musste.

Als ich nach Hause zurückkam, fragte mich mein Dad, wie der Abend gelaufen sei.

»Ganz toll«, murmelte ich.

»Hat sich mein Bekannter um dich gekümmert?«

»O ja«, sagte ich. »Und ob er das hat.«

Ich habe ihm nie erzählt, was der Mann mir angetan hatte. Es hätte ihm das Herz gebrochen. Wäre Dad noch am Leben, würde ich es auch in dieser Biografie nicht erwähnen.

Wo Schatten ist, da ist auch Licht. Einem sexuellen Missbrauch etwas Positives abzugewinnen, ist unmöglich, aber dieser schreckliche Abend hatte tatsächlich sein Gutes. Ein paar Tage danach meldete sich einer der anderen Schauspieler aus dem Pub. Das Wolverhampton Grand brauchte einen Bühnenassistenten. Er wollte wissen, ob ich interessiert sei.

Natürlich war ich das! Ich bekam einen Termin für ein Vorstellungsgespräch beim Theaterleiter, der mich sofort einstellte. Über die nähere Zukunft brauchte ich mir also keine Sorgen mehr zu machen – und sie sah genauso aus, wie ich sie mir erträumt hatte.

Ich würde zum Theater gehen.

3

Sechs Starkbier und eine Mogadan

Der erste richtige Job ist eine große Sache, ein Initiationsritus. Entsprechend nervös war ich, als ich im Alter von sechzehn Jahren am Wolverhampton Grand anfing. Obwohl ich für die Schauspielerei und das Theater schwärmte, wusste ich nicht allzu viel darüber. Ich hatte keine Ahnung, was mich erwartete.

Was soll ich sagen: Es war der Hammer. Ich liebte den Job.

Ich arbeitete für den Inspizienten als Bühnenassistent/Elektrikerlehrling/Mädchen für alles. Die ersten Wochen verbrachte ich damit, Tee zu kochen, die Bühne zu wischen, Botengänge zu machen und mich an einen völlig neuen Tagesablauf zu gewöhnen.

Die frühmorgendlichen Sprints über die Kluft waren Vergangenheit. Jetzt nahm ich den Bus nach Wolverhampton, um mittags im Grand zu sein, arbeitete den ganzen Tag und während der Abendvorstellungen, nahm anschließend den Spätbus nach Walsall und kehrte erst nach Mitternacht in ein völlig dunkles Haus zurück.

Ein Lebensstil, der zu mir passte (und der mich zu der Nachteule machte, die ich heute noch bin). Der Sohn des Inspizienten arbeitete als Beleuchter des Theaters, und die beiden nahmen mich unter ihre Fittiche. Ich lernte schnell, und nach wenigen Monaten war ich bei allen Shows für die Scheinwerfer zuständig.

In fast jedem Theater hängen die Lichttraversen vor dem Vorhang – im Grand befanden sie sich an den Seiten. Das erschwerte die Arbeit. Trotzdem hatte ich den Kniff bald raus. Über viele Monate verfolgte ich gebannt die fantastischen Aufführungen, die nur wenige Meter von mir entfernt über die Bühne gingen: Varieté und Repertoiretheater, Ballett, Operetten und *Orpheus in der Unterwelt*. Rechts und links von mir traten die Schauspieler auf und ab oder warteten auf ihren Einsatz – und ich war ständig mitten im Geschehen.

Mehr als alles andere gefiel mir die Nähe zu den großen Fernsehstars. Der berühmte Komiker Tommy Trinder gastierte damals im Grand. Ich hatte ihn unzählige Male in der Sendung *Sunday Night at the London Palladium* gesehen, wo er das Publikum stets mit »Ihr glücklichen Leute!« begrüßte. Als er seinen Auftritt im Grand mit denselben Worten eröffnete, war ich hin und weg.

Die Zigarettenmarke Woodbine war Sponsor der Varieté-Shows und verteilte Probierpackungen an die Zuschauer. Jeden Abend qualmte das Publikum, was das Zeug hielt, während es darauf wartete, dass die Vorstellung begann. Sobald ich mit einem Knopfdruck den Vorhang hob, hüllte der Zigarettenqualm aus dem Zuschauerraum die Bühne in dichten Nebel.

Kein Wunder, dass ich ebenfalls mit dem Rauchen anfing. Anstelle von Woodbines oder Player's No. 6 bevorzugte ich kleiner Snob allerdings Benson & Hedges. Aus irgendeinem Grund fand ich die eleganter. Was war ich doch für ein Spinner.

Am Wolverhampton Grand lernte ich alles über die Arbeit als Beleuchter im Theater. Was ich dort ebenfalls lernte, war das Saufen.

Im Grand galt die Maxime »Feste feiern, feste arbeiten«. Zehn Minuten nach Aufführungsende versammelte sich die Belegschaft in der Bar des Theaters. Dort nahmen wir dann in Rekordzeit so viel Alkohol wie möglich zu uns, bevor ich in die Nacht hinaus torkelte, um den letzten Bus nach Walsall zu erwischen.

Da mich das Busfahren zunehmend anödete, steckte ich meine Ersparnisse in ein Honda-Moped, das ich in Raten abstotterte. Das Moped hielt mich allerdings nicht davon ab, nach der Vorstellung noch einen trinken zu gehen, weshalb ich auf der Heimfahrt häufig zu mitternächtlicher Stunde in Schlangenlinien über die A41 kurvte. Ich wundere mich bis heute, wie ich es in manchen Nächten heil nach Hause geschafft habe.

Das Trinken machte großen Spaß, und als ich endlich achtzehn war, durfte ich auch völlig legal Alkohol konsumieren. Ich unterwarf mich freudig der guten englischen Sitte, sich als junger Mann hemmungslos zu besaufen. Wenn ich abends nicht arbeiten musste, ging ich meistens ins Dirty Duck. Ein Pub, der gleich um die Ecke lag.

Schon bald bestimmte die Sauferei meine Freizeit. Dabei war ich schon damals kein Gesellschaftstrinker. Ich hatte nur ein Ziel: Ich trank, um betrunken zu werden. Der beste Weg zur Besinnungslosigkeit hieß Barley Wine. Ein Starkbier, von dem ich gewöhnlich ein paar Gläser runterkippte, bevor ich mir eine Mogadan einwarf. Meine persönliche Variante des Herrengedecks.

Mogadan ist ein starkes Mittel gegen Schlaf- und Angststörungen, und wenn ich nach einem Drink ein oder zwei Tabletten nahm, war die erwünschte Wirkung ein warmes, schummriges Gefühl. Im Duck fand sich zu dieser Zeit immer irgendeine windige Gestalt, die ein paar Pillen zu verticken hatte.

»He, Alter, haste mal 'ne Mogadan?«

»Klar. Gib mir 'n Bier aus, und du kriegst eine.«

Ich trank wirklich bis zur Besinnungslosigkeit. Am nächsten Morgen fühlte ich mich meistens wie tot, aber bis zum Mittag hatte ich meinen Kater überwunden und war bereit, neu durchzustarten. Wie jeder Teenager hatte ich übermenschliche Selbstheilungskräfte.

Meine Schwester Sue war von der Schule abgegangen, machte eine Ausbildung zur Friseurin und kaufte sich einen grünen Austin 1100. Der Wagen war ihr ganzer Stolz. Sie war mit einem der Stammgäste im Dirty Duck zusammen, also konnte sie mich regelmäßig zum Pub mitnehmen. Der Typ war ein netter Kerl, der wegen seiner üppigen Mähne Brian the Lion genannt wurde.

Inspiriert von Sue unternahm ich einen kurzlebigen Versuch, ebenfalls das Autofahren zu lernen. Brian hatte einen Mini, und an einem Sonntagnachmittag bot er mir an, es mal zu versuchen. Er fuhr mich zu einer ruhigen Wohnstraße nicht weit von meinen Großeltern, wo ich mich dann ans Lenkrad setzte.

»Leg erst den Gang ein, dann musst du ganz langsam aufs Gaspedal treten und die Kupplung kommen lassen«, instruierte er mich.

Ungeschickt trat ich das Gaspedal bis zum Boden durch, ließ die Kupplung viel zu schnell kommen und schoss wie eine Rakete davon. Völlig außer Kontrolle rasten wir die Straße hinunter, krachten nach fünfzig Metern in ein geparktes Auto und touchierten anschließend noch ein weiteres.

»STOPP! STOPP! STOPP!«, brüllte Brian the Lion. Ich stieg voll in die Eisen und sprang aus dem Wagen. Dann tauschten wir eilig die Plätze und machten uns mit quietschenden Reifen aus dem Staub. Beim Blick zurück über meine Schulter sah ich, wie die Leute aus ihren Häusern kamen, um zu sehen, was zum Teufel da vor sich ging.

»Das tut mir schrecklich leid, Alter!«, beteuerte ich, als Brian in sicherem Abstand zu dem Schlachtfeld anhielt. Die komplette Front seines Wagens war verbeult. Ich bekniete ihn, mich für den Schaden aufkommen zu lassen, aber er wollte nichts davon hören. Nach diesem fatalen ersten Versuch setzte ich mich fünfzehn Jahre lang nicht mehr hinter das Steuer eines Autos.

Das Wolverhampton Grand hatte mir die Augen für die Welt des Theaters geöffnet, doch während ich mich meinen Zwanzigern näherte, begeisterte mich zunehmend eine andere Kunstform. Meine neue große Leidenschaft war die Musik.

Eine meiner liebsten Fernsehsendungen war *Juke Box Jury*, wo David Jacobs den Juroren in seiner überzogen hochnäsigen Art Schallplatten vorspielte, die diese dann bewerteten. Eine der Jurorinnen war ein Teenagermädchen namens Janice Nicholls. Sie kam aus Wednesbury, einem Ort, der nur einen Katzensprung von uns entfernt lag. Wenn ihr ein Song gefiel, sagte sie immer: »Oi, der kriegt 'ne glatte Fünf von mir.« Es war das erste Mal, dass ich hörte, wie im Fernsehen jemand breitesten Black-Country-Dialekt sprach.

Top of the Pops war jede Woche absolutes Pflichtprogramm. Bands wie Freddie and the Dreamers, Cliff Richard and the Shadows oder die Tremeloes begeisterten mich so sehr, dass ich mir in Walsall ihre Singles kaufte. Bei W. H. Smith oder einem schicken Musikalienladen namens Taylor's, in dessen Schaufenster ein Konzertflügel stand.

Doch wie bei vielen anderen Menschen auch begann meine große Liebe für die Musik eigentlich mit den Beatles.

Mir hatten schon ihre frühen Singles gefallen, aber nach *Sgt. Pepper's Lonely Hearts Club Band* und dem *White Album* war ich endgültig Fan. Das Weiße Album traf genau meinen Nerv. Es war wie von einem anderen Planeten. Wochenlang hörte ich nichts anderes, analysierte sämtliche Texte und klebte die beigelegte Fotocollage an die Wand meines Zimmers.

Mein kleines Zimmerchen wurde einer radikalen Umgestaltung unterzogen. Ich strich die Wände dunkelviolett und hob die Tür aus den Angeln, um sie durch einen leuchtend orangefarbenen Vorhang zu ersetzen. Es war der linkische jugendliche Versuch, cool zu sein. Aber bei meiner Mutter kam das hippe Design gar nicht an.

»Rob! Was zum … Warum hast du die Zimmertür rausgenommen?«

»Das ist meine Bude! Ich kann damit machen, was ich will!«, schnaubte ich und erfüllte mit jeder Faser meines Körpers das Klischee eines aufmüpfigen Teenagers.

Ich hörte Radio Luxemburg – wenn der knisternde Empfang über Mittelwelle es zuließ – und am Wochenende John Peels Show *Top Gear* auf Radio 1. Ich stand auf die alten Blues-Sänger, deren Musik er dort spielte und von denen ich bis dahin noch nie gehört hatte: Muddy Waters, Howlin' Wolf und Bessie Smith.

Für einen kunstinteressierten jungen Menschen, als den ich mich damals sah, gab es Ende der Sechzigerjahre nichts Wichtigeres als die Musik. Ich verschlang jeden neuen Ton. Jimi Hendrix haute mich aus den Socken, und ich kaufte alle seine Alben. Ich mochte auch die Stones, aber am besten gefielen mir Künstler mit ausdrucksstarken, kraftvollen Stimmen wie Joe Cocker oder die brillante Janis Joplin.

Bob Dylan würde man wohl kaum eine mächtige Stimme attestieren, trotzdem war ich von ihm fasziniert, vor allem wegen seines Umgangs mit Worten. Weniger gefiel mir der Umstand, dass er allem einen politischen Anstrich gab. Obwohl ich meistens seiner Meinung war, empfand ich die Musik als einen Ort, an dem man so profanen Dingen wie Politik entkommen konnte.

Zum »Summer of Love« des Jahres 1968 hatte ich ein zwiespältiges Verhältnis. Mir gefiel zwar die *Idee* von Liebe und Frieden – besonders wenn John Lennon darüber sprach. Aber angesichts der Gräueltaten, die damals in Ländern wie Vietnam oder Rhodesien verübt wurden, erschien sie mir unglaublich weltfremd.

Die Menschen im Black Country zeichnen sich durch eine gewisse Bodenhaftung – um nicht zu sagen Griesgrämigkeit – aus. Dadurch sind sie nicht gerade geborene Blumenkinder und eher schwer empfänglich für abgehobene Hippieträume. Ich kaufte mir regelmäßig Musikzeitschriften wie *NME* und *Melody Maker*, in denen ich alles über den Sommer der Liebe in Kalifornien las. Aber soweit es mich anging, hätte das alles auch auf dem Mars passieren können.

Ich lebte in einer Sozialwohnung in Walsall, fuhr mit dem Moped zur Arbeit und betrank mich im Dirty Duck mit Starkbier. Dieser ganze Hippiekram war ganz weit weg, einfach eine völlig andere Welt.

Aber gelegentlich kam sie mit meiner Welt in Berührung. An einem Sonntag im Jahr 1968 arbeitete ich während der Nachmittagsvorstellung im Grand. An diesem Tag bediente ich den Punktstrahler, und in meiner winzigen Kammer war es so heiß wie in einer Sauna. Dort gab es ein kleines Fenster, das ich während der Pause öffnete, um den Kopf in die kühle Abendluft zu strecken. Von der Straße schallte Musik zu mir hinauf, also blickte ich nach unten. Ein langhaariges Pärchen, gekleidet in Schlaghosen, Stirnbänder und Fransenlederjacken, flanierte Hand in Hand über die Straße. Sie sahen aus, als würden sie mitten durch Haight-Ashbury spazieren. Die beiden hatten ein Transistorradio dabei. Der Song, der bis zu meinem drückend heißen Arbeitsplatz hinaufschallte, war ein Hit aus dem Jahr zuvor und hätte nicht besser zu der Szene passen können: Scott McKenzies »San Francisco (Be Sure to Wear Flowers in Your Hair)«.

Ich glotzte nach unten und dachte: *Heilige Scheiße, der Hippietraum ist Realität. Und er hat es sogar bis Wolverhampton geschafft.*

Jahre danach las ich ein Interview mit Ozzy Osbourne, in dem er dieselben Gefühle ausdrückte: »Ständig hörte ich von Leuten in Kalifornien, die sich Blumen ins Haar steckten, und dachte: Was zum Teufel hat das mit mir zu tun? Ich komme aus Birmingham und hab Löcher in meinen Taschen!«

Die erste Band, die ich live sah, bestand ganz bestimmt nicht aus Hippie-Träumern und Weltverbesserern. Es handelte sich um Dave Dee, Dozy, Beaky, Mick & Tich, eine Popgruppe aus dem West Country, die ein paar Hits in den Charts hatte. Sie waren nicht unbedingt meine Tasse Tee, aber als ich mitbekam, dass sie in einem Club namens The Silver Web auftreten würden, zögerte ich nicht lange und fuhr hin.

»Du scheinst mir noch ein bisschen jung zu sein«, sagte der Türsteher und musterte mich streng.

»Nee, Alter, bin ich aber nicht. Ich arbeite im Grand Theater!«

Diese Aussage zeigte Wirkung, und der Kerl ließ mich rein. Das Konzert war fantastisch. Es lag ein Hauch von frühem Glamrock in der Luft, und da es eine Bar gab, konnte ich mir gepflegt die Kante geben. Es war toll, eine Band, die ich schon bei *Top of the Pops* gesehen hatte, aus nächster Nähe zu erleben.

In einem komischen kleinen Club in Walsall sah ich mir The Crazy World of Arthur Brown an. Brown hatte nur einen einzigen Hit, aber *was* für einen: »Fire« war ein Riesenerfolg, den er dem Publikum bei *Top of the Pops* mit einem brennenden Helm auf dem Kopf präsentierte. Obwohl sich zu dem Konzert in Walsall trotzdem nur hundert Besucher verirrt hatten, fuhr er auf der Bühne das volle Programm auf – inklusive einer Galeone aus Pappmaché.

Beide Konzerte waren unterhaltsam, aber weder Dave Dee, Dozy, Beaky, Mick & Tich noch The Crazy World of Arthur Brown machten Musik, die mich wirklich berührte und die mir zu Herzen ging. *Diese* Art Musik hörte ich erstmals mit Anbruch des neuen Jahrzehnts von Bands wie Led Zeppelin und Deep Purple.

Angesichts meiner Herkunft und meiner Persönlichkeit war immer klar gewesen, dass ich auf härtere Musik stehen würde. Und die begegnete mir zur genau richtigen Zeit. Ende der Sechzigerjahre wurde alles lauter. Die Veränderung hatte begonnen und bewegte sich von nun an unaufhaltsam in Richtung Heavy Metal.

Jim Marshall hatte gigantische Verstärker entwickelt, und die Schlagzeuger mussten ordentlich auf ihre Felle dreschen, um mit der Lautstärke der Gitarren mithalten zu können. Sogar die Mädchen kreischten lauter; die Beatles konnten bei ihrem Konzert im New Yorker Shea Stadium ihre eigene Musik nicht mehr hören, so ohrenbetäubend war das Gekreische. Überall wurde der Sound aufgedreht.

Sobald Gitarren und Schlagzeug lauter wurden, zogen die Sänger mit. Ich liebte kraftvolle Stimmen, und als ich hörte, wie Robert Plant und Ian Gillan sich die Lunge aus dem Hals gellten, *passierte* etwas mit mir.

Das alles war wahnsinnig aufregend, und ich wusste sofort: *Das ist es. Das ist die Musik, die ich machen will.*

Led Zeppelin haben mich schlicht weggeblasen. Ich werde nie vergessen, wie ich in Beechdale auf meinem Bett zwischen den Lautsprecherboxen lag und zum ersten Mal »Whole Lotta Love« hörte. Ich war völlig hingerissen von dem Stereo-Wechselspiel zwischen Robert Plant und Jimmy Page.

Zep und Purple trafen einen Nerv bei mir – und sie brachten mich zum Umdenken. Bis zu diesem Zeitpunkt hatte ich immer noch Schauspieler werden wollen. Ich stand jeden Abend am Bühnenrand des Grand, sah, wie die Darsteller und Komiker mit tosendem Applaus bedacht wurden, und malte mir aus, dass es wohl nichts Besseres auf der Welt gäbe. Durch Plant und Gillan änderte sich das. Plötzlich wollte ich *Sänger* werden.

Ich hatte bereits seit Schulzeiten mit verschiedenen lokalen Bands gejammt. Einer meiner Musiklehrer hatte mich damals zur Probe seiner Band Thark – schräger Name – eingeladen, wo ich auf seinen Wunsch hin ein paar Stücke sang. Wir hatten unseren Spaß, aber eben auch nicht mehr.

Rund um Walsall gab es eine kleine Musikerszene, die einen lockeren Austausch pflegte, und durch Thark lernte ich die Band Abraxis kennen. Auch mit ihnen verbrachte ich einige Zeit im Proberaum und sang Coverversionen. Aus Abraxis gingen dann Athens Wood hervor. Ein Quartett, das aus mir und drei Typen namens Mike Cain, Barry Shearu und Phil Butler bestand. Wir spielten bluesigen Progrock und gingen alles ein bisschen ernster an.

Interessanterweise hatte ich keinerlei Interesse, Gitarre oder irgendein anderes Instrument zu spielen. Mich hinter ein Schlagzeug zu klemmen, hatte keinerlei Reiz für mich. Ich fühlte mich am wohlsten, wenn ich mich ausschließlich aufs Singen konzentrieren konnte. *Das bin ich – ich bin das Instrument.** Ich wollte einfach nur singen, und zwar so laut es ging.

Die Musik wurde mehr und mehr zum Mittelpunkt meines Lebens. Trotzdem gondelte ich immer noch jeden Tag mit dem Moped zum Grand. Und das Gefühl sexueller Verwirrung, das mich seit meinen Schultagen quälte, wollte einfach nicht verschwinden – es wurde sogar schlimmer.

In der Theaterwelt waren die Jungs vom anderen Ufer immer schon sehr präsent, und das Grand war in dieser Hinsicht keine Ausnahme. Ein Typ namens Roy, der dort arbeitete, war der erste Schwule, den ich je getroffen habe (abgesehen von den Perversen, die mich missbraucht haben). Er stellte mich seinem Lover Danny vor, einer professionellen Dragqueen.

Danny war für einen Auftritt im Butlin's in dem Ferienort Skegness engagiert worden, also nutzten wir drei die Gelegenheit für einen Wochenendausflug ans Meer. Wir teilten uns einen Wohnwagen mit nur einem Bett. Ich schlief in der Mitte – die Wurst im Sandwich. Wir fummelten ein bisschen rum, gingen dabei aber nicht sonderlich weit.

Nun, offenbar weit genug. Eine Woche später saß ich zu Hause in meinem Zimmer, als ich plötzlich ein Jucken im Schritt spürte. Ich zog die Hose runter, um nachzusehen, was da los war. Im drahtigen Dschungel meiner Schamhaare hüpften lauter winzige Kreaturen herum. *Ach du Scheiße!*

---

* *Rob Halford: Ich bin das Instrument.* Ebenfalls ein potenzieller Titel für dieses Buch, den ich aber schnell wieder verworfen habe.

Was zum Geier war das denn? Ich hatte keine Ahnung, worum es sich dabei handelte, also wandte ich mich an meinen Vater.

»Dad, ich hab … ein kleines Problem«, murmelte ich.

»Was ist denn los?«

Erneut ließ ich die Hose runter. Ein Blick reichte, und er wusste genau, was das Problem war.

»Du hast Sackratten!«, klärte er mich auf. »Mit wem hast du dich abgegeben?«

»Wie meinst du das?«, fragte ich nervös und wusste in Wahrheit ganz *genau*, was er meinte.

»Sackratten kann man sich nur bei anderen Menschen holen«, sagte Dad, hatte dann aber Erbarmen mit mir. »Oder von 'ner Klobrille.«

»Ja, das muss es gewesen sein!«, stimmte ich ihm eifrig zu. »Eine Klobrille!« Natürlich schämte ich mich zu Tode.

Dad ging für mich zum Arzt und kam mit einer Flasche zurück, deren Inhalt wie Milch aussah. Damit sollte ich einmal täglich einen Wattebausch tränken und mein Schamhaar betupfen. Das Zeug brannte wie Feuer. Diese beschissenen Sackratten quälten mich monatelang: Sie wollten einfach nicht verschwinden. Und ich habe mich nie getraut, Roy davon zu erzählen.

Meine sexuelle Verwirrung wurde schlimmer. Die schwule Welt blieb mir ein Rätsel. Natürlich war ich neugierig, aufgrund meiner schlechten Erfahrungen aber auch ungeheuer verängstigt. Ich fühlte mich wie ein verwirrter kleiner Junge, und doch sehnte ich mich danach, mehr Erfahrungen in dieser Welt zu machen. Und nach einer Beziehung.

In einer Zeitung las ich die Kontaktanzeige eines Mannes, der andere Männer »für Freundschaft und vielleicht auch mehr« suchte. Aha! Ich schrieb an seine Postfach-Adresse, er antwortete, und wir verabredeten uns bei ihm zu Hause in Redhill, Surrey.

Ich hatte keine Ahnung, was mich erwarten würde, als ich mit der Bahn zu ihm fuhr. Ich rechnete nicht zwangsläufig mit Sex … aber die Möglichkeit bestand. Würde dies mein *erstes Mal* sein? Doch dazu kam es nicht. Er war ein netter Typ in meinem Alter, aber der Funke wollte nicht überspringen. Wir fuhren zusammen nach London zum Einkaufen, dann nahm ich den Zug zurück nach Hause.

Am Grand gastierte damals gerade eine Pantomimen-Truppe. Das Stück war eine richtig aufwendige Produktion, mit einem kompletten Orchester. Der musikalische Direktor hatte sich bis über beide Ohren in mich verschossen und klebte wie eine Klette an mir. Auffälliger hätte er es nicht anstellen können. Der Kerl war sehr viel älter als ich, aber im Gegensatz zu dem Werkstatttypen und dem gruseligen Bekannten meines Vaters versuchte er zumindest nicht, mich zu betatschen. Er zeigte durchaus Respekt, konnte aber einfach nicht aufhören, mit mir zu flirten.

Ich fand das schrecklich unangenehm. Mir war schnell klar, was er von mir wollte. Aber ich stand überhaupt nicht auf ihn und wollte nur, dass er mich in Ruhe ließ. Es machte mich wahnsinnig. Eines Tages, nachdem er mich wieder mal angebaggert hatte, reichte es mir. Ich wusste, dass ich etwas unternehmen musste. Aber was?

Und dann geschah etwas wirklich Merkwürdiges. Mit einem Mal schoss mir ein Gedanke durch den Kopf: *Ich muss in die Kirche gehen.*

Und das tat ich dann auch. In der Mittagspause machte ich einen Spaziergang vom Grand aus über die Lichfield Street zur St. Peter's Collegiate Church, einer großen, alten katholischen Kirche im Stadtzentrum. Als ich eintrat, war sie menschenleer. Ich stellte mich vor eine Statue der Jungfrau Maria und … *redete mit ihr*. Ich bin mir nicht einmal sicher, ob ich die Worte laut ausgesprochen oder bloß gedacht habe, jedenfalls sagte ich zu ihr:

Ich brauche echt deine Hilfe. Meine Gefühle und das, was ich gerade durchmache – das ist alles so verwirrend. Ich habe keine Ahnung, ob ich damit sündige, ob ich etwas Böses tue. Oder ob es vielleicht doch völlig in Ordnung ist. Ich weiß einfach nicht, was ich machen soll!

Dann passierte etwas Außergewöhnliches. Noch während ich diese Worte sprach – oder sie dachte –, überkam mich eine Welle des Friedens. Als würden alle meine Ängste und all mein Frust hinweggespült. Ich roch den Duft von Rosen. Ich blickte mich in der Kirche um, aber ich konnte keine Blumen entdecken.

Was war dort in der Kirche von Wolverhampton geschehen? Hatte mich die Jungfrau Maria *tatsächlich* gesegnet? Ich weiß, wie albern das klingen muss, aber fünfzig Jahre danach bekomme ich noch immer eine Gänsehaut, wenn ich daran zurückdenke. Für ein Weilchen verschwanden meine Ängste.

Auch die Musik half mir. Ich fand eine Menge Trost und Zuspruch in Bands wie Led Zeppelin. Wenn ich mal wieder so wütend auf mich selbst und meine Begierden war, dass ich am liebsten ein anderer sein wollte, dann drehte ich die Lautstärke auf. Led Zeppelin und die Jungfrau Maria hielten mich über Wasser.

1970 fuhr ich zum Isle of Wight Festival, um Jimi Hendrix zu sehen. Woodstock, das entscheidende Ereignis der Hippie-Generation, lag inzwischen ein Jahr zurück. Als ich gemeinsam mit einem Freund auf der Fähre nach Ryde übersetzte, dachte ich: *Das ist unser Woodstock!*

Das Festival war fantastisch. The Who blendeten das Publikum zu Beginn ihrer Show mit Flak-Scheinwerfern. Hendrix ging erst spät in der Nacht auf die Bühne, als ich mich schon halb ins Koma gesoffen hatte, aber er war unglaublich gut. Danach schliefen wir einfach auf dem Boden, denn wir hatten nicht mal ein Zelt eingepackt.

Ich spürte, dass die Musik meine Berufung war und dass ich dem Grand den Rücken kehren musste. Die Zeit dort war wundervoll, aber meine Prioritäten hatten sich geändert. Als ich zum Theater ging, hatte ich davon geträumt, Schauspieler zu werden. Das war vorbei. Jetzt wollte ich Sänger in einer Rockband sein.

Athens Wood probten immer abends. Und da ich an sieben Abenden in der Woche zwischen den heißen Theaterscheinwerfern schwitzte, konnte ich nicht mit ihnen proben. Also brauchte ich einen Job ohne Nachtschichten. 1970 sagte ich dem Theater schließlich nach fast zwei Jahren Adieu und fand mich wenig später in der Modewelt wieder.

Das Unternehmen Harry Fenton, damals eine landesweite Kette von Herrenbekleidungsläden, suchte für seine Filiale in Walsalls Einkaufsstraße Park Street per Inserat nach einem Verkäufer. Ich dachte mir: *Warum nicht?* Ich rief dort an. Nach einem Vorstellungsgespräch bekam ich den Job.

Es dauerte nicht lange, und ich war der Filialleiter. Klamotten zu verkaufen war keine Herzenssache, wie etwa die Tätigkeit am Theater, aber der Job war in Ordnung. Die Arbeitszeiten kamen mir entgegen, die Bezahlung war anständig, und ich mochte den Austausch mit den Kunden. Eins hat sich bis heute nicht geändert: Für ein gutes Schwätzchen bin ich immer zu haben.

Fenton war immer ein klassischer, eher steifer Herrenausstatter gewesen. Aber die Firma begann allmählich damit, sich umzuorientieren und gezielt eine jüngere Kundschaft anzusprechen, die sonst eher in Boutiquen einkaufte.

Plötzlich wurden wir mit angesagten Modeartikeln beliefert: Polyesteranzüge, Schlaghosen, breite Krawatten und Schuhe mit Stiefelabsätzen.

Diese Neuausrichtung des Sortiments kam mir sehr entgegen, denn sie erweiterte meine private Garderobe enorm. Wenn mir etwas gefiel, nahm ich es mit. Es war nicht so, dass ich es klaute – ich *borgte* mir die Sachen nur. Da war ich hemmungslos. Wenn ich mich fürs Wochenende in Schale schmeißen wollte, schnappte ich mir einfach einen neuen Anzug, ein schickes Hemd oder eine Schlaghose aus dem Laden.

Am Montagmorgen kam ich dann verkatert zur Arbeit und hängte den Anzug, der nach Bier, Kippen und Old Spice stank, zurück auf den Kleiderständer. Dann versuchte ich, das Hemd zusammenzufalten, es mit Stecknadeln zu fixieren und wieder in die Zellophan-Verpackung zu schieben, damit es wie neu aussah. *Diese gottverdammten Stecknadeln!*

Nach meinem Aufstieg zum Filialleiter konnte ich darüber hinaus nach Lust und Laune darüber entscheiden, welche Musik im Laden lief. Also dröhnte oft Alice Coopers »School's Out« aus den Lautsprechern. Es gab ein paar Beschwerden, aber … *Ich bin der Filialleiter! Ich spiele verdammt nochmal die Musik, die mir gefällt!*

Mit Athens Wood ergatterten wir tatsächlich ein paar Gigs in örtlichen Pubs. Obwohl ich mir nichts sehnlicher gewünscht hatte, blickte ich den Shows mit einer schrägen Mischung aus Zuversicht und schierer Panik entgegen.

Vor dem ersten Auftritt hatte ich Angst, dass niemand kommen würde oder dass die Leute gleich beim ersten Song den Raum verlassen würden. Ganz unbegründet waren meine Befürchtungen nicht. Das Publikum bestand aus einer Handvoll hartgesottener Trinker, die sich an die Bar hockten und uns schweigend zusahen. Sobald jemand aufstand, flehte ich insgeheim: *Bitte geh nur zum Klo! Geh nicht nach Hause!**

Doch das änderte nichts daran, dass ich voll und ganz in der Show aufging, wenn sie erst mal richtig begonnen hatte. Es fiel mir nicht besonders schwer, über die Bühne zu stolzieren und wildfremden Menschen ins Gesicht zu jaulen. Ich bemerkte schnell, dass ich selbstbewusster und extrovertierter wurde, sobald ich vor Publikum stand. Ich war kein Angeber, aber litt auch nicht gerade an mangelndem Selbstbewusstsein.

Der Platz in der Mitte der Bühne, zwischen dem Gitarristen und dem Bassisten, fühlte sich wie für mich geschaffen an. Mir war sofort klar: Hier gehörte ich hin.

Mit Athens Wood lief es allerdings eher schlecht. Schon bald war die Luft raus und unsere Wege trennten sich. Inzwischen stand ich total auf Heavy Metal und schloss mich einer bluesigen Hardrock-Band namens Lord Lucifer an, die schon deutlich mehr Kante zeigte. Dieser Haufen war genau mein Ding. Ich war von meinem Moped auf ein BSA-Motorrad umgestiegen und malte mir den Bandnamen auf den Tank der Maschine – mit Flammen und allem, was dazugehört. Es sah klasse aus, doch Lord Lucifer spielten leider nie auch nur einen einzigen Gig.

Wenn ich nicht selbst Musik machte, schaute ich mir so viele Konzerte an, wie ich konnte. Ich war Stammgast in einem Rockclub namens Whiskey Villa, der in einer alten Methodistenkirche mitten im Stadtzentrum von Walsall

---

* Das geht mir heute noch so. Selbst in einem ausverkauften Stadion rutscht mir sofort das Herz in die Hose, wenn ich sehe, wie jemand zum Ausgang geht. Wir Bühnentypen sind verdammt leicht zu verunsichern.

residierte. Dort sah ich Rory Gallagher – auch einer meiner frühen Helden – mit seiner ersten Band Taste.

Da ich an den Abenden nun immer frei hatte, fuhr ich häufig zu Konzerten nach Birmingham. In Schuppen wie Henry's Blueshouse, das im ersten Stock über einem Pub lag, sah ich viele großartige Bluesmusiker. Eines Tages sogar Muddy Waters. Ich konnte kaum glauben, dass er leibhaftig vor mir stand – in Birmingham. Es fühlte sich an, als würde ich Mozart spielen sehen!

Zusammen mit Sue ging ich oft ins Mother's in Ersington. Der Laden war so etwas wie die Midlands-Version des Londoner Marquee. Dort sahen wir Zeppelin, Pink Floyd, und ich glaube, eines Abends, als ich total besoffen war, sogar Earth. Die Band, die dann zu Black Sabbath mutierte.

Wenn ich sonst nichts vorhatte, ging ich rüber ins Dirty Duck und ließ mich volllaufen. Und zwar bis zum Anschlag. Ich war inzwischen ein echter Komasäufer, der sich ein Starkbier nach dem anderen hinter die Binde goss und die Mogadan-Pillen wie Smarties einwarf. Wenn die Gäste rausgekegelt wurden, setzte mein Brieftaubeninstinkt ein, und ich wankte nach Hause.

Eines Abends, es war ein Freitag, nahm Sue mich mit in den Pub, wo ich sechs Pints Starkbier und eine Mogadan vernichtete. Auf der Heimfahrt kotzte ich aus dem Seitenfenster. Am nächsten Morgen konnte ich mich an nichts mehr erinnern, hörte aber, wie meine verärgerte Schwester im Erdgeschoss auf Dad einredete.

»Dad, ich habe Rob gestern in den Pub mitgenommen, und er hat meine ganze Autotür vollgekotzt! Er ist immer noch weggetreten, und ich komme zu spät zur Arbeit. Kannst du mir bitte den Gefallen tun und die Schweinerei sauber machen?«

Und das tat er. Weiß der Geier, warum er mich nicht aus dem Bett zerrte und mich zwang, mein Erbrochenes selbst wegzuwischen.

Andererseits war Sue auch kein Engel. Meine Schwester durchlief gerade eine rebellische Phase. Seit sie neben ihrem Friseurjob gelegentlich für lokale Fotografen als Model posierte, hatte sie den Schmollmund zur Dauerpose erhoben und trug bevorzugt Hotpants.

Ich besaß inzwischen eine vorzeigbare Plattensammlung, und als der DJ der Rock-Disco im Duck eines Abends krank war, bot ich an, für ihn einzuspringen. Als ich im Pub ankam, stellte ich überrascht fest, dass in den Pausen zwischen meinen Sets eine Go-go-Tänzerin auftreten sollte: Sue! Ich fühlte mich verantwortlich für meine kleine Schwester, und ich wusste nicht recht, was ich davon halten sollte, dass die Kerle sie lüstern anglotzen würden.*

Wenn wir nach der Sperrstunde die Tür des Dirty Duck abschlossen und zu jemandem nach Hause gingen, um weiterzufeiern, dann machte ich häufig die Nacht durch und ging morgens betrunken zur Arbeit. Zum Glück war ich der Chef, und niemand konnte mir ans Bein pissen. Außerdem schien das Geschäft auch ohne mich ganz gut zu laufen.

Glaubt man einer der hartnäckigsten Legenden, die über meine Person in Umlauf sind, dann habe ich in einem Pornokino gearbeitet, bevor ich Sänger wurde. Dieses kleine Juwel der Gerüchteküche hat es sogar bis zu Wikipedia geschafft, und wir wissen ja alle, dass dort nur die reine Wahrheit zu finden ist. Na ja, offenbar nicht immer. *Hier* kommt die wahre Geschichte.

---

* Dads Meinung war jedoch eindeutig. Er hasste die ganze Sache.

Auf dem Weg zur Arbeit kam ich immer an einer Reihe viktorianischer Reihenhäuser mit schmuddeligen Ladenlokalen vorbei. Die meisten davon beherbergten Nippesläden oder Werkstätten für Staubsauger-Reparatur. Doch hinter einer besonders schäbigen Tür, deren Farbe bereits abblätterte, verbarg sich ein Sexshop.

Meine Erfahrungen mit der schwulen Urlaubslektüre und dem Fotoband von Bob Mizer hatten mein Interesse an Pornografie geweckt, also schneite ich hin und wieder dort rein. Der Laden war nicht größer als ein durchschnittliches Wohnzimmer, und an den Wänden hingen Pornomagazine aus Amsterdam und schlüpfrige Bücher, die in Plastik eingeschweißt waren.

Darunter befanden sich auch ein paar schwule Pornohefte. Komischerweise kaufte ich nie eins davon. Aber ich freundete mich mit dem Kerl an der Kasse an und quatschte mit ihm über Musik. Eines Abends schaute ich auf dem Heimweg kurz dort vorbei, als er mich um einen Gefallen bat.

»Du, Rob, ich hab die nächsten paar Wochenenden ziemlich viel um die Ohren – könntest du vielleicht nach dem Laden sehen? Ich bezahl dich auch!«

»Klar doch, ich bin dabei!«

Ich war also zwei Wochenenden lang Geschäftsführer eines Sexshops. Es war famos. Abgesehen von einer knappen Handvoll Frauen, die wegen der Dildos und Sexspielzeuge kamen, stellten Männer ohne Begleitung den Löwenanteil der Kundschaft. Nach kürzester Zeit reichte mir ein kurzer Blick, um zu wissen, wofür sie sich interessierten. *Ah, der Typ ist wegen der Große-Titten-Magazine hier!* Ich lag nur selten daneben.

Keine Frage: Einige der Zwischenstopps, die ich auf meinem Weg von Harry Fenton nach Hause einlegte, waren eher anrüchig. Neben dem Sexshop schaute ich auch regelmäßig in einer öffentlichen Toilette vorbei, die als Cruising-Hotspot galt.

In der Stadtmitte von Walsall, gleich neben dem Kaufhaus von British Home Stores, gab es eine alte viktorianische Toilette. Sie lag unterirdisch, und der Eingang hatte ein schmiedeeisernes Geländer. Für gewöhnlich lungerte ich in der Nähe herum, bis ich einen gut aussehenden Kerl erspähte, dem ich dann unauffällig nach unten folgte. Ich versuchte abzuschätzen, ob er bloß pinkeln musste oder womöglich auf etwas anderes aus war. In neunundneunzig von hundert Fällen ging es natürlich um Ersteres, aber wenn ich auch nur den leisesten Verdacht hatte, er könnte interessiert sein, bemühte ich mich um Blickkontakt und schenkte ihm ein Lächeln.

Das war ganz schön riskant. Denn Gewalt gegen Schwule war damals an der Tagesordnung. Mir war also bewusst, dass ich jederzeit Gefahr lief, an einen homophoben Idioten zu geraten und eine Tracht Prügel zu kassieren. Ich fand es schrecklich, für ein bisschen männliche Gesellschaft so ein Risiko eingehen zu müssen. Aber was hätte ich sonst tun sollen?

Abgesehen von misstrauischen Blicken oder einem blöden Spruch ist mir dort Gott sei Dank nie etwas zugestoßen. Gelegentlich wurde meine Geduld mit einer hastigen Grabscherei belohnt. Meistens trottete ich allerdings entmutigt zurück nach Beechdale. Ein einsamer Fischer, in dessen Netz sich wieder mal kein Schwanz verirrt hatte.

Es war frustrierend. Genau wie der Umstand, dass ich mit meinen musikalischen Ambitionen auf der Stelle trat. Die leuchtenden Flammen auf dem Tank meines Motorrads hatten Lord Lucifer auch kein Feuer unterm Arsch machen können. Die Band löste sich auf. Immerhin war ich zuversichtlicher, was mein nächstes Projekt betraf.

In der lokalen Live-Szene hatte ich ein paar Jungs kennengelernt, mit denen ich die Band Hiroshima gründete. Paul Watts spielte Gitarre und Ian Charles den Bass. Am besten kam ich allerdings mit unserem Drummer zurecht, einem liebenswerten, aber leicht reizbaren Kerl namens John Hinch.

Hiroshima machten die Art von Musik, die ich auch selbst am liebsten hörte: sehr lauten, progressiven Bluesrock. Meine alten Blues-Platten – und der Auftritt von Muddy Waters in Brum – hatten mich so für die Mundharmonika begeistert, dass ich mir eine zulegte. Mit dieser Blues Harp improvisierte ich wie ein Wilder drauflos. Und ich war gar nicht mal schlecht.

John Hinch wohnte in Lichfield, wo es verglichen mit der grauen Arbeiterstadt Walsall recht grün und bürgerlich war. Wir probten in einem Gemeindesaal in der Nähe seiner Wohnung. Hiroshima spielten keine Coverversionen, und ich bin mir nicht sicher, ob unsere eigenen »Songs« so etwas wie eine feste Struktur hatten. Unsere Spezialität waren eher ausufernde Jams und endloses Gedudel.

Deshalb sind mir die wenigen Pub-Gigs, die wir spielten, wohl auch nicht sonderlich gut im Gedächtnis geblieben. Hauptsächlich erinnere ich mich an Typen mit einem Bier in der Hand, die nach einem Blick auf die Bühne achselzuckend zur Bar zurückkehrten.

Gerade als mir allmählich klar wurde, dass mich auch Hiroshima nicht auf die Überholspur zum Erfolg führen würden, ergab sich überraschend die Chance meines Lebens.

Sue streichelte inzwischen nicht mehr die Mähne von Brian the Lion, sondern ging mit einem netten Kerl namens Ian Hill, den sie ebenfalls im Dirty Duck kennengelernt hatte. Ian spielte Bass in einer Band namens Judas Priest, die in der Szene schon seit einer ganzen Weile von sich reden machte.

Aber seit Kurzem hatten sie Probleme. Sowohl ihr Sänger als auch ihr Drummer waren ausgestiegen. Als Sue mir eines Tages erzählte, dass die Band nach Ersatz suchte, hielt sie plötzlich inne und starrte mich an.

»Weißt du was, Rob? Du solltest es mal mit Priest probieren«, sagte sie.

Ich erwiderte ihren Blick und spielte den Vorschlag in Gedanken durch.

Hmm.

»Ja«, sagte ich dann. »Vielleicht sollte ich das mal versuchen.«

4

Ich erlange die Priesterwürde

Ich hatte schon so einiges von Judas Priest gehört.

Die Band gab es bereits seit drei oder vier Jahren. Da Sue mit Ian ging, war ich mit den Höhen und Tiefen der Gruppe einigermaßen vertraut. Ihr erster Gitarrist, John Perry, war bei einem Autounfall zu Tode gekommen. Wie bei jeder Band hatte es ein paar Besetzungswechsel gegeben, und es war nicht immer nur gut gelaufen. Gleich zu Beginn hatten sie einen Plattenvertrag unterschrieben, aber das Label war pleitegegangen, bevor sie irgendwas veröffentlichen konnten. Daraufhin hatten sich Priest aufgelöst, um sich anschließend mit neuen Mitgliedern zu reformieren.

Ich hatte sie sogar schon einmal live gesehen, etwa ein Jahr zuvor in Birmingham. Hauptsächlich erinnerte ich mich daran, dass ihr Gitarrist Ken Downing damals frisch zur Band gestoßen war und dass Ian auf der Bühne eine fantastische Figur gemacht hatte – ein spindeldürrer Bassist, dem das lange Haar bis zur Taille hing. Ich weiß noch, dass ich damals dachte: *Diese Band hat was.*

Judas Priest hatten eine Menge Shows in den Midlands gespielt, aber im Augenblick lief es wieder mal nicht so rund.

Ihr Sänger Al Atkins, der von Anfang an dabei war, hatte ihnen gerade eröffnet, dass er das Mikro an den Nagel hängen würde. Er war verheiratet, hatte Kinder und verdiente mit der Band nicht genug Geld, um seine Familie zu ernähren.

Auch wenn bei ihnen damals nicht alles so lief, wie es sollte, gefiel mir der Sound von Judas Priest. Und sie machten auf mich einen deutlich professionelleren Eindruck als Hiroshima, die in naher Zukunft sicher nicht durch die Decke gehen würden. Also stimmte ich Sues Vorschlag zu und fragte meine Schwester, ob sie gegenüber Ian und Ken mal erwähnen könnte, dass ich interessiert sei.

Etwa eine Woche darauf kamen die Jungs nach Beechdale, um sich mit mir zu treffen. Fairerweise sollte ich erwähnen, dass Ken und ich unterschiedliche Erinnerungen an diese erste Begegnung haben. Laut Ken kam ich mit der Mundharmonika in der Hand die Treppe herunter, nachdem Sue ihnen die Tür geöffnet hatte. Das klingt recht plausibel, schließlich habe ich damals ständig auf dem Ding herumgedudelt.

Der entscheidende Unterschied: Er behauptet, ich hätte dabei einen Song von Doris Day gesungen.

Doris Day? Warum zum Teufel sollte ich einen Doris-Day-Song singen?! Immerhin sagt Ian, es sei eine Nummer von Ella Fitzgerald gewesen, was um einiges besser ist …

Egal. Ken, Ian und ich saßen jedenfalls im Wohnzimmer und quatschten. Wir lagen sofort auf einer Wellenlänge. Ken vergötterte Hendrix. Ich erzählte ihm, dass ich ebenfalls ein großer Fan war. Überhaupt hatten wir einen recht ähnlichen Musikgeschmack.

Ken lag Judas Priest extrem am Herzen, was ich großartig fand. Er ließ sich nicht davon beirren, dass sie ihren Sänger verloren hatten, sondern sprach voller Optimismus darüber, was er mit der Band alles erreichen wollte. Ian war da um einiges entspannter, aber das wusste ich ja bereits.

Priest standen nicht bloß ohne Sänger da. Ihr Drummer, ein Typ namens Congo Campbell, war ebenfalls ausgestiegen. Als Ken und Ian mich also einluden, gemeinsam mit ihnen zu jammen, bot ich ihnen an, John Hinch mitzubringen.

»Klar«, sagte Ken. »Warum nicht?«

Sie erklärten mir den Weg zu ihrem Proberaum, einer Schulaula, die sie scherzhaft Holy Joe's nannten. Sie gehörte zum Komplex einer Kirche im Örtchen Wednesbury, knapp fünf Kilometer von Walsall entfernt. Ein paar Tage später machten Hinchy und ich uns auf den Weg dorthin.

Ken, Ian, John und ich daddelten drei Stunden oder sogar länger herum. Der Funke war sofort übergesprungen, deshalb war ich überhaupt nicht nervös. Im Gegenteil, ich hängte mich voll rein, heulte wie ein Wolf, sang lieber ein »Ooh, aah, baby!« zu viel als zu wenig und präsentierte meine besten Planty- und Joplin-Moves. Ich hatte von Anfang an ein gutes Gefühl.

Hätte das Vorsingen in Los Angeles stattgefunden, dann hätte Ian oder Ken hinterher vielleicht so etwas gesagt wie: »Wow, Mann, das war ja umwerfend! Mit deiner Stimme und unseren Gitarren werden wir's bis ganz nach oben schaffen!« Aber dafür sind wir in Walsall zu bodenständig.* Als wir fertig waren, nickte Ken mir nur zufrieden zu.

»Das war ganz gut, oder?«, sagte er. »Sollen wir gegen Ende der Woche noch mal jammen?«

---

* Wenn die Stadt Walsall ein Motto hätte, dann vermutlich so etwas wie: »Wir machen nicht viel Trara.«

Und das war's. Es wurde kaum ein Wort darüber verloren, aber ich war jetzt Sänger von Judas Priest. Überglücklich machte ich mich auf den Heimweg.

Rasch gingen wir dazu über, mehrfach in der Woche am Abend sowie am Wochenende zu proben. Dabei kam es regelmäßig zu einem eigentümlichen Ritual. Der Namenspatron des Proberaums Holy Joe's – Pater Joe, der bejahrte Vikar der Kirche nebenan – wohnte auf dem Gelände und schaute häufig bei uns vorbei, um eigenhändig die Saalmiete einzukassieren. Vater Joe war dem Alkohol nicht abgeneigt, und er machte aus diesem Umstand auch gar keinen Hehl. »Kommt schon, Jungs, ich bin völlig ausgetrocknet!«, drängte er uns oft, während wir die Taschen unserer Jeans nach Geld durchforsteten. Hatte er genug beisammen, trollte er sich zufrieden zum Pub an der Ecke.

Im Holy Joe's spielten wir auch die eine oder andere Coverversion, aber wir hatten uns von Anfang an in den Kopf gesetzt, eigene Songs zu schreiben. Als ich bei Priest einstieg, hatte die Band bereits ein paar primitive Nummern, die noch vom alten Line-up stammten. Ich fand diese Songs ehrlich gesagt nicht besonders gut, aber mir gefielen der Sound und die Attitude der Band.

Wir haben nicht groß darüber gesprochen, aber uns war allen klar, dass wir schnell den Ruf einer Coverband bekommen würden, wenn wir zu viele Fremdkompositionen spielten. Von diesen Kapellen gab es in der Szene mehr als genug, und die gingen auch völlig in Ordnung … aber für uns war das nichts. Wir wollten auf eigenen Füßen stehen.

Wir haben auch nie darüber gesprochen, dass ich die Texte der Band schreiben sollte, aber es lag nahe. Ich liebte Literatur, hatte mich schon in der Schule für Sprache interessiert, kam vom Theater, und überhaupt: In einer Band schreibt der Sänger nun mal die Texte. So läuft das einfach. Das war meine erste echte Chance, mich künstlerisch auszudrücken.

Anfangs fanden unsere Songwriting-Sessions in einer winzigen Einzimmerwohnung eines Gebäudekomplexes namens Meynell House in Handsworth Wood, einem Vorort von Birmingham, statt. Es war Ians Bude, und die komplette Band inklusive diverser Kumpels hing ständig dort ab. Auch Sue war natürlich oft da.

Die verlotterte Wohnung war eine Mischung aus Hippie-Kommune und Rock'n'Roll-Höhle, und ich verbrachte sehr viel Zeit dort. Wirklich sehr, sehr viel Zeit. Wir saßen bis spät in die Nacht dort herum, rauchten, jammten und suchten nach coolen Riffs: »Warte mal, Ken, was hast du da gerade gespielt? Mach das noch mal.« Ich wette, die Nachbarn haben uns *geliebt*.

Wenn ich nicht dort war, hing ich meistens bei Ken rum, der mit seiner Freundin Carol in Bloxwich wohnte. Nach der Arbeit bei Henry Fenton trank ich zu Hause eine Tasse Tee und ging dann rüber zu Ken, um in die Flimmerkiste zu glotzen und Schallplatten zu hören.

Mein Haar war damals schon etwas länger, und ich lief bevorzugt in einem dreiviertellangen Fischgrätmantel rum. Eines Nachts war ich auf dem Weg von Ken nach Hause, als mich kurz hinter der Fabrik von G. & R. Thomas Ltd. ein Polizeiwagen überholte und mit quietschenden Bremsen zum Stehen kam. *Was zum Teufel …?*

Zwei Bullen sprangen aus dem Wagen und packten mich. »Haben wir dich, du kleiner Rumtreiber. Dachtest wohl, du würdest damit durchkommen, was?«, herrschte mich einer von ihnen an. »Was ist denn los?«, fragte ich und war vor Schreck wie gelähmt.

»Halt gefälligst die Klappe! Du weißt genau, was du angestellt hast!«

»Ich hab gar nichts gemacht! Ich war bei ’nem Freund und bin auf dem Heimweg …«

»Ach ja? Wir bringen dich jetzt zu dem Haus, in das du eben eingebrochen bist! Und jetzt halt die Klappe!« Um sicherzustellen, dass ich sie auch richtig verstand, gaben sie mir eine Ohrfeige, bevor sie mich auf die Rückbank des Streifenwagens schubsten. Dann brausten sie los.

Wir waren höchstens zehn Minuten unterwegs und hielten dann vor einem Haus. Ich hatte keine Ahnung, wo wir waren. Die Bullen zerrten mich aus dem Auto und führten mich im Polizeigriff zur Tür. Sie klingelten, und eine ältere Dame machte ihnen auf.

»Wir haben Ihren Einbrecher, meine Liebe«, sagte einer der Polizisten. »Können Sie uns kurz bestätigen, dass er der Täter ist?«

Die Frau musterte mich. Mit meinem schulterlangen Haar und dem Fischgrätmantel sah ich ziemlich unverwechselbar aus.

»Das ist er auf keinen Fall!«, erklärte sie, drehte sich um und schlug uns die Tür vor der Nase zu.

Die beiden Bullen wechselten einen gleichgültigen Blick und ließen mich los. Ich dackelte hinter ihnen her zurück zum Auto.

»Und was ist jetzt mit mir?«, fragte ich, als sie einstiegen.

»Was soll schon mit dir sein?«

»Ich hab keinen Schimmer, wo ich hier bin. Können Sie mich wenigstens da absetzen, wo Sie mich aufgesammelt haben?«

»Nicht unser Problem, Junge«, sagte einer der beiden, dann knallten sie die Türen zu und fuhren davon. Ich irrte dreißig

Minuten lang durch die Gegend, bis ich mich wieder auskannte, und war erst um zwei Uhr morgens zu Hause. *Die Polizei, dein Freund und Helfer – Siebzigerjahre-Style!*

Obwohl ich wusste, dass ich schwul war, wollte ein Teil von mir diese Tatsache nicht wirklich wahrhaben. Nicht, dass ich der Meinung gewesen wäre, mit Schwulen würde irgendwas nicht stimmen. Ich wollte nur keiner von ihnen sein. Vermutlich ahnte ich damals schon, wie viel Schmerz und Verwirrung es mir später im Leben bescheren sollte.

Deshalb bändelte ich damals immer noch hin und wieder mit dem anderen Geschlecht an. Es gab da ein reizendes Mädchen namens Margie, die Schwester einer Freundin von Sue, die fast genauso häufig bei Ken abhing wie ich. Sie war ein süßes, zurückhaltendes Ding und stand total auf Priest.

Margie und ich saßen manchmal zusammen auf dem Sofa und kuschelten. Das Petting gefiel mir, und ich war sogar erregt – dennoch fehlte mir etwas dabei. Da war ständig diese Stimme in meinem Kopf, die sagte: *Was machst du denn da? Du bist doch schwul!*

Eines Abends hatten Margie und ich uns vorgenommen, in Kens Gästezimmer zu übernachten. Auf dem Weg dorthin war ich fest entschlossen: *Also gut, heute Nacht werde ich meine Jungfräulichkeit an eine Frau verlieren.* Wir hingen alle gemeinsam ab, wie wir es immer taten. Als es an der Zeit war, ins Bett zu gehen, nahm Ken mich zur Seite.

»Wenn du oben im Gästezimmer bist, dann wirf einen Blick unter dein Kopfkissen«, flüsterte er mir zu.

Während Margie im Bad war, sah ich nach und fand ein Kondom. Ich wusste nicht, was ich davon halten sollte. Einerseits war es irgendwie anmaßend von ihm, aber andererseits wollte Ken wohl nur ein guter Freund sein und mich unterstützen. Als Margie ins Bett kam, fummelten wir erneut herum, aber auch diesmal ging es nicht über Petting hinaus. Das Kondom blieb unbenutzt.

Mir wurde klar, dass es ein Fehler wäre, Margie zu mehr zu verleiten. Ich war schwul – und damit hatte es sich. Ich mochte sie wirklich gern und wollte ihr nicht wehtun, aber ich war hormonell und emotional so dermaßen neben der Spur, dass ich unfähig war, ihr das zu sagen.

Also machte ich mit ihr Schluss, und wie die meisten Kerle tat ich das auf denkbar beschissene Weise. An einem Sonntagnachmittag kurz nach der Nacht bei Ken saß ich zu Hause auf meinem Bett und dudelte auf meiner Mundharmonika herum, als es an der Tür klingelte.

»Rob, Margie ist hier!«, rief Sue von unten.

Mist! Was mache ich jetzt?

Ich geriet in Panik. »Ich will sie nicht sehen!«, brüllte ich zurück.

»Was? Jetzt stell dich nicht so blöd an, Rob, wenn sie schon mal hier ist! Kommst du jetzt runter?«

»Nein, ich komm nicht runter! Ich will sie nicht sehen!«

Ich war zweiundzwanzig und benahm mich wie der allerletzte Teenager. Glücklicherweise war Margie sehr viel liebenswerter, als ich es verdient hatte, und wir beide blieben Freunde. Aber ich hatte den Wink verstanden, den mir mein Körper und meine Psyche gegeben hatten, und hielt mich künftig daran. Margie war für sehr lange Zeit die letzte Frau, mit der ich etwas anfing.

Ians Mitbewohner im Beynall House in Birmingham, das so etwas wie die inoffizielle Bandzentrale wurde, war ein ungewöhnlich exzentrischer Typ, der in der Geschichte von Judas

Priest noch eine wichtige Rolle spielen sollte: Dave »Corky« Corke.

Corky war der Manager der Band, obwohl niemand so genau wusste, wie es dazu gekommen war. Scheinbar hatte er einfach nur regelmäßig mit ihnen rumgehangen und sich dann selbst den Job zugeschustert. Allerdings konnte niemand abstreiten, dass er mit äußerster Leidenschaft in seiner Rolle aufging.

Corky war ein echter Gauner. Einer von der Sorte, wie ihn am Anfang vielleicht jede Band braucht. Er war ein kleiner, dicklicher und zappeliger Kerl aus West Bromwich mit krausem Haar und einem komischen Schnurrbart, der niemals zu wachsen schien. Außerdem hatte er so schlechte Augen, dass er eine Brille tragen musste, deren Gläser so dick wie Glasbausteine waren.

Corky konnte einem Huhn eine Kiste Eier aufschwatzen. Er war ein liebenswerter Spitzbube, und seine goldene Zunge hat uns manche Tür geöffnet, die sonst auf ewig verschlossen geblieben wäre. Er erzählte uns, dass er ein Büro in Birmingham hätte. Das war jedoch gelogen. Was er *wirklich* hatte, war ein Auto, das er neben einer Telefonzelle vor dem Bacon Pub in Great Barr parkte. Er gab die Nummer der Telefonzelle als seine eigene Telefonnummer aus und saß mit heruntergelassenem Fenster in seiner Karre, wo er auf Anrufe wartete.

Doch dann ging es für Corky steil nach oben – und zwar im wahrsten Sinne des Wortes. Corky besorgte sich Zugang zu einem Bürohaus im Zentrum von Brum, und irgendwie gelang es ihm, das Telefon im Aufzug – das dazu diente, im Notfall einen Techniker zu rufen – so zu manipulieren, dass er damit nach draußen telefonieren und sogar Ferngespräche führen konnte. Von nun an erledigte er alle seine Geschäfte, während er zwischen den Stockwerken rauf und runter fuhr.

Bei einigen der vollmundigen Anrufe, die Corky für uns tätigte, war ich selbst dabei, und nicht selten blieb mir die Spucke weg. In der Regel begann er mit den Worten: »Guten Tag, ich rufe im Namen von DCA in Birmingham an. Wir repräsentieren die international bekannte Band Judas Priest.« Anschließend pries er uns gewöhnlich als beste Rockband Großbritanniens und übertrieb hoffnungslos, was die Zahl unserer Fans anging.

Corky sülzte dem armen Kerl am anderen Ende der Leitung so lange die Ohren voll, bis diesem der Schädel brummte und er einknickte: »OKAY, OKAY! Ihr dürft nächsten Donnerstag spielen! Ich zahle einen Zehner!« Ich bin sicher, dass wir anfangs nur deshalb Gigs bekamen, weil die Leute Corky wieder loswerden wollten.

Aber eins musste ich ihm lassen – seine Taktik ging auf. Offenbar kannte Corky Veranstalter in allen größeren Städten Großbritanniens und in vielen der kleineren ebenfalls. Dafür, dass Priest immer noch eine unbekannte Band ohne Plattenvertrag war, spielten wir verdammt viele Shows.

Irgendwie gelang es uns, genug Geld zusammenzukratzen, um einen alten Ford Transit zu kaufen. Der Wagen erweiterte unseren Aktionsradius gehörig. Dank dieses Vans und Corkys großer Schnauze waren wir gut im Geschäft.

Gott weiß, wie viele Stunden – ach was, Tage – wir in den ersten Monaten in diesem Lieferwagen verbrachten. Wir gondelten nach Manchester, Newcastle, Cardiff oder Hull und klapperten einen Großteil der Pubs und Clubs in Nordengland ab. Sogar im Cavern Club in Liverpool spielten wir, und es war ein Knaller. Auch in St. Albans kamen wir immer gut an.

Von dort kamen wir gerade zurück, als ich eines Nachts den Transit verunstaltete. Ich hatte nach dem Auftritt ordentlich gebechert und war hackedicht, da verspürte ich plötzlich den unbändigen Drang, mich zu übergeben. Ich steckte den Kopf aus dem Fenster ... und kotzte den ganzen Wagen voll.

»Verdammt, was hast du dir alles eingefahren, Rob?«, fragte mich Ken.

»Nur eine Flasche Beaujolais und drei Valium«, murmelte ich.

Als ich den Transporter am nächsten Tag sauber machen wollte, hatte sich mein Erbrochenes wie ein Abbeizmittel in den Lack gefressen. Ich bekam den Kotzfleck nicht mehr weg. Immerhin: Dadurch konnte man unseren Transit jetzt von jedem anderen unterscheiden. *Großartig!*

Jeder noch so kleine Erfolg war schwer erkämpft. Häufig spielten wir vor einem Publikum aus Kneipensäufern, die nur wegen des Biers da waren und noch nie von uns gehört hatten. Wir wussten vorher nie, wie es laufen würde. An manchen Abenden gab es tosenden Applaus. An anderen folgte auf denselben Song nichts als Stille ... oder das einsame Klatschen eines einzelnen Gastes.

Das brachte mich jedes Mal ins Grübeln: *Ist das ein anerkennendes Klatschen? Ein sarkastisches Klatschen? Ein widerwilliges Klatschen? Was für ein Klatschen ist das?*

Wenn wir es uns leisten konnten, gönnten wir uns eine Übernachtung im Bed & Breakfast. Aber meistens waren wir so abgebrannt, dass wir noch in derselben Nacht zurückfuhren oder im Transit schliefen. Zwischen den Gitarren und Verstärkern zu pennen, war kein Spaß. Schon deshalb, weil alle so stark rauchten, dass der Wagen immerzu völlig verqualmt war. Da half nur eins: sich bis zur Besinnungslosigkeit besaufen.

Trotzdem waren diese Auftritte Gold wert. Egal, ob wir beim Publikum ankamen oder ob wir durchfielen, wir lernten immer etwas dazu. Wir hatten reichlich Gelegenheit, die spielerischen Eigenheiten der anderen besser kennenzulernen. Als Band und als Kumpels schweißte es uns enger zusammen. Wir wurden immer bessere Musiker und immer bessere Freunde.

Als Sänger half es mir dabei, meine Stimme zu finden und einen eigenen Gesangsstil zu entwickeln. Ich wuchs über meine Einflüsse hinaus. Damals passierte eine Menge interessantes Zeug in der Musikszene. Obwohl Plant und Gillan weiterhin die Größten für mich waren, hatte ich auch immer schon Popmusik gemocht und konnte so manchem Charts-Hit etwas abgewinnen.

Die frühen Siebzigerjahre waren die große Zeit des Glamrock – ich liebte die Wham-Bam-Riffs und den ganzen Flitterkram. Die visuelle Seite begeisterte mich genauso wie die Musik. Ich war stets der Meinung, dass ein Popstar wie ein Popstar aussehen und sich wie ein Popstar kleiden sollte. Und bei Glamrock traf das einfach zu.

Als Marc Bolan mit T. Rex bei *Top of the Pops* auftrat, war ich begeistert, und David Bowie haute mich förmlich um. Beide Sänger – genau wie Roxy Music – hatten etwas Magisches für mich. Als wären sie nicht von dieser Welt und würden über den Dingen schweben, zumindest weit über allem, was sonst noch angesagt war. Sie reizten die Grenzen der Popmusik aus, und das faszinierte mich.

Längst nicht alles, was die Glam-Welle hervorbrachte, war derart anspruchsvoll. Aber ich mochte auch die Bands, die eher eine Art Slapstick-Ausstrahlung hatten. An The Sweet mochte ich ihren Camp-Faktor: Bei *Top of the Pops* stolzierten sie wie bunte Pfauen herum und knutschten die Fernsehkameras. Gary Glitter wirkte wie eine Comicfigur und machte einfach Spaß. Später sorgte er leider dafür, dass man seine Musik heute nicht mehr hören kann.

Mit Slade hatten wir sogar unsere eigenen lokalen Glamrock-Helden. Die Band stammte mehrheitlich aus Wolverhampton, aber Noddy Holder kam aus Walsall, genau genommen sogar aus Beechdale. Er war nur zwei Straßen von mir entfernt aufgewachsen. Ich habe ihn nie kennengelernt, und er zog weg, als Slade berühmt wurden, aber gelegentlich sah ich seinen weißen Rolls-Royce am Straßenrand parken, wenn er seine Mutter besuchte.*

Eine Band aus dieser Ära begeisterte mich jedoch mehr als jede andere, und das tut sie immer noch: Queen. Zum ersten Mal hörte ich sie, als Alan Freeman sie bei Radio 1 spielte, und kurz darauf in der Show von Kenny Everett. Sie klangen verdammt gut, aber als ich sie dann bei *Top of the Pops* sah, sprengten sie mir die Schädeldecke weg. Freddie Mercury war von Anfang an ein Gott für mich.

Nicht, weil er schwul war – das war mir gar nicht bewusst. Dabei fragte ich mich das beim Anblick vieler Glam-Bands eigentlich ständig; Noddy war offensichtlich nicht schwul und Brian Connolly von The Sweet auch nicht, aber bei Bolan oder Bowie war ich mir nicht sicher. Bei Freddie kam es mir nicht mal in den Sinn – ich hielt ihn schlicht für einen unglaublich extravaganten Showstar.

Als ich sie in der Stadthalle von Birmingham zum ersten Mal live sah, stand die Band noch am Anfang ihrer Karriere. Alle Bandmitglieder trugen weiße Zandra-Rhodes-Kostüme. Und sie waren so *verdammt* gut. Mit Beginn des ersten Songs

---

* Fast fünfzig Jahre später bin ich Noddy immer noch nicht begegnet. Wie blöd ist das denn? Wir haben ein- oder zweimal versucht, ein Treffen zu arrangieren, aber bis jetzt hat es nie geklappt. Ich hoffe, wir kriegen das noch hin – wir hätten bestimmt eine Menge zu lachen.

erschien Freddies Silhouette im Licht eines Scheinwerferkegels auf der linken Bühnenseite.

»Now I'm here ...«, sang er.

Dann ging der Scheinwerfer aus. Stattdessen erstrahlte einer auf der rechten Bühnenseite. Auch in seinem Licht zeichnete sich Freddies Silhouette ab.

Er führte das Mikro zum Mund und sang: »Now I'm there ...«

Wie machte er das nur?

War einer der beiden ein Doppelgänger? Ein Pappaufsteller? Selbst als ehemaliger Beleuchter konnte ich mir keinen Reim darauf machen, aber es sah großartig aus. Die Spots flammten weiterhin abwechselnd auf, dann erloschen beide auf einen Schlag, und *da war er*: Freddie stand in der Bühnenmitte und sang sich die Seele aus dem Leib. Fantastisch!

War die hanebüchene Aktion, mit der unser Manager mich als Nächstes überrumpelte, vielleicht meiner Begeisterung für Freddie geschuldet? Corky hatte ein Fotoshooting organisiert, für das Sue mir eine leichte Dauerwelle ins Haar machte. Ein paar Tage danach tauchte Corky bei Holy Joe's auf und wedelte mit den Abzügen der Schwarz-Weiß-Fotos herum.

»Hey, Leute, ich hab euch allen Spitznamen gegeben!«, verkündete er. »Das wird bei der Presse gut ankommen!«

Corky verteilte die Fotos. Ian hieß jetzt Ian »The Skull« Hill. Eine Neuigkeit, die er mit dem für ihn typischen Gleichmut aufnahm. Ken war zu Ken »K.K.« Downing geworden, was ihm sehr zu gefallen schien. Dann reichte Corky mir mein Foto.

Unter dem Bild, auf dem ich eine unfreiwillig tuntige Pose einnahm, stand:

Rob »The Queen« Halford

Was zur Hölle …?

Meine erste Reaktion war ein peinlich berührtes Kichern. Aber ich war ernsthaft verärgert.

»Was hast du dir dabei gedacht, Corky?«, fuhr ich ihn an.

»Das soll nur für etwas Aufmerksamkeit sorgen!«, erklärte er grinsend, und seine kleinen Augen funkelten hinter den dicken Brillengläsern.

»Aber nicht *so*, verdammt nochmal!«

Ich fühlte mich schrecklich gedemütigt, und als ich das Foto mit nach Hause nahm, bekam es auch noch mein Dad in die Finger. Er war so entsetzt, dass ihm der Kragen platzte. »Reiß das Mistding in Stücke! Und zwar auf der Stelle!«, brüllte er mich an. Glücklicherweise war Rob »The Queen« Halford nicht so ein Selbstläufer wie »K.K.« Downing.

Ken hat mal gesagt, dass der Rest von Priest von Anfang an wusste, dass ich schwul bin. Und wenn er das sagt, dann muss es wohl stimmen. Trotzdem ist ein Teil von mir immer noch verwundert, dass meine Homosexualität für sie so offensichtlich war.

Im Fernsehen wurden schwule Männer damals für gewöhnlich als lächerliche Gestalten vorgeführt. So wie der von John Inman gespielte Mr. Humphries* in der Sitcom *Are You Being Served?*. Sie waren kreischende, affektierte Tunten, die jedem Typen auf den Hintern schauten. Phrasendreschende Witzfiguren.

* Heutzutage wird die Figur des Mr. Humphries als schwulenfeindliches Stereotyp betrachtet, aber ich habe sie nie so gesehen. Auf mich wirkte er wie ein netter Kerl, und mir gefiel es, dass ihn alle seine Kollegen so akzeptierten, wie er war. Sogar Mrs. Slocombe.

Ich war völlig anders. Ich wusste zwar, dass ich schwul war, aber rein oberflächlich betrachtet war ich ein Kerl wie jeder andere in Walsall. Ich war genauso bodenständig wie Ken, Ian und John. Ich redete wie sie, und wir lachten über die gleichen Dinge. Wir betranken uns zusammen und waren einfach nur Kumpels. Ich fühlte mich nicht *anders*.

Trotzdem wussten Priest eindeutig Bescheid, und ich bin ihnen bis heute dankbar. Nicht nur dafür, dass es ihnen egal war, sondern auch dafür, dass sie es mir gegenüber nicht ein einziges Mal *angesprochen* haben. Für die frühen Siebzigerjahre war das unglaublich aufgeschlossen, und viele Jungs aus der Arbeiterklasse in den Midlands hätten sich damals anders verhalten.

Trotz meiner Begeisterung für die glorreichen Outfits des Glamrock war mein eigener Bühnenlook eher zusammengeklaubt. Im Oasis, einem Mode-Shoppingcenter im Zentrum von Birmingham, hatte ich mir mal ein Outfit gekauft und dachte, darin mindestens so mysteriös zu wirken wie Bowie. Stattdessen sah ich aus wie ein Cricketspieler mit hochhackigen Stiefeln. Ich habe immer noch Kens skeptischen Blick vor Augen.

In den vorangegangenen Jahren hatte ich es mit verschiedenen Frisuren probiert. Mal trug ich Pony, mal Crewcut und zuletzt sogar Dauerwelle, je nachdem, worauf ich gerade stand. Jetzt schien mir die Zeit gekommen, meine Haare lang wachsen zu lassen. Und da ich den Job bei Harry Fenton ohnehin an den Nagel hängen wollte, stand dem nichts mehr im Weg.

Es wurde einfach zu anstrengend, mich um neun Uhr in den Laden zu schleppen, wenn ich erst um vier von einer Priest-Show nach Hause gekommen war. Klar, den sicheren Job zu kündigen, war ein riskanter Schritt. Ich gab ein regelmäßiges

Einkommen für einen Sprung ins kalte Wasser auf. Aber es fühlte sich nicht so an. Die Band musste einfach durchstarten. Punkt.

Priest rockten sich weiterhin im ganzen Land den Arsch ab. Corkys goldene Zunge bescherte uns einen Auftritt nach dem anderen, und im Sommer 73 verschaffte er uns sogar den Support-Slot auf einer Tournee von Budgie, einem bluesigen Hardrock-Trio aus Cardiff.

Wir waren schwer beeindruckt von Budgie. Ich kannte die Band aus dem Fernsehen und dem *Melody Maker*. Sie hatten bereits Alben bei einem Major-Label veröffentlicht und waren uns somit einen Riesenschritt voraus. Trotzdem waren die Jungs schwer in Ordnung und nahmen uns unterwegs sofort unter ihre Fittiche.

Aber ganz egal, wie gut Priest in St. Albans ankamen, wir wussten: Wenn wir es jemals zu etwas bringen wollten, dann mussten wir in London auftreten. Shows in der Hauptstadt waren das Nonplusultra. Dorthin kamen die A&R-Scouts, um neue Talente zu entdecken, und die Journalisten, um darüber zu schreiben.

Glücklicherweise stand ihm Rahmen der Budgie-Tour ein schlagzeilenträchtiger Gig im legendären Marquee Club in Soho an. Es war ein irres Gefühl, dieselbe Bühne zu betreten, auf der schon Hendrix, Zep und die Stones gespielt hatten. Aber es war ein echter Schock herauszufinden, dass die Garderobe ein Schuhkarton mit Wänden voller Graffiti war. Natürlich schmierten wir unseren Bandnamen ebenfalls drauf.

Wenn Corky zwischen dem ersten und sechsten Stock seines »Bürogebäudes« auf und ab flitzte, bemühte er sich nicht nur, uns Gigs zu verschaffen, sondern lag auch den Plattenfirmen-Bossen in den Ohren, um einen Vertrag für uns zu ergattern. Dabei war es ihm zumindest gelungen, sich selbst einen Job zu sichern – bei einem neu gegründeten Londoner Label namens Gull Records.

Corky überredete seinen Chef, einen Typen namens David Howells, zu unserem Auftritt im Marquee zu kommen. Für eine Vorgruppe lieferten wir verdammt gut ab. Howells erwies sich als umgänglicher Anzug-Typ, der zu wissen schien, wovon er redete. Und er versuchte nicht, uns zu verarschen. Das gefiel uns.

Er machte an diesem Abend keine Versprechungen, sagte jedoch zu Corky: »Ist mir ganz egal, wie die aussehen, aber mir gefällt ihr Sound.« Wir hatten getan, was wir konnten, und jetzt blieb uns nichts weiter übrig, als auf seine Entscheidung zu warten. Tatenlos blieben wir trotzdem nicht. Denn Judas Priest schickten sich an, ihre ersten Shows im europäischen Ausland zu spielen.

Corkys vollmundige Sprüche erwiesen sich als selbsterfüllende Prophezeiung. Er hatte für seine »international bekannte Band« eine zweiwöchige Tour durch Holland und Deutschland gebucht. Auf der Überfahrt nach Calais waren wir voller Vorfreude. Wie jede junge Band, die zum ersten Mal im Ausland spielt, fühlten wir uns wie eine Invasionsarmee: *Wir werden euch im Sturm erobern!*

Die Shows waren großartig, und ich hatte den Eindruck, dass die Fans auf dem europäischen Festland unsere Musik besser verstanden als die Menschen zu Hause. Vor allem in Deutschland, wo Heavy Metal sehr beliebt war, wurde uns ein warmer Empfang bereitet. Wir revanchierten uns, indem wir die Sprache lernten. Zumindest so weit, dass wir erfolgreich »vier Eier mit Pommes« bestellen konnten.

Ein paar Wochen später, Ende März 1974, tourten wir vierzehn Tage lang durch Norwegen. Mit der Fähre ging es über Nacht von Newcastle nach Stavanger. Bis zum Morgen hockten wir zitternd an Deck und tranken tapfer gegen den stürmischen Wind an. Ganz reizend. Wir hätten auch eine Kabine buchen können, aber woher sollten wir Grünschnäbel das wissen?

Diese Tour war eine Lektion in Sachen Improvisation. Während wir unterwegs waren, blieb Corky in England und machte von dort aus die Termine klar. Das war Jahrzehnte vor der Erfindung des Handys, weshalb wir uns an eine ausgeklügelte Prozedur halten mussten, um herauszufinden, wohin es als Nächstes gehen sollte. Corky nannte uns eine bestimmte Zeit, zu der wir uns bei ihm melden sollten. Wenn er den Telefonhörer abnahm, rief er: »Hast du einen Stift? Schnell, hier sind eure nächsten drei Gigs!« Er arbeitete jetzt in einem richtigen Büro. Aber er war es einfach gewohnt, seine Anrufe so kurz wie möglich zu halten und zum Ende zu kommen, bevor jemand seine Telefonzelle benutzen wollte oder er im Aufzug gestört wurde.

Eines dieser Telefonate mit Corky sorgte bei uns für große Aufregung. Als wir ihn eines Nachmittags kurz vor dem Soundcheck anriefen, klang er noch manischer als sonst:

»Jungs, Jungs, stellt euch vor«, stammelte er, »ich habe euch einen Plattenvertrag besorgt!«

5

Nicht mal ein mickriger Fünfer!

Unser Vertragspartner war Corkys neuer Arbeitgeber, Gull Records. Gull war ein kleines, neu gegründetes Independent-Label, für dessen Vertrieb mit Pye und Decca allerdings zwei der weltweit größten Plattenfirmen zuständig waren. Ein Umstand, der uns maßlos begeisterte. Die Worte in den Gedankenblasen über unseren Köpfen waren eindeutig: *Juhu! Das ist es! Wir haben es geschafft!*

Gull bot uns einen Vorschuss von zweitausend Pfund an und wollte uns in ein professionelles Tonstudio schicken, wo wir unser erstes Album aufnehmen sollten. Selbst 1974 waren zweitausend Pfund überaus knapp bemessen, aber in unseren Ohren klang es wie ein Vermögen. Es hätten ebenso gut zwei Millionen Pfund sein können. Immerhin ermöglichten sie es uns, ein *richtiges Album* aufzunehmen!

Als wir aus Norwegen zurückkamen, fuhren wir gleich nach London, um dort den Plattenvertrag zu unterzeichnen. Wahrscheinlich versuchte Corky, uns durch das Kleingedruckte zu lotsen – so genau weiß ich das nicht mehr –, aber wir wollten einfach nur zur Sache kommen. »Ja, ja, was auch immer, Corky! Ganz egal! Wo sollen wir unterschreiben?«

Jetzt, da David Howells unser Labelchef war, kam er mit einigen … nun ja, *interessanten* Ideen um die Ecke. Offenbar hatte er Angst, dass eine klassische vierköpfige Rockgruppe etwas langweilig sein könnte, also schlug er uns vor, ein fünftes Mitglied aufzunehmen. Wie wäre es mit einem Keyboarder? Oder einem Saxofonisten?

Wir wiesen diese abstrusen Vorschläge entschieden zurück, aber eine andere seiner Ideen war gar nicht so blöd. Wie wäre es mit einem zweiten Gitarristen?

Hmm. Das war vielleicht eine Überlegung wert …

Jeder von uns hörte eine Menge Musik, und eine der Bands, auf die wir alle standen, waren Wishbone Ash. Sie hatten zwei Solo-Gitarristen, Andy Powell und Ted Turner, und auf Alben wie *Argus* klangen die Harmonien dieser Doppelspitze fantastisch. Ken war ein besonders großer Fan ihres Sounds.

Das war wichtig. Denn Ken würde am meisten betroffen sein, falls wir einen zweiten Gitarristen an Bord holen sollten. Viele Gitarristen verteidigen die Grenzen ihres Reviers mit großem Einsatz. Dankenswerterweise gefiel Ken die Idee, und er erklärte sich bereit, die Sache auszuprobieren.

Bei dieser Gelegenheit brachte Corky Glenn Tipton ins Spiel.

Glenn war Gitarrist der Flying Hat Band, eines Hardrock-Trios aus Birmingham, das sich in der örtlichen Szene dank zahlreicher Shows eine große Anhängerschaft erspielt hatte. Ich kannte Glenn nicht persönlich, hatte die Jungs aber schon einmal live gesehen und fand sie ganz in Ordnung. Wir einigten uns darauf, mit ihm zu reden.

Ken und ich besuchten eine Show der Band, um den Kerl genauer unter die Lupe zu nehmen. Glenn hatte etwas

Besonderes an sich. Ein paar Tage später waren Ken, Ian und ich in Brum und stöberten in einem Plattenladen namens Wasp Records herum, als Glenn zufällig hereinkam. Ken marschierte direkt auf ihn zu, stellte sich vor und kam dann sofort zur Sache.

»Hallo, Glenn. Wir sind Judas Priest. Wir haben einen Plattenvertrag. Möchtest du in die Band einsteigen?«

Wir quatschten miteinander. Glenn hörte uns aufmerksam zu und sagte nicht viel. Ein Satz hatte jedoch eindeutig seine Aufmerksamkeit geweckt: *Wir haben einen Plattenvertrag.* Denn damit hatten wir der Flying Hat Band etwas voraus. Er bedankte sich dafür, dass wir an ihn gedacht hatten, und versprach, über unser Angebot nachzudenken.

Wie es der Zufall wollte, war bei der Flying Hat Band ohnehin die Luft raus. Als Corky den Gitarristen ein paar Tage später anrief, um nachzuhaken, erhielt er grünes Licht: Glenn war an Bord. Er kam vorbei, um mit uns zu jammen und uns besser kennenzulernen.

Glenns Herkunft unterschied sich ein wenig von unserer. Während wir alle in Sozialbausiedlungen aufgewachsen waren, kam er aus einer gutbürgerlichen Gegend von Birmingham. Er schien ein nachdenklicher, eher zurückhaltender Kerl zu sein, der sich nicht so einfach in die Karten schauen ließ.

Trotzdem verstanden sich alle gut mit ihm, und auch in musikalischer Hinsicht sprang der Funke sofort über. Glenn war eindeutig ein unglaublich talentierter Gitarrist. Sobald Ken und er zusammen Riffs abfeuerten, hievten sie Priest damit auf ein völlig anderes Level. Es machte uns wesentlich druckvoller, dringlicher und gefährlicher. Es war einfach nur spektakulär.

Mit einem Mal klangen wir höllisch aufregend.

Als wir im Juni mit Thin Lizzy und unseren alten Kumpels von Budgie auf England-Tour gingen, bekamen wir hinreichend Gelegenheit, uns aneinander zu gewöhnen. Lizzy hatten mit »Whisky in the Jar« kurz zuvor einen Riesenhit gelandet, erwiesen sich aber trotzdem als umgänglich und sehr freundlich. In meinen Augen waren sie eine Hammerband, und die Tour war ein Knaller.

Kaum zurück, ging es auch schon ins Studio, um das Album aufzunehmen. David Howells schickte uns in die Basing Street Studios in West-London, die der Gründer von Island Records, Chris Blackwell, ins Leben gerufen hatte. Howells hatte auch schon einen Produzenten für uns engagiert: Rodger Bain.

Rodger war damals eine ziemlich große Nummer, und anfangs blickten wir voller Ehrfurcht zu ihm auf. Er hatte die ersten drei Alben von Black Sabbath produziert, außerdem zwei Budgie-Platten, und sich damit einen Namen als Heavy-Metal-Produzent gemacht.

Nicht weniger einschüchternd war Basing Street, das damals zur ersten Riege der Aufnahmestudios gehörte. Dort sah es aus wie auf der Brücke des verdammten Raumschiffs Enterprise. Rodger war ein entspannter Typ, der sich unsere Ideen bereitwillig anhörte, und so legten wir unsere Scheu vor ihm allmählich ab.

Die Umstände, unter denen wir das Album aufnahmen, waren eine Herausforderung. Da sich Gull die Tagesmiete für das Studio nicht leisten konnte, arbeiteten wir nachts. Wir begannen um acht Uhr abends, wenn die größeren Bands ihre Sessions beendet hatten, und nahmen dann bis zum Morgengrauen auf. Wir waren *Vampire*.

Aber wir konnten uns nicht einmal Särge leisten, um unsere untoten Leiber zur Ruhe zu betten. Da wir kein Geld für ein Bed & Breakfast hatten, pennten wir in unserem Transit vor dem Studio. Es war ein glühend heißer Sommer, und Notting Hill ist ein lebhafter und lauter Stadtteil von London, also bekamen wir kaum ein Auge zu.

Im Studio verspürte ich viel größeren Druck, als ich das von unseren Live-Auftritten kannte. Anfangs geriet ich jedes Mal in Panik, wenn das rote Licht anging und die Aufnahme begann. »Jetzt kommt's drauf an!«, dachte ich dann. »Jetzt oder nie! Ich habe nur diesen einen Versuch!«

Das war natürlich Blödsinn, da wir jederzeit einen zweiten oder dritten Anlauf starten konnten. Aber ich hasste es, mehrfache Takes zu machen, während Rodger und die anderen Priest-Jungs mich durch die Glasscheibe beobachteten. Ich fühlte mich dabei wie ein Versager – allerdings vermute ich, dass es vielen Musikern so geht, wenn sie zum ersten Mal im Studio sind.

Es war hilfreich, dass Glenn bei der Flying Hat Band bereits jede Menge Songs geschrieben hatte und entsprechend viele Ideen einbrachte. Ken, er und ich ergänzten uns prima und bildeten schon bald ein festes Songwriting-Team.*

Ich schüttelte einen Text nach dem anderen aus dem Ärmel. Besonders zufrieden war ich mit »Run of the Mill«, ein Song über einen alten Mann, der auf sein mittelmäßiges Leben zurückblickt. Ich bin mit dem armen alten Kauz ziemlich hart ins Gericht gegangen:

---

* Nicht ganz so glänzend präsentierte sich Glenn, als er versehentlich einen Bierkrug in den Steinway-Flügel des Studios kippte. Wenn das rausgekommen wäre und man uns für den Schaden zur Verantwortung gezogen hätte, wäre das vermutlich unser Ruin gewesen.

What have you achieved now you're old?
Did you fulfil ambition, do as you were told?

Heute frage ich mich, woher ein Zwanzigjähriger solche Worte nahm. Ich schätze, sie wurzelten in meiner Angst, ich könnte wie dieser Alte enden und das Leben ungenutzt vorbeiziehen lassen – wie es so viele Menschen machten, denen ich tagtäglich begegnete.

Auch »Dying to Meet You« war eine ziemlich wütende Nummer. Ein Lied über die Sinnlosigkeit des Krieges, geschrieben aus einer pazifistischen Hippie-Perspektive:

Killer, killer, you keep your thoughts at bay,
Maiming, destroying every day ...

Da Heavy Metal so ein junges Genre war, fühlten wir uns, als würden wir es gerade mitbegründen. Wir verspürten eine Seelenverwandtschaft zu Purple, Zeppelin und Sabbath, wollten aber unsere eigene Identität entwickeln. Wir arbeiteten hart daran, den Sound umzusetzen, den wir im Kopf hatten.

Rodger Bain war ein entspannter Typ. Vielleicht sogar ein wenig zu entspannt. Denn in der letzten Nacht, während wir wie die Verrückten ackerten, um alles rechtzeitig fertig zu bekommen, schlief er einfach ein. Er schnarchte auf dem Sofa vor sich hin. Der Morgen dämmerte schon, und draußen zwitscherten die Vögel, als er schließlich die Augen aufschlug, sich streckte und uns fragte: »Seid ihr fertig?«

»Ja, wir denken schon«, antworteten wir.

»Gut, dann gehe ich jetzt besser los und mache die Masters«, sagte er und schlenderte nach oben.

Wir wechselten verblüffte Blicke. Hatten wir doch bisher geglaubt, das Mastering einer LP wäre ein langer, sorgfältiger

Prozess und nichts, was man halb verpennt innerhalb einer Stunde erledigt. Aber Rodger hatte schon mehrfach gezeigt, was er auf dem Kasten hatte. Also wusste er bestimmt, was er tat. Wir stiegen in unseren Van und fuhren zurück nach Walsall.

Das Album war in vielerlei Hinsicht eine Enttäuschung. Der Titel *Rocka Rolla* gefiel uns gar nicht, aber so hieß nun mal die erste Single, und das gab damals den Ausschlag. Das Cover, eine Version des Coca-Cola-Logos auf einem Kronkorken, gefiel uns noch weniger. Es sah scheiße aus und war alles, aber kein Heavy Metal.

Aber die größte Enttäuschung war der Sound des Albums. Schon beim ersten Hören klang es irgendwie halbgar. So gar nicht nach der Platte, die uns bei den Aufnahmen vorschwebte. Ich hatte mir im Studio die Seele aus dem Hals geschrien, während Ken und Glenn wie ein doppelläufiges Maschinengewehr ihre Riffs abfeuerten. Wir hatten wirklich alles gegeben. Aber Rodger war es mit seiner Produktion nicht gelungen, die Kraft dieser Band einzufangen. Die Platte klang … lauwarm.

Trotzdem war es natürlich aufregend, ein Album zu veröffentlichen. Ich erinnere mich noch genau, wie meine einsame Vinyl-Kopie (Danke dafür, Gull!) mit der Post in der Kelvin Road ankam. Als ich sah, wie stolz Mom und Dad waren, sie in den Händen zu halten, war ich überglücklich. Und nicht weniger stolz als sie. Dennoch fühlte es sich wie eine verpasste Chance an.

Dieser Eindruck bestätigte sich, als unser Debüt schlicht verpuffte. Eigentlich wurde es nicht veröffentlicht, sondern bloß sang- und klanglos in die Rockwelt entlassen. Es kam nicht mal in die Nähe der Charts und wurde so gut wie nie im Radio gespielt.

Wir gaben eine Handvoll Interviews, und auch das brachte uns rein gar nichts. Das Musikmagazin *Sounds* riet uns in seiner Plattenkritik: »Hängt eure Jobs lieber nicht an den Nagel.« Was ich aber bedauerlicherweise schon getan hatte. Eine Journalistin war der festen Überzeugung, dass sie ein Interview mit einer gewissen Judith Priest führen sollte. Offenbar war sie enttäuscht, nicht auf eine nachdenkliche Singer-Songwriterin zu treffen.

In sämtlichen Interviews wurden uns die gleichen langweiligen und oberflächlichen Fragen gestellt: *Woher habt ihr euren Bandnamen? Wer sind eure Einflüsse?* In der Band hatten diese Musikjournalisten schnell ihren Spitznamen weg: Besserwichser. Wir hatten sogar ein recht eindeutiges Handzeichen dafür!

Für mich standen damals noch weitere große Veränderungen an. Es wurde allmählich Zeit, Beechdale *au revoir* zu sagen. Sue war bereits ausgezogen und lebte mit Ian im Meynell House, während ich mit zweiundzwanzig Jahren immer noch bei Mom und Dad wohnte.

Durch einen Freund ergab sich spontan eine Gelegenheit. Nick, ein Roadie der Band, bewohnte mit mehreren Leuten ein Haus in der Larchwood Road. Es gehörte zur Yew-Tree-Siedlung, die nur etwa acht Kilometer entfernt in Richtung Birmingham lag. Als er erwähnte, dass bei ihnen ein Zimmer leer stand, ergriff ich die Chance.

»Ach, echt? Könnte ich vielleicht bei euch einziehen?«, fragte ich ihn.

»Na klar, solange du deine Miete bezahlst!«

Nick war hauptberuflich Pfleger im Krankenhaus von West Bromwich, wo auch die beiden anderen Mitbewohner arbeiteten. Michael war ebenfalls Pfleger und Denise Krankenschwester. Wir waren vier lebenshungrige Singles Anfang zwanzig und machten gerne einen drauf. Schon bald galt unser Haus als Partybude ersten Ranges.

Wir sahen uns alle als gesellschaftliche Außenseiter, also richteten wir uns so unkonventionell wie möglich ein. Im Walsall des Jahres 1974 bedeutete das vor allem, überall Kissen und Sitzsäcke zu verstreuen (Stühle waren bourgeois!) und auf Matratzen zu pennen, die direkt auf dem Boden lagen, um der Erde möglichst nah zu sein. Das Haus stank immer nach Räucherstäbchen und Patschuli.

Nick und Michael waren beide schwul. Zwar hatten sie sich nicht geoutet (das machte damals niemand), und wir sprachen auch nicht darüber. Aber das war gar nicht nötig: Jeder wusste von der Homosexualität der anderen. Und obwohl es unausgesprochen blieb, war es ein beruhigendes Gefühl: *Puh, ich habe tatsächlich Freunde, die so sind wie ich!*

Mit Nick und Michael besuchte ich zum ersten Mal eine Schwulenbar. Sie befand sich im Grosvenor Hotel an der Hagley Road in Birmingham und war ein sehr stilvoller Laden mit plüschig-roten Samtvorhängen. Dort konnte man in aller Diskretion andere schwule Männer treffen. Ich lernte in dieser Bar zwar nie jemanden kennen, aber sie machte großen Eindruck auf mich.

Mit den beiden war ich auch noch in einer etwas lebhafteren Schwulenbar. Das Nightingale lag ausgerechnet in einem Stadtteil namens (nicht lachen!) Camp Hill. Und dort lernte ich Jason kennen.

Als ich ihn zum ersten Mal sah, saß er mit ein paar Freunden an einem der Tische des kleinen Speisebereichs. Er war ein gut aussehender Kerl, und ich wartete ab, bis er allein war, bevor ich den Mut fasste, zu ihm zu gehen und mich vorzustellen. Wir waren beide noch ziemlich nüchtern und unterhielten uns gut.

Danach verabredeten wir uns noch mehrfach und wurden allmählich ein Paar. Jason war ein cooler Typ – ziemlich maskulin, aber er hatte auch eine Hippie-Seite. Er liebte Monet, züchtete Wildblumen und stand unglaublich auf Barbra Streisand.

Wir führten eine sehr lockere Beziehung. Er mochte weder Rock noch Heavy Metal, aber wir hatten ausreichend Gemeinsamkeiten, um die Gesellschaft des anderen genießen zu können. Er war kein Trinker oder Raucher, und wir waren knapp bei Kasse, also gingen wir nicht viel aus. Meistens blieben wir zu Hause, sahen fern … und hörten Platten von Barbra Streisand.

Jason musste natürlich ein Geheimnis bleiben. Meine Mitbewohner wussten über uns Bescheid, aber mir wäre nicht im Traum eingefallen, ihn meiner Familie oder der Band vorzustellen. Es fühlte sich einfach schön an, mit jemandem zusammen zu sein, und es gab der Homosexualität etwas mehr Sinn: *Ah, verstehe, SO kann das also auch sein!*

Wir fühlten uns wohl in unserer Beziehung, aber ich bin mir nicht sicher, ob wir es je richtig ernst miteinander meinten. Ich war nie bei ihm zu Hause – ich glaube, er lebte noch bei seinen Eltern. Meistens übernachtete er bei mir, aber wenn wir Sex hatten, dann war das kaum mehr als ein bisschen fummeln.

Jason und ich waren einige Monate lang zusammen, vielleicht ein Jahr, und dann verlief die ganze Sache einfach irgendwie im Sand. Es gab kein großes Drama. Ich glaube, wir hatten während unserer gesamten gemeinsamen Zeit keinen einzigen Streit. Es war nicht die große, leidenschaftliche Liebe … aber meine Beziehung zu Jason hatte mir zumindest gezeigt, wie es sein könnte, einen festen Freund zu haben.

Einen Partner.

Im Herbst 1974 gingen Judas Priest wieder auf Tour, um *Rocka Rolla* zu promoten. Trotz einiger Höhepunkte – wir traten erneut im Marquee auf und hatten sogar ein Heimspiel in Birminghams angesagtestem Liveclub Barbarella's – war die Tournee von der Enttäuschung geprägt, dass unser Album so dermaßen schlecht abgeschnitten hatte. Als wir Anfang 1975 aufs europäische Festland zurückkehrten, klapperten wir dort jeden einzelnen Plattenladen ab – in der Hoffnung, unsere Platte in den Regalen zu finden. Wir wurden kein einziges Mal fündig.

Was für ein beschissenes Spiel trieb Gull Records mit uns?

Auch sonst gab es auf diesem Europa-Trip mehr als genug Missgeschicke. Bei einem Schneesturm in Deutschland wären Ian und ich zum Beispiel fast erfroren. Und das ist keine Geschichte für schwache Nerven.

Den Transit hatten wir inzwischen verschrottet und uns stattdessen einen gebrauchten Mercedes-Bus zugelegt. Das war eine enorme Verbesserung. Zumindest bis zu jenem bitterkalten Februarnachmittag, an dem sich John Hinch tapfer bemühte, uns bei minus 31 Grad heil durch einen Schneesturm zu bugsieren.

Wir waren unterwegs zu einem Auftritt in Stuttgart. Doch dank der Ölkrise durfte die Autobahn nur von Schwertransportern und Arbeitsfahrzeugen genutzt werden. Die Landstraße war so glatt wie eine Eislaufbahn, als wir mit fünfundzwanzig Stundenkilometern durch die Schneeverwehungen pflügten.

Es war so kalt, dass das Benzin im Motor gefror. Der Bus schlitterte noch ein paar Meter über die Fahrbahn und blieb dann liegen. *Fuck! Und was machen wir jetzt?*

Ken, Glenn und John erklärten sich tapfer zu einer Expedition bereit, um bei den arktischen Temperaturen Hilfe zu holen. Ian und ich blieben im Bus, um auf unser Equipment aufzupassen.

Sie waren eine Ewigkeit lang weg. Anfangs saßen wir beide noch vorne und starrten durch die Windschutzscheibe hinaus in den Schneesturm, der um uns herum tobte. Als wir es dann irgendwann vor Kälte überhaupt nicht mehr aushielten, krabbelten wir nach hinten und verkrochen uns zusammen unter einem Haufen Decken.

Stunden vergingen. Dann weitere Stunden. Wir hatten nichts zu essen oder zu trinken und standen kurz vor der Unterkühlung. Irgendwann schliefen wir ein. Als ich wieder zu mir kam, fühlte es sich an, als wäre ich in einem Iglu aufgewacht. Eiskristalle funkelten im Inneren des Wagens. Ian schlief immer noch. Sein langes Haar war auf seinem Gesicht festgefroren.

Wo zum Teufel steckten bloß die anderen?

Als Ian aufwachte, krabbelten wir wieder nach vorne … und da sahen wir sie endlich. Am Horizont erschienen drei Gestalten, die durch das Schneetreiben auf uns zustapften. Sie hatten irgendwas mitgebracht. Was war das? Eine Schachtel? Und eine Flasche?

Ken, Glenn und John öffneten die Tür und kletterten in den Bus. Sie hatten alle eine Fahne. Stolz präsentierten sie uns eine Flasche Scotch und eine Schachtel Pralinen.

»Wir haben ein Hippie-Café gefunden!«, erklärte Ken. »Die Leute dort waren supercool. Sie haben uns was zu essen gegeben, dann haben wir ein bisschen was getrunken und mit ihnen gefeiert. Ich glaube, wir sind eingepennt … und plötzlich war es Morgen! Aber egal. Hauptsache, wir sind wieder da. Geht's euch gut?«

Er hatte Glück, dass wir ihn nicht auf der Stelle erwürgten.

In diesem Fall traf mich keine Schuld, aber für die nächste Horrorgeschichte dieser Tour hielt ich meinen Arsch ganz allein hin – und das nicht im übertragenen Sinne. Ich muss zugeben, dass es sich dabei nicht unbedingt um den glanzvollsten Moment meines Lebens handelte.

Wir fuhren gerade durch Amsterdam, und ich musste ganz dringend kacken. Holland ist ein großartiges Land, hat aber einen gewaltigen Nachteil: Man findet dort einfach keine Toilette, wenn man eine braucht. Ich spürte, dass in meiner Hose schon jemand neugierig den Kopf raussteckte, und … na ja, wie wir in Walsall sagen: *Wenn's kommt, dann kommt's!* Also ergriff ich Notfallmaßnahmen.

Während Hinchy uns durch die Stadt kutschierte, verdrückte ich mich nach hinten, wo ich einen braunen DIN-A4-Umschlag hervorkramte. Ich hockte mich darüber und entleerte mich still und heimlich hinein. Glücklicherweise schoss das Ding in den Umschlag wie ein olympischer Sprinter über die Ziellinie. Ich brauchte nicht mal Klopapier.

So weit, so gut. Nur befand ich mich jetzt in der unglücklichen Situation, einen Briefumschlag mit meiner eigenen Scheiße möglichst unauffällig verschwinden lassen zu müssen. Also krabbelte ich wieder nach vorn, kurbelte das Fenster runter und entsorgte ihn diskret in einer von Amsterdams berühmten Grachten.

Mit ein bisschen Glück hatte der Rest der Band von meinem unseligen Treiben nichts mitbekommen. Von wegen! Als der widerliche Gestank sich im Bus ausbreitete, machten die Jungs mich sofort als Schuldigen aus. »Bah! Rob, du bist echt widerlich!«, stöhnten sie, während mein Würstchen fröhlich den Kanal hinuntertrieb.

Auf dieser Tour absolvierten wir unseren ersten TV-Auftritt, und zwar in Ostende. Es war eine dieser Fernsehshows für die ganze Familie, und Corky hatte die Produzenten rumgekriegt, indem er ihnen weismachte, dass wir wie Cliff Richard and the Shadows klangen. Das schick gekleidete belgische Publikum wusste nicht, wie ihm geschah, als wir ihm »Never Satisfied« um die Ohren hauten.

Weitaus aufregender war eine Einladung des britischen Fernsehens in die Sendung *The Old Grey Whistle Test*, eine Show, die ich seit meinen frühen Teenagerjahren mit fast schon religiöser Inbrunst verfolgte. Während sich *Top of the Pops* auf die Glitzerwelt der Single-Charts beschränkte, nahm die wöchentliche Musiksendung von BBC 2 ganze Alben ins Visier und setzte sich ernsthafter mit ihren Themen auseinander.

Wir waren davon ausgegangen, dass die Aufzeichnung der Show in der Londoner BBC-Zentrale in White City stattfinden würde. Ich freute mich auf den Trip, denn ich wollte unbedingt den legendären Moderator der Sendung kennenlernen. »Whispering« Bob Harris wurde so genannt, weil er immer im Flüsterton redete. Ganz so, als würde er ein heiliges Geheimnis mit uns Zuschauern teilen.

Entsprechend enttäuscht war ich, als ich von Corky erfuhr, dass unser Beitrag in den Beeb's Pebble Mill Studios in Brum gedreht werden würde. Bei unserer Ankunft dort fiel uns sofort auf, dass die Boxentürme mit Teppichbahnen abgedeckt waren, um den Lärmpegel dieser *schrecklich* lauten Heavy-Metal-Musik so niedrig wie möglich zu halten.

Natürlich wollten wir die Teppiche entfernen. Aber keine Chance: Damals hatten die Gewerkschaften das Sagen, und wir durften nichts anfassen. Auf einem Tisch stand ein Pappkarton, davor ein improvisiertes Schild mit einer Aufforderung an die Mitarbeiter der Produktion:

Nicht mal ein mickriger Fünfer!

HOLEN SIE SICH HIER IHRE OHRSTÖPSEL

Ich war zum ersten Mal im britischen Fernsehen und hatte keine Ahnung, was ich anziehen sollte. Also stöberte ich vorher in Sues Klamottenschrank und lieh mir von ihr eine rosa Plissee-Bluse mit Gürtel, die ich mit einer glitzernden Schlaghose kombinierte. Ich sah aus wie eine Sparversion von Jim Morrison.

Wir sprachen unseren Look nicht miteinander ab. Ken trug ein knalliges Hemd mit Paisleymuster, das Carol ihm genäht hatte, außerdem enge, unten weit ausgestellte Schlaghosen und dazu einen weißen Filzhut. Ian – ganz in Weiß – kam rüber wie ein extrem ausgemergelter Jesus. Wir wirkten wie drei Bands in einer: ein bunter Heavy-Metal-Blumenstrauß.

Unser Set bestand aus zwei Songs. Gull bestand auf »Rocka Rolla«, dem Titeltrack des Albums. Außerdem spielten wir »Dreamer Deceiver«, eine wehmütige, Zeppelin-ähnliche Prog-Nummer. Sie war sechs Minuten lang und huldigte mit der Erwähnung von »purple hazy clouds« dem großen Jimi Hendrix. Es war ein großer, ernster Song. Also knöpfte ich meine – Pardon, Sues – Bluse auf und ließ es richtig krachen.

Obwohl der Auftritt schnell vorbei war, genoss ich jede Sekunde davon. Und dank des modernen Wunders namens YouTube lässt sich auch heute noch jederzeit bestaunen, wie ich mich in Sues glitzerndem Oberteil in Pose werfe und durch einen dichten Vorhang aus dauergewelltem Haar (das waren noch Zeiten!) in die Kameras starre.

Ich habe es immer gehasst, mir meine Auftritte noch einmal anzusehen. Als Performer zeigt man den Menschen eine sehr intime Seite von sich selbst, und wenn ich mir so eine Aufzeichnung anschauen musste, dachte ich jedes Mal: *Ist das wirklich das Richtige für mich?* Ich kann es bis heute nicht ertragen, mich selbst im Fernsehen zu sehen.

Doch es hatte auch etwas Gutes, sich die fertige TV-Show anzuschauen. Es war großartig, den alten Flüsterbob zu sehen, der durch seinen Bart und seine Hasenzähne die Worte »Bitte sehr: Judas Priest« murmelte. Immerhin nannte er uns nicht Judith.

Wir waren den ganzen Sommer des Jahres 1975 auf Tour. Vom Winter Gardens in Cleethorpes bis zum Nags Head in High Wycombe spielten wir in sämtlichen Schuppen, die damals in der britischen Live-Szene Rang und Namen hatten. Obwohl wir ständig klamm waren, versuchten wir, unsere Auftritte mit Show-Elementen und diversen Requisiten aufzupeppen.

Ich wollte auf der Bühne herumstolzieren, ohne das Mikrofon festhalten zu müssen. Also besorgte ich mir einen Besenstiel, lackierte ihn rot und montierte die Mikrofonklammer obendrauf. *Voilà!* Ein Mikro-Stick für maximales Posing! Ich beklebte ihn mit kleinen quadratischen Spiegeln, so wie Noddy Holder seinen Hut, den er bei *Top of the Pops* getragen hatte. Ich brauchte Stunden dafür.

Wir experimentierten außerdem mit einer rudimentären Form von Bühnennebel herum, und zwar ohne Rücksicht auf unsere Gesundheit und Sicherheit. Statt Trockeneis zu verwenden, detonierten wir Rauchbomben aus dem Army-Shop. Ein Kumpel namens Kosha, der manchmal als Roadie aushalf, hockte hinter Johns Schlagzeug und entzündete im richtigen Moment auf einem Tablett das Pulver aus den Bomben. Den Rauch fächerte er dann auf die Bühne.

Kens ganzer Stolz war der weiße Filzhut, den er im Fernsehen getragen hatte und der für den Transport im Van sogar ein eigenes Case hatte. Bei einem Auftritt hörte ich plötzlich, wie Ken mitten im Song wütend aufjaulte. Ich blickte mich um und sah, wie er hysterisch auf Kosha einschrie.

Der Kerl missbrauchte Kens Filzhut als Fächer, um den Rauch auf der Bühne zu verteilen. Und wie alle guten Roadies hatte er sich tagelang nicht die Hände gewaschen. Sie waren so schmierig, dass Kens normalerweise makellos weißer Kopfschmuck jetzt völlig fleckig und zerknittert aussah. Ich bemühte mich verzweifelt, keine Miene zu verziehen. Leider vergeblich.

Während dieser Tour erhielten wir die überraschende Nachricht, dass wir auf dem Reading Festival spielen würden. Ein Engagement, das auf eher ungewöhnliche Weise zustande kam. Bei einem Auftritt in Nordengland hatte ein mitreisender Kumpel von uns im Publikum einen Typen kennengelernt. Dieser Typ hatte behauptet, dass ihn die Veranstalter des Reading Festivals gebeten hätten, ihnen gute neue Bands zu empfehlen. Erst auf der Heimfahrt im Van erzählte uns unser Freund, dass sie auf dem Klo des Clubs einen Deal abgeschlossen hatten.

»Wisst ihr was? Ihr spielt auf dem Reading Festival«, überraschte er uns.

Wie bitte? Nach einem Moment ungläubigen Staunens brach Jubel im Wagen aus.

»Wie hast du *das* denn hingekriegt?«, wollte einer von uns wissen, als sich der Lärm gelegt hatte.

»Der Kerl hat gesagt, wenn ich mir von ihm einen blasen lasse, könnt ihr auf dem Festival auftreten. Da habe ich nicht lang gezögert!«

Ähem. Ich nehme an, wenn es um den großen Durchbruch geht, ist einem jeder Weg recht … selbst der über die Besetzungscouch!

Ich war sofort besessen von der Frage, was ich bei der Reading-Show anziehen würde, und zog los, um ein Outfit zu suchen. In einem Club hatte ich die Modedesignerin Fid kennengelernt, die in einer winzigen Bude an der King's Road in London wohnte – gleich gegenüber von Malcolm McLarens und Vivienne Westwoods Laden Sex. Ich beschloss, nach London zu fahren und bei Fid auf der Couch zu pennen.

Sie entwarf Klamotten für Rod Stewart und Elton John und schneiderte mir ein Hammer-Outfit. Mir gefiel die Vorstellung, dass Rockmusiker im Grunde mittelalterlichen Spielleuten gleichen – *Spielleute des Heavy Metal!* –, die von Stadt zu Stadt reisen. In einem Buch hatte ich die Abbildung eines altertümlichen Lautespielers mit einem langärmeligen Wams gefunden und bat Fid, so etwas für mich zu basteln.

Sie nähte mir ein fantastisches rotes Wams und eine schwarz-gold gestreifte Hose. Reading würde aus dem Staunen nicht mehr rauskommen.*

Das Tüpfelchen auf dem i sollte ein echtes Familienerbstück sein. Dad besaß einen wunderschönen Gehstock mit silbernem Knauf, den er von seinem Großvater hatte. In Gedanken sah ich mich, wie ich ihn durch die Luft wirbelte, während ich auf der großen Festivalbühne paradierte, also bekniete ich Dad, mir den Stock zu leihen.

»Wofür brauchst du ihn denn?«, wollte er wissen.

»Nur als Bühnenrequisite, Dad.«

Nach reiflicher Überlegung sah er mich schließlich an und sagte: »Na gut, nimm ihn dir. Aber mach ihn nicht kaputt.«

---

* Das andere Kleidungsstück, das Fid für mich schneiderte, war eher … haarig. Sie versicherte mir, dass Fellhosen das nächste große Ding sein würden. Aber da ich darin von der Taille abwärts wie ein Bär aussah, habe ich mich nie getraut, sie zu tragen.

Das Reading Festival war fantastisch. Unser Auftritt eröffnete das Programm des ersten Tages auf der Hauptbühne und fand um zwei Uhr nachmittags bei strahlendem Sonnenschein statt. Ich habe es schon damals gehasst, am helllichten Tag zu spielen, und das tue ich immer noch, aber der Adrenalinkick ließ mich das schnell vergessen.

Um ehrlich zu sein, war der Kick nicht nur aufs Adrenalin zurückzuführen. In dem runtergekommenen Wohnwagen, den wir backstage als Garderobe bekommen hatten, hatte ich mir bereits ein paar Bierchen genehmigt und schon leicht einen im Tee, als wir auf die Bühne gingen. Vermutlich begrüßte ich die Menge unter dem wolkenlosen, strahlend blauen Himmel deshalb auch mit einem euphorischen »Guten Abend!«. Aufgeputscht vom Alkohol wirbelte ich in Fids extravagantem Ensemble mit nackter Brust über die Bühne und wedelte dabei mit Papas Stock, als würde ich ein unsichtbares Orchester dirigieren. Dem lauten Jubel nach zu urteilen, kam das bei den Festivalbesuchern gut an. Und tatsächlich machten wir uns an diesem Tag viele neue Freunde.

Dank YouTube ist auch diese Sternstunde für die Nachwelt erhalten geblieben. Heute, fünfundvierzig Jahre später, wirkt der Auftritt noch irrer als damals. Einer der Besucher hat ihn mit einer Super-8-Kamera gefilmt, und der Streifen ist so wackelig, dass ich auf der Bühne herumzucke wie ein Pantomime auf Crack. Was der Realität ziemlich nahe kommt.

Ich war so sehr bestrebt, einen bleibenden Eindruck zu hinterlassen, dass ich gegen Ende unseres Sets anfing, grundlos das Publikum zu beschimpfen, das uns mit herzlichem Applaus bedacht hatte. »Vielleicht hättet ihr ja mehr Spaß an unserer Show, wenn ihr euch die Mühe machen würdet, die Spritzen aus dem Arm zu ziehen!« *Na ja, die Arroganz der Jugend.*

Als die Show zu Ende war, soff ich weiter bis zur Besinnungslosigkeit. Ich gab mir das ganze Wochenende die Kante. Wir feierten durch und schauten uns Bands wie UFO, Hawkwind, Wishbone Ash und Yes an. Es war großartig, den Backstage-Bereich mit all meinen Helden zu teilen, die ich bereits seit Jahren vergötterte

Das ist es, dachte ich. *Wir sind endlich da, wo wir sein wollen!*

Doch während des Festivals gab es auch einen nicht so schönen Moment. Das ganze Wochenende lang trug ich Dads Gehstock mit mir herum. Eines Nachts geriet ich besoffen mit jemandem aneinander und war vor Wut so außer mir, dass ich den Stock mit voller Wucht gegen eine Wohnwagentür schmetterte. Dabei zerbrach er.

Ach du Scheiße, dachte ich. *Was zum Teufel hab ich getan?* Mir graute davor, meinem Vater zu erzählen, was passiert war. Doch Dad seufzte nur und sah mich enttäuscht an. Das war schlimmer, als wenn er mich zusammengefaltet hätte.

Wir waren daran gewöhnt, in Pubs, Kellerbars und kleinen Clubs zu spielen. Aber jetzt hatten Judas Priest ein riesiges Festivalpublikum gerockt. Der Auftritt gab uns einen ersten Vorgeschmack auf das Rockstar-Dasein.

Wenn ich mal nicht mit der Band unterwegs war, nutzte ich die Zeit, um mich in meiner WG einzuleben. Die Bude war eine verdammte Partyzentrale. Es wurde kräftig gebechert – hauptsächlich Wodka und Tonic – und eine Menge gekifft. Vorher war ich nie ein großer Kiffer gewesen, aber es dauerte nicht lange, und ich war gut dabei.

Eine unserer Partys trug das Motto »Trau dich, anders zu sein«. Wir sagten all unseren Freunden, sie sollten in möglichst verrückten Kostümen kommen. Je abgefahrener, desto besser. Hauptsache, *anders.* Ich borgte mir im Kostümverleih eine Polizistenuniform mit Helm, Schlagstock, Handschellen, Pfeife und allem, was dazugehörte. Aber wirklich *anders* war das nicht. Ich sah bloß aus wie ein Polizist.

Also motzte ich das Kostüm mit ein paar Accessoires auf. Rüschenhöschen, schwarze Netzstrümpfe und ein Paar himmelhohe Stilettos erfüllten ihren Zweck. Ich war mit dem Resultat mehr als zufrieden. Und die Party war der blanke Irrsinn.

Die Yew-Tree-Siedlung war eine ruhige Wohngegend, und vor den meisten Häusern in der Larchwood Road standen Autos, weshalb unsere Gäste nirgendwo Parkplätze fanden. Das führte zu lautem Hupen und Geschrei, während sie auf der Suche eine Runde nach der anderen drehten.

Gut angetrunken, wie ich war, dachte ich mir: *Wer könnte dieses Problem besser lösen als ein Verkehrspolizist?* Also eilte ich in meiner Polizeiuniform, Netzstrümpfen und auf fünfzehn Zentimeter hohen Absätzen nach draußen, um den Verkehr zu regeln. In jedem Fenster der Straße raschelten die Gardinen.

Als die Party langsam in Gang kam, erfüllte Cannabisqualm das Haus. Das Gras war selbst angebaut; Nick pflanzte das Zeug in unserem Gewächshaus an.

Ich hatte keine Ahnung davon, bis ich eines Abends in die Küche kam, als er die Blätter zum Trocknen in den Ofen schob.

»Alter, was backst du denn da?«, fragte ich ihn. »Das riecht ja wie ein Joint!«

»Ich kümmere mich um die Früchte meiner Gartenarbeit«, grinste er. Und erst *da* fiel bei mir der Groschen.

Anfangs machte ich mir Sorgen, weil der Anbau von Marihuana eine Straftat war und wir dafür alle ins Kittchen wandern konnten. Aber die Jungs in Blau standen nie bei uns vor der Tür (weder in Stilettos noch sonst irgendwie), und mit der Zeit wusste ich es durchaus zu schätzen, immer etwas von dem guten Stoff zur Hand zu haben.

Nick liebte seine Joints. Manchmal steckte er die zwei Drähte einer Autobatterie in einen Klumpen Hasch und stülpte dann eine Glasglocke mit einem kleinen Loch darüber, um so eine riesige Bong zu bauen. Wenn das Hasch heiß wurde, füllte sich die Glocke mit Rauch. Dann schob er einen Strohhalm durch das Loch, um einen langen Zug davon zu nehmen.

Nick musste dabei nicht einmal husten. Als ich es selbst einmal probierte, würgte und prustete ich wie ein Schwindsüchtiger.

Weil Denise, Nick und Michael im Krankenhaus arbeiteten, hatten sie oft Bereitschaftsdienst. Auch wenn wir zu Hause rumhingen und uns amüsierten. Eines Samstags lungerten wir alle im Wohnzimmer herum, tranken und rauchten Joints, als gegen zwei Uhr nachts plötzlich das Telefon klingelte. Denise ging ran. Es war das Krankenhaus. »Sie brauchen uns«, informierte sie die beiden anderen. »Es gab einen Verkehrsunfall, und mehrere Opfer müssen operiert werden.« Als sich die beiden seufzend und schwankend aus ihren Sitzsäcken erhoben, muss ich wohl sehr enttäuscht ausgesehen haben.

»Wenn du Lust hast, kannst du ja mit uns kommen, Rob«, schlug Denise vor.

»Ja klar, gerne.«

Unterwegs schwirrte mir der Kopf, vom Alkohol, den Joints und vor Aufregung. *Was erwartete mich?* Als wir ankamen, zeigten sie mir, wie man sich reinigt und desinfiziert, gaben mir einen Kittel sowie eine chirurgische Maske und führten mich in den Operationssaal. Während sie dem Chirurgen dabei halfen, das Bein eines Unfallopfers zu retten, sah ich ihnen zu. Das Bein war übel zugerichtet, aber mir machte der Anblick nichts aus. Im Gegenteil, ich fand es großartig. Immer wenn bei der BBC diese Fernsehshows liefen, in denen Operationen übertragen wurden, klebte ich am Bildschirm.

Als ich da in der Ecke stand, leicht schwankend und völlig fasziniert von dem, was ich sah, erblickte mich der Chirurg und fragte: »Wer ist das?« Ich dachte, er wäre verärgert, dass in seinem Operationssaal bekiffte Fremde herumlungerten. Aber als Denise ihm beiläufig »Der ist mit uns hier« antwortete, ignorierte er mich einfach und konzentrierte sich wieder auf das Bein des armen Teufels.

Die *Rocka Rolla*-Tour war großartig gelaufen, aber es ließ sich nicht ignorieren, dass unser Debütalbum ein Flop und – fast noch schlimmer – wir total pleite waren.

Der Vorschuss von zweitausend Pfund war längst aufgebraucht, und das Geld, das durch die Plattenverkäufe reinkam, war nicht einmal ein Tropfen auf den heißen Stein. Meine Ersparnisse von dem Job bei Harry Fenton hatte ich längst ausgegeben. Ich verhökerte meine heißgeliebte Plattensammlung an Freunde, und einige aus der Band nahmen Aushilfsjobs an, um ihre Miete zu bezahlen.

Ken hatte einen schrägen Teilzeitjob in einer Fabrik, wo er im Grunde nichts anderes tat, als Karten zu spielen. Ian baute für fünf Pfund am Tag Büromöbel. Glenn verkaufte Hotdogs in einer Imbissbude vor der Stadthalle von Birmingham. Als ich einmal dort vorbeikam, spendierte der Geizkragen mir nicht ein einziges Würstchen.

Es war eine Scheißsituation, und wir beschlossen, Gull um einen regelmäßigen Wochenlohn zu bitten. Sie hatten diesen Sommer einen Überraschungscoup gelandet: »Barbados«, der Fake-Reggae-Song eines Duos mit dem Namen Typically Tropical, hatte es auf die Nummer eins der Single-Charts geschafft. Deshalb hofften wir, dass die Plattenfirma flüssig genug war, um uns unter die Arme zu greifen.

Wir stiegen in unseren Bus, fuhren nach London, trafen uns mit David Howells in seinem Büro in der Carnaby Street und unterbreiteten ihm unseren Vorschlag.

»Wenn Sie jedem von uns fünf Pfund in der Woche auszahlen könnten, wäre das fantastisch«, sagten wir. »Das wären nur fünfundzwanzig Pfund in der Woche. Davon könnten wir gerade so leben, und es würde uns mehr Zeit verschaffen, um Songs zu schreiben, zu proben, Gigs zu spielen und uns voll und ganz der Band zu widmen.«

»Tut mir leid, Jungs«, antwortete Howells. »Das kann ich nicht machen. Dafür haben wir nicht das nötige Geld.« Und damit war die Sache für ihn gegessen.

Gull hatte nicht mal einen mickrigen Fünfer für uns übrig. Wir waren fassungslos.

Auf dem Rückweg nach Birmingham machten wir erst unserem Ärger Luft und schwiegen dann mit düsteren Mienen vor uns hin.

Nicht mal ein mickriger Fünfer.

Es war unsere Rettung, dass Gull Records uns trotz des gefloppten Albums nicht gleich wieder vor die Tür setzte, sondern zu unserer Überraschung das Geld für eine zweite Platte aufbrachte. Das Budget war dasselbe wie beim ersten Mal. Zweitausend Pfund Vorschuss. Inzwischen wussten wir: Das war ein Fliegenschiss. Intern nannten wir den Deal mit Gull »vier Fünftel von fünf Achteln von leck mich«, aber wir hatten keine Wahl.

Bevor wir ins Studio gingen, stand jedoch noch ein Besetzungswechsel an. Wir entwickelten uns musikalisch weiter und brauchten dafür einen experimentierfreudigeren Drummer. Denn John Hinch, da waren wir uns sicher, war dem Job nicht gewachsen.

Die Proben waren zunehmend frustrierend geworden. »John, Alter, kannst du mal was anderes probieren?«, fragten wir ihn oft, denn er kam immer wieder mit den gleichen alten Rhythmen an. »Vielleicht *so* was? Oder wie wär's *damit*?« John bemühte sich nach Kräften, aber er bekam es einfach nicht so hin, wie wir es wollten. Um ehrlich zu sein, vermittelte er nicht den Eindruck, dass er es jemals hinbekommen würde.

John zu verlieren war traurig. Immerhin hatte ich seit Hiroshima mit ihm zusammengespielt. Eine Band ist wie eine Familie. Trotzdem geht die Musik letztendlich immer vor. Uns war klar, dass es keine andere Wahl gab. Glenn zog den kürzesten Strohhalm und fuhr zu Hinchy nach Lichfield, um ihm die schlechte Nachricht zu überbringen.

Er kehrte mit einer echt schrägen Geschichte zurück. Er hatte John vor seinem Besuch nicht Bescheid gesagt. Entsprechend überrascht war der Drummer, als Glenn plötzlich bei ihm vor der Tür stand, und sagte: »Hallo, Glenn! Was machst du denn hier?«

»Ich muss mit dir reden«, antwortete Glenn.

In diesem Augenblick hatte John wohl schlagartig die Fassung verloren. Er wirkte regelrecht panisch, als wüsste er ganz genau, was ihn erwartete. Als Glenn in den Hausflur trat, lief John wortlos die Treppe rauf, um sich erst einmal zu beruhigen.

Ein paar Minuten später kam er wieder runter, und Glenn redete nicht lang um den heißen Brei herum: »Es tut mir leid, aber ich habe schlechte Nachrichten. Wir haben abgestimmt, und du musst die Band verlassen.«

John konnte gut schreinern und hatte eine hübsche kleine Kiste gebaut, in der wir auf Tour ein paar unserer Kabel verstauten. Sie stand bei ihm in der Diele auf dem Boden. Kaum hatte er die Hiobsbotschaft erfahren, trat er wie verrückt auf die Kiste ein.

»Na schön, dann kriegt ihr *die* hier aber auch nicht!«, blaffte er Glenn an. Er verpasste der Kabelbox ein paar heftige Tritte, brach in Tränen aus und rannte wieder nach oben. Glenn konnte ihn schluchzen hören. »Ich geh dann jetzt, John«, rief er von unten und sah zu, dass er wegkam.

Es war eine traurige Geschichte, und John tat mir schrecklich leid, als ich sie hörte. Es ist ein Scheißgefühl, aus einer Band geschmissen zu werden.

Wir mussten schnell einen Ersatz finden, und glücklicherweise bot sich direkt einer an. Alan »Skip« Moore, der schon vor meiner Zeit mal bei Priest getrommelt hatte, sprang kurzfristig ein. Ich hatte Skip* bis dahin nie getroffen, aber er war ein klasse Typ, ruhig und entspannt. Er passte perfekt ins Bandgefüge.

Wir standen also in den Startlöchern für das zweite Album, als unsere Plattenfirma eine echte Bombe platzen ließ. David Howells teilte uns mit, wer die Platte produzieren sollte: die Typen von Typically Tropical, dem Reggae-Duo, das im Sommer die Charts gestürmt hatte.

Zuerst waren wir stinksauer wegen dieser völlig irrsinnigen Idee. *Wir sind eine Heavy-Metal-Band! Wir spielen keinen beschissenen karibischen Quatsch-Pop!* Nachdem wir uns wieder beruhigt

---

* Ich habe keine Ahnung, warum wir Alan Moore »Skip« nannten. Er war ein wirklich solider Schlagzeuger, und ich hab kein einziges Mal erlebt, dass er den Takt nicht halten konnte.

hatten, erkannten wir allerdings, dass der Vorschlag gar nicht so unsinnig war, wie wir anfangs gedacht hatten.

Typically Tropical bestand aus zwei Studio-Produzenten und Toningenieuren namens Max West und Jeffrey Calvert.

Wir trafen uns mit den beiden in den Rockfield Studios im walisischen Monmouthshire, wo wir die Platte aufnehmen sollten, und die beiden versuchten keine Sekunde lang, uns etwas vorzumachen.

Max und Jeffrey erklärten freiheraus, dass sie von Heavy Metal keine Ahnung hatten. Aber sie versicherten uns auch, dass sie über alle nötigen Voraussetzungen und technischen Fertigkeiten verfügten, um ein Album aufzunehmen. Sie wussten, wo die Mikros aufgestellt werden mussten, wie man das Mischpult bediente und so weiter. Wir erwiderten, dass das sehr gut sei. Denn wir wussten schließlich, wie wir *klingen* wollten.

Rockfield war ein Studio mit Wohnbereich, und wir verließen während der gesamten Aufnahmen zu *Sad Wings of Destiny* nicht ein einziges Mal das Gelände. Wir hatten auch gar kein Geld, um irgendwo hinzugehen. Als wir nach London in die Morgan Studios umzogen, um dort das Album zu mischen, bekamen wir von Gull pro Tag fünfzig Pence Essensgeld für die Studiokantine. *Fünfzig Pence!* Wir fühlten uns wie Oliver Twist und konnten uns nur eine Mahlzeit am Tag leisten.

Trotzdem war es eine tolle Erfahrung, diese Platte aufzunehmen. Max und Jeffrey waren gute Typen, die zu ihrem Wort standen und uns ermöglichten, unseren Sound selbst zu bestimmen. Ich fühlte mich beim Singen deutlich selbstsicherer als während der Aufnahmen zu *Rocka Rolla* und war sehr zufrieden mit meinen Vocals.

Ich feilte lange an meinen Texten herum. Viele Heavy-Rock-Songs handeln davon, sich zu besaufen oder Frauen flachzulegen, aber damit konnte ich rein gar nichts anfangen. Ich fand das einfach nur langweilig und vorhersehbar. Ich las damals eine Menge Science-Fiction-Literatur, Autoren wie Isaac Asimov, und für Songs wie »Island of Domination« ließ ich mich von diesen Büchern inspirieren.

Wir schrieben ein paar echte Hammersongs. »Victim of Changes« zum Beispiel ist bis zum heutigen Tag eine der beliebtesten Priest-Nummern. Der Song kam auf recht ungewöhnliche Weise zustande. Wir feilten parallel an zwei Stücken herum: »Whiskey Woman« stammte noch aus der Phase, bevor ich zur Band stieß, und »Red Light Lady« hatte ich gerade erst geschrieben.

Wir jammten mit den Nummern herum, aber der Funke wollte einfach nicht überspringen. »Warum nehmen wir nicht von beiden Songs etwas und fügen es zusammen?«, schlug Glenn vor.

»Das können wir nicht machen«, erwiderte ich. »Das sind zwei völlig unterschiedliche Lieder!« Wir probierten es trotzdem, und es hörte sich großartig an.

Eines Tages kam im Studio ein Päckchen von unserer Plattenfirma an. Es enthielt die Single »Diamonds and Rust«, einen Song über Bob Dylan, mit dem die Folksängerin Joan Baez Anfang des Jahres einen Riesenhit in den USA gelandet hatte. David Howells wollte, dass wir eine Coverversion der Nummer aufnahmen.

Wir schüttelten uns vor Lachen. *Wollen die sich über uns lustig machen? Wir sind die gottverdammten Judas Priest! Was hat das mit uns zu tun?* Als wir uns die Single jedoch aufmerksam anhörten, wurde uns schnell klar, was für ein brillanter und einfühlsamer Song das war. »Also gut«, sagten wir. »Zeigen wir denen doch mal, was wir daraus machen können …« Letztendlich schaffte »Diamonds and Rust« es zwar nicht aufs Album, weil die Nummer sich einfach nicht schlüssig ins Gesamtbild einfügte. Aber wir behielten uns vor, sie eventuell später zu nutzen.

Als wir uns das fertige Album anhörten, waren wir von dem Ergebnis begeistert. Und es erlaubte uns, ein paar sehr wichtige Worte auf das Cover zu drucken: »Co-produziert von Judas Priest«. Worte, die sich seitdem auf jedem unserer Alben finden.

Kurz vor Weihnachten 1975, als wir die Aufnahmen zu *Sad Wings of Destiny* gerade beendet hatten und ich zurück in der Larchwood Road war, sah ich etwas im Fernsehen, das für mich wie eine Offenbarung wirkte.

Es war ein Film namens *Wie man sein Leben lebt* über das Leben von Quentin Crisp, dargestellt von John Hurt. Der homosexuelle Crisp, eine schillernde Erscheinung, aufgewachsen in einer typisch britischen Vorstadt, hatte sich zunächst als Model und Stricher verdingt, um dann in Oscar-Wilde-Manier als Partylöwe und Bonvivant von sich reden zu machen. Er verschwieg seine sexuelle Orientierung nicht und wurde dafür nahezu täglich gedemütigt und geschlagen.

Der Film handelte von Crisps Traumata, den Schmerzen, seelischen Qualen, seinem Kummer und seiner trotzigen Lebensfreude. Crisps Mut und Aufrichtigkeit berührten mich zutiefst. So offen mit der eigenen Homosexualität umzugehen, erschien mir undenkbar. Von *meinem* Leben und seinen engen Grenzen war es jedenfalls weit entfernt.

Quentins Hang zu heterosexuellen Männern und Kerlen in Uniform reflektierte gewisse Neigungen, die sich auch in mir regten. *Wie man sein Leben lebt* war zudem ein Quell unvergesslicher Bonmots. Mein liebstes Zitat war Crisps Begründung dafür, dass er sich gegen die Prügel und Beleidigungen nie körperlich zur Wehr setzte: »Liebe lässt dich niemals die Hand schließen. Liebe ballt keine Faust.«

1976 wurde Ian Hill mein Schwager. Sue und er heirateten in einer Kirche in Bloxwich. Damals fanden Junggesellenabschiede traditionell am Vorabend der Trauung statt, und der von Ian ließ keine Fragen offen. Wie gingen ins Bogart's, einen Nachtclub in Birmingham. Skip gab sich dermaßen die Kante, dass er auf dem Klo einpennte. Keiner von uns merkte, dass er verschwunden war.

Als Skip irgendwann in den frühen Morgenstunden aufwachte, war der Club dunkel und abgeschlossen. Bei dem gewaltsamen Versuch hinauszugelangen, löste er die Alarmanlage aus und wurde von der Polizei geschnappt, die ihn für einen Einbrecher hielt. Er verbrachte die Nacht in einer Zelle und verpasste die Hochzeit.

Ich war Ians Trauzeuge, aber abgesehen von einem höllischen Kater und dem Umstand, dass ich eine extrabreite Krawatte trug, kann ich mich nicht an viel erinnern. Ich drückte mich davor, eine Rede zu halten – offenbar fällt es mir leichter, auf der Bühne den starken Mann zu markieren, als auf einer Hochzeit ein paar Worte an die Gäste zu richten.

Nicht zuletzt durch die Auftritte bei *The Old Grey Whistle Test* und beim Reading Festival machten sich Judas Priest allmählich einen Namen. Als *Sad Wings of Destiny* im Frühjahr 1976 schließlich veröffentlicht wurde, schaffte die Platte tatsächlich den Sprung in die Album-Charts. Und hielt sich dort eine Woche lang. Auf Platz 48. Das war nicht gerade ein Triumphzug, aber immerhin ein kräftiger Schub fürs Selbstbewusstsein. *Heilige Scheiße! Wir sind in den Charts!*

Den ganzen verdammt heißen Sommer über tourten wir uns mit dem Album den Arsch ab. Die Shows liefen großartig, aber wir waren immer noch pleite und der Meinung, dass dringend etwas geschehen musste. Mit Gull war das Ende der Fahnenstange erreicht. Aber was zum Teufel würde der nächste Schritt sein?

Glücklicherweise mussten wir nicht lange auf die Antwort warten. Denn Judas Priest bekamen endlich den lang ersehnten Vertrag bei einem waschechten Major-Label.

6

Superman im Pelzmantel

Uns war klar, dass wir mit Gull und Corky auf der Stelle traten. Dem Label fehlten die nötigen Ressourcen und Ideen, um uns voranzubringen. Und wir waren Corky dankbar für alles, was er mit seiner großen Klappe für uns erreicht hatte. Aber keiner in der Band hielt ihn für den richtigen Mann, um mit uns den entscheidenden nächsten Schritt zu wagen.

Wir brauchten neue Impulse … und die kamen überraschend schnell. Glenn kannte einen Typen aus Birmingham namens David Hemmings. Der hatte gerade einen neuen Job in der Londoner Management-Agentur Arnakata angetreten. Er und seine Bosse sahen sich eine unserer Shows an – und die Agentur erklärte sich tatsächlich bereit, Priest zu vertreten. Es war nicht leicht, Corky das zu erklären. Er nahm es nicht besonders gut auf.

Arnakata wurde von zwei Brüdern mit unterschiedlichen Nachnamen geleitet: Mike Dolan und Jim Dawson. Irgendwie schräg. Ich bezweifelte, dass sie bei Arnakata Erfahrungen mit Metal hatten oder sich mit dem Genre zumindest gut genug auskannten, um wirklich zu wissen, was sie taten.

Aber sie verfügten fraglos über die Kontakte, die Schlagkraft und die Professionalität, an der es uns bislang mangelte. Sie kannten einen A&R-Mann bei CBS Records, Robbie Blanchflower, dem unser Sound gefiel und der den CBS-Präsidenten Maurice »Obie« Oberstein auf uns aufmerksam machte.

Obie, ein Exil-Amerikaner, der in der Musikbranche schon bald einen legendären Ruf genießen sollte, kam zu einem Priest-Gig in Southampton und fand uns offenbar gut genug, um uns einen Vertrag anzubieten. Anscheinend hielt er uns jedoch für Punks, denn David Hemmings erzählte er: »Ich war überrascht, dass mich niemand angespuckt hat.«

Leider waren die Leute bei Gull Records über unseren Abgang genauso angepisst wie Corky. Als wir die Rechte an unseren beiden dort veröffentlichten Alben zurückkaufen wollten, schalteten sie deshalb auf stur. Arnakata und CBS gaben sich während der Verhandlungen redlich Mühe, doch bei Gull bissen sie auf Granit.

In den kommenden Jahren standen wir regelmäßig bei David Howells auf der Matte. Wir boten ihm immer höhere Summen für *Rocka Rolla* und *Sad Wings of Destiny* an. Aber seine Antwort lautete jedes Mal nein. Kompromisslos. Das ist wirklich traurig, denn diese beiden Alben sind ein wichtiger Bestandteil der Band-Historie, und wir haben keinerlei Handhabe darüber.

Sobald wir den Vertrag mit CBS unterschrieben hatten, wussten wir, dass wir künftig mit den großen Jungs spielen würden. Und während Gull uns für die ersten beiden Platten jeweils einen Vorschuss von zweitausend Pfund gewährt hatte, spendierte uns CBS für das Nachfolge-Album ganze 60.000 Pfund. *Klingeling!*

Wenn eine fünfköpfige Band ein Album in einem teuren Spitzenstudio aufnahm, waren 60.000 Pfund vermutlich gar keine so außergewöhnliche Summe, aber für uns war das ein Vermögen. Dass ein Major-Label bereitwillig so viel Geld in uns investierte, stärkte unser Selbstbewusstsein enorm.

Allerdings waren wir auch der Meinung, es verdient zu haben. Für gewöhnlich machen Bands mit ihrem dritten Album einen großen Schritt nach vorne, und wir wussten inzwischen genau, was wir wollten und was wir konnten. Wir waren wie eine gut geölte Maschine, und vor allem Glenn brachte jede Menge neue musikalische Ideen ein.

Als wir uns Anfang 1977 in die Ramport Studios im Süden Londons zurückzogen, um dort *Sin After Sin* aufzunehmen, waren wir also bester Dinge. Was nicht zuletzt an dem Produzenten lag, mit dem wir arbeiten würden.

Mit Roger Glover stellte uns CBS den ehemaligen Bassisten von Deep Purple zur Seite, die zu unseren absoluten Lieblingsbands gehörten. Die erste Aufgabe des Mannes, dem der Song »Smoke on the Water« seinen legendären Titel zu verdanken hat, bestand darin, uns bei der Lösung eines Personalproblems zu helfen.

Alan Moore hatte bei *Sad Wings of Destiny* zwar gute Arbeit geleistet, aber so richtig zufrieden waren wir immer noch nicht. Deshalb begannen wir die Arbeit an unserem dritten Album ohne Schlagzeuger. Roger Glover löste dieses Dilemma, indem er kurzerhand ein Wunderkind namens Simon Phillips hinters Schlagzeug setzte. Simon war im Grunde genommen ein Session-Musiker, ein wirklich brillanter Drummer, der stets exakt das spielte, was wir wollten, und es jedes Mal auf Anhieb hinbekam. Außerdem stellte er sich als sympathischer, besonnener Kerl heraus. Es war ein Traum, mit ihm zu arbeiten, obwohl er erst fünfzehn Jahre alt war.

»Soll ich es noch mal versuchen?«, fragte Simon jedes Mal, wenn er wieder mal einen Track im ersten Durchgang fehlerfrei eingespielt hatte. Und unsere Antwort lautete immer: »Nein, du machst das prima, Kumpel. Alles bestens!« Simon war bei Weitem der versierteste Musiker in diesem Studio.

Als wir mit den Aufnahmen zu *Sin After Sin* begannen, blickten wir voller Ehrfurcht zu Roger Glover auf und fühlten uns privilegiert, mit ihm arbeiten zu dürfen. Nach nicht mal einer Woche hatten wir ihn vor die Tür gesetzt.

Es war nicht Rogers Schuld. Er hatte nichts falsch gemacht, aber nachdem wir bei *Sad Wings of Destiny* als Co-Produzenten agiert hatten, waren wir überzeugt, den Sound unserer Band besser als jeder andere einfangen zu können. Glenn tat sich dabei besonders hervor.

Offenbar waren wir jedoch nicht so sehr im Thema, wie wir dachten. Denn nachdem wir drei oder vier Wochen lang ergebnislos im Studio herumgefrickelt hatten, blieb uns nichts anderes übrig, als Roger darum zu bitten, erneut die Zügel in die Hand zu nehmen. Glücklicherweise war er nicht nachtragend.

Als er zurück im Produktionsteam war, kam endlich wieder Schwung in die Sache. Ich war fest entschlossen, für dieses Album bessere Texte denn je zu schreiben. Ein Vorsatz, der dazu führte, dass Roger anfangs einen völlig falschen Eindruck von mir gewann. Wenn ich nicht gerade Vocals aufnahm, saß ich für gewöhnlich allein in einer Ecke des Studios und studierte hingebungsvoll einen dicken Wälzer. Roger warf mir hin und wieder einen neugierigen Blick zu, und nach ein paar Tagen sprach er mich darauf an.

»Hey, Rob, du bist ja sehr in dieses Buch vertieft«, sagte er. »Ist das eine Bibel?«

»Eher nicht«, erwiderte ich lachend und zeigte ihm das Buch. »Das ist *Roget's Thesaurus,* ein Wörterbuch.« Roger wirkte einigermaßen erleichtert.

Gemeinsam mit Mr. Roget lief ich zu Hochform auf. Den Wälzer habe ich immer noch. Ich war stets bestrebt, beim Songwriting mein Vokabular zu erweitern, und meine Texte für *Sin After Sin* wurden meinen Ansprüchen tatsächlich gerecht. Es gelang mir darin, meinen eigenen Stil weiter zu verfeinern: die Verarbeitung psychologischer und philosophischer Traumata in düsteren, dramatischen Geschichten über epische Schlachten zwischen Göttern, Teufeln und Kriegern, in denen letztlich immer das Gute – und der Heavy Metal! – über das Böse siegt.

Die Lyrics von »Sinner« sind ein sehr gutes Beispiel dafür. Ich liebe es, mit Worten Bilder zu malen, und wenn ich mich kurz meiner Eitelkeit hingeben darf, gefällt mir die Vorstellung, dass die apokalyptische Extravaganz der ersten Zeilen einen beinahe Blake'schen Unterton hat.

> Sinner rider, rides in with the storm
> The devil rides beside him
> The devil is his god, God help you mourn

Doch das wichtigste Lied auf *Sin After Sin* war für mich persönlich zweifellos »Raw Deal«.

In dem Song geht es um das Cruisen in den Schwulenbars von Fire Island, dem hippen Treffpunkt der Homosexuellen vor den Toren New Yorks. Nicht, dass ich jemals auf Fire Island gewesen wäre oder mich – abgesehen von einem Tänzchen im Nightingale in Birmingham – ausführlich dem Cruisen gewidmet hätte. Die Lyrics entsprangen allein meiner lüsternen Vorstellungskraft.

All eyes hit me as I walked into the bar
Them steely leather guys were fooling with the
denim dudes
A coupla colts played rough stuff
New York, Fire Island

Ich sah den Text als eindeutiges, unmissverständliches und mutiges Bekenntnis zu meinem sexuellen Verlangen: »Heavy bodies ducking, stealing, eager for some action.« Aber der Song hat auch eine dunkle, harte Seite. Die letzte Zeile zieht ein düsteres Resümee und beschreibt das Leben ziemlich schonungslos: »Just a bunch of goddamn, rotten, steaming, raw deal.«

Es war ein Coming-out-Song, ein Ventil für die Ängste, die mich als schwuler Mann quälten. Ich befürchtete, ich könnte mit diesen Lyrics zu weit gegangen sein. Wer genau hinhörte, konnte sich problemlos einen Reim darauf machen. Der Text hätte mir Türen öffnen oder aber – und das hielt ich für wahrscheinlicher – vor der Nase zuschlagen können.

Aber nichts dergleichen geschah. Die Band sprach mich kein einziges Mal auf den Text an – sie hatten immer enormen Respekt vor meinen Lyrics und mischten sich niemals ein. Vermutlich dachten sie, ich würde nur eine fiktive Geschichte erzählen. Auch den Kritikern und Fans fiel offenbar nichts auf. »Raw Deal« war ein Aufschrei, der ungehört verhallte.

Ich wusste nicht, ob ich enttäuscht oder erleichtert sein sollte.

Wenn »Raw Deal« ein lauter Aufschrei war, dann war »Here Come the Tears« ein leiser Hilferuf. Diesen sanften, empfindsamen Song über mein schwieriges Leben schrieb ich gemeinsam mit Glenn, und es war eine kathartische Erfahrung, auf diese Weise mein einsames Herz auszuschütten:

Once I dreamed that life would come and
sweep me up away
Now it seems life's passed me by, I'm still alone
today
Here come the tears

Wieder fiel niemandem etwas auf. Die Kritiker waren offenbar zu begriffsstutzig. Sie interessierten sich mehr für das Joan-Baez-Cover »Diamonds and Rust«, das es diesmal aufs Album geschafft hatte, nachdem wir uns bei *Sad Wings of Destiny* noch gegen den Song entschieden hatten.

Als wir *Sin After Sin* schließlich in der Chefetage von CBS vorspielten, sah ich uns bereits mit wehenden Fahnen scheitern, denn Roger Glover drehte den Lautstärkeregler bis zum Anschlag auf. Er überrumpelte unsere neuen Labelchefs mit schierem Lärm. Ich hatte die Hände schützend auf meine Ohren gelegt – nicht unbedingt die beste Pose, wenn man sich gerade sein neues Album anhört.

Was zum Teufel soll das, Roger? Ich war mir sicher, dass die CBS-Leute von diesem Krach entsetzt sein würden. Stattdessen gratulierten sie uns zu dem großartigen Album. Offenbar hatten sie tatsächlich auf eine volle Breitseite Heavy Metal gehofft. Und genau die hatten wir ihnen gegeben.

Roger sagt immer, dass er für die Produktion des Albums nie bezahlt worden sei. Ich habe keine Ahnung, warum das der Fall sein sollte, aber mit uns hatte es definitiv nichts zu tun. Selbst heute, fast fünfzig Jahre später, fordert er mich immer noch manchmal augenzwinkernd dazu auf, ihm endlich einen Scheck zu schicken.

Als *Sin After Sin* dann endlich veröffentlicht wurde, war es unsere größte Angst, dass sich niemand für die Platte interessieren würde, denn 1977 war Punkrock das alles beherrschende Thema. Die Musikmagazine schrieben über nichts anderes mehr, und es schien fast, als wäre jedes weitere Genre bedeutungslos geworden. Auch der Heavy Metal.

Meiner Meinung nach war das Quatsch. Einige der Punkbands fand ich allerdings wirklich gut. Ich ging damals mal zu einem Konzert der Sex Pistols in Wolverhampton. Es war einer dieser geheimen Gigs, die sie unter dem Pseudonym The Spots spielten, weil ihnen die Live-Clubs im ganzen Land nach der Presseschlacht in den Boulevardzeitungen die Türen verschlossen.

Als Johnny Rotten auf die Bühne kam, traf ihn eine Flutwelle aus Spucke. Seine erste Ansage lautete: »Ich weiß nicht mal, ob wir überhaupt für euch spielen werden! Wir haben euer verficktes Geld, und jetzt könnt ihr euch alle verpissen! Wir scheißen auf euch!« Aber natürlich spielten sie doch, und mir gefiel es. In meinen Ohren klangen sie wie eine Metalband. Ich hielt Punk einfach für einen extremen Hype. So etwas konnte nicht von Dauer sein … und das war es auch nicht.

Für einen anderen Ausflug, den ich im Jahr 1977 unternahm, hätte Johnny Rotten vermutlich nur tiefe Abscheu empfunden. Seitdem ich im zarten Alter von sechs Jahren im Walsall Arboretum die Queen gesehen hatte, war ich begeisterter Anhänger des Königshauses. Also fuhr ich zum silbernen Kronjubiläum der Königin nach Windsor. Die Queen bewegte sich vom Schloss aus durch die Menschenmassen, und ihr Winken galt auch diesmal wieder mir ganz allein. Zumindest in meiner Vorstellung.

Als *Sin After Sin* in den Läden stand, lief das Album überraschend gut. Von jenen Magazinen, die nicht ausschließlich von Punk besessen waren, wurde es sehr positiv aufgenommen, und in den britischen Charts kletterte es bis in die

Top 30. Es war eine starke Platte, und statt eines Kerls, der seine Telefonate aus einem Fahrstuhl führte, hatte sie das volle Gewicht der Promotion- und Marketing-Abteilung von CBS im Rücken. Nun war es an uns, die Musik live unter die Leute zu bringen.

Da Simon Phillips nicht mit uns auf Tournee gehen wollte – vermutlich musste er für die Abschlussprüfung in der Schule pauken –, luden wir in London mehrere Schlagzeuger zum Vorspielen ein. Letztendlich entschieden wir uns für Les Binks, einen Kerl aus Belfast, der nicht nur ein großartiger Drummer, sondern auch ein umgänglicher Typ und vor allem sofort verfügbar war.

Die Proben für die Tour fanden in den berühmten Pinewood Studios westlich von London statt. Nachdem wir am ersten Tag unser Equipment aufgebaut hatten, machten wir uns auf die Suche nach unserem Hotel. Gegen zehn Uhr abends standen wir schließlich vor einem Spukhaus, das aussah wie die Horror-Villa aus einer Hammer-Produktion.

Was? Hier?

Wir klingelten, und eine winzige Nonne öffnete die Tür. In der Annahme, wir hätten uns in der Hausnummer geirrt, entschuldigten wir uns höflich bei ihr und wollten gerade wieder gehen, als sie uns lächelnd zurückhielt. Sie sagte uns, dass wir am richtigen Ort seien und dass sie uns bereits erwartet habe. Dann führte sie uns über knarrende Stiegen in unsere Zimmer.

Am nächsten Morgen um fünf Uhr weckte mich ein leises, summendes Geräusch. Es stellte sich heraus, dass wir aus Kostengründen in einem Genesungsheim wohnten, das von schwedischen Nonnen betrieben wurde, die um diese Zeit mit ihrem Morgengesang begannen. Eine Woche lang hörte ich sie täglich.

Wir frühstückten jeden Morgen um sieben mit den Nonnen, und jeden Abend um acht nahmen wir das Abendbrot ebenfalls zusammen mit ihnen ein. Das Essen war lecker, aber wir fühlten uns etwas eingeschüchtert von ihnen, also hockten wir bloß schweigend da und aßen. Ganz am Ende des Raums saß eine besonders ehrwürdig wirkende Nonne. Sie sah aus, als wäre sie hundert Jahre alt. Eines Abends deutete sie in unsere Richtung und fragte die anderen: »Wer sind die?«

»Das ist eine Musikgruppe«, erklärte eine der Schwestern.

»Die reden nicht viel, oder?«, sagte die Alte daraufhin. »Die halten sich wohl für was Besseres.«

Ganz falsch lag sie damit nicht.

Während wir in Pinewood waren, wurde dort der erste *Superman*-Film gedreht. Eines Tages besuchte ich das Set. Dort liefen gerade die Vorbereitungen für die berühmte Szene, in der Superman Lois Lane rettet, als sie mit einem Helikopter abstürzt.

Auf dem Weg zurück kam mir etwas ungewöhnlich Großes entgegen. *War es ein Vogel? War es ein Flugzeug?* Nein, es war ein riesiger Kerl, und als er näher kam, erkannte ich Christopher Reeve. Es war kalt, und er trug einen Pelzmantel über seinem Superman-Kostüm.

Es platzte einfach so aus mir heraus: »Oh, hallo, Superman!«

»Hallo!«, erwiderte der Mann aus Stahl. »Was läuft?«

»Ich probe hier mit meiner Band.«

»Ach ja? Wie heißt die Band?«

»Judas Priest.«

»Stark! Na dann viel Erfolg!«

»Danke!«, sagte ich, und Clark Kent lief weiter, um den Pelzmantel abzulegen und Lois Lane aus einem Hubschrauber zu retten.

Da Priest jetzt bei einem Major-Label waren, bekam auch der Tourbus ein Upgrade. Wir verabschiedeten uns von dem stinkenden Mercedes-Van und stiegen auf einen leuchtend orangefarbenen, gebrauchten Volvo um, während unsere Roadcrew (ebenfalls eine Neuerung) in dem alten Van vorausfuhr. Tatsächlich fühlte sich das wie ein enormer Fortschritt an.

Gleich bei einem seiner ersten Einsätze wurde unserem Volvo übel mitgespielt. Nach einem Meeting mit der Plattenfirma in London kutschierte Ian uns die Wardour Street in Soho hinunter. Glenn mampfte ein Sandwich, und als wir an der Ampel stoppten, war er offenbar satt. Er öffnete das Fenster und warf seinen Imbiss einfach hinaus. Wir sahen alle zu, wie das halb gegessene Sandwich scheinbar in Zeitlupe durch die Luft flog, bevor es einem ziemlich kräftigen Biker in den Nacken klatschte. Der Typ wirbelte auf seiner Maschine herum und starrte uns an.

Dann sprang die Ampel auf Grün. »Los! Gib Gas!«, schrien wir Ian an, und er raste davon. Unter lautem Gelächter freuten wir uns, dass wir damit durchgekommen waren. Aber schon an der nächsten Ampel stand der Biker wieder neben uns, fletschte die Zähne und prügelte mit einer Eisenkette auf den Volvo ein. Die riesige Delle, die er in die Kofferraumtür schlug, bekamen wir nie wieder raus.

Die Gigs in Großbritannien liefen sehr gut. Wir spielten durchweg in größeren und vor allem in ausverkauften Läden. Ein Höhepunkt der Tour waren die Shows in der Stadthalle von Birmingham und im Apollo Victoria Theatre in London. Trotzdem zählten wir die Tage bis Juni, denn uns erwartete ein unglaublich spannendes Abenteuer: Wir würden zum ersten Mal in den USA auftreten.

Noch auf dem Flug musste ich mich mehrfach kneifen, um es zu glauben. Schon als Kind war ich in Amerika vernarrt gewesen – die Musik, die Filme, die Ikonografie, die bloße Vorstellung von diesem Land. Dorthin zu reisen war mehr als die Erfüllung eines Traums. Schon die Fahrt vom JFK-Flughafen nach Manhattan war ein unvergessliches Erlebnis. All die Sehenswürdigkeiten, die ich mein ganzes Leben lang im Fernsehen gesehen hatte, die hoch aufragenden Wolkenkratzer, die quietschgelben Taxis, der Dampf, der aus den Gullys aufstieg. Ich fühlte mich wie im Kino.

1977 war die Atmosphäre in New York noch angespannter und explosiver, die Stadt noch aufregender und unwirklicher als sonst. Es war ein glühend heißer Sommer, und alle mieden den Central Park, wo ein Serienmörder – bekannt als Son of Sam – sein Unwesen trieb. Bevor der Killer später im Jahr verhaftet wurde, gelang es ihm, sechs Menschen zu erschießen. Er behauptete, der Hund seines Nachbarn habe ihm den Befehl dazu gegeben.

Unser Hotel, wo ich mir das Zimmer wie üblich mit Ken teilte, lag am Columbus Circle, gleich neben dem Central Park. Trotz des Jetlags stellten wir dort nur unser Gepäck ab und zogen sofort wieder los, um die Stadt zu erkunden.

Es war phänomenal. New York City war so wild, so riesig und verrückt, dass ich es kaum fassen konnte. Wir besuchten die Zentrale unseres US-Labels und fühlten uns dabei wie Superstars. Auf dem Times Square gingen mir fast die Augen über. *Wow! Das ist was völlig anderes als Walsall!*

Diese Gegend von New York war damals noch voller schmieriger Sexshops und Pornokinos. Ich fühlte mich wie Robert De Niro in *Taxi Driver*, mit dem Unterschied, dass ich all die Huren, Stricher und anderen Exemplare dieses menschlichen Zoos einfach *liebte*. Ken und ich gingen ins Kino und sahen uns *Deep Throat* an. Der Film wurde seinem Ruf mehr als gerecht und machte mich extrem an.

Die New Yorker sind anders als alle anderen Menschen auf der Welt. In einem Deli wollten wir etwas zu essen kaufen, aber die Auswahl war so groß, dass mir schwindelig wurde. Ich hatte mich noch nicht entschieden, was ich wollte, als ich auch schon ganz vorne in der Schlange stand. Der Besitzer blaffte mich an: »Okay, jetzt reicht's! Mach, dass du rauskommst!« Und dann bediente er den Kerl hinter mir.

Am nächsten Abend ging ich allein ins Studio 54. Über diesen legendären Nachtclub, in dem angeblich alles möglich war, hatte ich schon viel gehört und insgeheim wohl auf ein bisschen Action unter Männern gehofft. Daraus wurde zwar nichts, aber die hedonistische Disco-Atmosphäre war genau mein Ding. Mir war sofort klar: Das würde nicht mein letzter Besuch bleiben.

Nach ein paar Tagen voller Glückseligkeit mussten wir den Big Apple verlassen, denn die US-Tour begann. Größere Entfernungen bewältigten wir mit dem Flugzeug, und die restlichen Strecken legten wir per Mietwagen zurück. Die ungeheure Größe des Landes und das ständige Wechseln zwischen den Zeitzonen waren gewöhnungsbedürftig.

Wir spielten als Vorgruppe für REO Speedwagon und Foreigner, große amerikanische Bands, aber ich war von keiner der beiden sonderlich begeistert. Das Gefühl beruhte eindeutig auf Gegenseitigkeit, denn abseits der Bühne bekamen wir sie nur selten zu sehen, und sie wechselten kaum ein Wort mit uns. Die Vorgruppe stand ganz unten auf ihrer Prioritätenliste, und das bekamen wir deutlich zu spüren. Bei einigen Auftritten bekamen wir auf der Bühne gerade mal genug Platz für die Hälfte unseres Equipments. Wir waren das unterste Glied in der Nahrungskette. Aber das ging uns am Arsch vorbei. Was spielte es schon für eine Rolle? Wir waren Judas Priest und auf Amerika-Tournee!

Die ersten fünf Shows fanden in Texas statt, wo wir bereits eine treue Fangemeinde hatten. Hauptsächlich, weil ein örtlicher Radio-DJ namens Joe Anthony sich so für *Sad Wings of Destiny* begeisterte, dass er die Platte rauf und runter spielte. Als wir zum Interview in seine Radio-Show kamen, war er so aufgeregt, als wären wir die Beatles.

In den meisten Städten herrschte zu Beginn erst einmal tödliche Stille im Publikum, wenn wir die Bühne betraten und unsere Instrumente einstöpselten, um den Leuten ordentlich einzuheizen. Über den Köpfen der Menge erhob sich ein riesiges Fragezeichen. *Was zum Teufel sind das denn für Typen?* Bevor wir sie dann mit roher Gewalt und schierer Lautstärke eroberten.

REO Speedwagon und Foreigner waren Superstars, entsprechend riesig waren einige der Auftrittsorte. Echte Mega-Venues. In St. Louis spielten wir vor 45.000 Zuschauern bei einer Stadionshow mit Ted Nugent als Headliner. Ted fuchtelte auf der Bühne mit einem Bogen und brennenden Pfeilen herum. Er benahm sich wie Tarzan, weil … na ja, weil Ted Nugent das halt so macht.

Die Menge erstreckte sich bis zum Horizont, aber wirklich Spaß hatte ich bei unserem Auftritt nicht. Ich war so nervös, dass ich in der Nacht kaum ein Auge zugemacht hatte, und die Sonne brannte dermaßen heiß, dass mir in meinen Lederstiefeln mit den Stahlkappen die Füße verkohlten. Mir war, als würde ich halluzinieren.

Aber da musste ich durch, und ich dachte daran, was ich am Wolverhampton Grand gelernt hatte: *Wenn du auf der Bühne stehst, versuch immer, den Kerl in der letzten Reihe zu erreichen.* Also winkte ich mit beiden Armen, sprang so hoch ich eben konnte und bewegte mich völlig übertrieben. Es schien tatsächlich zu funktionieren.

Kreuz und quer durch die Staaten zu reisen war großartig. Aber ich konnte es kaum erwarten, wieder nach New York zurückzukehren, wo während der letzten Shows dieser Tournee unsere Homebase sein würde. Am 13. Juli 1977 flogen wir zurück und erlebten dort eine Nacht, die in die Annalen der Stadt eingehen sollte.

Kaum war ich wieder in unserem schäbigen Hotel am Central Park angekommen, gingen in unserem fensterlosen Zimmer im zwanzigsten Stock die Lichter aus. Ich stürmte zur Feuertreppe, wo ich Ian über den Weg lief, und schaute hinaus. Die ganze Stadt lag im Dunkeln. Träumte ich etwa?

Wir zündeten Streichhölzer an, um zu sehen, wohin wir traten, und tasteten uns die Feuertreppe hinunter. Als wir es schließlich nach unten geschafft hatten, war die Hotelbar voll mit Menschen. Irgendjemand fuhr sein Auto auf den Bürgersteig und schaltete das Licht an, um den Raum zu erhellen. Dann wurde gebechert, was das Zeug hielt.

Das war typisch New York: Aus der Katastrophe wurde eine Party gemacht.

Aber seit der Son of Sam sein Unwesen trieb, waren die Bewohner der Stadt verängstigt. Als es wegen des Stromausfalls überall in der Stadt zu Unruhen und Plünderungen kam, wurde die Paranoia noch schlimmer. Wir hörten die ganze Nacht lang Schüsse.

Glenn war mit einem späteren Flug angekommen und traf mit aschfahlem Gesicht im Hotel ein. Während der Taxifahrt vom Flughafen in die Stadt hatte er Plünderer mit Baseballschlägern gesehen, die Windschutzscheiben zertrümmerten und in den Tunneln Autofahrer überfielen. Er war unverletzt, aber sichtlich mitgenommen.

Am nächsten Tag gingen die Lichter wieder an, und wir erfuhren, dass am Broadway komplette Gebäude niedergebrannt und mehr als viertausend Randalierer verhaftet worden waren.

Den offiziell letzten Gig der Tour spielten wir im New Yorker Palladium. Das Konzert war der Hammer. Doch es sollte noch besser kommen: Unser Management rief aus London an und wollte wissen, ob wir Lust hätten, bei zwei Shows als Support für Led Zeppelin aufzutreten. Robert Plant war wohl zu Ohren gekommen, dass Judas Priest gerade durch die Staaten tourten.

Im Ernst? Ob wir als Vorgruppe von Led Zeppelin spielen wollen? Scheiße, mit was für einer Antwort hatten die denn gerechnet? Wir waren total aus dem Häuschen. Judas Priest als Support für Led Zep in den USA … Gott, das war der Stoff, aus dem die Träume sind! Es gab nur ein Problem, und das war logistischer Natur.

Die Auftritte fanden auf dem Day-on-the-Green-Festival statt. Im Oakland-Alameda County Coliseum in Kalifornien. Und zwar fast eine Woche nach unserem Gig in New York. Da wir so gut wie pleite waren, flogen wir nach Kalifornien und teilten uns dort alle gemeinsam ein Zimmer in einem runtergekommenen Hotel unweit des Stadions.

Der Veranstalter des Festivals war Bill Graham, schon damals eine echte Legende im Live-Geschäft. Natürlich fragten wir uns, ob wir wohl irgendwann während des Festivals die Gelegenheit bekommen würden, ihn kennenzulernen. Am Tag der ersten Show lümmelten wir hinter der Bühne im Gästebereich rum, und Glenn hatte die Füße auf den Tisch gelegt. Bill Graham marschierte geradewegs auf uns zu, fegte Glenns Füße von der Tischplatte und blaffte: »Was zum Teufel habt ihr hier zu suchen?« Er hielt uns für ein paar Halbstarke. Keine Frage: Bill Graham verfügte über eine ausgesprochen gute Menschenkenntnis.

»Das sind Judas Priest, Sir!«, informierte ihn einer seiner Security-Leute. Bill entschuldigte sich und zeigte sich daraufhin um einiges freundlicher. Wir sollten ihn später dann ziemlich gut kennenlernen, und wenn wir in den USA waren, kümmerte er sich jedes Mal rührend um die Band.

Der Gig war einmalig und eine beinahe außerkörperliche Erfahrung. Weil das Festival nur bis zum frühen Abend dauerte, spielten wir zu einer gottlosen Uhrzeit. Oakland ist für seinen Morgennebel berüchtigt, und als wir auf die Bühne kamen, konnte ich nur die ersten paar Reihen des Publikums sehen. Der hintere Teil des Stadions verlor sich im Dunst.

Wir spielten nur zwanzig Minuten lang, aber während unseres Auftritts verdampfte der Nebel komplett. Am Ende konnte ich bis zu den hintersten Tribünen sehen. Ich hatte ein Meer aus 80.000 Menschen vor mir. Es war ein überwältigender, erhebender und unvergesslicher Abschluss unserer ohnehin schon fantastischen ersten Amerika-Tour.

Diese Shows waren für uns so prestigeträchtig, dass sie Judas Priest in den USA eine Menge Türen öffneten. Unglücklicherweise waren es für Led Zeppelin die allerletzten Konzerte in den Staaten, da Roberts kleiner Sohn Karac völlig unerwartet einer Viruserkrankung erlag und die Band die Tournee auf der Stelle abbrach, um nach Hause zu fliegen.

Nach sechs Wochen auf US-Tournee flogen auch Priest am nächsten Morgen zurück nach England. Für die Band war danach nichts mehr wie zuvor … und auch mein Leben sollte sich grundlegend ändern.

7

Die Shirley-Bassey-Lederjahre

Wenn man aus einem sehr lebhaften Traum erwacht, kann die graue Realität schrecklich ernüchternd sein. Die Amerika-Tour hatte sich für mich wie ein Fiebertraum – oder eher wie ein feuchter Traum – angefühlt. Und als ich nach Hause zurückkam, fiel ich für ein paar Tage in ein tiefes Loch.

Ich war kreuz und quer durch die Staaten gereist, hatte mit großen Augen die Rotlichtlokale am Times Square erkundet und war vor 80.000 Zep-Fans über die Bühne gesprungen. Also konnte ich gar nicht anders, als mich schrecklich deprimiert zu fühlen, während ich nun im Nieselregen auf den Bus zum Dirty Duck wartete. Ich hatte die große weite Welt gesehen, und die Yew-Tree-Siedlung in Walsall fühlte sich plötzlich verdammt eng und klein an.

Nach dem Ende einer Tournee folgt oft der schlimmste Kater der Welt. In einem Moment begeisterst du noch Konzertbesucher, gibst Autogramme und Radiointerviews. Im nächsten stapfst du zum Laden an der Ecke und musst dich anschließend von deinen Mitbewohnern beschimpfen lassen, weil du die Blättchen vergessen hast.

Du möchtest jedem Menschen von all den großartigen Dingen erzählen, die du erlebt hast. Aber nicht immer wollen die Leute das auch hören. Es konnte passieren, dass ein Kumpel im Pub mich fragte: »Wie war Amerika, Rob?«

»O Gott, es war unglaublich!«, antwortete ich dann zum Beispiel. »New York war der absolute Oberhammer, und St. Louis auch, und Robert Plant ist so ein toller Typ ...«

»Echt, ja? Das klingt doch klasse!«, erwiderte er dann. »Ich bringe morgen übrigens meine Karre zum TÜV ...«

Ich hatte für mein zartes Alter enorm viel erlebt und fand diese Reaktionen frustrierend. Aber heute weiß ich, dass die bodenständige, nüchterne Art der Menschen im Black Country, ihre sture Weigerung, jemandem Zucker in den Arsch zu blasen, ein Segen für mich war. Denn sonst wäre aus mir vielleicht ein ziemlich eingebildeter Pinsel geworden.

Ich hatte ohnehin nicht allzu viel Zeit, mich selbst zu bemitleiden – denn die Plattenfirma wollte ein weiteres Album von uns.

Für die Aufnahmen zu *Stained Class* stellte uns CBS einen neuen Produzenten zur Seite. Dennis Mackay konnte auf eine recht eklektische Vita zurückblicken und hatte schon mit so unterschiedlichen Künstlern wie Curved Air, Gong und Tommy Bolin gearbeitet.

Bei den Aufnahme-Sessions in den Chipping Norton Recording Studios in den Cotswolds wurde mir zum ersten Mal bewusst, dass es zwischen unseren Gitarristen Spannungen gab. Bisher waren Glenn und Ken eigentlich ganz gut miteinander klargekommen, zumindest oberflächlich gesehen. Auch wenn nicht zu leugnen war, dass sie sehr verschiedene Persönlichkeiten hatten.

Glenn war immer schon ein sehr selbstsicherer, ambitionierter Mensch. Er hat stets ein klares Ziel vor Augen und weiß, wie er es erreichen will. Von Anfang an hatte er eine klare Vision davon, wie die Band seiner Meinung nach klingen sollte. Und die kam bei *Stained Class* deutlich zum Ausdruck.

Den Titelsong des Albums und »Exciter« schrieben wir beide gemeinsam, während »White Heat, Red Hot« allein aus seiner Feder stammte. Aber den Lieblingssong des Albums schrieb ich gemeinsam mit Les Binks, der sich als Schlagzeuger von Judas Priest gut eingelebt hatte.

Bei »Beyond the Realms of Death« erwies sich *Roget's Thesaurus* einmal mehr als unentbehrlich. In dem Lied kämpft sich der Protagonist, der am Ende seiner Kräfte ist, durch die Welt. Einige Textpassagen sind sehr persönlich:

> I'm safe here in my mind
> I'm free to speak with my own kind

Frei, mit meinesgleichen zu sprechen. 1978 erschien die Aussicht, mit anderen schwulen Männern offen, frei und ohne Stigma sprechen zu können, in etwa so realistisch, als wolle man per Stabhochsprung zum Mars reisen. Ich wusste einfach: *Das wird niemals passieren.*

Dennis Mackay lieferte bei der Produktion des Albums einen wirklich guten Job ab. Priest waren damals immer noch recht anfällig für Progrock-Gedudel, und er erkannte, dass unsere Songs konsequenter sein könnten. Er führte uns vor Augen, dass ein musikalisches Statement nicht unbedingt mehr Gewicht bekommt, wenn man es möglichst breit auswalzt. *Lasst alles Überflüssige weg! Treibt euren Sound auf die Spitze!*

CBS wollte unbedingt einen Song, der ernsthafte Chancen hatte, im amerikanischen Rockradio gespielt zu werden.

Darum schlug man uns vor, Spooky Tooths »Better by You, Better than Me« zu covern. Der Track kam erst dazu, als das Album schon gemischt wurde, und da Dennis Mackay bereits anderweitig verpflichtet war, übernahm James Guthrie, den die Plattenfirma uns empfohlen hatte, die Produktion.

Stained Class wurde zu Beginn des Jahres 1978 veröffentlicht und schlug sich sehr gut. Nur zwei Monate nach der Produktion gingen wir erneut auf Tournee. Wieder waren die Hallen ein Stück größer geworden – Hallo, Hammersmith Odeon! Guten Abend, Birmingham Odeon! –, und noch etwas war neu.

Mit zunehmendem Erfolg liefen unsere Songs öfter im Radio. Dadurch änderte sich die Zusammensetzung unseres Publikums. Die wilden headbangenden Typen, die den Kern unserer Anhängerschaft ausmachten, waren so loyal wie eh und je. Aber bei den Konzerten tauchten auch immer mehr weibliche Fans auf.

Und die ersten Groupies.

Leider nicht für mich. Zu diesem Zeitpunkt wusste natürlich keiner unserer Fans, dass ich schwul war. Wenn sich irgendwelche Mädchen irrtümlich an mich ranschmissen, gelang es mir stets, sie höflich abzuwimmeln. Aber was zum Geier sollte ich machen, wenn ich auf Tour auch mal ein wenig Hautkontakt wollte? (Und nichts wollte ich lieber.)

Für Heteros war die Sache simpel. Das Ritual war immer gleich. Sie brauchten die Mädchen bloß einzuladen, mit ihnen hinter die Bühne zu kommen. *Möchtest du was trinken? Hast du Lust, mit uns ins Hotel zu kommen? Willst du vielleicht mein Zimmer sehen?*

Für mich war das keine Option. Wie sollte ich vorgehen, wenn mir ein Typ im Publikum gefiel? Wie standen die Chancen, dass er schwul war (oder es zugeben würde, falls er es denn war)? Was wäre, wenn ich mich irrte, den Falschen ansprechen und eine aufs Maul bekommen würde? Und dann war da natürlich diese alles beherrschende Angst, die mein Leben jahrzehntelang dominieren sollte: Was wäre, wenn meine Homosexualität bekannt würde und sich die Fans deshalb von uns abwendeten? Wenn sie von einer Band, deren Frontmann eine Schwuchtel war, nichts mehr wissen wollten und ich damit das Ende von Judas Priest besiegeln würde?

In meinem Leben gab es nichts Wichtigeres als Priest. Und selbst wenn ich bereit gewesen wäre, diesen Lebensmittelpunkt für meine Sexualität zu opfern – was für mich nicht infrage kam –, hätte ich das Ken, Glenn oder Ian niemals antun können. Das wäre ihnen gegenüber nicht fair gewesen. Es war allein mein Problem, nicht ihres.

Nein, für mich war es die sicherste Entscheidung – die *einzige* Entscheidung –, mein Geheimnis zu bewahren. Und das bedeutete: Finger weg von den Fans.

Im Laufe des Jahres 1978 kam es zu einer weiteren bedeutenden Veränderung bei Judas Priest. Wir legten uns ein völlig neues Erscheinungsbild zu. Der radikale Imagewechsel war Kens Idee, aber ich war sofort mit an Bord. Wir beide fuhren zusammen nach London und kleideten uns dort neu ein – ganz in Leder. Ken behauptet, ich wäre spätestens in dem Moment überzeugt gewesen, als der Schneider an der Innenseite meines Oberschenkels Maß nahm. Aber so leicht bin ich nun wirklich nicht zu haben.

Nicht ganz so leicht.

Zurück in Walsall führten wir den anderen unsere neuen schwarzen Lederhosen und ärmellosen Hemden vor. Alle waren so begeistert, dass wir gemeinsam noch einmal nach London fuhren, um ein komplettes Bandoutfit zusammenzustellen.

Einige der Händler, die wir besuchten, waren zum Schießen. Ein Laden in Soho wurde von einer riesenhaften, superexaltierten älteren Tunte geführt, die zu ihrer langen Mähne einen Guy-Fawkes-Spitzbart trug. Jedes Mal, wenn wir den Laden betraten, machte der Typ vor Aufregung Pirouetten und klatschte in die Hände.

»Juhu! Da sind sie ja, meine Jungs!«, quiekte er. Sein Kabinettstück war ein beeindruckender Cancan-Schritt, bei dem er den Fuß bis über Kopfhöhe hob. »Gar nicht schlecht für einen Kerl von achtundfünfzig Jahren, oder, Jungs?«, fragte er uns dann immer. Das musste ich ihm lassen: Er war so gelenkig, dass man den Eindruck bekam, er könne seine Knie nicht nur nach vorne, sondern auch nach hinten abknicken.

Suzi Watkins, eine Kanadierin, die bei Arnakata arbeitete, schleppte uns in einen S&M- und Fetisch-Laden in Wadsworth. Dort gab es nicht nur Lederhosen, Mützen, Stiefel und Armbänder, sondern auch Penisringe, Ketten und Peitschen. Manche meiner Bandkollegen schienen sich dort ein wenig unwohl zu fühlen.

Unser Leder-und-Nieten-Image festigte sich in den kommenden Wochen und kam ganz natürlich zustande. Wir ließen uns dabei von allen möglichen Dingen beeinflussen, von der Macho-Kultur bis Marlon Brando. Und am Ende sahen wir eben aus wie eine echte Heavy-Metal-Band.

Um dieses Bühnenoutfit rankt sich inzwischen so mancher Mythos. Allen voran, dass es mir zugleich als Tarnung und Ventil für meine Homosexualität diente. Dass es mich anmachte, mich auf der Bühne wie im Schlafzimmer zu kleiden. Das ist völliger Schwachsinn.

Ich hatte keinerlei Interesse an SM, Fesselspielen oder dem ganzen queeren Kult um Leder und Ketten. Das war einfach nicht mein Ding. Meine sexuelle Vorliebe galt zwar stets den

Männern, war aber ansonsten – und ist es immer noch – ziemlich standardmäßig. Ich habe in meinem ganzen Leben noch nie eine Peitsche im Boudoir benutzt.

Oder etwa doch? Moment, ich muss kurz nachdenken …

Les sträubte sich am längsten gegen den neuen Look. Ken, Glenn, Ian und ich erschienen zu Fotoshootings von Kopf bis Fuß in Leder gekleidet, während Les in Jeans und einem schäbigen Cowboyhemd in die Kamera grinste.

Ich konnte es einfach nicht begreifen. Irgendwie musste man ihm doch verklickern können, worum es uns ging. *Les! Wir versuchen hier, ein gemeinsames Image zu transportieren!* Aber ich wusste nie, wie ich ihn auf das Thema ansprechen sollte. *Hinter dem Schlagzeug sieht ihn zumindest keiner,* dachte ich. Irgendwann gab er dann halbherzig nach und kaufte sich eine Biker-Lederjacke.

Unsere Fans, egal ob männlich oder weiblich, entdeckten in unserem neuen Look ganz sicher kein homoerotisches Element. Für sie sahen wir einfach nur wie maskuline Alphatypen und Obermachos aus. Immer mehr von ihnen imitierten unser Outfit, ein sicheres Zeichen dafür, dass der Look gut ankam.

Ich muss zugeben, dass ich mir die Bandfotos aus den späten Siebzigerjahren gelegentlich ansehe und mich dabei insgeheim an eine lederne Variante von Shirley Basseys Glitzerroben erinnert fühle. Aber das liegt wohl einfach an meiner Persönlichkeit.

Ich sehnte mich wahnsinnig nach Amerika zurück, und im März war der große Moment dann tatsächlich gekommen. Diesmal würden wir ganze zwei Monate durch die USA touren. Wieder flogen wir nach New York und starteten mit zwei Headliner-Shows im Palladium, einem recht großen Theater in der Nähe des Union Square. Es war nicht der beste Start.

Am ersten Abend schickte CBS eine Limousine los, die uns am Hotel abholen sollte, aber niemals ankam. Wir warteten ungeduldig im Foyer, und je näher unsere Auftrittszeit rückte, desto nervöser wurden wir. Da weit und breit kein Taxi in Sichtweite war, fragte ich den Rezeptionisten nach dem schnellsten Weg zum Veranstaltungsort. Seine Antwort lautete: »Der Bus fährt gleich dort drüben ab, Sir …«

Also stiegen wir in einen Linienbus voller Pendler. Als waschechte New Yorker hatten die Passagiere sicher schon alles gesehen. Aber sogar sie waren völlig perplex, als ein paar verschwitzte Briten in Nieten und Leder den Bus enterten, sich in einem unverständlichen Dialekt über alles Mögliche echauffierten und dabei zunehmend in Panik gerieten.

Den freien Tag vor der zweiten Show nutzte ich, um mich erneut zum Times Square zu schleichen und in den Sexshops ein paar Schwulenpornos zu erwerben. Dort gab es Sachen, die ich zu Hause noch nie gesehen hatte. Meine Augen wurden immer größer. Und nicht nur meine Augen.

Auf der Heimreise versteckte ich die Hefte in einem Flightcase. Ich kann mir nicht vorstellen, dass es tatsächlich illegal war, sie zu besitzen. Aber es wäre mir peinlich gewesen, sie beim Zoll auspacken zu müssen. Es war schrecklich frustrierend, sich deswegen wie ein Krimineller zu fühlen.

Nach den Shows im Palladium ging es mit Foghat und Bachman-Turner Overdrive quer durch die Staaten. Und es war genau wie auf unserer ersten US-Tour – wir hatten keinen Kontakt zu den Headlinern und wurden wie der letzte Dreck behandelt. Bei einem unserer Auftritte war nur ein einziger Scheinwerfer auf mich gerichtet, während die Band im Dunkeln spielen musste.

Zum ersten Mal reisten wir in einem Nightliner. Der große, schnittige Bus hatte nicht nur für jeden von uns eine

Einzelkoje, sondern sogar einen Lounge-Bereich. Wir waren ehrlich beeindruckt. *Wow*, dachten wir. *Das ist die Zukunft!* Unterwegs konnte es zwar ein wenig klaustrophobisch werden, aber mir gefiel es, denn wenn ich gesoffen hatte, konnte ich direkt in meine Koje fallen.

Die Tournee führte uns durch Texas und bis nach Kalifornien. Ein ganz bestimmtes Datum hatte ich in meinem persönlichen Kalender rot angestrichen: unsere Show in San Francisco, einer Stadt, die für ihre schwule Kultur und ihre florierende homosexuelle Gemeinschaft bekannt war. In meiner Vorstellung war es das Land, wo Milch und Honig flossen.

Seit ich im Nightingale zu Hause in Brum davon gehört hatte, wollte ich unbedingt mal eine Ausgabe von *The Advocate* lesen, einer Zeitung in San Francisco, die sich für Homosexuelle einsetzte. Wir logierten in einem Holiday Inn gleich am Fisherman's Warf, und direkt vor dem Eingang des Hotels stand eine Reihe von Zeitungsautomaten. *New York Times*, *Washington Post* … und tatsächlich: *The Advocate*!

Ich fühlte mich, als hätte ich den Heiligen Gral gefunden. Pro Zeitung musste man einen Vierteldollar in den Automaten werfen. Hektisch durchsuchte ich die Taschen meiner Lederhose nach Münzen. Verdammt! Ich hatte nur einen Dollarschein.

Eine schick gekleidete ältere Dame kam gerade vorbei, und ich stürmte aufgeregt auf sie zu. »Tschuldigung, hamSienenVierteldollaroderviervierteldollarfürnenDollar?«, brabbelte ich.

Sie starrte mich mit gerunzelter Stirn an. »Wie bitte?« Erst da wurde mir klar, dass mein Black-Country-Dialekt in Nordkalifornien vermutlich für Verständnisprobleme sorgte. Ich riss mich zusammen und versuchte es noch einmal etwas langsamer: »Es tut mir sehr leid, aber könnten Sie mir vielleicht einen Dollar in vier Vierteldollar-Münzen wechseln?«

Die Dame half mir tatsächlich aus. Umgehend kehrte ich mit meiner Beute auf mein Zimmer zurück und las die Zeitung von vorne bis hinten durch. Seitenweise Beiträge über schwule Themen, Veranstaltungstipps und jede Menge Kontaktanzeigen. Kein Vergleich zu meinem schäbigen Leben in Walsall, wo ich mich verängstigt in öffentlichen Toiletten herumdrücken musste. Ich war im Gelobten Land!

In San Francisco gibt es ein Lesben- und Schwulenviertel namens The Castro, und ich hätte nichts lieber getan, als mich an diesem Sehnsuchtsort umzusehen. Aber ich wagte es nicht. Wie immer überwog die Angst. Wir wurden in den USA allmählich populärer, und hin und wieder erkannte man mich sogar auf der Straße. Was wäre, wenn mich ein Fan dort sehen und sich daraufhin herumsprechen würde, dass Rob Halford in Schwulenvierteln herumschlich?

Immerhin erwarb ich in San Francisco noch ein weiteres Stück schwuler Literatur. Ein unscheinbares, dünnes Taschenbuch, genau in der richtigen Größe, um es in die Gesäßtasche der Jeans zu stecken: *Bob Damron's Address Book* enthielt Adressen von Schwulenbars, Badehäusern und Cruising-Gebieten in zahllosen großen und kleineren Städten der USA.

Während unser Tourbus durch die Nacht rollte, lag ich in meiner Koje und studierte hinter zugezogenem Vorhang das Büchlein. Es verriet mir zum Beispiel, dass der Fire Pit die beste Schwulenbar von Birmingham in Alabama war. Sollte es mich nach Covington in Kentucky verschlagen, empfahl es mir einen Besuch bei Jouche Bo's. In Hollywood war das Annex West an der Melrose einen Abstecher wert.

Ich war niemals auch nur in einem einzigen dieser Läden. Das höchste der Gefühle war ein Spaziergang durch jene

Schwulenviertel, die sich zufällig in der Nähe des Bandhotels befanden. Manchmal drückte ich meine Nase am Fenster eines Gayclubs platt, als wäre ich ein Gassenjunge aus einer Dickens-Geschichte, der sich am Anblick unerreichbarer Kuchen ergötzte.*

Wenn wir als Support-Act auf den großen Bühnen standen, zog ich eine besonders exaltierte Show ab, für die ich ein paar spektakuläre Moves mit dem Mikrofonständer einstudierte. Beim Auftritt im Agora Ballroom in Cleveland ging das leider nach hinten los, als das Stativ gegen die Decke knallte und mir eine ganze Ladung Stuck auf die Birne krachte.

Im Anschluss an diese Show kehrten wir für einen Abend nach New York zurück, wo ein Auftritt im The Bottom Line auf dem Programm stand. Ich freute mich sehr darauf, denn nach dem Konzert erwartete mich mit ein bisschen Glück vielleicht endlich ein wenig schwule Action. Ein eingeweihter Mitarbeiter von CBS, der selbst homosexuell war, hatte mich mit einigen seiner Freunde in Kontakt gebracht, die »mich gerne kennenlernen wollten«.

Wir trafen uns nach der Show und fuhren zu einem großen Haus am Central Park. Ich war gut drauf. Sobald ich durch die Tür trat, wurde mir auch schon ein Drink in die Hand gedrückt, und die Jungs schmissen sich an mich ran. Sie schwärmten von Priest und erzählten mir, wie toll ich auf der Bühne sei.

Jemand schenkte nach, und mir wurde schummerig. Plötzlich war ich total benommen. *Was zum Teufel ist hier los?* Ein paar Kerle führten mich in ein anderes Zimmer. Von da an

* Apropos Kuchen: »Cakes« ist in den USA ein schwuler Slangausdruck für Pobacken. Meine Analogie ist also ganz passend.

kann ich mich nur noch daran erinnern, dass mich überall Hände berührten … und dass mir ein älterer Kerl einen blies.

Dass er älter war, wusste ich, weil er vorher seine Zahnprothese herausnahm.

Ich taumelte zurück in mein Hotel. Erst am nächsten Tag wurde mir klar, dass jemand etwas in meinen Drink geschüttet hatte. Ich fühlte mich hintergangen, war schrecklich enttäuscht und wütend. Und zum ersten Mal seit langer Zeit musste ich wieder an Dads Freund, den »Theaterliebhaber«, denken.

Ein kleiner Trost war die Erkenntnis, dass Judas Priest offenbar die ganze Welt offen stand, seit wir unsere Unterschriften unter einen Major-Vertrag gesetzt hatten. Nach der US-Tour blieben uns gerade mal zwei Monate in den englischen Midlands, bevor das nächste große Abenteuer anstand: unsere erste Reise nach Japan.

Es war eine überwältigende Erfahrung. Die japanische Gesellschaft und Kultur eroberten mein Herz im Sturm. Mein erster Besuch in New York war umwerfend gewesen, aber ich kannte die Stadt bereits aus zahllosen Filmen und Fernsehserien, wodurch sie mir auf fast unheimliche Weise vertraut war. Im Vergleich dazu war unsere Ankunft in Tokio wie die Landung auf einem fremden Planeten.

Für diesen ersten Japan-Trip hatte CBS uns Zimmer in einem winzig kleinen Hotel gebucht, das hauptsächlich auf japanische Geschäftsreisende ausgerichtet war. Die Zimmer hatten die Größe von Schuhkartons. Wenn man in der Mitte des Raums stand, konnte man mit ausgestreckten Armen zwei gegenüberliegende Wände berühren.

Ich reiste damals nicht gerade mit leichtem Gepäck. Aus irgendeinem bescheuerten Grund schleppte ich jedes

Kleidungsstück, das ich besaß, mit mir herum. Die Bühnenklamotten genau wie die Freizeitgarderobe. Ich wechselte dreimal am Tag mein Outfit. Vermutlich nur, weil ich überzeugt war, dass Rockstars das eben so machten. Das ganze Zeug stopfte ich in einen riesigen Aluminiumkoffer, der auch sehr gut auf die gottverdammte *Titanic* gepasst hätte.

Am ersten Abend bestellte ich beim Zimmerservice ein Drei-Gänge-Menü. Meine Tür stand halb offen, und als der schwer beladene Kellner ins Zimmer kam, rammte er den riesigen Koffer.

WUMMS! KLIRR!

Der Mann stolperte über mein Gepäck, zahlreiche Teller und Schüsseln flogen im hohen Bogen durch die Luft, und überall im Zimmer landeten japanische Leckereien. Auf dem Bett, an den Wänden, auf dem Boden, dem Fernseher. Sogar ich war von oben bis unten vollgekleckert.

Es war purer Slapstick, und ich lachte mir den Arsch ab … bis ich sah, wie sehr sich der arme Kerl davon gedemütigt fühlte. Er verbeugte sich so oft und so hektisch vor mir, dass ich seinen Oberkörper nur noch verschwommen sehen konnte, und wiederholte dabei immer wieder: »Entschuldig bitte! Entschuldig bitte! Entschuldig bitte!«

Ich mutierte sofort zum Klischee eines Engländers auf Reisen. »SCHON IN ORDNUNG!«, kläffte ich ihn an, dreimal so laut wie üblich. Ich dachte wohl, so würde er mich besser verstehen. Ich schenkte ihm ein breites Grinsen und hielt ihm meinen gereckten Daumen unter die Nase. »KEIN PROBLEM!«

Der Typ war keineswegs beruhigt. »Entschuldig bitte! Entschuldig bitte! Entschuldig bitte!«, fuhr er fort. Er verbeugte sich weiter, während er rückwärts den Raum verließ, bevor er schließlich losrannte, um das Reinigungspersonal zu informieren.

Ich wünschte, ich könnte sagen, dass ich mich ebenfalls an die örtlichen Normen für Respekt und Anstand hielt. Aber das wäre glatt gelogen. Die Gigs in Japan begannen alle um sechs Uhr abends, weshalb wir bereits um neun Uhr wieder im Hotel waren. Gewöhnlich waren wir gut angetrunken und hatten reichlich Zeit totzuschlagen. Eine gefährliche Kombination.

Es war nie meine Art, Hotelzimmer zu zertrümmern. Als Arbeiterkind wusste ich, dass irgendeine arme ältere Dame anschließend das Chaos beseitigen musste. Aber ich konnte mich sehr für Feuerlöscher begeistern.

Auf der *Stained Class*-Tour hatte ich mal eins der Dinger in einen leeren Aufzug geschleppt, es ausgelöst, jeden Knopf im Lift gedrückt und war rausgerannt, als sich die Türen schlossen. Der außer Kontrolle geratene Feuerlöscher fuhr im Hotel auf und ab und durchnässte auf jeder einzelnen Etage die Wartenden. Seit Corkys Telefonaten hatte kein Mensch mehr so viel Spaß in einem Aufzug gehabt.

Bei Judas Priest war es immer schon Tradition, der Roadcrew Streiche zu spielen. Als ich in Tokio herausfand, dass ein Crewmitglied nur zwei Türen weiter auf meinem Flur wohnte, kam mir das wie die perfekte Gelegenheit vor, um zuzuschlagen – und meine Leidenschaft auf internationaler Ebene auszuleben.

Ich riss den Feuerlöscher von der Wand, zielte mit der Düse unter der Tür hindurch, schlug auf den Ventilkopf und sprintete zurück in mein Zimmer. Ich hatte meine Tür angelehnt und spähte durch den Spalt, um den Spaß zu beobachten, als plötzlich wütendes Geschrei erklang … auf *Japanisch*.

Ich hatte mich im Zimmer geirrt! Die Tür wurde aufgerissen, und ein japanischer Geschäftsmann taumelte in den

Korridor. Er war von Kopf bis Fuß mit rosa Pulver bedeckt. Ich konnte von meinem Versteck aus erkennen, dass die Wände und der Teppich hinter ihm ebenfalls mit dem Zeug übersät waren. Ich hatte immer gedacht, alle Feuerlöscher wären mit Wasser gefüllt. Aber in Japan war eben alles anders.

Vorsichtig zog ich meine Tür ins Schloss. Der rosafarbene Kerl schimpfte weiter. Auf dem Flur ertönten Schreie und hektisches Getrappel. Fünf Minuten später heulte eine Sirene auf. Durchs Fenster sah ich, wie unten ein Polizeiauto vorfuhr.

Scheiße!

Dann hörte ich, wie sich auf meinem Korridor Schritte näherten und nacheinander an jede Tür geklopft wurde. Ich zog eilig den Hotel-Kimono an und verwuschelte mir die Haare. Als mein Zimmer an der Reihe war, fragte ich durch die geschlossene Tür: »Wer ist da?«

»Polizei! Polizei!«, lautete die Antwort. »Wir müssen mit Ihnen sprechen!«

Übertrieben laut gähnend öffnete ich. »Ja, bitte?«

Vor mir standen zwei Polizisten und ein Hotelangestellter, der Englisch sprach.

»Jemand hat Feuerlöscher losgemacht«, sagte er. »Sie was gesehen?«

»Das ist ja schrecklich!«, erwiderte ich. »Nein, ich weiß von nichts. Ich habe tief und fest geschlafen. Tut mir leid. Ich muss jetzt wieder ins Bett, ich habe morgen einen Auftritt.«

»Entschuldigen Sie die Störung!«, sagte der Hotelmitarbeiter. Wir verbeugten uns voreinander, und ich kehrte zurück ins Bett, wo ich mich unter der Decke vor Lachen kringelte.

Die Shows waren dann unglaublich. Die erste fand in einem Theater namens Nakano Sun Plaza statt, das doppelt so groß war wie das Wolverhampton Grand. Wir waren völlig baff, dass Priest in Japan bereits eine treue Anhängerschaft hatten. Ich konnte es kaum fassen. Auf gewisse Weise war es eine Lektion in Demut.

Ich hatte einen – wie ich fand – genialen Geistesblitz, was den Beginn unseres Sets betraf. Als Intro benutzten wir damals Mussorgskys »Heldentor«, ein wunderschönes Stück klassischer Musik. Dann öffnete sich der Vorhang und …

»Wäre es nicht toll, wenn wir zu Beginn mit dem Rücken zum Publikum stünden?«, schlug ich der Band vor.

»Warum zum Teufel sollten wir das machen?«, fragten sie nicht ganz unbegründet.

Ich schilderte ihnen mein großartiges Konzept. Wenn das Intro einsetzte, würde das die Spannung im Publikum anheizen. Noch spannender würde es, wenn sich der Vorhang hob und die Fans uns im Trockeneisnebel nur von hinten sahen. Wenn wir uns dann umdrehten, wäre das der absolute Höhepunkt. Drei aufreibende Momente hintereinander!

Die anderen wirkten nicht restlos überzeugt, aber sie machten mit. Vor Beginn der ersten Show nahmen wir also unsere Positionen ein, die herrlichen Klänge von Mussorgsky schallten durch den Saal, der Vorhang öffnete sich und … hinter uns brach die reinste Beatlemania aus. Oder besser gesagt Priestmania.

Es war ein einmaliges Gefühl. In den späten Siebzigerjahren hatte der Siegeszug westlicher Pop- und Rockbands in Japan gerade erst begonnen. Die Songs dieser Gruppen galten dort noch als Mädchenmusik. Deshalb bestand das Publikum zu drei Vierteln aus Frauen. Und die schrien sich die Seele aus dem Leib.

Als wir mit dem ersten Lied loslegten, flog plötzlich jede Menge Kram auf die Bühne. Es war wie damals, als George Harrison erwähnt hatte, dass die Beatles auf Gummibärchen standen, und ihre Fans die Band bei Auftritten darum mit Süßigkeiten bombardierten.

Während wir uns also bemühten, »The Ripper« zu spielen, kreischten ein paar Tausend japanische Mädchen wie verrückt, und um uns herum hagelte es Knabbereien, Naschkram, Kuscheltiere und andere kleine Geschenke. Eine unbeschreibliche Erfahrung!

In Japan erlebte man überall die verrücktesten Abenteuer. Wir bestaunten nicht nur die himmelstürmende Skyline von Tokio, sondern auch die uralten Paläste, Tempel und Ruinen der Kaiserstadt Kyoto, wo ich für Mom ein paar hübsche Püppchen in Nationaltrachten kaufte. Ich brachte ihr immer Puppen mit, und ich wusste, dass diese hier einen Ehrenplatz in ihrer Vitrine bekommen würden.

Als wir nach Heathrow zurückflogen, lag ein unglaublich ereignisreiches Jahr hinter uns. Und vermutlich wäre es das Vernünftigste gewesen, sich eine Auszeit zu nehmen, um wieder auf den Boden zu kommen und Bilanz zu ziehen. Wir hatten uns eine Pause verdient.

Also gingen wir sofort wieder ins Studio, um ein neues Album aufzunehmen.

8

Marie Osmond kriegt die Peitsche

Ende der Siebzigerjahre legten Judas Priest ein immenses Arbeitspensum an den Tag. Es war kein Problem für uns, monatelang auf US- und Europatour zu sein, dann nach Hause zu kommen und nur eine Woche auszuspannen, bevor wir wieder ins Studio gingen, um ein neues Album aufzunehmen.

Auch deshalb, weil unsere Plattenfirma das so wollte. CBS drückte richtig auf die Tube: »Es kommt gerade so richtig Schwung in die Sache! Und ihr habt verdammt starke Konkurrenz. Also könnt ihr euch nicht erlauben, es schleifen zu lassen. Ihr müsst Präsenz zeigen!«

Es war harte Arbeit, aber wir stürzten uns mit Begeisterung hinein. Wir sahen unseren straffen Zeitplan als Chance für die Band, unsere Entschlossenheit unter Beweis zu stellen. Direkt im Anschluss an die Tour wieder ins Studio zu gehen, war für uns ganz normal. In unseren Augen war es das Beste, was wir tun konnten.

Der Jetlag vom Rückflug aus Japan war also kaum verflogen, als wir nach London fuhren, um bereits das zweite Album des

Jahres 1978 aufzunehmen. Wir hatten uns für James Guthrie als Produzenten entschieden, weil wir mit seiner Arbeit bei dem Spooky-Tooth-Cover sehr zufrieden waren.

Als wir ins Studio kamen, waren wir sofort startklar. Vermutlich war das einer der Vorteile des rastlosen Wechsels aus Tourneen und Plattenaufnahmen: Wir waren ständig im Dienst, und das machte uns zu einer gut geölten Metal-Maschine.

Wir machten enorme Fortschritte, wurden tighter und selbstbewusster. Wir waren fest entschlossen, als Band so viel Power wie möglich zu entwickeln. Heute kriege ich schon Schweißausbrüche, wenn ich nur daran *denke*, wie heftig wir geschuftet haben. Damals war mir dieses Arbeitspensum aber völlig in Fleisch und Blut übergegangen.

Priest schrieben ihre Songs nie auf Tour, also gingen wir jedes Mal völlig unvorbereitet ins Studio und fingen bei null an. Das war nie ein Problem für uns – und dieses Mal kamen die Songs besonders schnell zustande. Wir hatten einfach einen kreativen Lauf, und den schöpften wir voll aus.

Alle Bands haben ihre ganz eigenen Einflüsse, doch es ist ein bedeutender Unterschied, ob man von etwas »beeinflusst« oder »inspiriert« ist. Von einer Band »beeinflusst« zu sein, bedeutet häufig, dass man andere Künstler kopiert und versucht, genau wie sie zu klingen. Ich zumindest war definitiv von Queens »We Are the Champions« inspiriert, als wir »Take on the World« schrieben.

Das Killer-Riff, mit dem Glenn eines Tages ankam, schien mir die perfekte Basis für einen ähnlichen Text zu einem klassischen Judas-Priest-Thema zu sein: Zusammenhalt als Quelle für Optimismus und Selbstvertrauen im Kampf gegen die Widrigkeiten des Lebens. Aber in »Take on the World« ging es noch um sehr viel mehr als das. Es war ein starkes Bekenntnis zu unseren Fans. Metal wurde damals noch in unschöner Regelmäßigkeit verlacht. Und dieser Song war eine Hymne, die unseren Glauben an den Wert jener Musik zum Ausdruck brachte, die uns und unseren Fans so viel bedeutete. Die Botschaft lautete: Wir stehen zusammen!

> Put yourself in our hands, so our voices can
> be heard
> And together we will take on all the world!

Jedes Mal, wenn wir einen neuen Song fertig haben, kann ich im Kopf bereits hören, wie er später live klingen wird. Als wir »Take on the World« aufnahmen, konnte ich mir schon lebhaft vorstellen, wie Tausende von Fans den Text aus voller Kehle mitbrüllten. Bei dieser verlockenden Aussicht bekam ich eine Gänsehaut.

Glenn war in absoluter Topform und präsentierte uns eine Nummer, die zu einem ewigen Priest-Klassiker avancieren sollte. Die Vorlage dazu lieferten ich und mein treuer Thesaurus. Darin fand ich ein paar besonders anregende Worte: »Hey, Jungs, was sagt ihr dazu: Hell bent for leather? Mehr Priest geht doch nicht, oder?« Glenn war begeistert und erledigte den Rest. Was für ein Mörder-Riff!

Eines Nachts legten wir eine Pause ein, um uns im Fernseher der Studio-Bar den Kampf Muhammad Ali gegen Leon Spinks anzusehen. Ich schaute auch die Vorberichterstattung, während die Band noch arbeitete. Die Jungs hatten mich gebeten, ihnen Bescheid zu geben, wenn der Boxkampf losging.

Als Ali und Spinks in den Ring stiegen, rannte ich zum Kontrollraum, sprang aufgeregt über die Türschwelle und rief: »Hey, Jungs, der Kampf geht los …«

KRAWUMMS! Ich war mit dem Kopf voll gegen den stählernen Türrahmen geknallt. Sofort ging ich rücklings zu Boden, als hätte mich Ali persönlich k.o. geschlagen. *Autsch!*

»Keine Sorge, das ist nur ein Kratzer«, erklärte ich. Doch als ich taumelnd wieder auf die Füße kam, lief mir Blut über das Gesicht.

»Scheiße, das ist nicht nur ein Kratzer!«, fluchte Glenn. »Alter, ich kann deinen Schädel sehen!« Das Ergebnis waren ein paar Stunden in der Notaufnahme, eine genähte Platzwunde und ein verpasster Boxkampf. Immerhin hatte ich jetzt eine Narbe, die mich an Alis großen Sieg erinnerte.

Glenn hatte eine Nummer namens »Killing Machine« geschrieben, die uns den idealen Albumtitel lieferte. Es war das perfekte Symbol für uns als Band: eine schnittige, unerbittliche Metal-Maschine. Für uns gab es da nicht viel zu überlegen. Doch dann bekamen wir einen Anruf von Arnakata.

Unser Management informierte uns, dass CBS in Großbritannien mit dem Titel einverstanden war, das amerikanische Mutterlabel allerdings nicht. In den Staaten war es in den vergangenen Monaten zu einer Reihe von Amokläufen gekommen, deshalb fand man den Titel dort zu kontrovers. Sie befürchteten, er könnte negative Publicity nach sich ziehen. Vor allem Glenn gefiel das gar nicht. »Bei dem Titel geht es doch um uns selbst. *Wir* sind die *Killing Machine*!«, stöhnte er. »Wir töten keine Menschen. Priest ist eine tödlich präzise Metal-Maschine! Kapieren die das etwa nicht?«

Ironischerweise erwies sich der Alternativvorschlag der Amerikaner, *Hell Bent for Leather*, als wahrer Geniestreich, der sich für sie und auch für uns mehr als bezahlt machen sollte.

Killing Machine wurde von den Kritikern gut aufgenommen und stieg als drittes Priest-Album in Folge in die britischen

Top 40 ein. Wir verfolgten immer ganz genau, wie unsere Alben sich in den Charts schlugen. Das macht jeder Künstler. Bands, die etwas anderes behaupten, erzählen Mist!

Entsprechend verblüfft waren wir über das, was als Nächstes geschah. Unsere früheren Singles hatten es nie in die Charts geschafft. Deshalb rechneten wir auch diesmal nicht damit. Wir waren eine Metal-Band – die Single-Charts waren einfach nicht unsere Welt. Doch die erste Single *dieses* Albums stellte das alles auf den Kopf.

Als »Take on the World« auf Platz 31 einstieg, waren wir fassungslos. Noch verblüffter waren wir, als der Song bis auf Platz 14 kletterte. *Platz 14!* Die größte Überraschung war dann aber eine direkte Folge dieses Chart-Erfolgs: eine Einladung zu *Top of the Pops*.

Wow! Wahnsinn! Wir waren damals schon mehrfach im Fernsehen gewesen und recht häufig im Radio zu hören … aber *Top of the Pops*? Die Sendung, die ich mir als Kind niemals entgehen ließ und wo ich Hendrix, Bolan, Bowie und Queen gesehen hatte? Jetzt gehörten wir endgültig zu den Großen!

Während der Fahrt zum BBC-Fernsehzentrum in Shepherd's Bush war ich unglaublich aufgeregt. Mama, Papa, Sue und Nigel waren nicht weniger aus dem Häuschen, uns im Fernsehen zu sehen. Man kann Platten aufnehmen, Shows spielen und sogar durch Amerika touren, aber wenn man bei *Top of the Pops* auftritt, wissen Familie und Freunde, dass man etwas erreicht hat!

Die Aufzeichnung war jedoch nicht ganz das, was ich erwartet hatte. Das Studio war eng und schäbig. Das Publikum bestand aus höchstens dreißig Kids. Zu den anderen Künstlern, die an diesem Tag auftraten, gehörten Dr. Feelgood – eine Band, die ich sehr mochte – sowie Donny und Marie Osmond, die mich eher weniger interessierten.

Unser Leder-Image war damals noch nicht komplett ausgefeilt, aber ich ging schon voll und ganz darin auf. Von den Zehen bis zur Schirmmütze war ich in schwarze Tierhaut gekleidet. Abgerundet wurde das Outfit von einem Patronengurt, extra breiten Nietenarmbändern und dem jüngsten Neuzugang in meiner Garderobe: einer Bullenpeitsche.

Diese Bullenpeitsche sollte sich als Stein des Anstoßes erweisen. Denn auch wenn mir die Osmonds egal waren, schien das umgekehrt nicht der Fall zu sein – zumindest, was Marie betraf. Wir hingen gerade in unserer Garderobe ab, als einer der Produzenten der Show mit einer schlechten Nachricht hereinkam.

»Rob, ich fürchte, du wirst auf die Peitsche verzichten müssen«, sagte er.

»Was? Wieso?«, fragte ich ihn. »Die Peitsche ist Teil meiner Show!«

»Marie Osmond hat sich beschwert. Sie hat ein Problem damit.«

Wie bitte? Ich war im Grunde immer schon ein entspannter Typ, der Konflikte lieber vermeidet, aber das brachte mich richtig auf die Palme.

»Moment mal, wir sind eine britische Heavy-Metal-Band in einer britischen Fernsehshow. Und eine amerikanische Künstlerin will uns vorschreiben, was wir zu tun oder zu lassen haben?«

»Also, na ja …«, stammelte der Produzent. »Es ist nur so, dass …«

»Geh mir aus dem Weg!«

Es war nicht schwer, die Garderobe der Osmonds zu finden. Als ich mit der Bullenpeitsche in der Hand hereinplatzte, wurde Marie gerade geschminkt und hatte riesige

Lockenwickler im Haar. Ich war zu aufgebracht, um darauf zu achten, ob die Rosen in der Vase aus Papier waren.

»Hallo Marie, ich bin Rob von Judas Priest!«, stellte ich mich vor.

»Oh! Hallo, Rob!«

»Ich hab gehört, du hast was gegen meine Peitsche?«

»Oh, ähm …«

Ich wartete ihre Antwort gar nicht erst ab.

»Die Peitsche ist Teil unserer Show. Und unsere Show ist allein *unsere* Sache!«, erklärte ich in einem Ton, der keinen Widerspruch zuließ. Marie rang sich ein gequältes Grinsen ab und nickte. Priest 1 – Osmonds 0.

Nach ein paar Bierchen an der BBC-Bar stieg ich auf die Bühne und sang live, während die Band zum Playback rockte. Ironischerweise vergaß ich völlig, am Ende des Songs meine Bullenpeitsche knallen zu lassen, aber ich genoss den Auftritt in vollen Zügen. Wir fühlten uns wie Botschafter des Heavy Metal.

Einige der Hardliner unter den Priest-Fans sahen das anders. Sie hielten *Top of the Pops* für dämlichen Unterhaltungsquatsch und sämtliche Künstler, die dort auftraten, für weichgespülten Pop-Mist. Sie betrachteten unseren Fernsehauftritt als Verrat an der Sache. Manche gingen so weit, uns »Ausverkauf« vorzuwerfen.

Ich hatte keine Zeit für diese alberne Diskussion. Ich war stets der Meinung, dass wir jede Gelegenheit nutzen sollten, um die Werbetrommel für die Band und unsere Musik zu rühren – und natürlich für den Metal als solches. *Top of the Pops* und die BBC boten uns die Chance, unsere Single vor 15 Millionen Zuschauern zu präsentieren? *Fantastisch, ich bin dabei!*

So weit waren Judas Priest noch nie in den Mainstream vorgedrungen. Und ich fragte mich, wie sich das wohl auf meinen Alltag auswirken würde. War ich jetzt ein Prominenter? Eine Berühmtheit, die ununterbrochen Autogramme geben musste und nicht in Ruhe durch Walsall laufen konnte, ohne blöd angequatscht zu werden?

Ich hätte mir keine Sorgen machen müssen. Niemand scherte sich darum. In Amerika werde ich sogar heute noch angesprochen und um Selfies gebeten, aber in Walsall passiert mir das *nie*. Die Leute registrieren mich, denken aber: *Warum soll ich den Typ anlabern? Er steht gerade nicht auf der Bühne – also lass ich ihn in Ruhe*. Ich finde das sehr angenehm, und ich bin äußerst dankbar dafür.

Ich hätte auch gar keine Zeit gehabt, mich in meinem neuen Popstarruhm zu sonnen. Der Blick in den Kalender verriet mir, dass wir allein im Jahr 1979 noch beinahe 140 Konzerte vor uns hatten. Wir würden praktisch das ganze restliche Jahr unterwegs sein.

Da uns 1979 keine Zeit blieb, um ein neues Album aufzunehmen, entwickelte unsere Plattenfirma einen Notfallplan. Die Tournee startete in Japan, und CBS ließ zwei der Tokio-Shows für ein Live-Album mitschneiden. *Unleashed in the East* sollte noch im selben Jahr veröffentlicht werden.

Ich hatte keine grundsätzlichen Einwände gegen ein Live-Album, aber der Zeitpunkt der Aufnahme gab mir zu denken. Meine Stimme war bei den Japan-Shows nicht in bester Verfassung, vor allem deshalb, weil ich kaum geschlafen hatte. Ich litt immer schon unter Schlaflosigkeit, und der Jetlag auf dieser Reise war wahrscheinlich der schlimmste, den ich je hatte.

Vor einem der Gigs hatte ich buchstäblich die ganze Nacht kein Auge zugemacht. Ich kämpfte mich tapfer durch die Shows, aber ich machte mir Sorgen, wie ich wohl auf den Aufnahmen klingen würde.

Im Anschluss an den Japan-Trip ging es für zwei Monate in die Staaten. Die meisten der Shows dort spielten wir als Support für UFO, die – um es milde auszudrücken – ein Haufen irrer Partybiester waren. Jede Nacht feierten wir, als gäbe es kein Morgen. Judas Priest waren alles andere als Trauerklöße, aber kein Vergleich mit UFO. Diese Typen waren völlig außer Rand und Band.

Auf der Bühne legte ich in puncto Showfaktor noch mal eine ordentliche Schippe obendrauf. Unsere Musik war laut, kraftvoll, hart und dynamisch. Und das wollte ich natürlich auch mit meiner Performance zum Ausdruck bringen. Ich rannte kreuz und quer über die ganze Bühne, ruderte mit den Armen und gewöhnte mir dabei ein paar Bewegungen an, die typisch für mich werden sollten.

Jeden Abend schwang ich die Peitsche und tat so, als würde ich damit nach den Zuschauern in der ersten Reihe schlagen. CBS und Arnakata – die nicht lange zögerten, wenn sie die Gelegenheit für cleveres Merchandising witterten – ließen sofort T-Shirts und Badges drucken:

I'VE BEEN WHIPPED BY ROB HALFORD!

Ich rüstete mein Bühnenarsenal weiter auf und legte mir ein Maschinengewehr zu, aus dem ich Platzpatronen ins Publikum feuerte. Meistens zum Ende von »Genocide«. Den Song spielten wir nicht bei jeder Show. Aber wenn, dann holten wir aus der Nummer alles raus. An manchen Abenden dauerte er fast fünfzehn Minuten.

An bestimmten Punkten des Sets stellten Ken, Glenn und ich uns nebeneinander auf, um zeitgleich im Takt der Musik zu headbangen. Dazu schwenkten die beiden synchron ihre Gitarren. Wir wussten, dass unsere Musik allein schon das

Zeug hatte, die Leute wegzublasen. Aber wir wollten ihnen darüber hinaus eine echte *Show* liefern.

Als wir dann im Mai wieder zu Hause waren, um die UK-Tour zu spielen, setzten wir dem Ganzen die Krone auf. Es begann als Schnapsidee, vermutlich irgendwann während der ersten Shows in den Midlands. Ich glaube, es war in Derby.

Wir warteten nachmittags vor der Halle auf den Soundcheck und sahen der Crew dabei zu, wie sie unser Equipment entlud. Am anderen Ende der engen Gasse, die zum Bühneneingang führte, parkten ein paar Motorräder, bei deren Anblick mir ein verrückter Gedanke kam.

»Hey, Jungs«, sagte ich. »Wäre es nicht klasse, wenn ich heute Abend bei ›Hell Bent for Leather‹ mit einem Motorrad auf die Bühne fahren würde?«

Die Antwort der anderen fiel einstimmig aus: »Du bist ja total irre! Na gut … machen wir's!«

Ich hing immer noch vor dem Bühneneingang rum, als einer der Biker zu seinem Motorrad kam. Ich erzählte ihm von meiner Idee und fragte ihn, ob er mir seine Maschine leihen würde. Als großer Priest-Fan war er sofort Feuer und Flamme. Wir rollten das Bike in die Halle und parkten es am Bühnenrand.

Die Aktion schlug ein wie eine Bombe. Das Publikum wusste nicht, wie ihm geschah, als ich auf die Maschine stieg und am Anfang des Songs den Motor laut aufheulen ließ, bevor ich auf die Bühne hinausfuhr, wo ich in ein Meer weit aufgerissener Augen und Münder blickte.

Was ist das für ein Geräusch? Das klingt ja wie … gottverdammte Scheiße, er kommt mit einem Motorrad auf die Bühne!

Die Menge tobte. Von da an war das Motorrad fester Bestandteil der Bühnenshow, und unsere Fans feierten es bei jedem Auftritt frenetisch. Die Leute von Arnakata mussten nun zwar mit jedem einzelnen Veranstaltungsort eine Genehmigung aushandeln, aber das war es wert.

Nach dem Erfolg von »Take on the World« brachte CBS »Evening Star« als zweite Single von *Killing Machine* raus. Wieder folgte eine Einladung zu *Top of the Pops.* Wir hatten am Tag der Aufzeichnung zwar einen Auftritt in Birmingham, gingen aber davon aus, dass wir beides problemlos unter einen Hut bekommen würden.

Das war falsch.

Bei *Top of the Pops* wurde an diesem Tag an allen Ecken und Enden gebummelt.

Wir drehten stundenlang nur Däumchen. Es gab Tonproben, Ankleideproben, Bühnenproben. Und immer wieder technische Probleme. Weiß der Geier, was für welche. Die Zeit wurde allmählich knapp.

Und wir wurden immer nervöser. »Verdammt, habt ihr gesehen, wie spät es schon ist, Leute?«

Ich schnappte mir einen der Produzenten: »Sag mal, Kumpel, wann sind wir endlich dran? Wir müssen heute noch zu einem Auftritt.«

»Ja, ja. Ihr seid jeden Moment an der Reihe!«, versicherte er mir und machte sich aus dem Staub. Wieder verstrich eine halbe Stunde.

Als es schließlich sechs Uhr war, wussten wir, dass wir es unmöglich rechtzeitig durch den Londoner Feierabendverkehr schaffen würden, um noch pünktlich in Birmingham zu sein. Eine Mitarbeiterin von Arnakata war mit uns im Fernsehstudio und telefonierte sich die Ohren heiß. Könnten wir vielleicht ein Flugzeug oder einen Hubschrauber chartern? Eine Polizeieskorte bekommen? Ihre Versuche blieben ergebnislos.

Irgendwann war die Aufzeichnung im Kasten, aber als wir schließlich das Odeon in Birmingham erreichten, hätten wir eigentlich schon seit einer Stunde auf der Bühne stehen sollen. Einige Fans hatten bereits den Heimweg angetreten, weil sie dachten, wir würden nicht mehr auftauchen. Und als wir auf die Bühne gingen, gab es vereinzelte Buhrufe. *In unserer Heimatstadt!* Es war ein Fiasko, und wir fühlten uns schrecklich.

Nach der UK-Tour standen zum ersten Mal seit einer Ewigkeit einen ganzen Monat lang keine Auftritte an. Das gab uns die Gelegenheit, *Unleashed in the East* abzumischen. Als ich die Aufnahmen aus Tokio zum ersten Mal hörte, sah ich meine schlimmsten Befürchtungen bestätigt.

CBS stellte uns als Produzenten einen gewissen Tom Allom zur Seite. Im Lauf der folgenden Jahre wurden wir fast so etwas wie Blutsbrüder und pflegten eine lange, glückliche und sehr produktive Beziehung zu ihm. Zu Beginn sah es allerdings erst einmal ganz und gar nicht danach aus.

Tom war ein paar Jahre älter als ich, hatte einen lupenreinen Bessere-Leute-Akzent und war mit Abstand der versnobteste Typ, den ich bis dahin getroffen hatte. Er hätte auch ein entferntes Mitglied der königlichen Familie sein können, oder ein Militärangehöriger – daher auch sein Spitzname »Der Colonel«.

Doch wenn man über sein pseudo-aristokratisches Gehabe hinwegsah, war Tom ein Spitzentyp. Und zudem ein waschechter Rocker. Er stand auf Priest, auf Metal, und kapierte sofort, worum es bei der Band ging. Anders als die meisten Produzenten konnte er Noten lesen, und er spielte Klavier, was uns wirklich beeindruckte.

Tom gehörte schnell zur Priest-Familie, doch das Abmischen von *Unleashed in the East* forderte ihm einiges ab. Die

Band hatte perfekt gespielt, was man von meinen Vocals leider nicht sagen konnte. Man hörte deutlich, wie sehr mir der Jetlag zu schaffen machte und wie hoffnungslos übermüdet ich war. Ich scheiterte immer wieder daran, die hohen Töne präzise zu treffen.

Wir mischten das Album in Ringo Starrs Studio in Tittenhurst Park, einem wunderschönen georgianischen Landhaus in der Nähe von Ascot. Ringo hatte es von John Lennon und Yoko Ono gekauft. Es war ein fantastischer Ort, aber wir hatten keine Zeit. Es war ein echtes Problem.

Tom tat sein Bestes, aber er konnte aus Stroh kein Gold spinnen. Und ich fand den Gedanken unerträglich, dass die Priest-Fans mich in so schlechter Form hören würden. Während ich mit schmerzverzerrtem Gesicht den Aufnahmen lauschte, fällte ich eine Entscheidung.

»Hört zu, Jungs«, sagte ich. »Ich werde jetzt mit einem Mikro in den Aufnahmeraum gehen und das ganze Album von Anfang bis Ende neu einsingen. Mal sehen, ob wir mit dem Ergebnis dann mehr anfangen können.«

Und genau das tat ich. Die Vocals waren unendlich viel besser, und Tom mischte sie zu den Aufnahmen der Band aus Tokio. Wir behielten das jahrelang für uns. Nachdem es aber schließlich doch rauskam, weil ich in einem Interview mal wieder meine Klappe nicht halten konnte, verpassten die Fans dem Album den Titel *Unleashed in the Studio*.

Meine neu aufgenommenen Vocals sorgten kurz für Kontroversen, aber wir hatten stets ein reines Gewissen deswegen. Wir haben nie versucht, die Fans übers Ohr zu hauen – wir wollten bloß keine minderwertige Priest-Platte veröffentlichen. Denn das wäre wirklich Betrug gewesen.

Schon bald darauf hatte die Straße uns wieder. Die endlose Tour des Jahres 1979 ging weiter und führte uns zum ersten

Mal nach Irland, wo wir in Dublin auf einem Festival mit Status Quo spielten. Quo hatten wir bereits kennengelernt. Sie waren nette Kerle, aber aus dem Auftritt wäre fast nichts geworden, denn an jenem Tag kam es zu einem heftigen Tauziehen mit dem Veranstalter und der örtlichen Polizei.

Sie wollten mir einfach nicht erlauben, mit dem Motorrad auf die Bühne zu fahren. Offenbar hatten sie Angst, ich könnte damit Randale im Publikum provozieren. Aus meiner Sicht war das völlig an den Haaren herbeigezogen. Die Fans rechneten fest mit dem Bike, und wir wollten sie auf keinen Fall enttäuschen.

Kein Mitglied von Judas Priest hat sich jemals wie eine Primadonna aufgeführt – nicht einmal ich –, aber diesmal blieben wir stur. Wir machten eine klare Ansage: *Wenn wir das Motorrad nicht einsetzen dürfen, gehen wir nicht auf die Bühne.* Die Hängepartie währte bis zum Auftrittsbeginn … dann knickten die Veranstalter überraschend ein. Der dröhnende Jubel der Menge, als ich unter lautem Motorenlärm auf die Bühne rollte, bestätigte uns, dass wir richtig gehandelt hatten.

Die Show in Dublin war der letzte gemeinsame Auftritt mit Les Binks. Plötzlich standen wir ohne Drummer da. Es passierte völlig überraschend, und ich bin mir bis heute nicht ganz sicher über Les' Beweggründe. Auch wenn er Ken Jahre später erzählte, er habe sich mit Arnakata über Geld gestritten.

Ich mochte Les gern, und am Ende hatte er sogar seine Cowboyhemden abgelegt, aber ehrlich gesagt war ich dennoch nicht übermäßig traurig darüber, dass er uns verließ. Ich fand, ihm war es oft wichtiger, an seiner Technik zu feilen, als unsere Musik mit Herz und Seele zu spüren.

Sein Nachfolger Dave Holland hatte vorher bei Trapeze gespielt, einer Band, die wir gut fanden. Als wir ihm vorschlugen, bei Judas Priest einzusteigen, zögerte er nicht lange. Mir fiel sofort auf, dass er anders spielte als Les. Vorher hatte unser Sound durch die Drums eine gewisse Komplexität bekommen – Daves reduzierteres Drumming machte unseren Sound jetzt treibender, druckvoller und *kräftiger*. Genau das brauchten wir.

Mit *Unleashed in the East* im Gepäck ging es im Herbst zurück in die Staaten, und Dave war dabei. Die ersten Shows fanden ausschließlich in großen Hallen und dem einen oder anderen Stadion statt, denn wir waren als Support für eine echte amerikanische Rock-Institution unterwegs: Kiss.

Als wir das Angebot bekamen, diese Gigs zu spielen, sagten wir nicht sofort zu. Kiss waren keine richtige Metal-Band, und auch sonst sahen wir sie in musikalischer Hinsicht nicht unbedingt als Seelenverwandte. Aber Gene Simmons und Paul Stanley standen auf Priest und hatten uns höchstpersönlich angefragt, was uns natürlich schmeichelte. Außerdem konnten wir uns die Gelegenheit einfach nicht entgehen lassen, vor mehreren Hunderttausend potenziellen neuen Fans zu spielen.

Die Kiss Army ist bekannt dafür, dass sie sich nicht jedem gleich in die Arme wirft, aber wir wurden von den Hardcore-Fans sehr wohlwollend aufgenommen. Wir spielten jeden Abend nur dreißig Minuten lang, also gingen wir in die Vollen und setzten auf rücksichtslose Metal-Power. Das Publikum akzeptierte uns, weil wir für unsere Musik brannten und auf der Bühne Stärke zeigten.

Obwohl Gene und Paul auf unsere Musik abfuhren, sahen wir sie kaum abseits der Bühne. Mich begeisterte damals vor allem die Tatsache, dass Gene gerade mit Cher etwas laufen hatte, die für uns schwule Jungs ja eine ganz große Nummer ist. Ich heckte ständig neue fadenscheinige Ausreden aus, um mich in ihrer Nähe herumzutreiben, nur damit ich ihr Hallo sagen konnte.

Parallel zu unseren Gigs mit Kiss veröffentlichte CBS *Unleashed in the East*. Wir hatten keine Vorstellung, wie sich das Album verkaufen würde. Uns fehlte wohl einfach die Vergleichsmöglichkeit. Entsprechend baff waren wir, als es in Großbritannien in die Top 10 einstieg und es sogar in die amerikanischen Billboard 200 schaffte.

Was? Ein Live-Album? Ernsthaft? Wir hatten allmählich den Eindruck, dass sich alles, was wir anpackten, in Gold verwandelte. Wir konnten es kaum glauben.

Allerdings stand mir noch eine Begegnung bevor, die alle meine bisherigen Tour-Erlebnisse in den Schatten stellen sollte. Im Anschluss an die Auftritte mit Kiss spielten wir eine Reihe von Headliner-Shows in Texas, Kanada und an der amerikanischen Westküste. Der letzte Auftritt fand in einem Theater statt, das inzwischen fast ein zweites Zuhause für uns geworden war: dem Palladium in New York.

Um das Ende der Tour zu feiern, hatte unsere Plattenfirma eine Aftershow-Party in einem Laden namens Mudd Club organisiert, wo wir zu Beginn der Konzertreise bereits auf der Bühne gestanden hatten. Nach Mitternacht spielten wir ein kurzes Set, und dabei fiel mir ein Kerl auf, der direkt vor mir stand und ständig Fotos von mir machte.

Es war ein kleiner, älterer Typ mit weiß gebleichtem Haar. Er fotografierte mit einer winzigen Olympus-Kamera und sah ein wenig aus wie …

Moment mal, der sieht nicht nur so aus – er ist es tatsächlich! Andy Warhol!

Ich wusste alles über Warhol und war ein großer Bewunderer seiner Pop Art und seiner Avantgarde-Filme. In meinen Augen verkörperte er alles, was New York City in künstlerischer Sicht ausmachte. Ehrlich gesagt war ich total überwältigt, als ich ihm nach unserem Auftritt vorgestellt wurde.

»Hallo, Andy!«, stammelte ich. »Danke fürs Kommen. Netter Laden, oder? Wir haben hier schon mal gespielt.«

»Ach, wirklich?«, lautete seine affektierte Antwort. Er fotografierte einfach weiter. *KLICK!*

»Ja! Und heute Abend haben wir das Palladium ausverkauft.«

»Ach, wirklich?« *KLICK!*

»Ja. Ich bin ein großer Fan deiner Arbeit. Ich fahr total drauf ab!«

»Ach, wirklich?« *KLICK!*

Ich hatte schon ein paar Drinks intus, und sein einsilbiger Konversationsstil ging mir allmählich auf die Nüsse. Warhol hatte den Ruf, verschroben und nicht sonderlich gesprächig zu sein, und dieser Ruf hatte zweifellos seine Berechtigung. Und trotzdem – verdammte Scheiße, ich unterhielt mich gerade mit Andy Warhol höchstpersönlich!

Ich probierte es anders.

»Ich freue mich immer riesig, nach New York zu kommen.«

»Ach, wirklich?« *KLICK!*

Na schön. Genug war genug! Mir reichte es! Zu meinem Bühnenoutfit gehörten seit Kurzem ein paar Handschellen, die an meinem Gürtel hingen. Ohne darüber nachzudenken, nahm ich sie ab, schloss eine Fessel um mein Handgelenk und die andere um das von Andy Warhol.

Er starrte mich mit großen Augen an und lachte nervös.

»Ich hab schlechte Nachrichten für dich, Andy«, informierte ich ihn.

»Ach, wirklich?«

»Ich habe den Schlüssel verloren.«

»ACH, WIRKLICH?« Es waren dieselben Worte, aber seine Stimme klang um einiges höher und lauter als vorher.

»Nein, ich verarsch dich nur, Kumpel! Ich hab sie hier«, lachte ich und zog die Schlüssel aus der Tasche. Warhol wirkte sehr erleichtert.

»Ach, wirklich!«, sagte er grinsend.

Anschließend erweiterte er sein Repertoire immerhin genug, um mir vorzuschlagen, gemeinsam ins Studio 54 zu fahren. Wir gingen raus auf die Straße und hielten ein Taxi an. Ich saß neben ihm auf der Rückbank. Es erschien mir total surreal, wo und mit wem ich gerade unterwegs war. Geschah das alles wirklich? Ich war definitiv nicht mehr in Kansas … oder Bloxwich. Im Studio 54 hing Andy Warhol noch zwei Minuten mit mir ab, dann war er weg. Er verschwand einfach in der Menge. Ich sah ihn nie wieder.

Ich habe immer noch Fotos aus dieser unvergesslichen Nacht, und wenn ich sie mir ansehe, fällt mir ein Detail besonders ins Auge. Mein T-Shirt. Die Illustration des bekannten schwulen Künstlers Tom of Finland auf meinem Shirt zeigte eine Homo-Orgie mit allem Drum und Dran: ein wildes Durcheinander aus erigierten Schwänzen, nackten Arschbacken, Oral- und Analsex.

Heute frage ich mich: *Was zum Geier habe ich mir dabei gedacht?* Ich war damals weit davon entfernt, mich zu outen. Im Gegenteil – ich hatte schreckliche Angst davor, dass meine Homosexualität öffentlich werden könnte. Aber statt dieses T-Shirts hätte ich auch eine Leuchtschrift über dem Kopf tragen können, die in gleißenden Lettern verkündete: »ICH BIN SCHWUL!«

Es lässt sich vermutlich kein besseres Bild für die Angst und das Gefühlschaos finden, die mich bei Priest jahrzehntelang im Griff hatten, als dieses Foto von mir und Warhol. Ich wünschte mir damals nichts sehnlicher, als mich offen zu meiner Sexualität zu bekennen, aber ich sah einfach keine Möglichkeit dazu.

Kein Wunder, dass ich früher so viel gesoffen habe …

Ein Jahr, das wir nahezu ausschließlich auf Tour verbracht hatten, näherte sich allmählich seinem Ende. Zu Hause in der Larchwood Road blieb mir weniger als eine Woche, um Nick, Michael und Denise von Cher und Andy Warhol zu erzählen, bevor der letzte Abschnitt unserer Odyssee begann. Wir begleiteten AC/DC als Vorgruppe auf ihrer *Highway to Hell*-Tour.

Das war eine große Sache für uns. Wir waren riesige Fans der Aussie-Rocker, die damals schon extrem erfolgreich waren. Und wie bei Kiss bot auch diese Tour die Gelegenheit, vor Hunderttausenden von Metal-Fans zu spielen, die uns vielleicht noch nicht kannten. Eine Chance, die wir einfach nutzen mussten.

Statt Geld für Hotels zu verschwenden, beschlossen wir, für die Shows in Frankreich, Belgien, den Niederlanden und Deutschland einen Nightliner zu mieten. Wir bekamen einen Bus, der groß genug für die Band, unsere Roadcrew und das gesamte Equipment war.

Zu sagen, damit hätten wir am falschen Ende gespart, wäre vermutlich nicht falsch. Zwei oder drei Tage auf diese Weise unterwegs zu sein, ist völlig in Ordnung. Aber wochenlang auf engstem Raum zu leben, geht einem schnell an die Nieren. Eingepfercht in diesem Bus, fühlten wir uns wie gefangene Tiere und begannen allmählich den Verstand zu verlieren.

Wir *hassten* diesen verdammten Bus.

Bei den AC/DC-Fans kamen wir gut an, aber von den Headlinern bekamen wir kaum etwas mit. Meistens mussten wir gleich nach unserem Set in den Bus steigen und fuhren dann die ganze Nacht durch zum nächsten Auftrittsort. Nach ein paar Tagen stand plötzlich Angus Young vor uns.

»Sagt mal, *mögt* ihr uns etwa nicht?«, fragte er.

»Hä? Wie kommst du darauf?«

»Ihr hängt nie mit uns rum!«

»Oh, das würden wir aber gerne!«, versicherten wir ihm. »Nehmt das nicht persönlich. Wir müssen jeden Abend gleich nach der Show los, weil wir gemeinsam mit der Crew in einem verdammten Bus durch die Gegend gondeln!«

»Scheiß drauf!«, sagte Angus. »Fahrt doch einfach in unserem Bus mit und trinkt ein Bier mit uns!«

Als wir sahen, dass ihr »Bus« ein Luxusreisegefährt der absoluten Spitzenklasse war, mit Klimaanlage und allem erdenklichen Komfort, dachten wir nicht mehr lange über das Angebot nach.

Die Jungs von AC/DC waren klasse Typen, echt großzügige Kerle, und wir hatten viel Spaß zusammen. Bon Scott und ich waren sofort ein Herz und eine Seele. Jeden Abend saßen wir in ihrem Tourbus (der *sehr viel* luxuriöser als unserer war) zusammen, zwei Metal-Sänger, die sich eine Menge zu erzählen hatten.

Angus Young trank so gut wie nie. Ich fragte ihn, warum er keinen Tropfen Alkohol anrührte, und er sagte: »Wenn ich nur einen Schluck trinke, bin ich sofort hackedicht.« Erst war ich mir nicht sicher, ob er sich einen Scherz erlaubte. Doch eines Abends sah ich, dass er es völlig ernst meinte. Ich wurde Zeuge, wie er ein einziges Glas Champagner trank und innerhalb von Sekunden sturzbetrunken war.

Bon Scott war das genaue Gegenteil. Er trank *immer*. Bon war ein Fass ohne Boden. Er soff, bis er aufs Bett fiel und einpennte. Am nächsten Tag stieg er aus der Koje direkt auf die Bühne. So war er einfach.

Allerdings sah man Bon die Sauferei niemals an. Er schien unzerstörbar zu sein. Am Ende der *Highway to Hell*-Tour lagen sich AC/DC und Priest in den Armen und waren fest entschlossen, möglichst bald wieder zusammen auf Tournee zu gehen. Vier Wochen später hatte Bon sich totgesoffen. Wir waren zutiefst erschüttert.

Als das Jahr 1979 hinter uns lag, waren wir erschöpft, aber voller Zuversicht. Was für ein Jahr! Wir waren mit einigen der größten Rock-Acts der Welt um den Globus getourt, hatten ein Hit-Album und erfolgreiche Singles veröffentlicht, unzählige neue Fans gewonnen … und ich hatte mich an Andy Warhol gekettet.

Ich weiß noch, dass ich damals dachte: *Besser kann es gar nicht laufen.* Aber damit lag ich wieder mal falsch. Denn unser nächstes Album würde uns zu Superstars machen.

9

Raststättenblues

Will man wirklich etwas schaffen, gibt es manchmal nichts Besseres als eine Landpartie.

Die Weihnachtstage des Jahres 1979 hatten wir in Walsall und Brum verbracht und dafür genutzt, wieder ein wenig Bodenhaftung zu gewinnen. Danach fuhren wir erneut zusammen mit Tom Allom nach Tittenhurst Park in Ringos Landhaus, wo wir *Unleashed in the East* gemischt hatten.

Unser letzter Besuch war eher eine Stippvisite gewesen, und ich hatte unter ziemlichem Druck gestanden, weil ich meine Vocals von den Tokio-Shows retten wollte. Ich hatte also keine Gelegenheit gehabt, mich dort umzusehen. Diesmal würden wir jedoch einen ganzen Monat dort verbringen. Ausreichend Zeit, um in Ruhe das Haus zu erforschen. Ich liebte es.

Glenn und ich waren absolute Hardcore-Beatles-Fans. Da Ringo das ehemalige Anwesen von John und Yoko gekauft hatte, konnten wir gar nicht genug davon kriegen. Getrennt gingen wir auf große Erkundungstour, anschließend kamen wir atemlos wieder zusammen, um von unseren neuesten Entdeckungen zu berichten.

Am ersten Tag in Tittenhurst sagte Glenn zu mir: »Du musst mitkommen und dir das ansehen.« Er führte mich in ein gewöhnliches Schlafzimmer – aber das angeschlossene Badezimmer war der absolute Knaller. Dort standen zwei Toilettenschüsseln direkt nebeneinander, und hinter jeder hing ein Namensschild:

JOHN YOKO

Ich malte mir aus, wie die beiden händchenhaltend auf dem Lokus saßen und gemeinsam einen abseilten. Wahre Liebe geht tatsächlich durch den Magen.

Wir fanden es ungeheuer aufregend, in dem großen Raum zu essen und Songs zu schreiben, wo John und Yoko das Video zu »Imagine« gedreht hatten. Johns weißer Steinway-Flügel war längst verschwunden, aber die bodentiefen Fensterläden, die Yoko in dem Clip öffnet, waren immer noch da.

Eines Tages saßen wir mit Tom beim Essen, und der Fernseher war eingeschaltet, als überraschend das Video lief. Ich blickte mich um und dachte: *Heilige Scheiße! Ich sitze gerade in genau diesem Raum!* Wie heißt es doch so schön: Ein einfacher Geist erfreut sich auch an einfachen Dingen.

Ringo hatte in dem Haus kaum etwas verändert. Außer im Wohnzimmer, wo er den antiken Kamin herausgerissen und durch einen ersetzt hatte, der wie ein riesiger Ring aus rostfreiem Stahl aussah. Er wirkte völlig fehl am Platz, aber offenbar mochte er das.*

---

* Vielleicht wollte er von seinen Besuchern so was hören wie: »Das ist ja ein Ring, oh!«

Ich residierte in dem Schlafzimmer über jenem Raum, in dem »Imagine« gedreht worden war; mir gefiel die Aussicht auf den See, über den John und Yoko im Video zu »Jealous Guy« gerudert waren. Ich hatte gerade eine ausgeprägte Fitness-Phase und joggte fast jeden Morgen eine Runde um diesen See. Dabei stellte ich mir die beiden immer in ihrem Ruderboot vor.

Die Arbeit an dem Album, das später *British Steel* heißen würde, lief vom ersten Tag an wie geschmiert. Das Universum meinte es gut mit uns. Tom Allom war bestens organisiert und hatte als Produzent stets alles im Blick. Als scharfsinniger Mensch hatte er ein gutes Gefühl für die Stärken und Schwächen der Band.

Zu unseren Stärken gehörte es ganz klar, live zu spielen – und Tom erkannte, dass diese Qualität für die besten unserer Ideen verantwortlich war. Bei den letzten Alben hatten wir immer zuerst die Drums aufgenommen und dann Spur für Spur den Rest darüber geschichtet. Tom sorgte nun aber dafür, dass wir im Studio zusammenspielten. Das hatten wir noch nie zuvor ausprobiert – und es war fantastisch.

Tom war nicht nur ein großartiger Produzent, sondern auch ein exzellenter Toningenieur, der genau wusste, wie man die Räume des Hauses bestmöglich nutzte. Den Großteil meiner Vocals sang ich in einer Besenkammer ein.

Ken, Glenn und ich fingen an, zum ersten Mal zu dritt zu schreiben. Ein echter Quantensprung für uns. Früher hatten wir unsere Songideen alleine oder in Zweierteams entwickelt und die Songwriting-Credits dann entsprechend aufgeteilt. Nun hieß es bei jedem Song: Tipton/Halford/Downing. Das war schon deshalb ein wichtiger Schritt, weil dadurch das Konfliktpotenzial klein gehalten wurde, falls etwa einer von uns der Meinung sein sollte, dass seine Ideen ignoriert oder nicht ausreichend anerkannt würden. Ich glaube, dass sich die allermeisten Bands auflösen, weil sie sich irgendwann nur noch über genau diese Dinge streiten.

Wir hatten immer schon aufmerksam verfolgt, was um uns herum musikalisch passierte. Priest hatten mit der Punk-Bewegung nichts am Hut, aber sie ging nicht spurlos an uns vorbei. Ich glaube, dass diese kurzen, scharfkantigen zweieinhalb- oder dreiminütigen Songs eine maßgebliche Inspiration für *British Steel* waren.

Tom half uns, den Prozess, den wir mit *Sin After Sin* begonnen hatten, weiter zu verfeinern. Wir befreiten unsere Songs von allem überflüssigen Ballast, bis irgendwann nur noch der blitzende, rohe Metal-Kern übrig blieb. Unser Motto lautete: »Weniger ist mehr.«

Eine der ersten Nummern, die wir schrieben, war »Breaking the Law«. Ein für unsere Verhältnisse fast schon punkiger Song. Judas Priest waren nie eine politische Band – das ist einfach nicht unser Ding –, aber dieser Song ist ohne Zweifel ein knallhartes Stück Gesellschaftskritik.

Als im Jahr zuvor Margaret Thatcher an die Macht gekommen war, hatte ich zwar durchaus registriert, dass die Wahl einer Frau zur Regierungschefin eine bedeutende Sache war. Davon abgesehen stand ich ihr als unpolitischer Mensch eher gleichgültig gegenüber. Doch schon nach den ersten Monaten ihrer Regierungszeit konnte ich nicht mehr ignorieren, dass sich vieles zum Schlechten veränderte.

Die Schwerindustrie und die Autohersteller in den Midlands und im ganzen Land hatten schwer zu kämpfen, und es war bereits von Betriebsschließungen die Rede. Die Arbeitslosenzahlen schossen in die Höhe. Millionen junger Menschen verloren alle Hoffnung, weil sie das Gefühl hatten, vom Staat ignoriert zu werden.

Als ich den Text für »Breaking the Law« schrieb, versuchte ich, mich in die Gedankenwelt eines jungen Arbeitslosen zu versetzen, der nicht mehr weiterweiß:

> There I was completely wasted, out of work and
> down
> All inside it's so frustrating as I drift from town to
> town
> Feel as though nobody cares if I live or die

Dabei ging es mir nicht darum, mich zu einer Art Wortführer aufzuschwingen. Das war nie mein Ziel. Ich nahm einfach die Entrechtung, die Wut und die Anarchie um mich herum wahr und wollte all diesen Dingen Ausdruck verleihen.

Auch »Grinder« lässt sich als gesellschaftlicher Kommentar lesen. Im Kern geht es darum, wie Menschen belogen, manipuliert, in die Kapitalismus-Maschine eingespeist und am anderen Ende wieder ausgespuckt werden. Außerdem ließ ich eine gewisse sexuelle Spannung einfließen: »Grinder, looking for meat …«*

Eines Nachts wachte ich um vier Uhr morgens auf, weil Glenn im »Imagine«-Saal unter mir seinen Verstärker aufgestellt hatte und sich an diversen Riffs abarbeitete. Seufzend zog ich meinen Bademantel an und ging runter, um mit ihm zu reden.

»Was zum Teufel treibst du da, Glenn?«, fragte ich ihn.

»Oh, sorry, hab ich dich geweckt?«

»Ja. Ich versuche zu schlafen!«

---

* Im Übrigen ist es mir schleierhaft, warum die Gründer der gleichnamigen schwulen Dating-App mich nie gefragt haben, ob sie den Song zu Werbezwecken nutzen dürfen.

»Ich mach leiser«, sagte er und fummelte an seinem Amp herum.

»Du wirst echt nach Mitternacht erst so richtig lebendig«, sagte ich.

Dann hielt ich inne, und wir grinsten uns an. »›Living After Midnight‹ – *das* wäre doch mal ein verdammt geiler Songtitel«, sagte Glenn.

Am nächsten Tag schrieb ich den Text dazu – eine Hommage ans Feiern. Daran, gemeinsam eine gute Zeit zu haben. Tom verstand sofort, worum es ging, und bis zum Nachmittagstee hatten wir den Song im Kasten.

Für »Metal Gods« ließ ich mich von dem Riesenroboter inspirieren, der auf dem Cover des Queen-Albums *News of the World* zu sehen war. Außerdem von SF-Schmökern wie *Der Krieg der Welten,* die ich noch immer regelmäßig verschlang. Der Song handelte von Monstern aus Metall, die die Menschheit auslöschen. Wer hätte damals gedacht, dass ich ihm mal meinen Spitznamen verdanken würde?

Die Bandbreite der Themen auf dieser Platte reichte von Rock'n'Roll-Party-Krachern wie »Living After Midnight« über sozialkritische Protestsongs bis hin zu der Wir-gegen-den-Rest-der-Welt-Hymne »United«. Ich war begeistert von der Vielseitigkeit des Albums.

Tom Allom ermutigte uns, mit verschiedenen Sounds zu experimentieren. Das Geräusch von splitterndem Glas im Hintergrund von »Breaking the Law« entstand, als Glenn an der Außenwand des Studios Milch- und Bierflaschen zerschmetterte. In »Metal Gods« beschwor ich den Klang einer marschierenden Armee von Riesenrobotern herauf, indem ich vor dem Mikro eine Schublade voller Besteck schüttelte. Die Arbeit an diesen Sounds fühlte sich an wie ein einziges großes Spiel.

Als wir die Bänder abhörten, wurde uns klar, wie perfekt all diese einzelnen Komponenten zusammenfanden. »Heilige Scheiße, das ist ja sagenhaft!«, juchzte Tom in seiner affektierten Art. Wir waren genauso begeistert wie er. Wir wussten, dass wir etwas Einzigartiges geschaffen hatten.

Jetzt fehlte uns nur noch ein Albumtitel – und ich hatte auch schon eine Idee. Auf der Fahrt zu einem Auftritt in Nordengland hatte ich vor einer Fabrik mal ein riesiges Schild gesehen, auf dem BRITISH STEEL stand. Für mich fassten diese beiden Worte das Album in jeder Hinsicht perfekt zusammen.

Der polnische Grafikdesigner Rozlaw Szaybo, der auch schon für die Gestaltung von *Stained Class* und *Killing Machine* verantwortlich gewesen war, entwickelte das passende Covermotiv: eine Hand, die eine übergroße Rasierklinge mit dem Bandlogo und dem Albumtitel hält. Auf dem ursprünglichen Entwurf hinterließ die Klinge noch eine blutende Wunde. Wir waren allerdings der Meinung, dass es ohne Blut härter aussah.

Wir sind eine Heavy-Metal-Band! Wir sind so hart, dass wir nicht mal bluten!

Wir hatten *British Steel* innerhalb von dreißig Tagen geschrieben, aufgenommen, produziert, gemischt und gemastert! Das war eine wahnsinnige Leistung, und doch hatte es sich niemals übereilt angefühlt. Es hatte exakt so lange gedauert wie nötig.

Rundum glücklich und zufrieden mit unserem neuen Baby, verließen wir Tittenhurst Park – aber ich konnte einfach nicht gehen, ohne ein Souvenir aus unsere Zeit in Johns und Yokos Liebesnest mitzunehmen.

Die Besenkammer, in der ich meine Vocals aufgenommen hatte, diente als Aufbewahrungsort für diversen Beatles- und

Lennon-Krimskrams. Fotos, Goldene Schallplatten, sogar Mastertapes – und ein Objekt, das ich sofort erkannte.

Es war eine Art Statuette, ein etwa zwanzig Zentimeter hoher Plexiglas-Obelisk, den ich aus dem »Imagine«-Video kannte. Darin stand er auf einem Sockel neben Yoko, als sie die Fensterläden öffnete, während John Klavier spielte.

Und dieses Ding stand nun genau vor meiner Nase. *Wow!*

Ich wollte meinen eigenen Augen nicht trauen. Also hob ich es hoch. So fühlte es sich also an, ein Stück Musikgeschichte in den Händen zu halten. Zu meiner Schande muss ich gestehen, dass ich den Obelisken aus der Villa schmuggelte, um ihn meinen Freunden in Walsall zu zeigen. Vierzig Jahre später steht er immer noch bei mir rum.*

Als *British Steel* in die Läden kam, hatte sich die Medienlandschaft verändert. Wir waren inzwischen daran gewöhnt, dass sich die Besserwichser von der Musikpresse über Heavy Metal lustig machten. Doch nun hatten sie sich zu unserer Überraschung eine Szene zusammengebastelt, die sie gnadenlos abfeierten.

Die sogenannte New Wave of British Heavy Metal war maßgeblich auf dem Mist der Musikzeitung *Sounds* gewachsen, die bei dieser Gelegenheit auch gleich die führenden Bands des neu erfundenen Genres benannte: Iron Maiden, Def Leppard, Motörhead, Saxon, Samson – und Judas Priest.

Viele Bands mögen es nicht, in Kategorien gesteckt zu werden, die sich Musikjournalisten selbst ausgedacht haben – aber mir gefiel die Idee dieser ganz besonderen New Wave. Nachdem die Presse den Heavy Metal jahrelang ignoriert hatte, war es zur Abwechslung mal ganz nett, ein bisschen

---

* Irgendwann muss ich das Ding wirklich mal zurückgeben.

Aufmerksamkeit zu bekommen. Es fühlte sich wie eine längst fällige Bestätigung an.

Auf der britischen Etappe der *British Steel*-Tour sollten Iron Maiden als unsere Vorgruppe auftreten. Am Vorabend des Tournee-Starts gaben sie ein Interview, in dem ihr damaliger Sänger Paul Di'Anno vollmundig ankündigte, dass sie Judas Priest jeden Abend von der Bühne blasen würden.

Mich beunruhigte das nicht im Geringsten, denn a) würde ihnen das nicht gelingen, und b) war es nun mal Teil des Spiels, dass ehrgeizige junge Bands ihr Maul aufrissen. Wir hatten das genauso gemacht, als wir noch als Support größerer Bands aufgetreten waren. Also warum sollten Maiden das nicht ebenfalls tun? Ich fand es lustig.

Ken sah das jedoch völlig anders. Er war von dieser blöden Bemerkung dermaßen angepisst, dass er forderte, Maiden von der Tour auszuschließen. Wir redeten auf ihn ein und versuchten ihm klarzumachen, dass er komplett überreagierte.

Ich liebe Ken über alles, aber er kann tierisch nachtragend sein, und auf Iron Maiden war er so stinksauer, dass er sich gar nicht mehr einkriegte. Als sie uns vor einer der ersten Shows beim Soundcheck zusahen, betrachtete er das aus irgendwelchen Gründen als persönlichen Affront.

Kein Wunder, dass wir während der Tournee nicht viel mit Maiden rumhingen. Außerdem hatte ich Di'Annos Bemerkung, er würde Priest von der Bühne blasen, vielleicht etwas zu wörtlich genommen. Denn als wir dann doch eines Abend mal nach der Show zusammen becherten, wollte ich ihn verführen! Wir gingen auf mein Zimmer, um dort weiterzusaufen. Aber ich war schon zu blau, um es erfolgreich zu versuchen – und er war zu dicht, um überhaupt mitzukriegen, was ich von ihm wollte.

Und das war *definitiv* auch gut so.

Wir waren bereits *on the road*, als CBS »Living After Midnight« auskoppelte. Die Single enterte die Charts und brachte uns Ende März die dritte Einladung zu *Top of the Pops* ein. *Spitze!* Es gab nur ein Problem: Wir hatten am selben Abend einen Auftritt – und zwar im Odeon in Birmingham.

Nicht wirklich, oder?

Doch!

Nachdem wir im Jahr zuvor eine volle Stunde zu spät gekommen waren, konnten wir so eine Katastrophe auf keinen Fall ein zweites Mal riskieren! Wir baten Arnakata darum, der BBC höflich, aber bestimmt abzusagen. »Danke, aber nein danke. Judas Priest sind gerade auf Tournee und können leider nicht teilnehmen.«

Das kam nicht gut an. Eine Einladung zu *Top of the Pops* lehnte man nicht ab! CBS und unser Management waren erschüttert und setzten alles daran, unsere Meinung zu ändern. Wussten wir etwa nicht, welchen Popularitätsschub das für *British Steel* bedeuten könnte? Sie versprachen uns sicherzustellen, dass sich die Produzenten unserer Situation bewusst waren. Wir würden garantiert spätestens um sechs Uhr von dort weg sein.

Es würde auf keinen Fall noch einmal passieren. Ganz bestimmt.

Sie bemühten sich so lange und so hartnäckig, dass wir schließlich einknickten. »Okay, okay!«, sagten wir. »Wir machen es.« Am 27. März 1980 begaben wir uns erneut ins Fernsehzentrum der BBC.

Und es passierte schon wieder.

Wir fühlten uns wie in einem gottverdammten schlechten Traum. Es war genau die gleiche Geschichte wie zuvor: dämliche Produzenten, technische Probleme, stundenlanges Warten in der Garderobe, allmählich aufkeimende Nervosität, zunehmende Besorgnis und schließlich die schiere Panik.

Das darf doch nicht wahr sein! Wen können wir dafür feuern? Wen können wir TÖTEN?

Es war sogar noch schlimmer als beim ersten Mal, denn wir verließen Shepherd's Bush erst um neun Uhr abends. Als wir am Odeon in Birmingham ankamen, war es elf – eigentlich hätten wir zu diesem Zeitpunkt die Bühne bereits wieder verlassen sollen. *Scheiße!*

Draußen vor der Halle standen einige Priest-Fans und rauchten. Sie geigten uns gehörig die Meinung.

»Oh, da seid ihr ja! Wird aber auch verdammt nochmal Zeit!«

»Das macht ihr jetzt schon zum zweiten Mal mit uns! Zum ZWEITEN Mal!«

»Eure Fans gehen euch am Arsch vorbei – euch ist *Top of the Pops* wichtiger als wir!«

Wir konnten nichts anderes tun, als uns immer wieder zu entschuldigen. Wir fühlten uns absolut beschissen. Noch an Ort und Stelle machten wir es zu einer unumstößlichen Bandregel, nie wieder am Tag eines Gigs bei *Top of the Pops* zu spielen. Und diese Regel haben wir seitdem kein einziges Mal gebrochen.

Als zwei Wochen später *British Steel* erschien, erhielt das Album die besten Kritiken, die wir je hatten. Und nicht nur die Kritiker waren begeistert. Die Platte stieg gleich in der ersten Woche in die Album-Charts ein – auf Platz vier.

Wow! Das hatten wir überhaupt nicht kommen sehen! Natürlich hatten wir gehofft, dass das Album gut laufen würde, aber *das hier* war etwas völlig anderes! Immer wieder studierte ich im *Melody Maker* vollkommen ungläubig die Charts und die Namen der anderen Künstler in den Top 10: Genesis, Status Quo und … na ja, Boney M. Kein Zweifel, das hier war die allererste Liga.

Damit kamen einige neue Erfahrungen auf uns zu – unter anderem die Produktion von Musikvideos. Nachdem »Living After Midnight« es nur ganz knapp nicht in die Top 10 geschafft hatte, schickte CBS »Breaking the Law« als zweite Single hinterher. Als Regisseur für das Video engagierten sie Julien Temple.

Er hatte bereits ein Video für »Living After Midnight« gedreht, bisher aber hauptsächlich mit Punkbands zu tun gehabt. Von ihm stammte der Clip zu »God Save the Queen« von den Sex Pistols, und gerade hatte er die Arbeit an ihrem Film *The Great Rock'n'Roll Swindle* beendet.

Wie Tom Allom kam auch Julien aus gutem Hause und wusste genau, was er tat. Es war toll, mit ihm zu arbeiten. Er zeigte uns sein Storyboard für »Breaking the Law«: Wir sollten in die Rollen von Bankräubern schlüpfen und bewaffnet mit unseren treuen Gitarren und der Kraft des Heavy Metal einen Überfall begehen.

Der Dreh war ein Riesenspaß. Julien filmte mich auf dem Rücksitz eines braunen Cadillac-Cabriolets, das über den Westway nach London brauste. Dann ließ er die Band in den Schalterraum einer stillgelegten Barclays Bank in Soho einbrechen, wo sie die Gitarren wie Maschinenpistolen schwenkten und damit die armen Kunden verschreckten.

Die Dreharbeiten weckten bei mir wieder die alte Begeisterung, die mich Jahre zuvor ans Wolverhampton Grand geführt hatte. Ich zog vor der Kamera sämtliche Register.

Nachdem auch »Breaking the Law« die Top 10 um ein Haar verfehlt hatte – verdammt, das wurde langsam zur Gewohnheit –, spielten wir im Frühjahr eine Reihe von Gigs auf dem Festland. Es war nicht schwer vorauszusehen, welches europäische Land uns am meisten abfeiern würde. Wir spielten insgesamt elf Shows – neun davon in Deutschland.

In unserer Heimat hätte es für Priest kaum besser laufen können. Aber ich glaube, wir wussten schon zu diesem Zeitpunkt, dass sich das wahre Ausmaß unseres Erfolgs erst in den Staaten offenbaren würde. Statt in Theatern traten wir nun in den großen Hallen auf. Wie schon *Unleashed in the East* rauschte auch *British Steel* in die Billboard 200.

Im Sommer gingen wir zehn Wochen lang auf US-Tour – eine Gelegenheit, die ich nutzte, um einer meiner etwas ausgefalleneren sexuellen Neigungen zu frönen.

Auf persönlicher Ebene war 1980 ein sehr seltsames Jahr für mich. Mehr als je zuvor genoss ich es, ein Teil von Judas Priest zu sein. Mit dem neuen Album hatten wir etwas geschaffen, das ich wirklich für ein Meisterwerk hielt, und wir feierten auf beiden Seiten des Atlantiks enorme Erfolge. Unsere Karriere entwickelte sich nahezu perfekt.

Doch all die Goldenen Schallplatten und ausverkauften Hallen konnten an einer Tatsache nichts ändern: Wenn ich abends in einem anonymen Hotelzimmer (oder manchmal auch in meinem eigenen Bett) das Licht ausknipste, fühlte ich mich frustriert, unglücklich und schrecklich einsam.

Meine Beziehung zu Jason lag fünf Jahre zurück. Abgesehen von vereinzelten Fummeleien war ich seitdem allein gewesen. Schlimmer noch – ich war gezwungen, alle meine Sehnsüchte, meine Bedürfnisse und mich selbst zu verleugnen. Ich sah mich in der ausweglosen Lage, entweder klammheimlich eine Lüge zu leben oder meine geliebte Band zu ruinieren.

Außerhalb des Schlafzimmers war ich Rob Halford von Judas Priest, Macho-Idol und aufstrebender Metal-Gott. Im Schlafzimmer hieß ich Robert John Arthur Halford und kam aus dem Black Country, ein trauriger, verwirrter Kerl, der sich mit Ende zwanzig verzweifelt nach verbotenen Früchten verzehrte: nach einer intimen Beziehung mit einem Mann.

Ich wusste, dass es für mich unmöglich war, wie normale heterosexuelle und weniger prominente Menschen einen Partner zu haben. Das Höchste, was ich mir erhoffen konnte, war ein gelegentliches Schäferstündchen mit einem Fremden. Und es war Zeit, mich auf die Pirsch zu begeben.

Die ersten zehn US-Shows fanden abermals in Texas statt. Ich freute mich darauf, im Will Rogers Auditorium von Fort Worth sowie im Austin Opera House und im El Paso County Coliseum als Headliner aufzutreten. Aber fast genauso sehr freute ich mich auf den Besuch der texanischen Truck-Stop-Toiletten.

In Amerika sind diese öffentlichen Toiletten das Jagdrevier für schwule Männer, die auf unverbindliche sexuelle Kontakte aus sind. Die Raststätten liegen gewöhnlich weitab vom Schuss. Die Wahrscheinlichkeit, dort Freunden, Ehefrauen oder anderen Familienmitgliedern zu begegnen und erkannt zu werden, ist ziemlich gering.

Vor allem, wenn man das Gesicht des Kerls, dem man einen bläst oder von dem man einen geblasen bekommt, gar nicht zu sehen kriegt. Das Cruisen in Trucker-Toiletten ist der ultimative »Spontanfick«, wie Erica Jong es einmal nannte. Im spießigen Texas war es damals wohl besonders hart, schwul zu sein. Und darum ging es in den dortigen Truck Stops besonders hoch her, wie ich in *Bob Damron's Address Book* gelesen hatte.

Klar, das war alles andere als romantisch, aber in meinen Augen die beste Option, die mir zur Verfügung stand. Tatsächlich war es die *einzige* Option.

Durch systematisches Ausprobieren und meine heimlichen Ausflüge zur öffentlichen Toilette neben dem British-Home-

Kaufhaus in Walsall hatte ich die geheimen Codes des Cruising-Rituals mit der Zeit dechiffriert. Als Erstes suchst du dir eine freie Toilettenkabine mit einem Glory Hole – einem Loch, das auf Schritthöhe in die Wand zur Nebenkabine gebohrt wurde. Dann verriegelst du die Tür, setzt dich auf die Toilette und wartest.

Du wartest und wartest. Und dann wartest du noch ein bisschen länger. Irgendwann betritt ein Kerl die Kabine neben dir. Du gibst ihm ein paar Sekunden Zeit, um sich zu setzen, dann tappst du mit dem Fuß auf den Boden. Nur ganz leicht.

Tapp-tapp-tapp.

Meistens folgt darauf keine Reaktion. Aber wenn der andere dasselbe tut – *tapp-tapp-tapp* –, dann schiebst du den Fuß etwas näher an die Nachbarkabine heran und wiederholst das Ganze. Nach dem dritten oder vierten Mal berühren eure Füße sich unter der Trennwand. *Dann* seid ihr im Geschäft.

Du stehst auf und steckst deinen Schwanz durch das Loch. Der andere nimmt ihn, wichst ihn hart und bläst dir dann einen. Wenn du gekommen bist, steckt er seinen Schwanz durch das Loch, und du machst das Gleiche mit ihm.

Du musst während dieser Transaktion (und glaub mir, genau das ist es: eine Transaktion) ganz still sein. Denn jeden Moment könnte jemand reinkommen, um zu pinkeln. Wenn das passiert, verhältst du dich mucksmäuschenstill und versuchst, keine Aufmerksamkeit zu erregen. Und du betest, dass es kein Cop ist.

Es gehört zur Etikette, dass danach einer von euch so lange in der Kabine bleibt, bis der andere sich die Hände gewaschen hat und gegangen ist. Die ultimative Form des menschlichen Austauschs ohne echten Austausch.

Aber in der Not frisst der Teufel Fliegen.

Wenn Priest auf dieser Tour zum Mittagessen an einem Truck Stop hielten, machte ich mich auf den Weg zu den Toiletten. Keine Ahnung, ob der Rest der Band wusste, was ich vorhatte. Vielleicht ahnten sie etwas. Ich sprach nie darüber; und sie fragten auch nie danach. Als echte Freunde ließen sie mir meinen Freiraum.

Nachts ist auf diesen Toiletten mehr los als tagsüber. Deshalb nahm ich nach der Show sogar ein- oder zweimal ein Taxi zum nächsten Truck Stop. Während sich die anderen hinter der Bühne ein Bier (oder eines der vielen Groupies) schnappten, gab ich vor, dass ich zurück ins Hotel wollte … und verschwand klammheimlich in die Nacht.

Im Taxi fragte ich mich dann, was die Priest-Fans – die eben noch gesehen hatten, wie ich bei »Take on the World« über die Bühne stolzierte – wohl denken würden, wenn sie wüssten, was ich gerade tat. Und flehte dann still: *Bitte, lieber Gott, lass sie es niemals herausfinden.*

Am Truck Stop angekommen, saß ich dann mit pochendem Herzen auf einem kalten Toilettensitz mitten im Nirgendwo. Normalerweise passierte rein gar nichts, und ich fuhr unverrichteter Dinge wieder zurück. Aber ab und an, alle Jubeljahre, saß jemand in der anderen Kabine. Ein anderer armer Tropf, genauso einsam wie ich.

Tapp-tapp-tapp.

Und wenn es tatsächlich passierte … *dann war es das auch wert.* Es war kein emotionaler Druckabbau, aber zumindest ein physischer. Und so wie ich das damals sah, konnte ich mir mehr sowieso nicht erhoffen.

Die US-Tour war ein voller Erfolg. Die Hallen waren ausverkauft, die Konzerte der Hammer. Wir schlossen Freundschaft mit Def Leppard, die bei den letzten paar Shows mit an Bord waren. Auch die Scorpions waren dabei, ein Haufen echt netter Jungs.

In England hatten wir damals einen sehr einfallsreichen PR-Mann namens Tony Brainsby. Tony war besonders gewieft darin, der Presse ständig neue Anlässe zu präsentieren, um über Judas Priest zu berichten. Er hatte immer ein paar Trümpfe in der Tasche, und solange die Medien darauf ansprangen, interessierte es ihn nicht allzu sehr, ob die Geschichten auch der Wahrheit entsprachen.

Während der *British Steel*-Tour schlug Tony uns vor, den Zeitungen die Story unterzujubeln, dass ich in einem Pornofilm mitgespielt hätte. Ich fand das etwas plump. Und außerdem unnötig, denn das Album und die Tour liefen ja fantastisch. Aber ich dachte mir nichts dabei und stimmte zu: »Na gut. Tu, was du nicht lassen kannst …«

Tony brachte die Story unters Volk. Aber die einzige Zeitung, die darüber berichtete, war *News of the World*, ein inzwischen nicht mehr existierendes Skandalblättchen – das leider auch meine Eltern lasen.

Egal, wo auf der Welt ich gerade war, sonntags telefonierte ich immer mit meinen Eltern. Als ich sie diesmal aus dem Mittleren Westen der USA anrief, hatte ich Tonys Märchengeschichte schon völlig vergessen.

Rrrring! Rrrring! Mein Vater ging ans Telefon.

»Hallo, Dad! Ich bin's, Rob!«

»Hallo.« Er klang ungewöhnlich schroff.

»Was ist los? Geht's dir gut, Dad?«

»Mir schon«, sagte er. »Aber deiner Mutter nicht.«

»Warum nicht?«

»Wegen *News of the World*.«

Bei mir war der Groschen immer noch nicht gefallen. »Hä? Was ist damit?«

»Dein Pornofilm.«

Ach herrje! Dad erklärte mir, dass er und Mom in der Zeitung von meinem vermeintlichen Ausflug in die Schmuddelbranche gelesen hätten. Mom hatte kurz zuvor einen Teilzeitjob an einer örtlichen Schule angetreten und fürchtete sich nun davor, am nächsten Tag ihren Kollegen zu begegnen.

»Ich hab das nie wirklich gemacht!«, versicherte ich meinem Dad. »Das ist alles nur ein Schwindel!« Offenbar glaubte mein Vater mir, denn nach dreißig Jahren Leserschaft kündigten die beiden der *News of the World* ihre Treue. So hatte die Sache wenigstens *etwas* Gutes.

Priest beendeten das Tournee-Jahr mit einem letzten Heavy-Rock-Festival in Nürnberg. Danach wusste ich genau, was ich jetzt brauchte: *Urlaub.*

Die einzigen Menschen, denen gegenüber ich offen schwul sein konnte, waren Michael, Nick und Denise, meine Mitbewohner in der Larchwood Road. Im Sommer 1980 hatte sich Michael einen Job als Rezeptionist in einem Hotel auf Mykonos geangelt. Die griechische Insel war bekannt dafür, dass dort vor allem schwule Männer nach Sonne, Meer und Sex suchten. Also beschloss ich, zu Michael in die Ägäis zu fliegen.

Bevor ich das Boot nach Mykonos nahm, verbrachte ich eine Nacht in Athen und besuchte dort eine Schwulenbar, über die ich gelesen hatte. Die Bar war rammelvoll; ich stand gerade in der Ecke und genehmigte mir einen Drink, als ich auf der anderen Seite des Raums Freddie Mercury entdeckte.

Es ist seltsam, aber obwohl Freddie ein großer Held von mir war, begegnete ich ihm damals mit gemischten Gefühlen. Queen hatten mit »Crazy Little Thing Called Love« gerade einen großen Hit gelandet. Im Video zu dem Song war Freddie ganz in schwarzes Leder gekleidet, stieg von einem Motorrad und warf dann seine Bikermütze weg. Es nagte an mir: Hatte er mich etwa imitiert?

Ich hatte ein paar Interviews mit Queen gelesen, in denen sie gefragt wurden, ob sie sich selbst als Heavy-Metal-Band sahen. Freddie hatte das weit von sich gewiesen. Das ärgerte mich. Es mag heute absurd klingen, und das ist es auch, aber diese Dinge gingen mir durch den Kopf, als ich ihn dort sah.

Freddie blickte von der anderen Seite der Bar zu mir rüber, winkte und zwinkerte mir zu. Ich wäre gerne zu ihm gegangen, um mit ihm zu reden. Aber es war so voll, dass man sich kaum bewegen konnte. Und wenn ich ehrlich bin, war ich schrecklich nervös. Als ich schließlich die nötige Courage aufgebracht hatte, war er schon wieder weg.

Michael und ich hatten eine tolle Zeit auf Mykonos. Ich fuhr jeden Tag mit dem Boot zu einem schwulen FKK-Strand namens Super Paradise. Die Fahrt dorthin dauerte nur fünfzehn Minuten, aber die ganzen heißen Typen zogen sich bereits an Bord komplett aus. Ich fühlte mich tatsächlich wie im Superparadies!

An diesem Strand sah ich Freddie wieder. Er war schwer zu übersehen. Auf einer großen Jacht, die mit rosa Luftballons geschmückt war, segelte er immer wieder um die Insel. An Deck räkelten sich gut gebaute Typen in knappen Tangas, die ihn wie Höflinge umschwärmten.

In »I Want to Break Free« sang er später davon, sich befreien zu wollen. Nach dem zu urteilen, was ich auf diesem Boot sah, gelang ihm das ziemlich gut.

Als ich wieder in Walsall war, wollte ich meinen Eltern ein Haus kaufen. Sie lebten jetzt schon seit fast dreißig Jahren in Beechdale. Besonders Mom hatte die Nase voll von der Siedlung und wollte dort weg. Nicht, dass sie es nicht mehr aushielt – sie sehnte sich einfach nach einer Veränderung.

Durch ein lokales Maklerbüro fand ich ein schönes Haus an der Birmingham Road, ganz in der Nähe des Arboretums, in einer schicken Gegend von Walsall. Sue und ich luden Mom und Dad zu einem Sonntagsausflug mit Sues Auto ein, und unterwegs hielten wir vor dem Gebäude.

»Seht mal, das Haus ist zu verkaufen. Gefällt es euch?«, fragte ich sie.

»O ja! «, sagte Mom. »Es ist hübsch, nicht wahr?«

»Ich würde es euch gerne kaufen. Es gehört euch, wenn ihr es wollt.«

Beide starrten mich entsetzt an und schüttelten die Köpfe. »Lass den Unsinn, Rob!«, erwiderte Mom.

Auch Dad blieb stur. Er war ein stolzer Mann. So wie er die Sache sah, war es seine Aufgabe, für seine Kinder zu sorgen, und nicht andersrum.

»Aber ihr seid zwanzig Jahre lang für *mich* dagewesen – jetzt möchte ich einmal etwas für *euch* tun!«, argumentierte ich. Die beiden blieben stur. Also fuhren wir wieder zurück in die Kelvin Road. *Das letzte Wort ist noch nicht gesprochen,* schwor ich mir selbst beim Tee.

Wenn Mom und Dad mir schon nicht erlauben wollten, ihnen ein Haus zu schenken, dann konnte ich mir wenigstens selbst eins kaufen. Seit sechs Jahren lebte ich jetzt das unstete Leben eines Berufsmusikers. Ein Lebensstil, der neunzig Prozent der Bevölkerung absonderlich und seltsam erscheinen würde, war für mich zur Routine geworden:

Wochenlang im Studio eingesperrt sein. Tagelang Interviews geben. Monatelang aus dem Koffer (oder, in meinem Fall, aus dem Kofferraum) leben, im Hotel oder im Bus schlafen, die ganze Welt bereisen – inklusive all des Wahnsinns, der damit einhergeht. Nach ein paar freien Tagen wieder wochenlang in einem Studio eingesperrt sein.

Wieder und immer wieder.

Ich will mich nicht beschweren. Es war das Leben, das ich mir immer gewünscht hatte, und ich fühlte mich dabei noch immer wie ein Missionar, der auf der ganzen Welt das Wort des Heavy Metal predigte. Aber ich liebäugelte mit der Vorstellung, meine wenigen freien Tage künftig vielleicht nicht mehr in einer engen Sozialbausiedlung zu verbringen.

Ich mochte Nick, Michael und Denise wirklich gern und hatte mich bei ihnen unglaublich wohl gefühlt. Es war für mich eine enorme Hilfe gewesen, mit zwei anderen Schwulen zusammenleben zu können, als ich mir meiner Sexualität und meiner selbst schrecklich unsicher gewesen war.

Doch jetzt, nach dem Erfolg von *British Steel,* landeten auf einmal größere Beträge auf meinem Konto, als ich je zuvor gesehen hatte. Das Geld stieg mir nicht zu Kopf, und ich schnappte sicher nicht über, aber ich sah auch keine Notwendigkeit, weiterhin wie ein mittelloser Student zu leben.

Wie jeder andere wünschte ich mir einen Ort für mich allein, wo ich in meiner Freizeit die Füße hochlegen und mich entspannen konnte. Eines Tages, als ich gerade von Mykonos zurück war, kam Nick von der Arbeit nach Hause. Er erzählte von diesem netten kleinen Haus, das zum Verkauf stand. »Ich wünschte, ich könnte es mir leisten«, sagte er. »Aber vielleicht ist es ja was für dich?«

Wir sprangen in sein Auto und sahen es uns an. Es war eine hübsche alte Remise, diskret hinter einem Zaun versteckt. Sie lag in einem ganz ordentlichen Wohngebiet von Walsall, etwa zehn Minuten zu Fuß vom Stadtzentrum entfernt. Es musste noch einiges daran renoviert werden, aber ich hatte jetzt ja die nötige Kohle dafür.

Ich wusste sofort, dass ich das Haus kaufen würde. Ich legte die 30.000 Pfund bar auf den Tisch. Ob es eine gute Investition war? Nun, vierzig Jahre später verbringe ich noch immer einen großen Teil des Jahres dort. Also war es das wohl.

Ich hatte stets geplant, eines Tages ein Haus in Walsall zu kaufen. Den flüchtigen Gedanken, mir stattdessen eine Wohnung in London zu suchen, weil ich dort so viel Zeit verbrachte, hatte ich schnell wieder verworfen.

Walsall war meine Heimat, der Ort, wo meine Familie lebte und wo ich sein wollte. *Wo ich hingehörte.* So einfach war das.

10

By the time I get to Phoenix …

Im Oktober 1980 begannen wir mit der Arbeit am Nachfolger von *British Steel*.

Diesmal gingen wir völlig anders vor. Wir flogen auf die Balearen, wo wir uns mit Colonel Tom Allom in den Ibiza Sound Studios trafen.

Die Entscheidung für die Ferieninsel sollte sich als schwerer Fehler erweisen, und rückblickend denke ich, wir hätten uns erneut in Ringos Bude zurückziehen sollen. In Tittenhurst Park hatten wir uns voll und ganz darauf konzentriert, das bestmögliche Album zu machen. Auf Ibiza gab es einfach zu viele Ablenkungen.

Acid House und Ecstasy standen der Insel damals noch bevor. Im Grunde war sie immer noch dasselbe entspannte Hippie-Paradies wie schon in den späten Sechzigerjahren. Aber sie zog bereits Scharen von Urlaubern an. Es mangelte also nicht an Nachtclubs und Diskotheken.

Ich weiß nicht, ob mir der Rest der Band zustimmen würde, aber meiner Meinung nach verloren wir bei den Aufnahmen zu *Point of Entry* einfach unser Ziel aus den Augen. Wir hatten gerade ein großartiges und sehr erfolgreiches Album veröffentlicht und standen jetzt vor der Herkulesaufgabe, etwas zu erschaffen, das mindestens ebenbürtig war. Was uns leider nicht gelang.

Zwar entwickelten wir eine Art Zeitplan für die Writing-Sessions und trafen uns nachmittags oder abends regelmäßig mit Tom im Studio. Doch am wichtigsten schien es für uns alle zu sein, möglichst schnell fertig zu werden, damit wir uns in der Stadt die Kante geben konnten. Was wir dann auch ausgiebig taten.

In der Nähe des Studios gab es ein paar kleine Bars, aber in neun von zehn Fällen landeten wir im Pacha. Der riesige Club in der Innenstadt ließ es rund um die Uhr krachen, und hätten wir dort Treuepunkte gesammelt, wäre unsere Karte ruckzuck voll gewesen.

Wenn wir von einer Party zurück zu unserer Villa torkelten, ging meistens bereits die Sonne auf. Meine Schlaflosigkeit wurde immer schlimmer, darum hatte ich um ein Zimmer im hinteren Bereich des Studiokomplexes gebeten. Möglichst weit weg von den Gemeinschaftsräumen. Und ich hatte tatsächlich eins bekommen, auch wenn es nicht viel größer war als eine Besenkammer.

Dummerweise lag dieser Schuhkarton auch noch direkt neben dem Swimmingpool. Für gewöhnlich fiel ich im Morgengrauen sturzbetrunken ins Bett und wälzte mich anschließend ein paar Stunden lang schweißgebadet hin und her. Wenn ich dann irgendwann endlich weggedämmert war, wurde ich viel zu früh wieder aus dem Schlaf gerissen, weil der Rest der Band und unsere Crew sich lachend und planschend im Wasser vergnügten.

Verdammte Scheiße – ich versuche zu schlafen! Ihr lauten egoistischen Arschlöcher!

Meistens passierte das so gegen halb vier am Nachmittag.

Es gab noch andere Ablenkungen. Oft liehen wir uns Motocross-Maschinen und rasten damit über die Berge und Hügel der Insel. Einmal hätten wir dabei fast ein Mitglied unserer Crew durch einen schrecklichen Unfall verloren.

Außerdem mieteten wir regelmäßig Autos und fuhren eins nach dem anderen zu Klump, weil wir den bescheuerten Tick hatten, die Gänge einzulegen, ohne zu kuppeln. Wenig überraschend gaben die Karren regelmäßig den Geist auf, worauf wir sie dann zurückbrachten, um sie gegen neue einzutauschen. Das ging so lange gut, bis der Besitzer des Autoverleihs eines Tages in unserer Villa auftauchte, als wir gerade beim Bierchen am Pool saßen.

»Nix mehr Autos! Nix mehr Autos für euch!«, schimpfte er.

»Hä? Warum nicht?«

Der Kerl hatte einen Umschlag dabei, dessen Inhalt er nun auf den Tisch schüttete. Das graue Pulver sah ein bisschen wie Asbeststaub aus. Offenbar hatten wir die Kupplungsscheiben seiner Autos in Metallstaub verwandelt.

»Deshalb!«, erklärte er. Dem hatten wir wenig entgegenzusetzen.

Wir konnten dem armen Kerl kaum vorwerfen, dass er mit der Geduld am Ende war. Einen seiner Wagen hatte der besoffene Ian erst kurz zuvor im Teich neben der Villa versenkt, wo die Kiste zwei oder drei Tage lang vor sich hin gammelte, bis ihr Besitzer sie wieder herausschleppte.

Auf wundersame Weise brachte dieses Dauergelage dennoch ein Album hervor. *Point of Entry* hatte durchaus seine starken Momente. »Heading Out to the Highway« ist eine amtliche Biker-Hymne, die mir immer noch gefällt. Auch »Desert Plains« und »Hot Rockin'« gehen irgendwie auf. Selbst wenn wir uns keine Mühe gaben, hatten wir hin und wieder ein glückliches Händchen.

Zu viele der Songs hielten den Erwartungen dennoch nicht stand. Wir hätten auf dem Erfolg von *British Steel* aufbauen müssen. Doch wenn ich mir heute Tracks wie »Don't Go«, »You Say Yes« und »All the Way« anhöre, dann erkenne ich einen deutlichen Qualitätsverlust. Ich glaube, das war uns damals schon bewusst, zumindest unterschwellig. Aber wir hielten uns bedeckt und machten gute Miene zum schlechten Spiel – was blieb uns auch anderes übrig?

Die Aufnahmen zu *Point of Entry* waren so gut wie abgeschlossen, als wir Anfang Dezember von John Lennons Tod erfuhren. Die Nachricht traf mich wie ein Schlag in die Magengrube. Meine Erinnerungen an die endlosen Stunden, in denen ich das *White Album* als Teenager in der Kelvin Road rauf und runter gehört hatte, kehrten mit aller Macht zurück.

O nein! Wieso? Was für ein Irrer würde einen der Beatles erschießen?

Ich wusste nicht, wohin mit meiner Trauer. Also stieg ich allein auf die Dachterrasse des Studios … und es geschah etwas sehr Seltsames. Am Horizont erhob sich ein Sturm, der aber genauso schnell wieder abflaute, wie er gekommen war. Dann erschien ein Regenbogen direkt über unserem Studio.

Natürlich bin ich nicht naiv genug, um darin eine Botschaft von John Lennon zu sehen. Aber es fühlte sich auf jeden Fall wie eine Nachricht an. Und die lautete womöglich:

Reißt euch gefälligst zusammen und macht beim nächsten Mal ein besseres Album!

Dieses Album jedenfalls verkörperte Judas Priest auf Autopilot. Das Cover mit der Tragfläche wirkte wie eine billige Pink-Floyd-Kopie. Der Albumtitel war genauso sinnlos. Die Titel der Priest-Platten sind fast alle auf meinem Mist gewachsen, aber ich habe keine Erinnerung mehr daran, wie ich auf *Point of Entry* gekommen bin.

Als ich von Ibiza nach Hause flog, hatte ich trotzdem nicht das Gefühl, dass wir ein katastrophales Album aufgenommen hatten. Ich verspürte nur eben nicht dieselbe Befriedigung wie nach der Produktion von *British Steel*. Wir hatten keinen Schritt nach vorn gemacht, sondern uns zurückentwickelt.

Point of Entry erschien im Februar 1981, und die Kritiker zeigten sich zu Recht nicht gerade beeindruckt. Was uns nicht davon abhielt, wieder auf Tournee zu gehen. Den Rest des Jahres würden wir damit verbringen, das Album live zu präsentieren.

Auf dem ersten Abschnitt der *World Wide Blitz*-Tour in Europa waren Saxon als Vorgruppe dabei. Ein Haufen bodenständiger, geradliniger Jungs aus Barnsley. So was wie eine Yorkshire-Version von Priest. Zwischen beiden Bands entwickelte sich schnell eine tiefe Freundschaft, die bis heute anhält.

Die Amerika-Tour begann im Mittleren Westen, wo wir inzwischen regelmäßig in Hallen mit einer Kapazität von acht- bis zehntausend Zuschauern auftraten. Für uns war es schon fast zur Routine geworden, solche Arenen im Handstreich zu nehmen. Es kam nur selten vor, dass die Shows nicht ausverkauft waren.

Unser Management legte uns nahe, einen Bodyguard anzustellen. Die Idee wurde von uns begeistert aufgenommen: *Cool! Judas Priest sind so groß, dass wir eigene Security-Leute brauchen!* Arnakata teilten uns mit, dass ein Typ namens Jim Silvia – New Yorker Ex-Cop mit Verbindungen zum Secret Service – sich mit uns treffen würde.

Wir sollten ihn abends um halb acht in einer Hotelbar kennenlernen. Mit einem Bier in der Hand wartete ich auf einen Gorilla in Tarnkleidung, als sich ein eher schmächtiger Typ im Anzug zu uns gesellte.

»Ihr Vögel seid doch sicher Judas Priest?«, fragte er im heftigsten New Yorker Akzent, den ich je gehört hatte. Der Kerl klang, als hätte man ihn vom Grund des Hudson River geborgen.

Er entsprach überhaupt nicht unseren Erwartungen, aber wir verstanden uns sofort blendend mit ihm. Wir engagierten ihn als Security-Mann, aber schon nach kurzer Zeit arbeitete er sich hoch und wurde unser Tourmanager. Jim Silvia herrschte mit eiserner Faust und sollte fünfunddreißig Jahre lang Mitglied der Priest-Familie bleiben.

Anfang Juni, einen Monat nach Beginn der Tour, stießen dann Iron Maiden als Support zu uns – besonders Ken war sichtlich begeistert. Die erste gemeinsame Show fand im Aladdin Theatre in Las Vegas statt. Wir hatten noch nie zuvor in der Stadt gespielt, und ihr greller, kitschiger Charme haute uns völlig aus den Socken.

Vor der Tour hatte ich mir bei Argos in Walsall eine billige Super-8-Kamera gekauft. Als unser Tourbus nun über den Vegas Strip fuhr, filmte ich die bunt beleuchteten Springbrunnen, die Neonschriftzüge und die riesigen Reklametafeln für die Casino-Shows von Oldschool-Ikonen wie Frank Sinatra, Dean Martin und Sammy Davis Jr.

Klar, dass sich Judas Priest in deren Gesellschaft sofort zu Hause fühlten. Den körnigen Super-8-Film habe ich immer noch irgendwo. Bei nächster Gelegenheit muss ich ihn mir unbedingt mal wieder ansehen.

Von Vegas fuhren wir die Nacht durch nach Phoenix in Arizona, wo wir am nächsten Abend auftreten sollten. Als wir um vier Uhr morgens dort ankamen, war es draußen immer noch 38 Grad heiß. Der Sommer in Phoenix ist unglaublich trocken, und sobald ich den Bus verließ, überrollte mich die Hitze, als hätte ich eine Sauna betreten.

Verdammte Axt! Es war unglaublich! Am nächsten Morgen wurden wir von einem Chor unsichtbarer Grillen geweckt und blickten aus dem Busfenster hinaus ins Valley, eine spektakuläre Kulisse aus Bergen, Wüstensand und riesigen Kakteen. Ich hatte schon eine Menge von Amerika gesehen, aber *so etwas* noch nie. Dieser Ausblick war mit nichts zu vergleichen.

Das war der Moment, in dem es bei mir *Klick* machte. Irgendwie ahnte ich instinktiv, dass diese Stadt, dieser Bundesstaat, mich in den kommenden Jahren immer wieder magisch anziehen würde. Natürlich konnte ich das zu diesem Zeitpunkt noch nicht wirklich wissen. Und dennoch …

Am Nachmittag vor unserem Gig im Arizona Veterans Memorial Coliseum gaben wir eine Autogrammstunde in einem Plattenladen. Diese Dinge waren uns inzwischen in Fleisch und Blut übergegangen. Für gewöhnlich saßen wir dabei nebeneinander hinter einem langen Tisch, plauderten mit den Fans und signierten Schallplatten, T-Shirts, Arme und alles, was sie uns sonst so entgegenstreckten.

Jim Silvia hielt die Autogrammjäger im Zaum. Dann legte mir ein Typ das Cover von *Sin After Sin* auf den Tisch. Während ich es signierte, beugte er sich zu mir und flüsterte: »Handelt der Song ›Raw Deal‹ von schwulen Männern?«

Wie bitte? Seine Worte trafen mich wie ein Vorschlaghammer. Hatte dieser Kerl etwa meinen Fire-Island-Cruising-Song gehört und tatsächlich kapiert, was in den letzten vier Jahren sämtlichen Fans und Kritikern entgangen war? Hatte ich mit meiner Musik zum allerersten Mal einen schwulen Amerikaner erreicht?

Ich musterte ihn. Er war ein paar Jahre jünger als ich, vielleicht Anfang zwanzig, gut gebaut, attraktiv und hatte funkelnde Augen. Und offensichtlich wartete er auf eine Antwort.

»Ähm … sag mal, warum bleibst du nicht noch ein bisschen, und wir unterhalten uns später?«, schlug ich vor.

Er wartete tatsächlich, und nach dem Soundcheck kam er zu uns in die Hotelbar. Er hieß David Johnson, war aus Kalifornien nach Phoenix gezogen und arbeitete in einem Baumarkt.

Ich fand David sofort sympathisch. Er sah nicht nur auf diese sehr amerikanische Weise gut aus, sondern war außerdem clever, witzig und interessant. Wir führten ein wirklich gutes Gespräch in der Bar, und ich gestand ihm, dass er mit seiner Vermutung richtiglag. Gleich nach der Show trafen wir uns erneut.

David war sehr sportlich und erzählte mir, wie gerne er Baseball spielte. Ich konnte nicht einschätzen, ob er schwul war, aber ich hatte das Gefühl, dass er ein wenig mit mir flirtete. Also fragte ich ihn ganz keck nach einem Souvenir, das mich an ihn erinnern würde: »Wie wäre es mit einem Suspensorium?« Ich hatte damals einen leichten Fetisch, was diese Dinger betraf. Am nächsten Morgen, bevor wir nach El Paso aufbrachen, kam David im Hotel vorbei. Es schien ihm etwas peinlich zu sein, aber als gerade niemand hinsah, drückte er mir im Aufzug das Suspensorium in die Hand.

Aha! Das fängt doch ganz vielversprechend an …

David und ich blieben in Kontakt und schrieben uns Briefe, während die Tour Judas Priest erst in den Süden und dann an die Ostküste bis nach New York führte. Unser Briefwechsel war nicht intimer Natur, aber herzlich und freundschaftlich. Wir hatten definitiv einen Draht zueinander.

Auch als ich nach dem Ende der US-Tournee mein neues Haus in Walsall bezog, schrieben wir uns weiter. Mittlerweile freute ich mich richtig auf die Luftpostumschläge mit den Briefen in Davids unverkennbarer Handschrift.

In unserer Korrespondenz erwähnte ich immer wieder mal meine Begeisterung für Phoenix. Ich erzählte ihm, dass ich mich sofort in die Hitze und die wilde, beinahe außerirdische Landschaft verliebt hatte. Seine Antwort überrumpelte mich völlig: »Warum ziehst du dann nicht einfach hierher?«

Damals war ich ein sehr impulsiver Mensch, und nachdem ich kurz über seinen Vorschlag nachgedacht hatte, erschien er mir sehr schlüssig.

Ja, warum eigentlich nicht?

Mir gefiel die Stadt, und mir gefiel Amerika. Judas Priest wurden in den USA immer erfolgreicher, und es konnte sicher nicht schaden, dort präsenter zu sein. Ich verfügte über das nötige Geld, und es würde sicher eine großartige neue Erfahrung werden. Sollte sich daraus auch noch eine echte Liebesbeziehung mit David ergeben – umso besser!

Ganz spontan auf die andere Seite des Atlantiks zu ziehen, mag den meisten Menschen vielleicht etwas extrem erscheinen. Doch damals reiste ich ständig so viel herum, dass ein Flug in die USA sich ähnlich routiniert anfühlte wie eine Busfahrt nach Brum. Ich sah mich auch nicht wirklich als Auswanderer; vielmehr würde ich einfach zwei feste Wohnsitze haben.

Abgemacht, schrieb ich David. *Ich bin dabei!*

Er wollte mir bei der Suche nach einer Bleibe helfen. Und tatsächlich rief er mich schon bald darauf an und sagte mir, dass er ein hübsches Stadthaus im Norden von Phoenix gefunden hatte. Er könne sich um alles kümmern, und wenn ich dann in ein paar Wochen rüberkäme, wäre alles bereit.

Großartig! Alle Ampeln auf Grün! Eigentlich bin ich ein sehr bodenständiger Typ, aber die nächsten paar Tage schwebte ich auf Wolke sieben. Das konnte der Beginn eines fantastischen neuen Lebens sein. Eine wunderschöne Remise in Walsall, ein Haus – und vielleicht ein Mann? – in Phoenix. Die Vorstellung, in 10.000 Metern Höhe zwischen den beiden Orten zu pendeln, erschien mir exotisch und sehr kultiviert zugleich.

Ende 1981 gingen die letzten Konzerte der *World Wide Blitz*-Tour in England und auf dem europäischen Festland über die Bühne. Scheinbar tourten Judas Priest – und eigentlich alle Heavy-Metal-Bands – immer nur im tiefsten und düstersten Winter. Vielleicht klang die Musik dann einfach am besten.

Die Shows in England waren klasse. Wir spielten zweimal hintereinander im Birmingham Odeon – bei beiden Auftritten waren wir pünktlich wie die Maurer – und zweimal im Hammersmith Odeon in London. Der europäische Teil der Tour war ebenfalls ein voller Erfolg, nicht zuletzt, weil wir inzwischen auch halbwegs große Hallen füllten, die nicht in Deutschland standen.

Doch die ganze Zeit über hatte ich nur mein bevorstehendes Phoenix-Abenteuer im Kopf. Davids Briefe blieben herzlich, und er schickte mir Fotos des Hauses, das wirklich ganz reizend aussah. Als die Tour Mitte Dezember schließlich endgültig vorbei war, flog ich in die Vereinigten Staaten.

Es war wundervoll. Zur Weihnachtszeit war Arizona keine gigantische Sauna mehr, und das Haus war wirklich so hübsch, wie David es beschrieben hatte. Es hatte im Ober- und Untergeschoss jeweils zwei Zimmer und lag in einem coolen Viertel namens Tapiato Cliffs. Ich konnte mir vorstellen, dort glücklich zu sein.

Doch mit David lief es nicht ganz so, wie ich es mir erhofft hatte. Er war zwar immer noch sehr liebenswürdig, und wir kamen uns näher. Ich besuchte ihn zu Hause, und er verbrachte viel Zeit bei mir. Wenn wir etwas getrunken hatten, blieb er auch schon mal über Nacht. Ein- oder zweimal landeten wir sogar zusammen im Bett. Aber besonders viel passierte dort nicht.

Na wenn schon. Ich hatte kein Problem damit … zumindest im Moment. Wenn ich ehrlich bin, war ich wohl ziemlich in David vernarrt. Wir hatten trotzdem viel Spaß miteinander, und wenn er die Sache lieber langsam angehen lassen wollte, dann sollte mir das recht sein. Schließlich hatten wir alle Zeit der Welt, um einen Gang hochzuschalten, wenn und wann immer er dazu bereit war.

Allerdings hatten wir bei diesem Trip nach Phoenix nicht viel mehr als einen Monat. Denn für Priest wurde es Zeit, erneut ins Studio zu gehen, um endlich das Album aufzunehmen, das unsere Karriere wieder in die richtige Spur bringen würde.

11

Ich steh auf Männer in Uniform

Im Januar 1982 kamen Judas Priest erneut mit Colonel Tom in den Ibiza Sound Studios zusammen. Angesichts des lauen Jobs, den wir bei *Point of Entry* hingelegt hatten, hätte man das als Rückkehr an den Schauplatz des Verbrechens werten können. Allerdings lief es diesmal anders.

Wir wussten, dass wir bei *Point of Entry* zu unkonzentriert gearbeitet hatten. Und dazu wollten wir es keinesfalls noch einmal kommen lassen. Was nicht hieß, dass wir uns nun Büßerhemden überstreiften – wir hatten erneut eine Menge Spaß auf Ibiza. Aber wenn wir abends zum Feiern in die Stadt zogen, geschah das in der Gewissheit, dass wir vorher im Studio richtig rangeklotzt hatten.

Unser Plan ging auf. Die Plattenfirma hatte deutlich gemacht, dass wir in den Staaten kurz davorstanden, richtig groß zu werden. Sollte es uns gelingen, ein Album aufzunehmen, das vor allem die US-Fans restlos begeisterte, würde uns Amerika den roten Teppich ausrollen.

Und genau das taten wir mit *Screaming for Vengeance*. Tom ließ hin und wieder die Peitsche knallen (auf der Bühne war das zwar mein Job, im Studio allerdings seiner), und wir arbeiteten genauso fokussiert an den Texten und der Musik wie bei *British Steel*. Wir hängten uns richtig rein, und das merkte man den Songs auch an.

Der Titeltrack gehörte zu den ersten Songs, die wir für das Album schrieben. Das Lied war ein Aufschrei der Entrüstung über einen käuflichen, durch und durch korrupten Planeten:

We are screaming for vengeance
The world is a manacled place

Ken und Glenn brannten dazu ein wahres Feuerwerk an Riffs ab, und als sich Glenn gegen Ende des Songs mit dem Jammerhaken austobte, klang das einfach nur fantastisch. Dabei war Letzteres eigentlich ein glücklicher Zufall. Auf Ibiza wimmelte es selbst im Januar von Moskitos, und eins dieser Viecher hatte sich Glenn mit lautem Summen genähert, um ihn zu attackieren. Das wilde Jammerhaken-Crescendo entstand allein dadurch, dass er versuchte, dem blutdürstigen Angreifer auszuweichen.

Bei »Jawbreaker« (das schließlich auf dem Nachfolgealbum *Defenders of the Faith* veröffentlicht wurde) machte ich mir erneut den Spaß, heimlich schwule Themen auf eins unserer Alben zu schmuggeln. Der Song handelte von einem gigantischen Schwanz, der jeden Moment abspritzt – und zwar heftig genug, um dem Typen, der sich damit einlässt, den Kiefer zu brechen:

Deadly as the viper, peering from its coil
The poison there is coming to the boil

Der Band erzählte ich nichts davon. Ich war mir nicht sicher, wie sie es aufgenommen hätten, wenn ich im Studio damit rausgerückt wäre: »Es geht dabei übrigens um 'nen riesigen Schwanz. So sieht's aus, Jungs!« Offenbar kam ich damals zu dem Schluss, dass man manche Dinge besser für sich behält.*

Nachdem wir den größten Teil des Albums auf Ibiza aufgenommen hatten, flogen wir nach Florida, wo Tom inzwischen lebte, um dort den Rest aufzunehmen und das Ganze zu mischen.

Auf der Insel hatten wir mit einer Nummer namens »You've Got Another Thing Comin'« herumgespielt, waren damit aber nicht hundertprozentig zufrieden. Sie landete abgeschlagen irgendwo auf der zweiten Seite der Platte. Fast hätte der Song es gar nicht auf das Album geschafft. Es ging darin um klassische Priest-Themen wie Entschlossenheit, Willenskraft, nicht aufzugeben und an sich selbst zu glauben. Als wir ihn dann im sonnigen Florida erneut hörten, wurde uns klar, dass der Track vielleicht mehr Potenzial besaß, als wir anfänglich gedacht hatten. »Hmmm«, sagte ich. »Das ist doch eigentlich ein ziemlich guter Song zum Autofahren, oder?«

Während wir in Florida letzte Hand an die Platte legten, freundete ich mich mit Yul Vazquez und seiner Freundin Gigi Fredy an. Mit Rollen in Filmen wie *American Gangster* machte sich Yul später einen Namen in Hollywood, aber damals spielte er noch bei der Band Roxx, die auch ein paar Priest-Cover im Programm hatte.

Für gewöhnlich war ich mit den Gesangsaufnahmen in den frühen Morgenstunden fertig, um dann anschließend in einen

* Vor ein paar Jahren habe ich den anderen gebeichtet, worum es in »Jawbreaker« geht. Sie lachten und sagten: »Jetzt, wo du es erwähnst, ist es völlig klar!«

Rockclub namens Treehouse im nahe gelegenen Fort Lauderdale zu gehen. Gegen drei Uhr morgens, wenn die örtlichen Stripclubs dichtmachten und die Mädels frei hatten, wurde es richtig voll in dem Laden. Roxx traten häufig dort auf, und manchmal ließ ich es mir nicht nehmen, mit ihnen ein paar Priest-Songs zum Besten zu geben.

Im Treehouse schoss ich mich regelmäßig nach Strich und Faden ab. Meine Spezialität – quasi meine Paradedisziplin – bestand darin, Gigi oder einer der Stripperinnen ihre High Heels auszuziehen, um daraus Bier oder Champagner zu schlürfen. Der Club war immer bis sechs Uhr morgens geöffnet. Und ich blieb stets bis zum bitteren Ende. Ich glaube nicht, dass die arme Gigi jemals trockenen Fußes nach Hause ging.

Wir waren überzeugt, dass wir mit *Screaming for Vengeance* ein fantastisches Album eingespielt hatten: druckvoll, kompakt und vom ersten bis zum letzten Track auf maximale Wirkung getrimmt. Es war stimmig, aus einem Guss – und im Grunde exakt die Platte, die wir schon nach *British Steel* hätten machen sollen.

Die Musikpresse sah das genauso und feierte *Screaming for Vengeance* entsprechend ab. Während wir für die Album-Promo in England weilten, drehte Julien Temple mit uns in den Kempton Park Waterworks das Video zu »You've Got Another Thing Comin'«. Wieder schmissen wir uns wie die Verrückten in Pose, und ich schlug einem typisch englischen Bürokraten mit der Kraft des Heavy Metal den Kopf ab. Auf den guten alten Julien war Verlass!

Dann begannen die Planungen für die *World Vengeance*-Tour, und es wurde schnell klar, dass unsere Plattenfirma sich dabei vor allem auf Amerika konzentrieren wollte. Am Ende standen über hundert US-Shows an – und keine einzige in Europa. Nicht mal zu Hause in England.

Wir sahen das mit Besorgnis. War das nicht Verrat an unseren britischen Fans? Wir sahen uns zwar als Botschafter des Heavy Metal, und Amerika zu erobern würde zweifellos eine große Sache für den britischen Metal sein. Aber gerade unsere Fans zu Hause hatten uns von Anfang an unterstützt, und wir wollten sie nicht hintergehen.

Letztlich blieb uns jedoch keine andere Wahl. Unsere amerikanische Plattenfirma machte deutlich, dass sie uns unmöglich noch einen Monat Zeit geben konnte, um in Großbritannien zu touren. Sie brauchten uns *so schnell wie möglich* in den Staaten. Und da Arnakata ins selbe Horn blies, vertrauten wir auf die Empfehlung unseres Managements.

Vor Beginn der Tour gönnte ich mir noch ein paar freie Tage in Phoenix. Ich freute mich auf das Wiedersehen mit David, fragte mich aber immer öfter, ob er meine Gefühle überhaupt erwiderte.

Ich machte mir nichts vor: Ich war in David verknallt. So sehr mir die Stadt auch gefiel, war er doch der eigentliche Grund dafür gewesen, dass ich nach Phoenix gezogen war. Jetzt lebte ich hier und war mir völlig unklar darüber, was er eigentlich genau von mir wollte.

David schien durchaus etwas für mich zu empfinden. Er war auch weiterhin sehr liebevoll und stand mir bei meinen Bemühungen, mich in diesem fremden Land einzuleben, immer zur Seite. Man könnte wohl sagen, er passte auf mich auf … allerdings waren wir dabei so gut wie nie intim miteinander.

Wenn David und ich uns bei mir eine Flasche Wein oder Whiskey teilten und ich nur den leisesten Hauch eines Annäherungsversuches wagte, ließ er mich entweder höflich abblitzen und zog sich ins Gästezimmer zurück, oder er ignorierte mich und tat so, als würde er es nicht bemerken. Wie es meine

Art war, kompensierte ich das, indem ich mich still und leise volllaufen ließ.

Bei den wenigen Gelegenheiten, wenn wir tatsächlich mal zusammen im Bett landeten, drehte David mir den Rücken zu, um sofort einzuschlafen. Allmählich fragte ich mich, ob er vielleicht heterosexuell war.

Was versprach er sich von unserer Beziehung? War er im Grunde einfach nur ein Priest-Fan und scharf darauf, mit dem Sänger seiner Lieblingsband abzuhängen? In der Stadt mit mir gesehen zu werden?

Ich wusste es nicht. Ich wusste nur, dass die Situation mich verwirrte und frustrierte, und zwar körperlich *und* emotional. Ich war mir nicht ganz sicher, was ich von meinem Umzug nach Phoenix eigentlich erwartet hatte. Ganz sicher nicht, vom Mann meiner Träume ständig auf Distanz gehalten zu werden.

Dennoch benahm sich David manchmal so, als *wären* wir ein Paar. Gelegentlich benahm er sich richtig besitzergreifend – oder war das bloß Wunschdenken meinerseits? Als ich zur *World Vengeance*-Tour aufbrach, war ich jedenfalls zutiefst verunsichert.

In den USA brach das Priest-Fieber aus. Im August 1982 traf sich die Band zum Start der siebenmonatigen Tournee in Pennsylvania – und das neue Album verkaufte sich bereits um ein Vielfaches besser als alle unsere anderen Platten.

Mit der Veröffentlichung von »You've Got Another Thing Comin'« als Single zum Tourstart wurde der Rummel sogar noch größer. MTV hatte kürzlich seinen Betrieb aufgenommen und die Musikwelt im Handstreich erobert. Dort war man von Juliens abgefahrenem Video so begeistert, dass es sofort in Heavy Rotation ging.

Die Single kletterte in den Billboard-Rock-Charts bis auf Platz vier. Wenn man das Radio einschaltete, war es völlig egal, welchen Rock-Sender man hörte: Überall lief unsere Single. Die Nummer nahm so rapide Fahrt auf, dass sie bald nicht mehr aufzuhalten war. Genau wie wir.

Unsere Zeit war endlich gekommen. Während der letzten fünf Jahre hatten wir unsere Ärsche immer wieder quer durch die Staaten geschleppt und dabei eine treue Fanbase aufgebaut. Jetzt hatten wir auf einmal einen Hit, der aus sämtlichen Fernsehapparaten und Radios schallte. Wir hatten einen Wendepunkt erreicht.

Wir waren keine britische Kultband für Eingeweihte mehr, sondern hatten den Sprung in den Mainstream geschafft. In Amerika spielten Judas Priest jetzt in der ersten Hardrock-Liga.

Aber auch diese Tour verlief nicht völlig ohne Pannen. Der Busvermieter hatte uns den Prototyp eines neuen Modells zur Verfügung gestellt. Im Prinzip handelte es sich um zwei Busse, die durch ein flexibles Gelenkstück miteinander verbunden waren. Im hinteren Teil befanden sich die Schlafkojen, im vorderen der Loungebereich.

Zunächst lief alles bestens. Doch zwei Wochen nach Tourstart – es war Labor Day, und wir befanden uns gerade auf dem Weg nach San Antonio – fiel die Klimaanlage aus. Die Temperatur im Bus stieg auf fast 40 Grad Celsius. Es war unerträglich. Mit weit aufgerissenen Fenstern bretterten wir über die texanischen Freeways, und ich lag dabei meistens auf dem Boden, um mir ein wenig Abkühlung zu verschaffen. Gerade als wir dachten, dass es nicht mehr schlimmer werden könnte, gab der Bus komplett den Geist auf.

Achtzig Kilometer vom San Antonio Convention Center, unserem nächsten Auftrittsort, entfernt, fuhren wir rechts ran. Jim Silvia übernahm die Regie. Er faltete die Leute von der Busvermietung nach Strich und Faden zusammen, worauf diese uns umgehend einen Mechaniker schickten … nur leider mit den falschen Ersatzteilen. Daraufhin zauberte Jim irgendwie einen Hubschrauber herbei.

Der Helikopter landete neben uns auf der Straße. Nachdem wir uns alle hineingequetscht hatten, wollte er allerdings nicht mehr abheben. Über Funk rief der Pilot einen weiteren Hubschrauber, der tatsächlich schnell erschien und einen Techniker an Bord hatte.

Ein riesiger kaputter Gelenkbus, zwei Helikopter und eine Rockband … kein Wunder, dass die zahllosen Schaulustigen bald einen Stau verursachten. Mit Sirenengeheul kam die Polizei angebraust, um zu sehen, was zur Hölle da vor sich ging. *Ob wir jemals von hier wegkommen?* Ich fühlte mich unangenehm an unsere beiden verspäteten Shows im Birmingham Odeon erinnert – nur dass heute fünfmal so viele Fans in einer ausverkauften Sporthalle auf uns warteten!

Irgendwann gelang es dem Mechaniker tatsächlich, unseren Hubschrauber zu reparieren, und erneut kraxelten alle Mann an Bord. Der Pilot verkündete, er könne auf dem Dach eines Wolkenkratzers gleich neben der Arena landen. *Puh!* Doch nach dem Start erfuhren wir, dass der Heliport auf dem Dach des Gebäudes überlastet war. Also flogen wir stattdessen zum Flughafen von San Antonio.

Kaum war unser Hubschrauber gelandet, wurde er von bewaffneten Sicherheitskräften umringt, die uns offenbar für mexikanische Drogenschmuggler hielten. Nachdem das Missverständnis endlich geklärt war, rasten wir mit Polizeieskorte zur Arena, rannten in die Garderobe, zogen unsere Lederkluft über und stürmten eine Minute später auf die

Bühne. Fünfzehntausend jubelnde Texaner hatten keinen Schimmer, was gerade hinter uns lag.

Die Zusammensetzung unserer Fangemeinde veränderte sich immer mehr. In der ersten Reihe standen nun nicht mehr ausschließlich headbangende Kerle. Plötzlich fanden sich dort auch blutjunge Madonna-Doppelgängerinnen mit fingerlosen Spitzenhandschuhen und bunten Schleifen im toupierten Haar, die uns zuzwinkerten und dabei ihre Titten entblößten.

Der Rest der Band war von dieser Entwicklung natürlich begeistert und machte es sich zur Aufgabe, unseren weiblichen Anhängern so nah wie möglich zu kommen. Während die anderen ordentlich Gas gaben, war ich sexuell so frustriert wie eh und je.

Je erfolgreicher Priest wurden, desto größeren Schaden würde ich der Band und unserer Karriere zufügen, wenn herauskommen sollte, dass ich schwul war. Zumindest war das meine Befürchtung. Ich stellte mir Tausende Fans in Texas und im Mittleren Westen vor, die lauthals grölten: *Fickt euch! Wir wollen keine Metal-Band mit einem beschissenen Schwuchtelsänger!*

Ich hatte gehofft, in der Beziehung mit David diskret Trost und Befriedigung zu finden. Aber das erschien mir immer unwahrscheinlicher, je länger unsere platonische Freundschaft vor sich hinplätscherte.

Wenn es nach ihm geht, sind wir also bloß Kumpels, dachte ich. *Na gut. Zumindest kann ich jetzt tun, was immer ich will …*

Es war Zeit für Plan B.

Ich hatte immer noch ständig *Bob Damron's Address Book* dabei. In Großstädten wie Chicago oder Detroit ging ich in Sexshops, wo es in der Regel Kabinen gab, in denen man Schwulenpornos ansehen und sich einen runterholen konnte.

Oder wo man mit sehr viel Glück jemanden fand, der einem dabei zur Hand ging.

Mir war dieses Glück nur selten vergönnt. Vermutlich lässt sich die Anzahl dieser Begegnungen an einer klebrigen Hand abzählen.

Deutlich kühner und riskanter waren meine Versuche, auf der Bühne entsprechende Signale zu senden. Dafür nutzte ich den sogenannten Hanky Code; schwule Männer hängen dabei farbige Bandanas an ihren Körper, um ihre sexuellen Präferenzen zum Ausdruck zu bringen.

Irgendwo an der linken Körperhälfte getragen bedeutet so ein Tuch, dass man den aktiven Part übernehmen möchte. Rechts heißt, man will passiv bleiben. Die Farben der Tücher geben weitere Hinweise. Hellblau steht für Oralsex. Dunkelblau wiederum für Analsex. Orange heißt, man ist für alles offen. *Ich probiere es einfach mal aus,* dachte ich. *Man weiß ja nie!*

Wenn ich also in Houston oder St. Louis vor fünftausend Fans über die Bühne stolzierte, hatten Glenn, Ken, Ian und Dave keine Ahnung, dass die Bandanas an meinen nietenbesetzten Beinschienen den Eingeweihten von meinem Interesse an ein wenig Fisting oder Wassersport kündeten.*

Doch auch nach diesen sehr öffentlichen Versuchen, mir jemanden fürs Bett zu angeln, kehrte ich stets mit leeren Händen und hängender Rute ins Hotel oder in meine Koje im Bus zurück.

Doch abgesehen von meinem persönlichen Fegefeuer war die Tour ein großer Erfolg. Es schien ganz so, als ob Priest einfach nichts falsch machen konnten. Während wir den endlosen Tourplan abarbeiteten, zählte ich bereits die Tage bis

---

* Nichts von beidem hatte ich jemals ausprobiert, aber ich war neugierig. Wer weiß, dachte ich, vielleicht macht es ja Spaß!

zum 2. Oktober 1982. An diesem Abend sollten wir im Madison Square Garden spielen.

Dieser legendäre Veranstaltungsort in New York war mir bereits ein Begriff gewesen, seit ich in meinem kleinen Zimmer in Beechdale mit großen Augen *NME* und *Melody Maker* studiert hatte. Im Madison Square Garden hatten schon die Rolling Stones, Hendrix oder Led Zeppelin gespielt … und nun auch Judas Priest!

Ich wollte das Beste aus diesem Abend rausholen. Während der Tournee telefonierte ich regelmäßig mit meinen Eltern. Als ich sie zwei Tage vor der Show im Garden anrief, sagte mir mein Dad, wie stolz er darauf sei, dass ich an einem so legendären Ort auftreten würde. Sogar *mein Dad* hatte schon mal davon gehört! Dass er so stolz auf mich war, ging mir sehr nahe … und plötzlich wollte ich ihn unbedingt dabeihaben.

Ich sagte Dad, dass ich die Familie einfliegen lassen würde, damit sich alle die Show ansehen könnten. Ich würde ihnen ein Hotelzimmer buchen und sie am Tag darauf wieder ins Flugzeug nach Hause setzen. Er war begeistert und wollte kurz mit meiner Mutter darüber reden. Als ich zehn Minuten später wieder anrief, hatte Mom allerdings entschieden, dass ihr ein zweitägiger Ausflug zu anstrengend wäre und sie mich lieber in aller Ruhe nach der Tour in Phoenix besuchen würde. Sue war bereits bei einer der Shows gewesen, um Ian zu besuchen, und wollte nicht schon wieder in die Staaten fliegen. Also buchte ich nur Flüge für Dad und Nigel.

Es war für beide ihre erste Reise nach Amerika. Also wanderten sie staunend durch New York, wo sie unter anderem das Empire State Building, die Freiheitsstatue und den Central Park besichtigten. Sie klapperten an einem Nachmittag mehr

Sehenswürdigkeiten ab, als ich bei zehn Besuchen zu Gesicht bekommen hatte.

Und während sie all das taten, hatte die Band eine ernste Krise zu bewältigen.

Jim Dawson von Arnakata, der inzwischen komplett von New York aus arbeitete, hatte vor der Show ein Band-Meeting in unserem Hotel einberufen. Das war zwar ungewöhnlich, aber ich nahm an, dass er bloß eine kurze aufmunternde Rede halten und uns zu unserem Erfolg gratulieren wollte. Damit lag ich leider völlig daneben.

Jim kam völlig verschwitzt und aufgewühlt im Hotel an. Er war schrecklich nervös und kaute auf seinen Lippen herum.

»Leute, ich kann nicht länger euer Manager sein«, erklärte er. »Es tut mir leid, aber ich habe persönliche Probleme. Und ihr werdet gerade so groß, dass ich das nicht mehr bewältigen kann.«

Völlig perplex starrten wir einander an.

Alter, was zum Teufel soll das denn? Hättest du dir keinen besseren Moment aussuchen können?

Doch obwohl Jim Dawson so kurz vor der Show diese Bombe platzen ließ, wurde das Konzert im Madison Square Garden zu einem fantastischen Erfolg. Als ich mit meiner Harley auf die Bühne fuhr, wollte der Jubel gar nicht mehr aufhören. Und als ich am Ende der Show in zwanzigtausend begeisterte Gesichter sah, musste ich mich erst mal selbst in den Arm kneifen.

Ist das ein Traum?, fragte ich mich. *Wenn es einer ist, dann möchte ich jedenfalls nicht aufwachen.*

Es fühlte sich wie der bisherige Höhepunkt unserer Karriere an, die Belohnung für alles, was wir als Band geleistet hatten. Und die Schufterei war es wert gewesen. Wir hatten es bis ganz nach oben geschafft. Jetzt ging es darum, nicht nachzulassen.

Abend für Abend, Tag für Tag und Woche für Woche rollte unser Tournee-Tross durch die Staaten. Alles lief fantastisch, wir spielten in riesigen Hallen, und das Publikum war begeistert. Abseits der Bühne sah es dagegen völlig anders aus. Ich trank immer öfter bis zur Besinnungslosigkeit, um meinen Frust darüber zu betäuben, dass ich ständig auf der Jagd nach irgendwelchen heimlichen sexuellen Begegnungen war … und dabei fast immer leer ausging.

Bis auf die wenigen Male, bei denen ich Erfolg hatte.

Wie so oft auf dieser Tour nahm ich auch in Pittsburgh spätnachts noch einen einsamen Drink an der Hotelbar. Unter den Gästen war eine Gruppe Soldaten. Ich erwähnte ja bereits, dass ich immer schon eine Schwäche für Uniformen hatte. Und für Männer, denen ich sie ausziehen konnte. Ein Fetisch, der mich schon mehrfach in absonderliche Situationen gebracht hatte. Und einer der Soldaten, die an diesem Abend die Bar bevölkerten, war definitiv heißer, als das Militär erlaubte.

Er trank gerade mit einer Gruppe römisch-katholischer Priester, die ebenfalls anwesend waren. Sie lachten und scherzten miteinander, aber der Soldat sah immer wieder zu mir herüber. Unsere Blicke begegneten sich ein paarmal. *Wirklich? Oder habe ich mir das bloß eingebildet?*

Irgendwann verschwand er dann in Richtung Toilette, und ich folgte ihm. Ich stellte mich neben ihn ans Urinal.

»Hallo«, sagte ich.

»Hallo, wie geht's?«, erwiderte er.

»Ganz gut. Und dir?«

»Bestens! Abgesehen davon, dass diese Pfaffen mich ständig belästigen.«

»Ach, wirklich?«, imitierte ich Andy Warhol.

»Ja! Die wollen die ganze Zeit mit mir rumfummeln.«

»Gegen ein bisschen Fummelei ist doch nichts einzuwenden«, entgegnete ich grinsend.

Er grinste ebenfalls. »Das stimmt natürlich. Hättest du vielleicht Lust, ein wenig mit *mir* rumzufummeln?«

Und damit war die Sache geritzt. So läuft das beim Cruising. Entweder man verbringt endlose Stunden einsam und allein, ohne dass dabei etwas rausspringt, oder es geht so einfach und schnell wie in diesem Fall. Er gab mir seine Zimmernummer, und wir kehrten nacheinander in die Bar zurück.

Als er zwanzig Minuten später ging, zwinkerte er mir zu. Kurz danach folgte ich ihm.

Kaum hatte ich geklopft, öffnete der Soldat seine Tür. Er trug immer noch seine Uniform – *sehr gut!* Auf dem Tisch stand ein halb voller Teller. Daneben ein Strauß Rosen.

»Oh, ich wusste nicht, dass du Gesellschaft hattest«, sagte ich.

»Meine Freundin war vorhin hier«, antwortete er.

Die Uniform lag ruckzuck am Boden, und sein tapferer Soldat stand sofort Gewehr bei Fuß. Ein paar Stunden später fiel ich erschöpft, aber glücklich in mein eigenes Bett.

Da Jim Dawson so plötzlich seinen Job hingeschmissen hatte, brauchten Priest dringend einen neuen Manager. Dank einer ausverkauften US-Tour und Heavy Rotation bei MTV waren wir gerade ganz heißer Scheiß, also mangelte es nicht an Interessenten. Aber was wir brauchten, war ein richtiger *Rock*-Manager. Und hier kam »Wild« Bill Curbishley ins Spiel.

Er reiste extra aus London zu einer unserer letzten Shows in Amerika an. Als Manager von The Who war er alles andere als ein unbeschriebenes Blatt. Bei unserem Treffen überzeugte er mit einer scharfsinnigen und knallharten Einschätzung unserer Position und der Schritte, die sich daraus seiner Meinung nach für uns ergaben.

Bills Auftreten ließ keinen Zweifel daran, dass er sich von niemandem reinreden lassen würde. Ich hatte immer schon eine heimliche Vorliebe für die beinharten Manager der alten Schule gehabt, wie zum Beispiel Peter Grant, der sich um die Angelegenheiten von Led Zeppelin kümmerte. Und Bill passte genau in dieses Bild. Die Entscheidung, ihn zu engagieren, fiel ohne eine Gegenstimme.

Allerdings wussten wir damals noch nichts von Bills schillernder Vergangenheit. Er hatte wegen bewaffneten Raubüberfalls im Knast gesessen (Bill beteuerte stets seine Unschuld) und war mit den Kray-Zwillingen befreundet. Als wir schließlich davon erfuhren, änderte das natürlich nichts.

Mir fiel auf, dass an einem von Bills Fingern ein Stück fehlte. Ich fragte mich, ob er es wohl bei irgendeinem Gang-Kampf im East End verloren hatte. Wie sich herausstellte, war es jedoch bereits in seiner Kindheit passiert, als er auf einem Trümmergrundstück über einen Stacheldrahtzaun geklettert war.

Bill war bereits an Bord, als wir die letzte Show der *Vengeance*-Tour spielten. Und zwar auf dem US Festival im kalifornischen San Bernardino.

Das Festival war ein Riesenspektakel und erst im Jahr zuvor von Apple-Mitbegründer Steve Wozniak in Zusammenarbeit mit Bill Graham ins Leben gerufen worden. Nun fand es zum zweiten Mal statt. Die Veranstaltung am Memorial-Day-Wochenende dauerte vier Tage. Es gab einen New-Wave-Tag, einen Rock-Tag, einen Country-Tag – mit The Clash, David Bowie und Willie Nelson als jeweilige Headliner – sowie einen Heavy-Metal-Tag.

Der Heavy-Metal-Tag zog mehr Publikum als die anderen drei Tage zusammen. Neben uns traten Mötley Crüe, Ozzy, die Scorpions und Quiet Riot auf. Die Headliner waren Van Halen, die später im Jahr mit ihrer Nummer-eins-Single »Jump« abheben sollten.

Das Publikum? Ach, grad mal eine Drittelmillionen Leute. Man sprach vom Heavy-Metal-Woodstock. Rund um das speziell für diesen Anlass erbaute Amphitheater war der Ansturm so groß, dass der Verkehr zusammenbrach. Die Menschen ließen ihre Autos einfach stehen und gingen zu Fuß weiter. Sämtliche Bands mussten mit Hubschraubern ein- und wieder ausgeflogen werden.

Es war nur ein kurzer Flug von unserem Hotel, aber ich werde ihn nie vergessen. Das Erste, was wir sahen, waren die Autos. In den Staaten besitzt fast jeder ein eigenes Auto, und 150.000 von ihnen waren an diesem Sonntag nach San Bernardino gekommen. Das Meer aus funkelnden Blechkarosserien erstreckte sich bis zum Horizont.

Dann sahen wir die gewaltige Menschenmasse. *O mein Gott!* Es war wie Woodstock und das Isle of Wight Festival zusammen. Ich hatte noch nie in meinem Leben so viele Menschen auf einem Haufen gesehen, und ich fand es sehr berührend, dass alle aus demselben Grund dort waren. Dem besten Grund, den ich mir vorstellen konnte: Heavy Metal.

Judas Priest hatten es verdient, dabei zu sein. Wir hatten es uns hart erarbeitet. Wir gehörten dorthin. Und wir wussten, dass es eine gewaltige Chance war, die wir nutzen mussten. Was wir dann auch taten.

In gleißendem Sonnenschein bretterte ich mit der Harley auf die Bühne, bevor wir mit »Electric Eye« loslegten. Wenn man vor so einer gewaltigen Menge steht, ist es unmöglich, sich auf einzelne Menschen oder selbst Gruppen zu konzentrieren. Wir wussten, dass die Zuschauer alles auf den Großbildschirmen verfolgen konnten, also gaben wir Vollgas und bemühten uns, einfach *alle* wegzublasen.

Der Auftritt fühlte sich an, als würde er nur Sekunden dauern, dabei waren es zwanzig überragende und unvergessliche Minuten. Für unseren Erfolg an der Westküste war dieser Gig nicht weniger bedeutend als unsere Support-Show für Led Zeppelin in Oakland. *Was für ein Tag!* Dieses enorme Ausmaß an Spannung und Aufregung werde ich bis zu meinem Lebensende nicht vergessen.

Der Hubschrauber brachte uns zurück zum Hotel. Am nächsten Morgen verabschiedeten wir uns herzlich voneinander, um uns dann in alle vier Winde zu zerstreuen. Die Tournee war ein spektakulärer Triumph gewesen. Abgesehen von meinem armen Freund Ian, der sich gerade von Sue getrennt hatte, konnten es alle kaum erwarten, endlich nach Hause zu kommen, um sich von dem Rummel zu erholen.

Ich dagegen setzte mich seufzend in ein Flugzeug nach Phoenix. Ich wünschte mir nichts sehnlicher, als zu einem Partner heimzukehren, der mich in seine Arme schließen würde. Aber leider sah es ganz so aus, als sollte ich dieses Glück mit David niemals erfahren.

12

Ladies and Gentlemen, nehmen Sie Ihre Plätze ein!

Wenn mich schon ein sexuell frustrierendes Umfeld erwartete, dann sollte es wenigstens etwas luxuriöser aussehen als bisher.

In Phoenix kannte ich mich inzwischen etwas besser aus und liebäugelte mit einer Verbesserung meiner Wohnsituation. Das Stadthaus war nett, aber nichts Besonderes. Etwas außerhalb der Stadtgrenzen gab es eine Gegend namens Paradise Valley, die mir sehr gefiel. Sie lag inmitten jener wilden, unberührten Landschaft, die mich überhaupt erst für Arizona begeistert hatte.

Dort fand ich ein Haus im Ranch-Stil mit eigenem Pool am Fuß des alles überragenden Mummy Mountain. Die monatliche Miete war fast so hoch wie der Berg selbst. Aber das Haus hatte es mir so sehr angetan, dass ich bereits dort wohnte, als ich vom US Festival nach Phoenix zurückkehrte.

David und ich machten einfach da weiter, wo wir aufgehört hatten. Wir hingen zusammen rum, gingen zum Shoppen oder Essen und gaben uns ständig die Kante. Doch es gab nicht mal einen Hauch von körperlicher Intimität. Längst hatte ich alle Versuche aufgegeben, mich ihm irgendwie zu nähern. Ich war also ein geiler, frustrierter, junger schwuler Kerl, der Angst hatte, sich zu outen … und der wie ein Eunuch lebte.

Das war verdammt nochmal NICHT das Leben, das ich mir erträumt hatte!

Glücklicherweise hatten David und ich zumindest noch Spaß daran, miteinander auszugehen. Phoenix war damals ein heißes Pflaster für amerikanische Rock- und Metal-Bands. In L. A. gab es einfach zu viele Musiker, die groß rauskommen wollten. Und alle kämpften um die wenigen Auftrittsmöglichkeiten in einer Handvoll Clubs am Sunset Strip. Deshalb wichen manche von ihnen nach Phoenix aus.

Dreh- und Angelpunkt dieser Szene war ein Rockclub namens Mason Jar, wo David und ich uns zahllose Bands ansahen und uns dabei nach Strich und Faden volllaufen ließen. Im Mason Jar lernten wir die Mitglieder einer Band namens Surgical Steel kennen.

In Phoenix waren sie eine große Nummer – dafür aber außerhalb der Stadt völlig unbekannt. Surgical Steel war eine Metal-Band, wie man sie damals in jeder Stadt der USA fand. Lokalmatadoren, die jede freie Minute zum Proben nutzten und jede Gelegenheit ergriffen, um sich live die Finger wund zu spielen. Sie rissen sich den Arsch auf, aber sie schafften den Durchbruch einfach nicht.

Die Jungs waren nette Kerle. Ihr Sänger Jeff Martin und der Gitarrist Jim Keeler wurden bald zu unseren bevorzugten Trinkkumpanen. Jeff war ein absoluter Waffennarr und nahm mich häufig zum Jagen und Fischen mit raus in die wilde Natur Arizonas.

Unser zweites Stammlokal lag im Westen von Phoenix. Die Bar hieß Rockers und gehörte auch deshalb schnell zu meinen Lieblingsläden, weil die beiden Brüder, die den Schuppen schmissen, mir sofort einen Krug Bier brachten, wenn ich die Bar betrat. Wochenlang verbrachte ich jeden Abend dort.

Im Rockers war immer was los. Einmal saß dort ein Typ mit einer riesigen Pythonschlange um den Hals. Da Tiere mir noch nie Angst machten, ging ich zu ihm rüber und fragte ihn: »Darf ich mal deine Schlange anfassen, mein Freund?« (Er war nicht der erste Kerl, dem ich diese Frage stellte.)

»Klar doch!«, erwiderte er und legte mir den Python um die Schultern. Die Schlange war schwer. Langsam schlang sie sich um meinen Hals und drückte mir die Luft ab. Mit aller Kraft versuchte ich, ihren Würgegriff zu lockern, aber sie war einfach zu stark.

»Ich hab die Schlange schon seit ein paar Jahren. Ich füttere sie mit Mäusen …«, erzählte mir der Typ.

»Ja, das ist toll«, keuchte ich. »Aber könntest du sie mir bitte abnehmen? Ich kriege keine Luft mehr!« Der Kerl und sein Kumpel mussten mir das Tier mit vereinten Kräften vom Hals reißen, sonst hätte es mich erwürgt. Danach brauchte ich dringend ein neues Bier.

Es dauerte nicht lange, bis mein neues Haus zum Schauplatz wilder Sauf- und Drogenpartys avancierte. Die Jungs von Surgical Steel waren immer dabei. Ich hab keine Ahnung, was unsere neuen Freunde über David und mich dachten. Hielten sie uns für ein Paar? Oder bloß für beste Kumpels?

Sie fragten nie danach, und das war mir sehr recht. Denn ich kam mir zunehmend lächerlich vor, weil ich gehofft hatte, dass David und ich eines Tages ein Liebespaar werden könnten.

Im September dieses Jahres stand mal wieder ein Besuch auf Ibiza an, um den Nachfolger von *Screaming for Vengeance* aufzunehmen. Ich nutzte die Gelegenheit, um vorher noch etwas Zeit in Walsall zu verbringen … wo meine Eltern es mir endlich erlaubten, ihnen ein neues Haus zu kaufen. Nachdem Dad uns im Madison Square Garden gesehen hatte, war er schließlich weich geworden und hatte akzeptiert, dass es kein Problem für mich war, ihnen ein wenig unter die Arme zu greifen.

In einer ruhigen Straße in der Nähe meiner Remise erstand ich für sie einen Bungalow. Das Haus war nicht mit dem schicken Anwesen zu vergleichen, das ich ihnen beim letzten Mal gezeigt hatte. Aber zu Fuß war es nur fünf Minuten von mir entfernt. Es war für uns alle ideal.

Dad erlaubte mir außerdem, ihm ein neues Auto zu besorgen. Ich hätte ihm jedes Modell gekauft, das er haben wollte. Aber er war eben ein bodenständiger Kerl aus Walsall, also bat er mich weder um einen Ferrari noch um einen Lamborghini. Ein Sportwagen von Aston Martin ließ ihn ebenfalls kalt. Stattdessen kaufte ich ihm … einen Fiat Uno. Ein *vernünftiges* Auto.

Als Priest auf Ibiza ankamen, blieb uns zunächst nichts anderes übrig, als in der Sonne zu liegen, Däumchen zu drehen und uns zu betrinken. Denn das Studio war völlig ausgeräumt worden. Die komplette Ausrüstung war verschwunden: das Mischpult, die Mikrofone, Boxen, Kabel und der ganze Rest. Im Speiseraum gab es nicht mal mehr Messer und Gabeln. Was war passiert?

Fritz, der Studiobesitzer, hatte offenbar finanzielle Probleme. Also hatten seine Kreditgeber als Sicherheit für die ausstehenden Zahlungen kurzerhand sein Equipment einkassiert. Da wir für die Aufnahmen des Albums wie immer einen ziemlich straffen Zeitplan hatten, investierten wir einen Teil unseres Vorschusses in die Lösung dieses Problems.

Ein oder zwei Tage später rollte ein Lastwagen mit dem Mischpult an. *Halleluja!* Das Pult war ein schweres Stück Technik, ein riesiger Brocken, deshalb halfen wir den beiden Packern dabei, es von der Ladefläche auf die Straße zu bugsieren. Diese Kerle bedankten sich dafür, indem sie sofort wieder in ihren Lkw stiegen und sich verpissten.

Vielen Dank auch!

Das Teil war viel zu schwer, um es eigenhändig ins Gebäude zu tragen, also mussten wir eine Alternative finden. Am Straßenrand lagen ein paar zersägte Baumstämme. Wie Rollbänder der Gepäckscanner am Flughafen legten wir die Stämme nebeneinander, um das Mischpult in einer schweißtreibenden Aktion langsam ins Studio zu rollen.

Erst vor drei Monaten hatte man uns mit dem Hubschrauber zur Bühne geflogen, um eine Viertelmillion amerikanischer Metal-Fans zu rocken. Und nun halfen wir als unbezahlte Hilfskräfte dabei, ein Aufnahmestudio einzurichten. Glücklicherweise waren wir keine Diven! Im Stillen dachte ich: *Scheiße, Kiss würden sich das nicht gefallen lassen …*

Sobald alles erst einmal an Ort und Stelle war, machten wir gute Fortschritte mit dem Album, das später *Defenders of the Faith* werden sollte. Wir wussten, dass wir mit *Screaming for Vengeance* einen Nerv getroffen hatten. Und wir waren fest entschlossen, dieses Momentum zu nutzen.

Da ich meine Texte sehr ernst nehme, arbeite ich nur daran, wenn ich nüchtern und voll bei der Sache bin. Ich muss bei klarem Verstand und in Bestform sein. Einer der Songs von *Defenders of the Faith* bildete allerdings eine unrühmliche Ausnahme.

Eines Abends kehrten wir nach einem Barbesuch sternhagelvoll ins Studio zurück. Es gab einen Song, dessen musikalische Basis bereits stand, für den ich allerdings noch Lyrics abliefern musste. Betrunken wie ich war, beschloss ich, das auf der Stelle zu erledigen.

Tom drehte die Regler voll auf, und während die Musik aus den Boxen dröhnte, kaute ich auf meinem Stift herum und kritzelte ein paar Worte aufs Papier. Randvoll mit Bier und Vino fiel mir nichts Besseres ein, als über die Freuden eines guten Blowjobs zu schreiben. So entstanden die ersten Zeilen von »Eat Me Alive«:

> Wrapped tight around me
> Like a second flesh hot skin
> Cling to my body
> As the ecstasy begins

Bei einigen Texten war es mir gelungen, ihre wahre Bedeutung vor den anderen zu verbergen. Aber worum es in diesem Song ging, verstanden sie sofort! Die Andeutung, dass der Blowjob nur unter Androhung von Waffengewalt erfolgt, sowie die reißerische Metapher »as the rod of steel injects« fanden sie zum Totlachen!

Ausgerechnet dieser Song sollte uns zwei Jahre später eine Menge Kummer bescheren. Und die Moral von der Geschichte? Schreib deine Texte lieber nüchtern …

Aber wenn man betrunken ist, können einem noch viel schlimmere Dinge passieren. Eines Nachts waren wir alle zusammen in einem Club namens Jet Circus. Der Laden befand sich mitten im Zentrum von Ibiza-Stadt, und als wir in den frühen Morgenstunden hinaustorkelten, achtete niemand von uns auf die scheinbar leere Straße. Bevor wir wussten, wie uns geschah, kam plötzlich ein Taxi angerast und fuhr Ken über den Haufen.

Das klingt erst mal witzig, war aber ganz und gar nicht zum Lachen. Ken flog drei Meter hoch in die Luft und landete dann mit einem schrecklichen Geräusch rücklings auf der Motorhaube des Wagens. Es war ein grauenhafter Anblick.

Scheiße! Ist mein Kumpel etwa tot?

Aus der Dunkelheit ertönte ein Stöhnen: »Autsch! Verdammter Mist! Mein beschissenes Bein!«

Ken weilte eindeutig noch unter uns, aber er war übel zugerichtet. Woraufhin Glenn schlagartig zum Rettungssanitäter mutierte. »Schafft ihn zurück in den Club!«, instruierte er uns. »Vorsicht! Wir müssen die Wunde säubern! Bringt mir ein paar Handtücher und heißes Wasser! Macht schon! Beeilt euch!«

Dass Glenn offenbar klammheimlich eine medizinische Ausbildung absolviert hatte, war mir zwar völlig neu, aber ich war beeindruckt! Während die anderen dem stöhnenden Ken zurück ins Gebäude halfen, rannte ich in die Küche des Clubs und besorgte eine Schale mit heißem Wasser.

Glenn hatte inzwischen irgendwo einen Haufen Waschlappen organisiert. Er tauchte sie in die Schüssel, verzog das Gesicht, brüllte: »Ahhh, ich hab mir die Hände verbrüht!« und wälzte sich auf dem Boden herum. In diesem Moment wurde mir klar, dass Glenn wohl – ich drücke es mal vorsichtig aus – ein klein wenig neben sich stand. Daher rührte wohl auch seine wahnhafte Vorstellung, auf einmal über medizinische Kenntnisse zu verfügen.

Ken wurde ins örtliche Krankenhaus gebracht, wo ein Assistenzarzt, dessen Methoden möglicherweise ebenfalls etwas fragwürdig waren, sein Bein eng mit Elastoplast umwickelte und ihn dann nach Hause schickte. Ken ging durch die Hölle, als er ein paar Tage später das Zeug wieder entfernte, und er hatte danach einen heftigen Ausschlag. Aber immerhin keine gebrochenen Knochen.

Als wir die Aufnahmen zu *Defenders of the Faith* beendeten, waren wir mit dem Ergebnis alle sehr zufrieden. Das Album war ein kraftvolles Bekenntnis zum Priest-Ethos, eine gute Zusammenfassung all dessen, was uns auszeichnete. In meinen Augen ist es bis heute eine unserer stärksten Platten.

Zurück in Phoenix zog ich sofort wieder mit David und unseren Kumpels durch die Bars und Clubs der örtlichen Rockszene. Wenn wir mit den Jungs von Surgical Steel wie gewohnt im Mason Jar oder im Rockers abstürzten, fragten sie sich offenbar immer noch, welche Art von Beziehung David und ich führten. Denn eines Abends nahm mich einer von ihnen zur Seite.

»Rob, Alter, du weißt schon, dass David mit Mädchen ausgeht, oder?«, sagte er.

Auf irgendeine Art und Weise *hatte* ich es gewusst. Scheinbar hatte ich es nur nicht wahrhaben wollen. Doch jetzt wusste ich es definitiv.

Meine Reaktion auf diese Erkenntnis war jedenfalls recht ungewöhnlich. Zwischen David und mir gab es keinerlei körperliche Intimitäten – und eigentlich hatte es die auch nie gegeben. Da wir aber immer noch alles gemeinsam machten, fühlte ich mich von ihm betrogen.

Oberflächlich betrachtet blieb unser Verhältnis so eng und freundschaftlich wie eh und je. Ich war nie ein Freund von Auseinandersetzungen – auch wenn ich heute ganz gut damit umgehen kann, wenn es sein muss. Aber in der damaligen Phase meines Lebens – und eigentlich über Jahrzehnte hinweg – hatte ich fürchterliche Angst vor Konflikten und tat alles, um sie zu vermeiden.

Vielleicht geht diese Scheu auf jene Nächte meiner Kindheit in Beechdale zurück, wenn Sue und ich still in unseren

Betten kauerten und zuhörten, wie Mom und Dad einander anschrien. Voller Angst, dass wir jeden Augenblick das schreckliche Geräusch einer Ohrfeige hören würden.

Ich habe diese Nächte gehasst, und sie hinterließen tiefe Spuren in mir. Immer wenn es in meinem Leben zu Konflikten kam, stiegen diese Erinnerungen aus den dunkelsten Tiefen meiner Psyche zurück an die Oberfläche, und ich duckte mich weg. Denn alles, wirklich *alles* war besser als *das*.

Statt also mit David über unser Problem zu sprechen, fraß ich alles in mich hinein und brütete stoisch vor mich hin. Ich wurde immer stiller und trank immer heftiger. Jeder Anlass war mir recht, um mich vollaufen zu lassen. In diesem Jahr kam mir Thanksgiving also sehr gelegen.

Ich schmiss eine Party für David, die Jungs von Surgical Steel und die anderen Bekannten aus der örtlichen Rockszene. Niemand hatte einen Kindergeburtstag erwartet, und es wurde auch keiner. Ich war besoffen, bevor der Truthahn fertig war. Und als ich ihn schließlich aus dem Ofen zog, war ich enttäuscht, dass er schnurstracks im Pool absoff.

Erst flogen Wein- und Bierflaschen hinterher, dann haufenweise stinkbesoffene Rocker. Während lautes Geschrei und das Klirren zerbrochener Gläser die laue Nacht von Arizona erfüllten, flüchtete ich mich ins Haus.

Selbst als ich noch mit Nick in der Yew-Tree-Siedlung gewohnt hatte, war ich kein besonders großer Kiffer gewesen. Doch auch das gehörte zu den schlechten Angewohnheiten, die ich mir in jüngster Zeit zugelegt hatte. Über eine gläserne Bong gebeugt, paffte ich also vor mich hin, wie Nick es mir damals gezeigt hatte, und starrte dabei auf den Bildschirm meines großen Fernsehers, als mir plötzlich jemand auf die Schulter tippte.

Total zugedröhnt hob ich den Kopf und erblickte zwei Polizisten. Sie waren durch die sperrangelweit geöffnete Haustür reingekommen.

»Sind Sie Rob?«, fragte einer der beiden und schien die Antwort bereits zu kennen.

Ich nickte geflissentlich. »Yep.«

»Ihre Nachbarn haben uns angerufen und sich über den Lärm beschwert. Bitte beenden Sie diese Party. SOFORT.«

Ich taumelte nach draußen, wo meine Gartenmöbel sich inzwischen ebenfalls im Pool befanden. Ich musste schreien, um gehört zu werden. Glücklicherweise hatte ich schon immer eine laute Stimme.

»Alle raus hier!«, brüllte ich. »Verpisst euch! Die Polizei ist da!«

Die Erwähnung der Bullen erwies sich als todsichere Taktik, um die Gäste loszuwerden. Schlagartig flüchteten sie aus dem Pool und wuselten davon wie Ameisen, wenn man einen Stein auf ihren Bau wirft. Innerhalb von zwei Minuten waren Haus und Garten menschenleer.

Die Polizisten hielten mir eine Standpauke: »Das war nicht das erste Mal, dass sich Nachbarn über Sie beschwert haben. Und es ist auch nicht das erste Mal, dass wir hier sind. Sollte das noch einmal passieren, landen Sie in einer Zelle.«

Hmm. Was für ein Glück, dass die Tour bald losgeht, dachte ich.

Die Tournee zu *Defenders of the Faith* trug den Titel *Metal Conquerer.* Hauptsächlich wegen des riesigen Roboters, der unsere Bühne dominierte. Der »Metallian«, wie wir ihn nannten, wurde nur noch von Dave Holland und seinem Schlagzeug überragt, das wir auf dem Kopf des Roboters platzieren mussten, weil sonst nirgendwo mehr Platz war.

Die Tour begann kurz vor Weihnachten 1983 mit einer Handvoll Shows in Großbritannien. Wir waren ein klein wenig verunsichert. Ob unsere Fans wütend sein würden, weil wir auf der letzten Tour dort kein einziges Konzert gespielt hatten? Doch unsere Sorgen waren völlig unbegründet. Sämtliche Konzerte waren ausverkauft, und die Fans waren fantastisch. Sie standen zu hundert Prozent hinter uns. Das tun sie immer noch.

Es war schön, den ersten Weihnachtstag mit Mom und Dad in ihrem neuen Bungalow verbringen zu können. Im neuen Jahr setzten wir die Tour dann auf dem europäischen Festland fort. Und meine Trinkerei wurde zu einem echten Problem.

Ich war noch nie nüchtern auf die Bühne gegangen. Selbst in den Anfangstagen von Priest hatte ich mir gerne etwas Mut angetrunken, bevor ich zum Mikrofon griff. Ungefähr zeitgleich mit der Veröffentlichung von *British Steel*, als der Erfolg der Band regelrecht explodierte, war das Trinken dann immer heftiger geworden. Und jetzt geriet es völlig außer Kontrolle.

Als wir im Frühjahr 1984 in die Staaten kamen, leerte ich vor jeder Show mehrere Plastikbecher mit Wodka und Tonic, als wäre es Orangensaft. Früher hatte ich auf der Bühne immer Wasser getrunken, um nicht zu dehydrieren. Jetzt soff ich Smirnoff.

Wenn ich mich vom Publikum verabschiedete, konnte ich kaum noch geradeaus laufen und stürmte anschließend schnurstracks in die Garderobe, um mich so *richtig* abzuschießen. Mein Aftershow-Ritual bestand darin, hintereinander zwei große Dosen Budweiser auf ex zu leeren, gefolgt von einer Flasche Dom Pérignon, die ich ebenfalls ganz allein vernichtete. Ein bisschen gierig, aber was soll's.

Ich hab mich nie bis zum Umfallen besoffen, aber manchmal war ich so benommen, dass Jim Silvia mich in den Bus schleppen musste. Zurück im Hotel setzte ich mich dann an die Bar oder leerte einfach die Minibar in meinem Zimmer.

Ich konnte mich selbst nüchtern einfach nicht ertragen – weder *wie* ich war, noch *wer* ich war.

Am nächsten Morgen fühlte ich mich meistens schrecklich. *Scheiße*, dachte ich dann, *ich will mich morgen nicht schon wieder so fühlen. Heute lasse ich es langsamer angehen!* Ein Vorsatz, der höchstens so lange anhielt, bis ich vor der Show die Garderobe betrat. Spätestens dann hieß es: *Und täglich grüßt das Murmeltier. Ich brauche nur einen Drink, um etwas runterzukommen, bevor ich auf die Bühne gehe*, redete ich mir ein. *Ich glaube, ich gönne mir mal einen Wodka Tonic … und noch einen …*

Außerdem erweiterte ich mein Party-Repertoire um ein neues Element: Kokain.

Seltsamerweise kann ich mich nicht mehr erinnern, wo ich zum ersten Mal Koks probiert habe oder wer es mir gab. Aber das Gefühl, als ich das weiße Pulver erstmals in meine Nase zog, brannte sich auf der Stelle in mein Hirn.

O mein Gott – das ist die perfekte Droge!

Es war Liebe auf die erste Line.

Der Koks-Kick war pure Euphorie. Ich fühlte mich sofort unglaublich stark und potent. Und *extrem* schlau. Ich hatte auf jede Frage eine Antwort, wusste über alles und jeden Bescheid, und ich musste dieses Wissen auf Teufel komm raus mit allen anderen teilen.

Koks war wie ein Gottesgeschenk. Irgendwann nach dem zwanzigsten Drink oder so hatte mich der Alkohol nur noch runtergezogen. Das Koks fegte die Depression weg, hob meine Laune und stärkte mein Selbstvertrauen. Und ich konnte mehr trinken. Was dazu führte, dass ich mehr kokste. Es war *perfekt*.

Ich bekam buchstäblich die Nase nicht voll davon. Kaum hatte ich die erste Line der Nacht intus, wollte ich nur noch eins:

Mehr!

Mehr!

Mehr!

Eines Nachts saß ich in meinem Hotelzimmer und jagte mir zusammen mit einem unserer Roadies Koks durch die Nase, bis draußen irgendwann die Sonne aufging. Ich quatschte über meinen Dad. Erzählte, dass ich ihm nie gesagt hatte, wie sehr ich ihn liebe. Und dass ich mir insgeheim wünschte, ich hätte es getan.

»Warum rufst du ihn nicht einfach an?«, fragte der Roadie. »Sag es ihm doch jetzt!«

Das war augenscheinlich eine wirklich dämliche Idee, aber in diesem Moment erschien sie mir absolut sinnvoll. Dummerweise war ich nicht mehr in der Lage, mein Telefon zu bedienen. Also durchsuchte unser Roadie mein Adressbuch und rief dann die Büronummer meines Vaters an.

»Hallo! Rob will Ihnen nur sagen, dass er Sie liebt!«, begrüßte er meinen Dad, als dieser ans Telefon ging. Dann reichte er mir den Hörer.

»Hallo, Dad! Geht es dir gut? Ja, ich bin in Amerika!«, quasselte ich auf ihn ein. »Auf Tournee! Mit Priest, Judas Priest! Jaaa! Ähm, ich liebe dich! Weißt du, ich sag dir das nie, aber das tu ich. Ja, voll! Dich und Mom! Jaaa! Verstehst du?«

»Rob?«, sagte mein Dad. »Was ist denn los? Geht es dir nicht gut, Rob?«

Ich war zwar komplett high, konnte aber dennoch hören, dass er völlig durcheinander war. Ich geriet in Panik. *Scheiße! Was mache ich eigentlich hier?*

»Sorry, Dad, ich muss Schluss machen! Ich hab dich lieb!«, stammelte ich und hämmerte den Hörer zurück auf die Gabel. Dieser Anruf muss für meinen Dad unerträglich gewesen sein. Da wir aber beide aus demselben Holz (Walsall-Holz!)

geschnitzt sind, haben wir den Vorfall nie wieder angesprochen.

Ich hasste es, von der Bühne zu kommen und allein in meinem Hotelzimmer zu sitzen. Ich sehnte mich schrecklich nach Nähe, nach männlicher Gesellschaft, aber die war mir verwehrt. Es war die verbotene Frucht, die ich nicht zu pflücken wagte.

In diesen Momenten stürzte alles auf mich ein. Die Jahre der Selbstverleugnung. Die Qualen, die es mit sich brachte, in einer Machowelt der schwule Frontmann einer heterosexuellen Band zu sein. Die Enttäuschung darüber, dass sich meine Beziehung zu David, für den ich ans andere Ende der Welt gezogen war, als Trugbild entpuppte. Ich fühlte mich mürbe und ausgelaugt. Das alles war einfach zu viel für mich.

Heute habe ich keinen Zweifel, dass ich damals latent suizidgefährdet war. Aber ich hatte einen Fels in der Brandung, an den ich mich klammern konnte, einen Rettungsanker, der mich hielt. Judas Priest und die Musik hielten mich am Leben.

Wenn ich erst einmal auf der Bühne stand, dann spürte – dann *wusste* – ich noch immer, dass nichts anderes zählte. Die Probleme begannen erst, sobald ich die Bühne verließ.

Das Ausmaß meiner sexuellen Frustration war schlicht nicht mehr zu ertragen. Ich wusste, dass ich es niemals wagen würde, mir die Maske herunterzureißen. Ein Coming-out war völlig utopisch. Also ging ich immer größere Risiken ein, um meine Begierden und Sehnsüchte zu befriedigen. Und damit stieg auch das Risiko aufzufliegen.

Nach einer Show in San Antonio fuhren wir über Nacht weiter nach Austin, und in den frühen Morgenstunden hielt der Bus zum Tanken an einem Truck Stop. Ich verschwand schnurstracks Richtung Klo. Kaum hatte ich die Toilette betreten, sah ich unter der Tür der mittleren Kabine ein Paar Füße. Ich ging in die Nachbarkabine und verschloss die Tür.

Tapp-tapp-tapp.

Kaum hatte ich mich hingesetzt, da fing sein Fuß an zu zucken. Ich antwortete umgehend. Nach fünf Sekunden war alles geklärt, und wir begannen unseren einsamen Tanz.

In der Kabine gab es kein Glory Hole, aber einen Spalt an einer Seite der Trennwand. Der Kerl schob seinen Arm hindurch und holte mir einen runter. Mein letztes Mal war eine ganze Weile her – er musste sich also nicht lange bemühen. Anschließend quetschte ich meine Hand durch den Schlitz und revanchierte mich bei ihm.

Dabei sprach keiner von uns ein einziges Wort. *Natürlich nicht.*

Nachdem er gekommen war, öffnete ich die Tür und wusch mir die Hände. Die Etikette verlangte, dass der andere in seiner Kabine wartete, bis ich die Toilette verlassen hatte – aber er hielt sich nicht daran.

Ich hörte, wie seine Tür sich ebenfalls öffnete, und hielt den Kopf gesenkt. Aber die Neugier siegte, und ich schaute kurz in den Spiegel, um einen Blick auf sein Gesicht zu erhaschen. Es war ein junger Kerl, der mich mit weit offenem Mund anstarrte.

Er war von Kopf bis Fuß in Judas-Priest-Merchandise gekleidet.

Okay. *Das* war unangenehm! Wie sollte ich darauf reagieren?

Beim Verlassen der Toilette zwinkerte ich ihm zu. »Wir sehen uns auf der nächsten Tour«, sagte ich, stieg wieder in den Bus und verschwand Richtung Austin in die Nacht.

Nachdem ich Jahre meines Lebens im Scheinwerferlicht verbracht hatte, mein Sexleben aber im Schatten ausleben musste, wo ich mir in schmuddeligen Ecken klammheimlich Befriedigung verschaffte, ließ ich mich nun mehr und mehr gehen. Der exzessive Alkoholkonsum löste alle Hemmungen. Ich verlor die Kontrolle.

Nach manchen Konzerten besuchte ich Schwulenbars und Saunas – trotz des Risikos, dort erkannt zu werden. Diese Fahrlässigkeit war nicht unbemerkt geblieben. Irgendwann nahm mich unser Management zur Seite, um mir ein paar mahnende Worte mit auf den Weg zu geben. Ich solle mir gut überlegen, in welchen Lokalitäten ich einkehrte und welcher Schaden entstünde, wenn diese Besuche öffentlich würden.

Das Wörtchen »schwul« fiel während dieses höflichen und wohlmeinenden Gesprächs nicht ein einziges Mal. Aber der Zweck und die Zielsetzung der Unterhaltung waren offensichtlich. Im Grunde ließ sie sich folgendermaßen zusammenfassen:

Du bist schwul.

Wir wissen, dass du schwul bist.

Aber du bist auch Sänger einer weltbekannten Metal-Band.

Wir leben in einer Macho-Welt.

Metal-Fans sind nicht als besonders tolerant bekannt.

SEI VORSICHTIG.

Ich konnte durchaus nachvollziehen, warum sie mir diesen Vortrag hielten. Und dennoch nahm ich es ihnen übel. Ich wusste, dass es ihr berechtigtes Anliegen war, den Ruf der Band zu schützen. Aber ich war inzwischen Anfang dreißig, und Belehrungen darüber, was ich zu tun und zu lassen hatte, konnten mir gestohlen bleiben. Schließlich war ich kein Kind mehr.

Also machte ich mehr oder weniger genauso weiter wie zuvor.

Als die *Metal Conquerer*-Tour uns nach Kanada führte, spielten wir eine Show im Stampede Corral in Calgary. In dieser Halle fand auch immer das alljährliche Calgary Stampede Rodeo statt, außerdem gab es ein Trainingszentrum für aufstrebende Rodeoreiter.

Als ich nach dem Gig allein in der Bar des Hyatt Hotels saß und mir wie üblich die Kante gab, bekam ich solche Stielaugen, dass ich mir fast den Hals verrenkt hätte. Ich war im Schwulenhimmel.

Cowboys! Wo ich auch hinsah – Cowboys!

Ich hatte Blickkontakt mit einem sehr attraktiven, stämmigen Kerl in voller Montur: Stetson, Western-Hemd, Jeans und Sporen an den Stiefeln. Seine riesige Gürtelschnalle betonte die noch größere Ausbuchtung in seinem Schritt. Wir kamen ins Gespräch. Er redete über Rodeo und ich über Heavy Metal.

Wir verstanden uns prächtig, und als die Bar schloss, gingen wir hoch auf mein Zimmer, um die Minibar zu plündern. Er prahlte damit, wie viele Bräute er regelmäßig bei den Rodeos flachlegen würde. Also ließ ich mich nicht lumpen und erzählte von den willigen Groupies der Rock- und Metal-Bands.

Es war anzunehmen, dass er diese Konversation sehr viel mehr genoss als ich. Seltsamerweise entwickelte sie sich dennoch zu meinem Vorteil. Denn irgendwann war der Cowboy von diesen Geschichten so aufgegeilt, dass er mich mit einem überraschenden Bekenntnis konfrontierte: »Mann, ich bin gerade so scharf, ich würde mir sogar von *dir* einen blasen lassen!«

Das musste er mir nicht zweimal sagen. Ich machte mich sofort an die Arbeit. Doch genau in dem Augenblick, als ich das Feuerwerk zündete, platzte es aus ihm heraus: »Mach weiter! Hör nicht auf! Aber ich bin erst sechzehn!«

Scheiße, was? Er sah gut fünf Jahre älter aus. Mir wurde mulmig. In Gedanken hörte ich schon die Polizeisirenen, das Scheppern, mit dem die Zellentür ins Schloss fiel, und ... *Schnarchen?* Ich blickte zu ihm auf. Kaum hatte mein Nachwuchscowboy abgespritzt, war er auch schon eingepennt.

Ich fühlte mich schrecklich schuldig und versuchte, ihn wieder aufzuwecken. Ich wollte nicht, dass er im Schlaf an seinem eigenen Erbrochenen erstickte und zur Liste meiner Straftaten auch noch fahrlässige Tötung hinzukäme. Doch der Junge schlief so tief und fest, dass ich schließlich aufgab. Volltrunken wie ich war, fiel ich eine Minute später selbst ins Alkoholkoma.

Als ich am nächsten Morgen erwachte, war John Wayne Jr. verschwunden. Ich stand auf, um ins Bad zu gehen. Da sah ich, dass meine Brieftasche geöffnet auf dem Tisch lag. Der Typ hatte sie um mehrere Hundert Dollar und meine Kreditkarten erleichtert. Mein Ghettoblaster war ebenfalls verschwunden, und mit ihm rund fünfzig Kassetten.

Dieses Techtelmechtel war also ein echter Griff ins Klo gewesen.

Von Kanada aus ging es wieder zurück in die Staaten. In Madison, der Hauptstadt von Wisconsin, boten wir unter den Tribünen des Dane County Coliseum zehntausend Menschen Schutz vor einem nahenden Tornado. Glenn und ich wagten einen Blick aus der Hintertür ins Freie. Der Sturm tobte, Sirenen heulten auf, und am Himmel hingen dunkelblau-grüne und tiefschwarze Wolken.

Nur knapp eine Woche später fegte unser *eigener* Tornado durch New York City.

Ein zweiter Auftritt im Madison Square Garden bedeutete uns auf gewisse Weise sogar mehr als die erste Show an diesem Ort. Es war keine einmalige Angelegenheit gewesen! Die Band war groß genug, um regelmäßig dort zu spielen! Dachten wir zumindest. Leider sollte es unser letzter Auftritt im Garden werden.

Bis zur Zugabe war es eine großartige Show gewesen. Als wir auf die Bühne zurückkamen und die ersten Takte von »Living After Midnight« anstimmten, bemerkte ich aus dem Augenwinkel, wie etwas durch die Luft flog. *Hä? Was war denn das?* Dann kam noch etwas geflogen … und noch etwas …

Nachdem der Song zu Ende war, drehte ich mich um und sah einen Haufen Schaumstoffsitzbezüge aus dem Auditorium, die überall auf der Bühne herumlagen. Als ich mich wieder zum Publikum umdrehte, kam ein ganzes Polster-Geschwader auf uns zugeflogen. Ein oder zwei von den Dingern schienen sogar in Flammen zu stehen.

Ich rannte von der Bühne und sprang auf meine Harley. Als ich zu »Hell Bent for Leather« die Rampe hinauffuhr, sah es da oben aus wie bei einem Schlussverkauf für Möbelpolster. Ich pflügte durch ein Meer aus Schaumstoff. Auf der Bühne lagen mehr Sitzkissen als im Zuschauerraum.

Heilige Scheiße! Zwei widersprüchliche Gedanken schossen mir durch den Kopf. *1. Das ist ja fantastisch! Unser eigener kleiner Aufstand! 2. Die werden uns hier nie wieder spielen lassen.*

Glenn, Ken und Ian hüpften jetzt mit ihren Instrumenten über den Schaumstoff, da der Bühnenboden komplett damit bedeckt war. Ken sagte hinterher, es habe sich angefühlt, als würde man auf einem Trampolin Gitarre spielen. Nach »You've Got Another Thing Comin'« machten wir uns aus dem Staub und verkrochen uns in der Garderobe.

Der Madison Square Garden bezifferte den Schaden, den unsere Fans angerichtet hatten, später auf 250.000 Dollar – was die Presse natürlich mit Freuden aufgriff. Obwohl wir den Krawall weder angezettelt noch auf irgendeine Weise angeheizt hatten, bekamen wir lebenslanges Auftrittsverbot im Garden. Offenbar hatte man beschlossen, dass wir den Ärger nicht wert waren.

Ein oder zwei Jahre danach sahen sich Glenn und Ken dort ein Benefiz-Tennisspiel zwischen Jimmy Connors und John McEnroe an. Zur Tarnung trugen sie Baseballkappen, da sie nicht sicher waren, ob man sie überhaupt reinlassen würde. Nach ungefähr der Hälfte des Spiels kam einer der Ordner zu ihnen und fragte:

»Seid ihr die Jungs von Judas Priest?«

»Ja«, antworteten sie kleinlaut und rechneten schon damit, vor die Tür gesetzt zu werden.

»Klasse, vielen Dank für die schönen Sitze!«, erwiderte der Mann. »Die ganze Halle wurde neu möbliert – dank euch!«

Ich hoffe, dass Judas Priest eines Tages wieder im Madison Square Garden spielen dürfen. Andererseits geschieht es ja nicht selten, dass sich Geschichte wiederholt. Also ist es vielleicht besser, wenn wir es bleiben lassen.

Nach jeweils zwei Auftritten im Hollywood Sportatorium und dem Cow Palace bei San Francisco flogen wir für die letzten sechs Gigs der *Metal Conquerer*-Tour nach Japan. Anschließend waren wir in jeder Hinsicht fertig. Wir brauchten dringend eine Pause.

Das war auch unserem neuen Manager Bill Curbishley nicht entgangen. Wir kamen mit ihm überein, 1985 etwas zu tun, was Judas Priest seit mehr als einem Jahrzehnt nicht mehr getan hatten: Wir würden ein ganzes Jahr lang nicht auf Tournee gehen.

Die nächsten zwölf Monate wollten wir uns ausruhen und entspannen, unser hart verdientes Geld genießen und in aller Ruhe ein Album aufnehmen, das alle umhauen würde. Es war ein großartiger Plan.

Stattdessen sollte es das quälendste, ereignisreichste und düsterste Jahr meines Lebens werden.

13

Der Eine. Es ist Liebe!

Gegen Ende des Jahres 1984 hatte ich langsam echt die Schnauze voll davon, nicht Auto fahren zu können. In Phoenix und Walsall führte ich ein luxuriöses Leben, und doch war ich an beiden Orten darauf angewiesen, mich entweder mit dem Taxi oder von Freunden herumkutschieren zu lassen.

Mittlerweile waren mehr als fünfzehn Jahre vergangen, seit ich in einer Seitenstraße in Walsall mit Brian the Lions Mini und den parkenden Autos eine Runde Flipper gespielt hatte. Es war an der Zeit für einen neuen Versuch. Meiner womöglich etwas simplen Theorie zufolge würde ich mir das mit dem Fahren schon irgendwie draufschaffen, wenn ich mir einfach ein neues Auto zulegte.

Da Ian verrückt nach Autos ist, nahm ich ihn mit zum Aston-Martin-Händler in Birmingham. Dort verliebte ich mich auf der Stelle in einen wunderschönen roten DBS. Also entschloss ich mich, mir wie ein waschechter Rockstar ein superteures Auto zu kaufen.

»Hey, schau dir mal den Jenson Interceptor hier drüben an!«, rief Ian.

»Wenn Sie den DBS kaufen, geb ich Ihnen den Jenson für einen Extra-Tausender obendrauf«, meinte der Verkäufer, und in Gedanken haute er wahrscheinlich schon seine Provision auf den Kopf.

Und so ließ ich mir den Aston Martin mitsamt dem purpurfarbenen Jenson Interceptor in meine Remise in Walsall liefern. Dort wurden die beiden Wagen in meiner Doppelgarage untergestellt, wo sie in den nächsten Wochen erst einmal vollkommen unberührt blieben.

Eines Tages verspürte ich dann den Drang, mich in den Aston Martin zu setzen und eine Probefahrt zu unternehmen. Ich kletterte hinters Steuer, legte den Rückwärtsgang ein, mein Fuß rutschte von der Kupplung … und ich landete geradewegs in einem Apfelbaum. *Du hast es immer noch voll drauf, Rob!* Behutsam bugsierte ich den DBS zurück in die Garage, wo er die nächsten Monate sein Dasein fristete.

In Phoenix wollte ich es dann noch mal wissen. Jeff Martin von Surgical Steel war mutig genug, mich ein paarmal ans Steuer seines Wagens zu lassen. Einen Führerschein zu bekommen ist in Amerika keine große Sache. Man beantwortet ein paar Fragen zur Verkehrssicherheit, fährt mit einem Auto auf einem Testgelände ein paar Hütchen entlang und *voilà*! Endlich befand ich mich im mobilen Einsatz!

Kaum dass ich Anfang 85 wieder in Phoenix war, zog ich los, um mir eine kleine rote Corvette zu besorgen. Prince wäre stolz auf mich gewesen.

David und ich hingen noch miteinander rum, ließen uns volllaufen und zickten uns manchmal an, als wären wir ein altes Paar – wofür uns viele Leute auch hielten. Unsere seltsame asexuelle Beziehung funktionierte überhaupt nicht. Trotzdem war da diese gegenseitige emotionale Abhängigkeit zwischen uns.

Deshalb war es ein echter Schock für mich, als ich herausfand, dass die Jungs von Surgical Steel damals mit ihrer Vermutung richtiggelegen hatten: David traf sich *tatsächlich* mit einer Frau.

Na dann fick dich doch einfach, dachte ich bei mir. Aber auch diesmal stellte ich ihn nicht zur Rede. Ich erwähnte es nicht einmal. Meine fatale Angst vor Konflikten stand mir weiterhin im Weg. Abermals hatten mich diese langen Abende meiner Kindheit in Beechdale eingeholt, an denen ich panisch dem Geschrei meiner streitenden Eltern gelauscht hatte.

Bald war es sowieso an der Zeit, sich mit Priest zurück ins Geschäft zu stürzen. Den Anfang des für unsere Verhältnisse sehr entspannten Jahres 1985 verbrachten wir zusammen in Marbella in Südspanien. Dort fingen wir mit der Arbeit am Nachfolgealbum von *Defenders of the Faith* an. Wir mieteten uns in der Villa einer spanischen Prinzessin ein und dudelten in einem örtlichen Studio vor uns hin.

Kurze Zeit später reiste ich übers Wochenende nach England. Einer meiner Kumpels feierte dort seine Hochzeit. Zusammen mit Denise aus der Larchwood Road fuhr ich nach Newcastle. Meine Laune war das ganze Wochenende über mies. Nach der Hochzeitsfeier flüchtete ich mit Denise in eine Schwulenbar. Dort riss ich einen ziemlich heißen Typen auf. Auf der Toilette des Clubs blies ich ihm einen und flog mit einem höllischen Kater und einem Lächeln auf dem Gesicht zurück nach Marbella.

Dort arbeiteten wir weiter an den Songs. Nach einigen Tagen starrte Glenn mich besorgt an und fragte: »Geht's dir gut, Rob?«

»Ja, wieso?«

»Weil du … ganz gelb bist.«

»Wovon zur Hölle sprichst du?«, fragte ich, mittlerweile leicht genervt.

»Gelb. Deine Haut, und das Weiße in deinen Augen. Schau mal in den Spiegel.«

Scheiße! Glenn hatte recht. Mein ganzes Gesicht hatte einen ekelhaft gelblichen Farbton angenommen. Das sah gar nicht gut aus. Zur Villa gehörte eine Haushälterin, die kaum ein Wort Englisch sprach, aber als ich sie endlich gefunden hatte, musste ich nur auf mein Gesicht deuten, und sie rief sofort den Arzt.

Als er eintraf, reichte ihm ein kurzer Blick, um seine Diagnose zu stellen. »Sie haben Hepatitis«, sagte er. »Es ist ernst. Die Krankheit befindet sich bereits im fortgeschrittenen Stadium. Sie hat ihren Körper vergiftet.«

Was zum …?

»Aber wo kann ich mir die geholt haben?«, wollte ich von ihm wissen.

Mit missbilligendem Blick erklärte er: »Gewöhnlich beim Geschlechtsverkehr.«

Verdammt! Augenblicklich wanderten meine Gedanken zurück zu dem heißen Kerl in der Schwulenbar in Newcastle. Der Arzt ging, stand aber eine Stunde später wieder mit Medikamenten auf der Matte. Er verpasste mir eine große Spritze direkt in den Arsch. Außerdem las er mir kräftig die Leviten.

»Ihr Zustand ist ziemlich schlimm«, predigte er. »Ihre Leber ist bereits angegriffen. Ich werde jede Woche vorbeikommen, um diese Injektion zu wiederholen. Sie lassen derweil die Finger von rotem Fleisch … und vom Alkohol.«

»Für wie lange?«, fragte ich.

»Sechs Monate.«

Ach, herrje! Von nun an gab es im Studio nur gekochtes Hühnchen und gedämpftes Gemüse für mich. Mein Körper entgiftete. Und es fühlte sich ehrlich gesagt verflixt gut an. Nicht gerade ein Gefühl, das ich damals gewohnt war.

Seltsamerweise löste die Radikalkur keinerlei Entzugserscheinungen aus. Als hätte sich mein Körper gedacht: *Okay, das muss jetzt halt sein – packen wir's an!* Allerdings musste ich trotz des Alkoholverbots immer einen kleinen Drink nehmen, bevor ich meine Vocals einsang. Komplett nüchtern konnte ich mir das schlichtweg nicht vorstellen.

Meine neue – wenn auch erzwungene – Nüchternheit half mir zunächst, mich beim Schreibprozess für das Album besser zu konzentrieren. Die Sessions waren … interessant. Ein amerikanischer Instrumentenbauer hatte Glenn einen modernen Gitarrensynthesizer namens Hamer A7 Phantom geschickt. Bei einem der neuen Songs stieg er auf sein Pedalboard, und auf einmal ertönte ohrenbetäubender Motorradlärm.

»Klingt wie ein Turbomotor, der in Fahrt kommt«, rief ich. Das war die Geburt des Albumtitels, und aus dem Song wurde schließlich »Turbo Lover«:

> I'm your turbo lover
> Tell me there's no other

Es ist so einfach, wie es klingt: »Turbo Lover« handelt von Sex im Auto. Ziemlich offensichtlich und einigermaßen anschaulich. Der röhrende Motor zwischen meinen Schenkeln war mein jüngster Versuch, Andeutungen auf einen Schwanz in die Texte von Judas Priest einzubauen. Eine liebgewonnene Tradition.

Mit den Gitarrensynthesizern taten wir uns nicht leicht. Uns war bewusst, dass eine Menge Priest-Fans Synthies schlicht erbärmlich und einfach *unmetallisch* fanden. So etwas konnte damals durchaus nach hinten losgehen. Mit Queen verkündete eine meiner absoluten Lieblingsbands jahrelang stolz auf ihren Plattencovern:

> NO SYNTHESIZERS WERE USED MAKING THIS RECORD

Doch die Gitarrensynthies klangen so kraftvoll, und sie eröffneten uns völlig neue Soundwelten. Das mussten wir einfach nutzen. Für uns hatte das nichts mit »Verrat am Heavy Metal« oder ähnlichem Schwachsinn zu tun. Unsere Philosophie lautete: Priest sind eine Metal-Band. Wir tun, was wir wollen. Am Ende kommt so oder so Metal dabei raus. So denken wir bis heute, und das wird auch immer so bleiben.

In Marbella entstand so viel großartiges Material, dass wir uns entschlossen, eine Doppel-LP in Angriff zu nehmen. *Twin Turbos* sollte sie heißen. Es war eine sehr produktive Zeit. Im Sommer wollten wir uns mit Tom Allom auf den Bahamas – *den Bahamas!* – treffen, um das Album aufzunehmen.

Bevor es ins Studio ging, hatten wir noch ein paar Wochen frei, die ich abwechselnd in Phoenix und Walsall verbrachte. Ich war immer noch abstinent – zwar nicht freiwillig, aber dafür wenigstens nicht mehr gelb im Gesicht. Meine Fahrkünste machten ebenfalls Fortschritte. Außerdem bat man mich um meine Beteiligung an einem besonderen Projekt.

Seit Monaten schon berichteten die Fernsehnachrichten von der Hungersnot in Äthiopien. Bob Geldof hatte bereits die Elite der britischen Popstars für die Band-Aid-Benefiz-Single »Do They Know It's Christmas?« um sich geschart. Ronnie James Dio war der Meinung, die Metal-Szene sollte noch einen drauflegen und gleich ein ganzes Album aufnehmen: *Hear 'n Aid.*

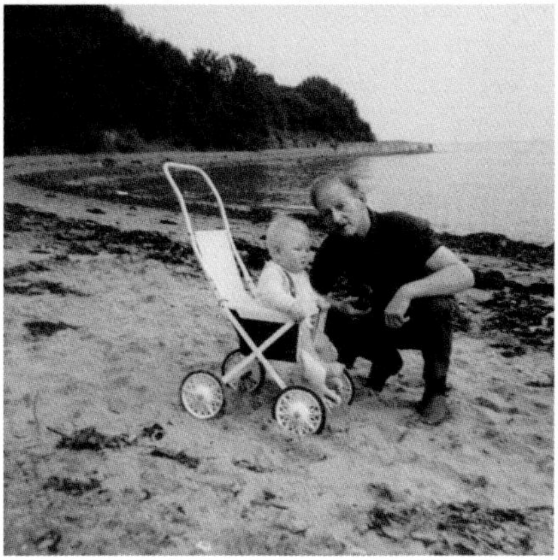

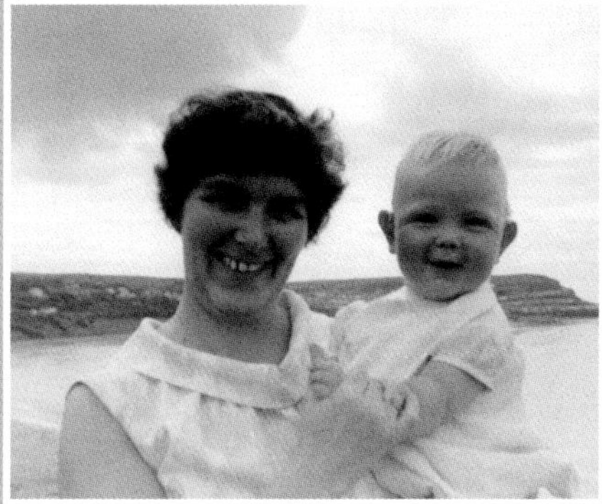

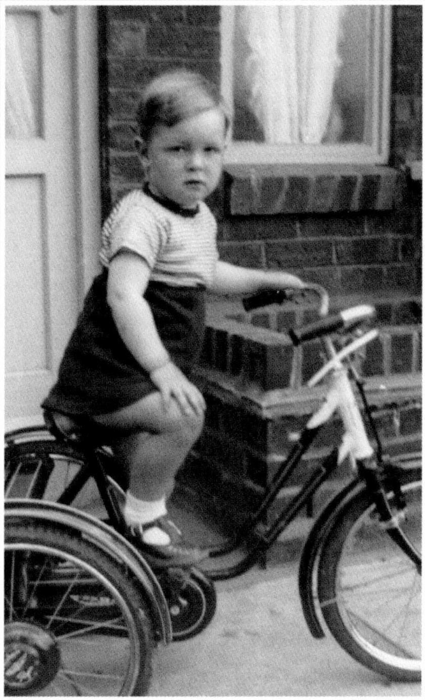

Oben. »Bitte nicht ins Meer! Ich bin noch zu klein, und das Wasser ist zu kalt!« Ferienspaß am Strand mit Dad (links) und Mom (rechts).

Rechts. Auf dem Dreirad in Beechdale, kurz nach dem Einzug in unser nagelneues Reihenhäuschen.

Unten. Mom, Dad, Sue und ich im Garten meiner Großeltern in Birchills. Ich liebte es, an den Wochenenden bei ihnen in Walsall zu übernachten.

Unten rechts. »O ja, in fünf Jahren werde ich hier die Königin treffen«, protze ich im Arboretum von Walsall vor Sue und ihrer Freundin.

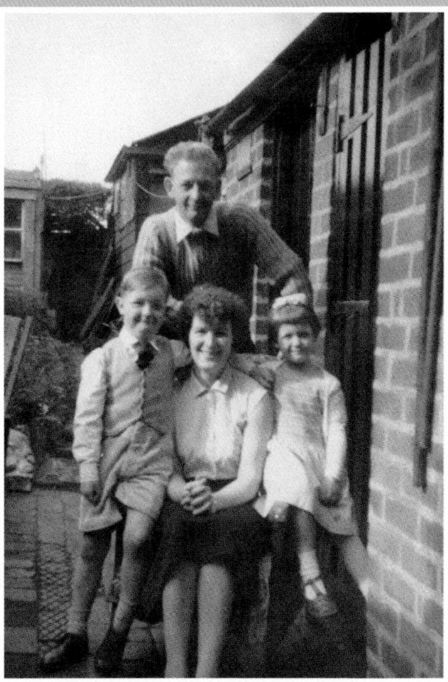

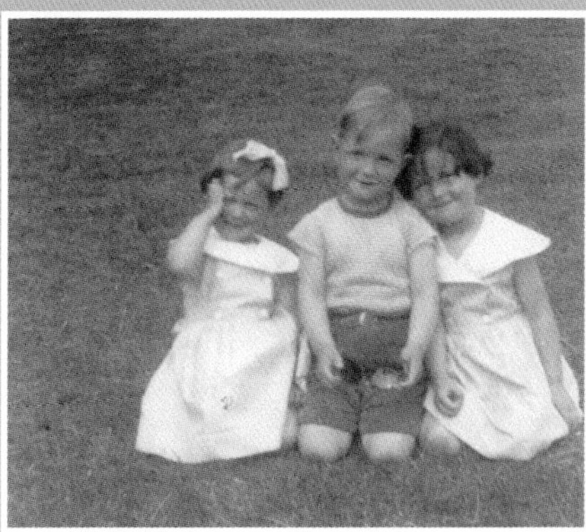

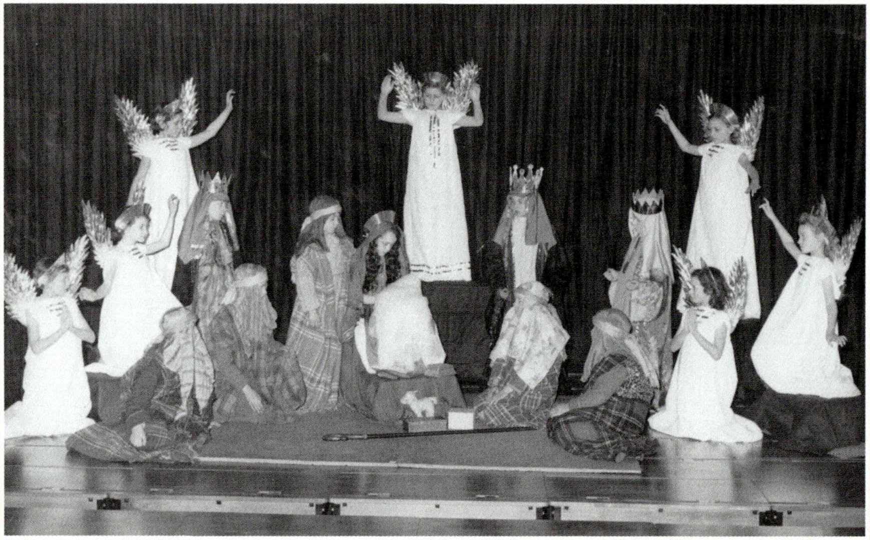

Oben. In der Rolle eines der Heiligen Drei Könige (Vierter von links) im Kinder-Krippenspiel. »Schwer ruht das Haupt, das eine Krone drückt«. Und ob – vor allem, wenn sie sich in deine Kopfhaut bohrt!

Unten links. In der Grundschule. War ich nicht ein pfiffiges kleines Kerlchen?

Unten rechts. Sue und ich sammeln Mut für den Weg über die Kluft, vorbei an den rauchenden Schloten der Eisengießerei G. & R. Thomas Ltd.

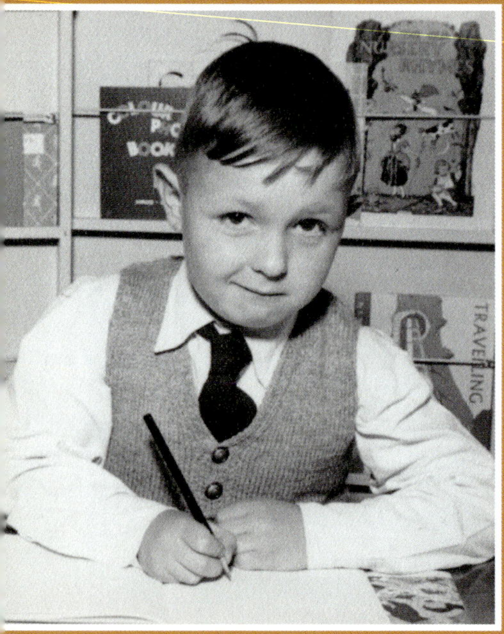

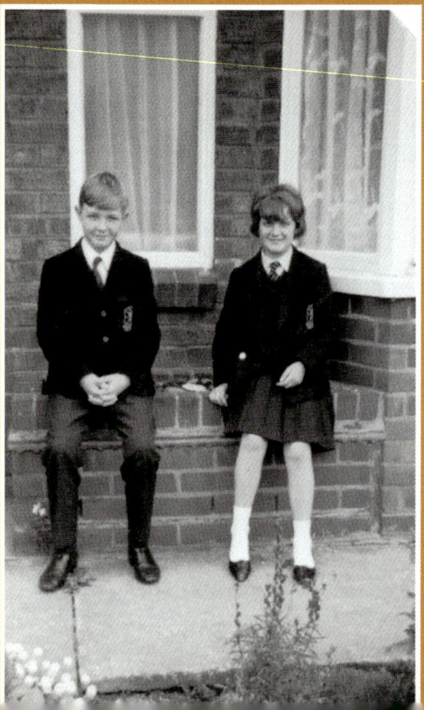

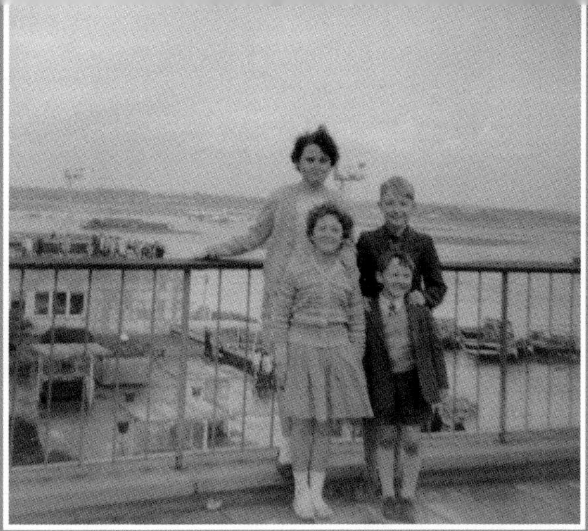

Sue und ich mit Freunden aus Beechdale auf der Aussichtsterrasse des Flughafens Heathrow. Meine Familie ist nie mit dem Flugzeug verreist, aber zumindest konnten wir ihnen beim Starten und Landen zusehen.

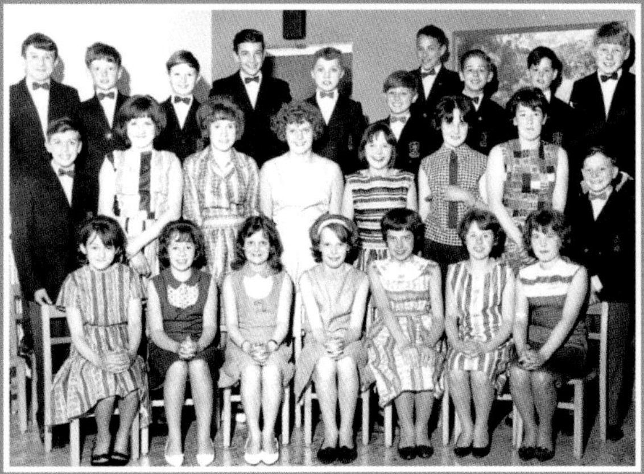

In der Tanz-AG der weiterführenden Schule perfektionierte ich den Gay Gordons. Ich bin der Dritte von links in der hinteren Reihe.

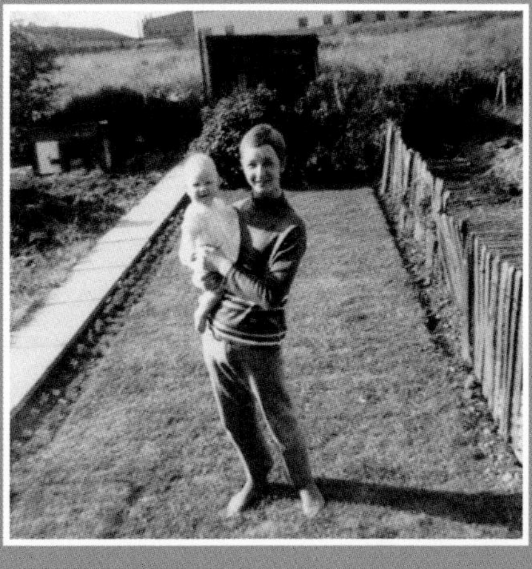

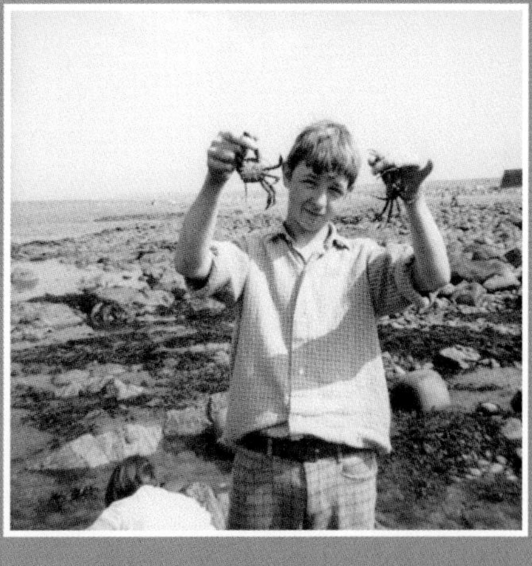

Mit dem überraschenden Familienzuwachs im Garten an der Kelvin Road: ich mit meinem kleinen Bruder Nigel.

Das war nicht das letzte Mal, dass ich mir bei einem Ausflug ans Meer Krabbelviecher einfing.

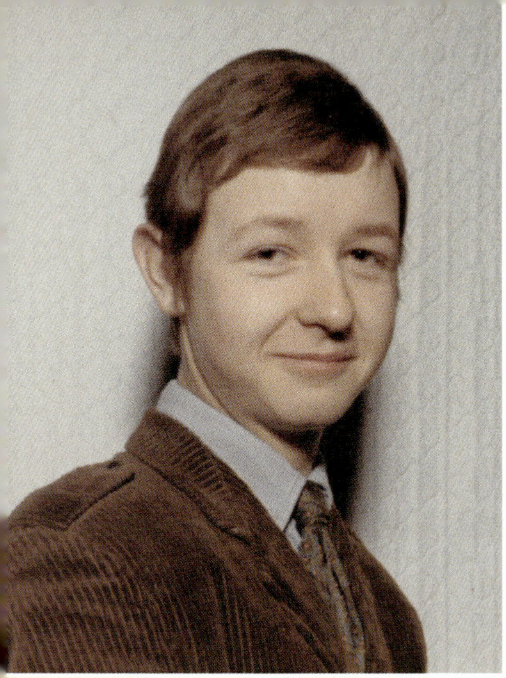

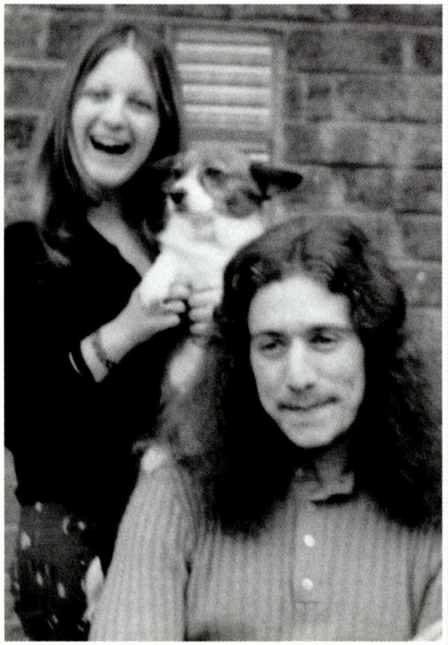

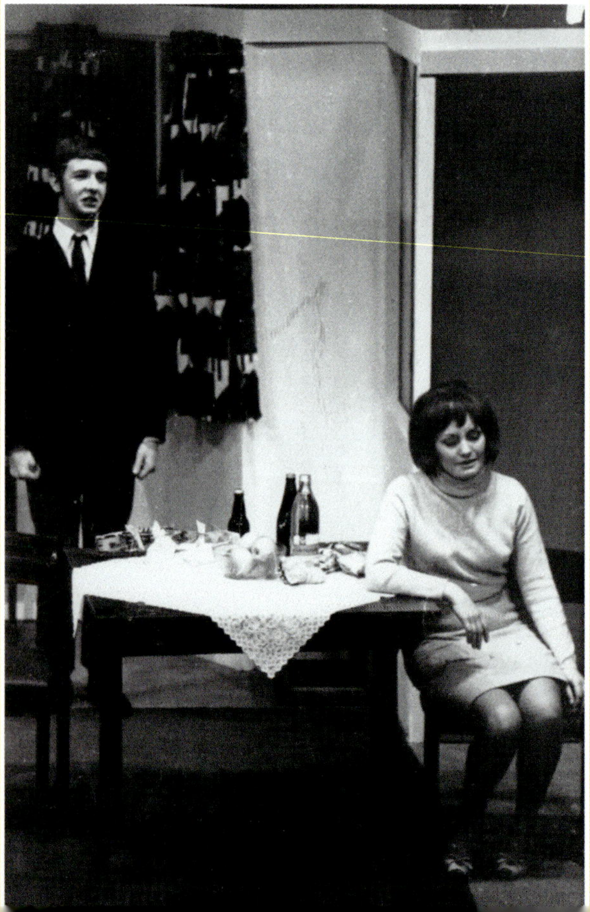

Oben links. Ich in meiner Cord-Phase, die glücklicherweise nicht lange währte.

Oben rechts. Meine Schwester Sue und ihr Mähnenlöwe, Brian the Lion, dem mein Fahrstundenfiasko vermutlich heute noch Albträume beschert. Der arme Mini!

Links. Hier fröne ich im Walsall Grange Playhouse meiner Teenager-Leidenschaft für die Schauspielerei. Der *Express & Star* schrieb damals: »Behalten Sie diesen Jungen im Auge!«

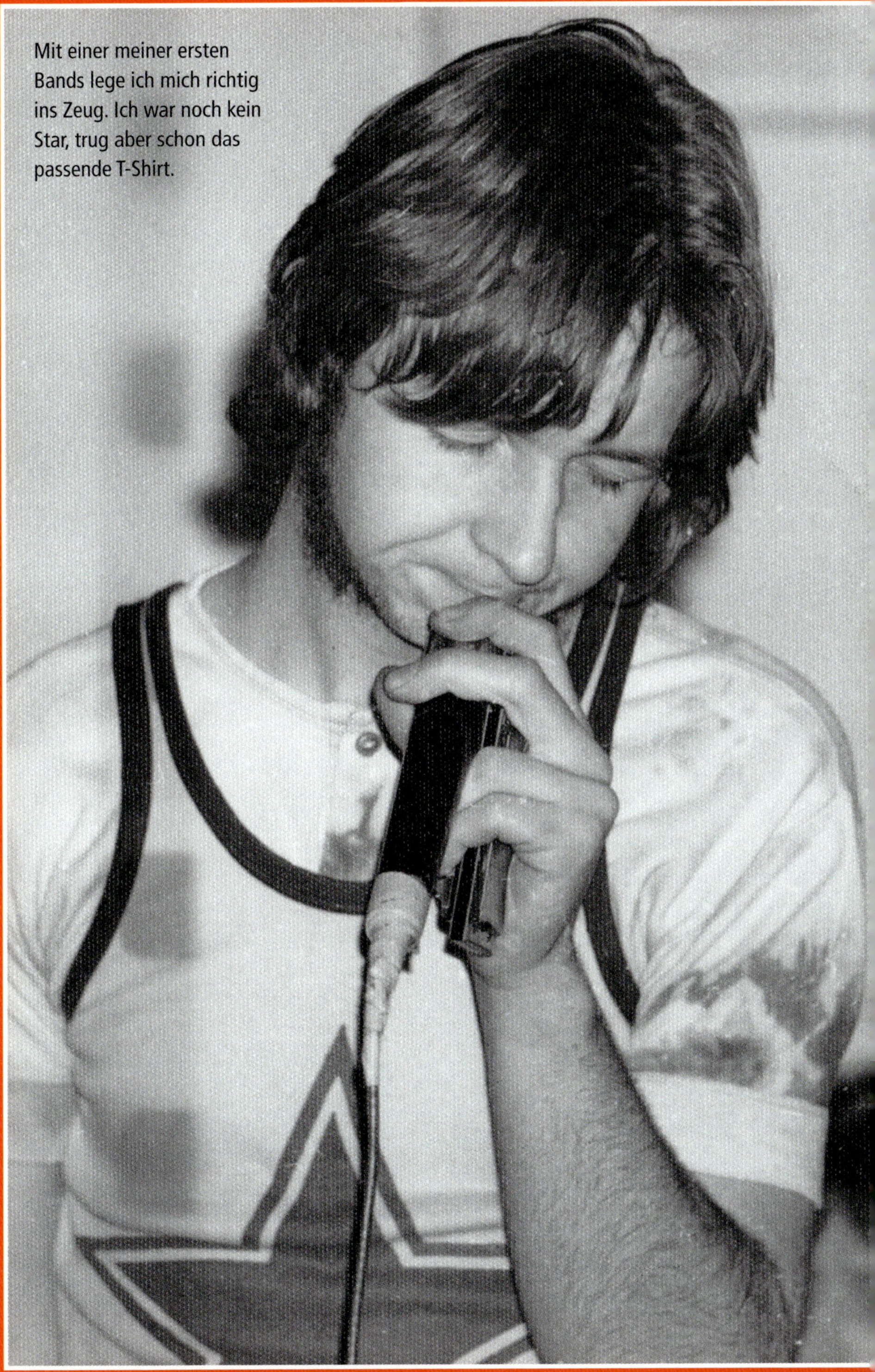

Mit einer meiner ersten Bands lege ich mich richtig ins Zeug. Ich war noch kein Star, trug aber schon das passende T-Shirt.

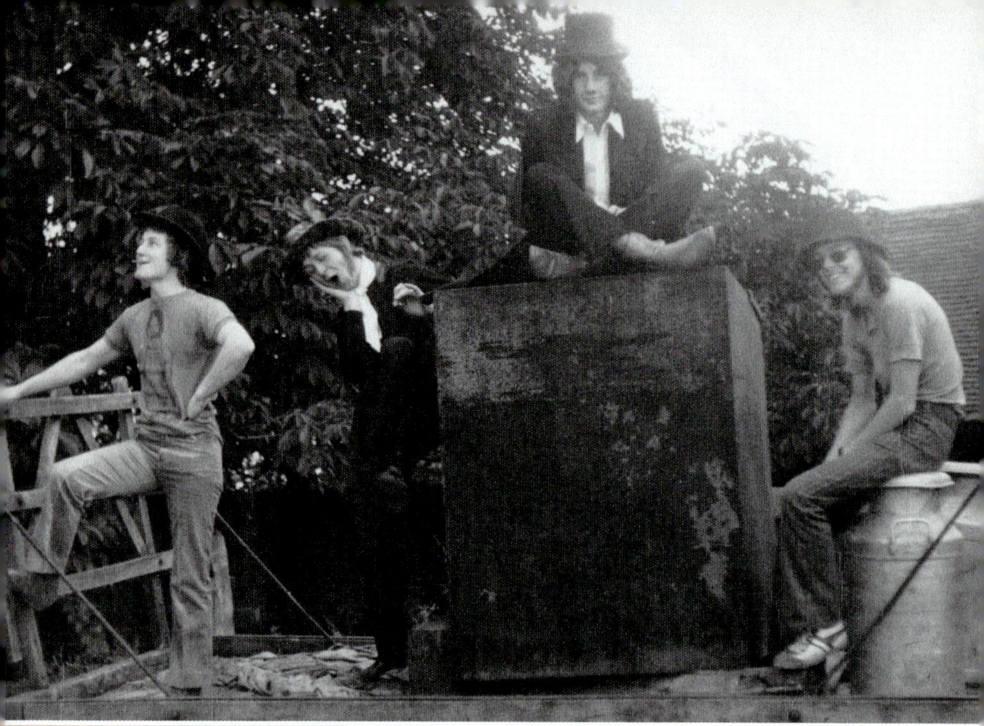

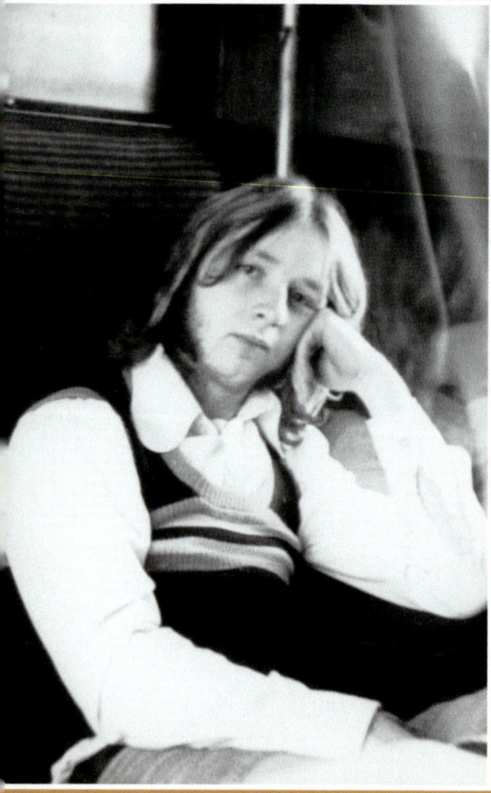

Oben. Ich (Zweiter von links) mit den gut behüteten, aber recht kurzlebigen Lord Lucifer.

Links. Auf einer der seltenen Zugfahrten zu einem Priest-Gig – mit Mungo-Jerry-Gedächtnis-Koteletten und einem Pullunder von Harry Fenton. Todschick!

Unten. Legendär: der ehemalige Priest-Manager Dave »Corky« Corke mit seiner Freundin Lynn (links) und meiner Quasi-Freundin Margie (Mitte).

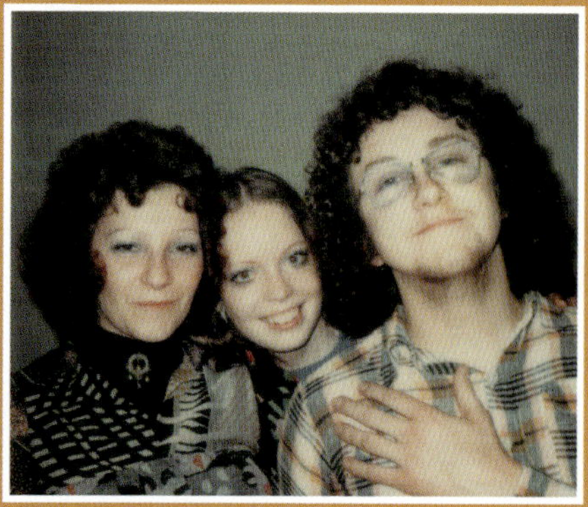

Rechts. Mit betont nachdenklichem Blick am See – während einer der ersten Tourneen mit Judas Priest.

Unten. Beim Entladen unseres Mercedes-Transporters vor dem Auftritt in einem Arbeitervereinsheim. Ziemlich glamourös, was?

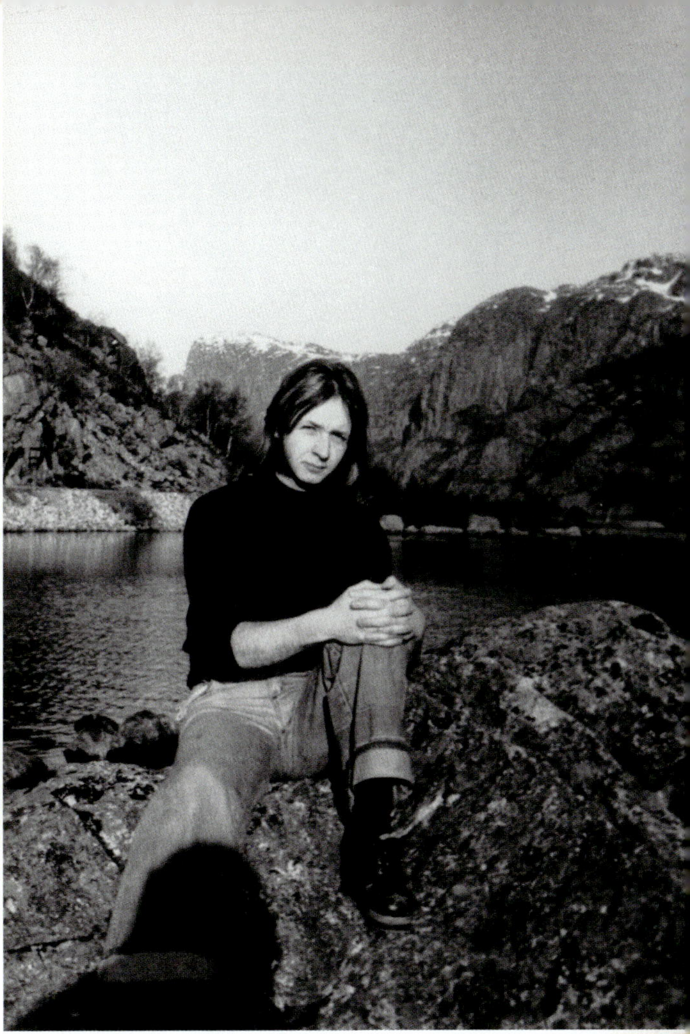

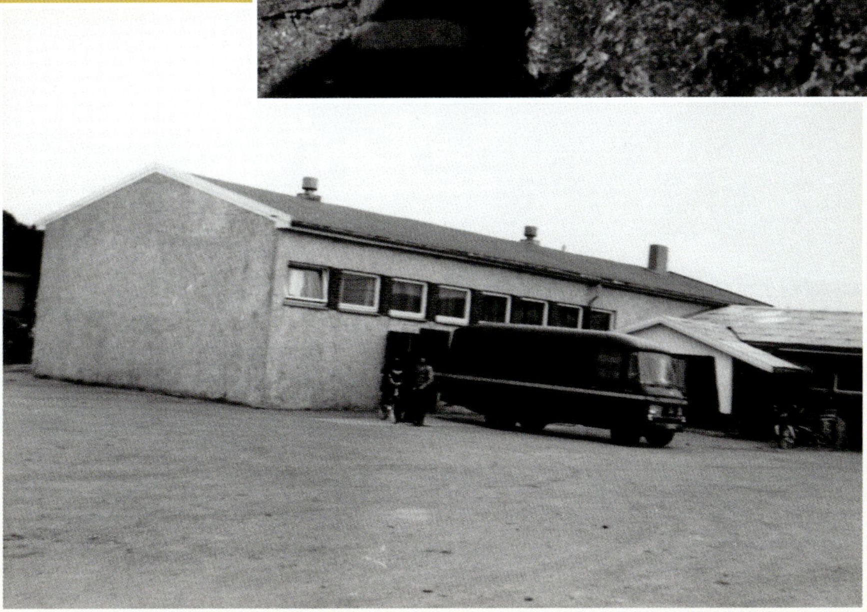

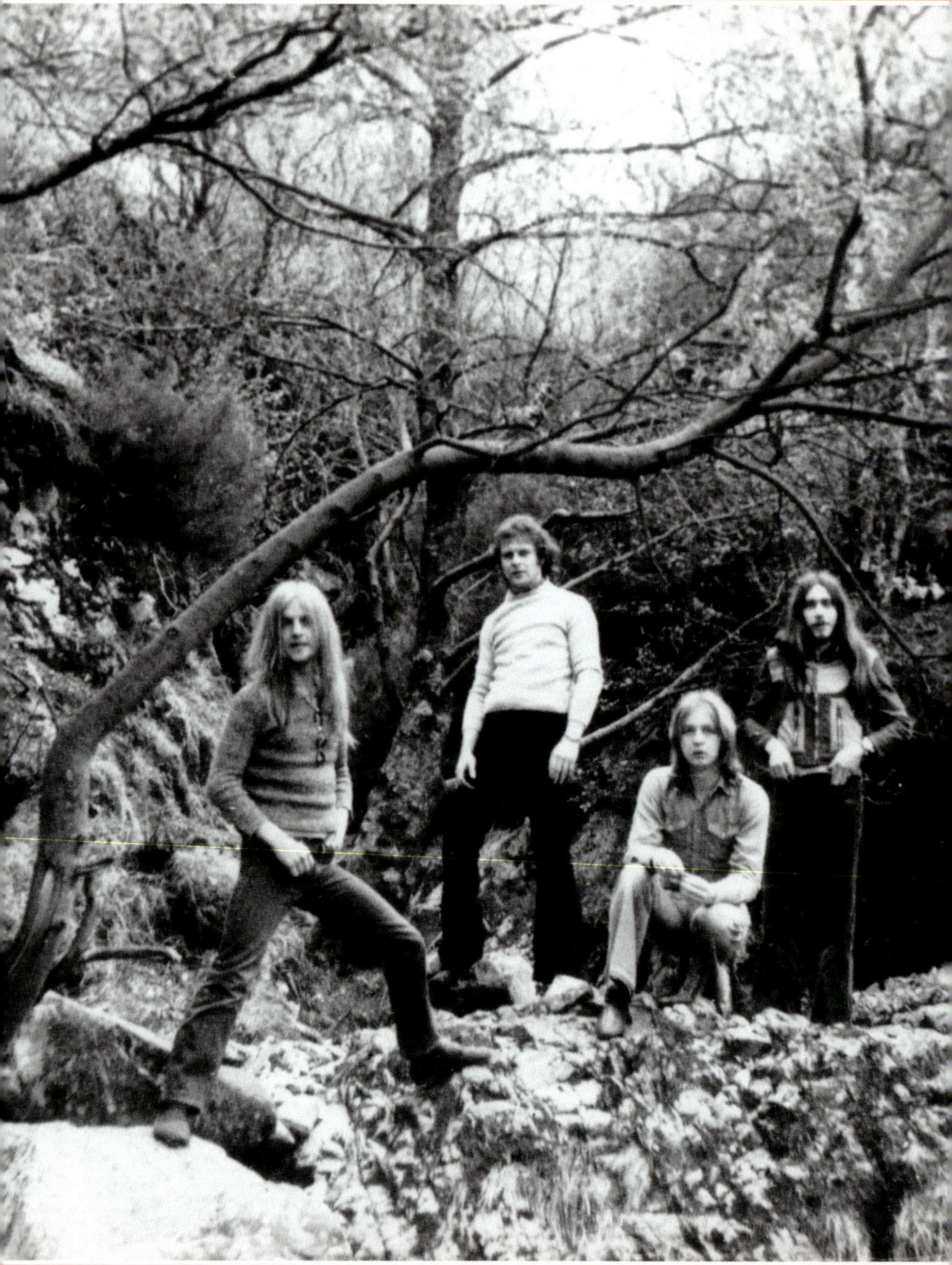

Ein frühes Pressefoto: Ken, John Hinch, ich und Ian posieren in der winterlichen Natur des Black Country. Da wir uns keinen Fotografen leisten konnten, drückte Corky auf den Auslöser. Das sieht man.

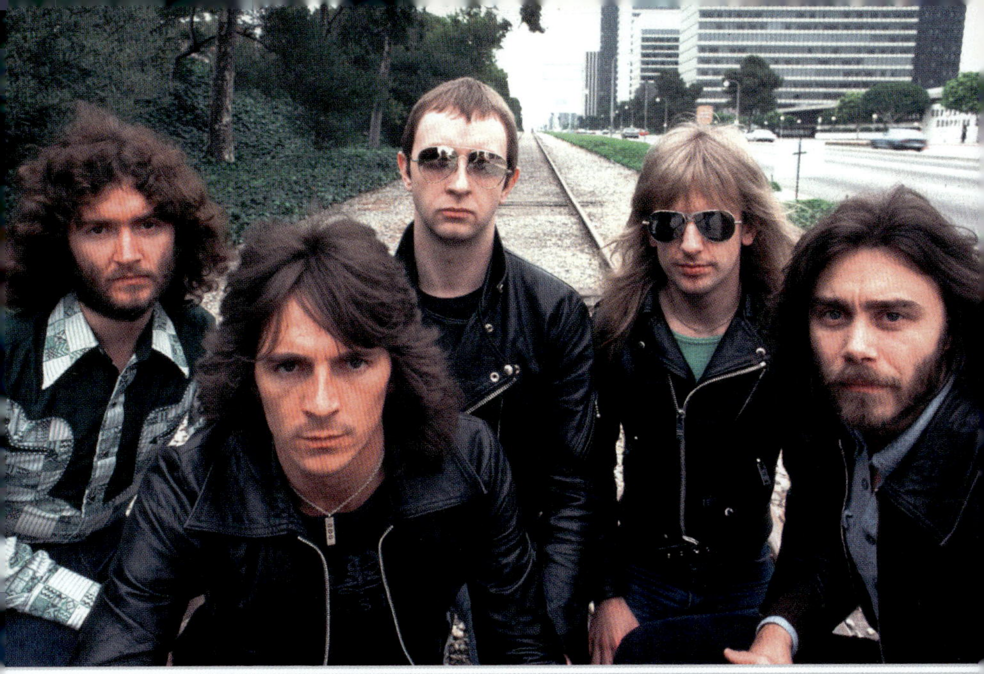

Während unserer ersten USA-Reise 1977 in L. A.:
»Komm schon, Les! Nicht schon wieder das Cowboyhemd!«

Als Vorband von Led Zeppelin vor achtzigtausend Zuschauern im Juli 1977.
Mir platzt gleich der Schädel.

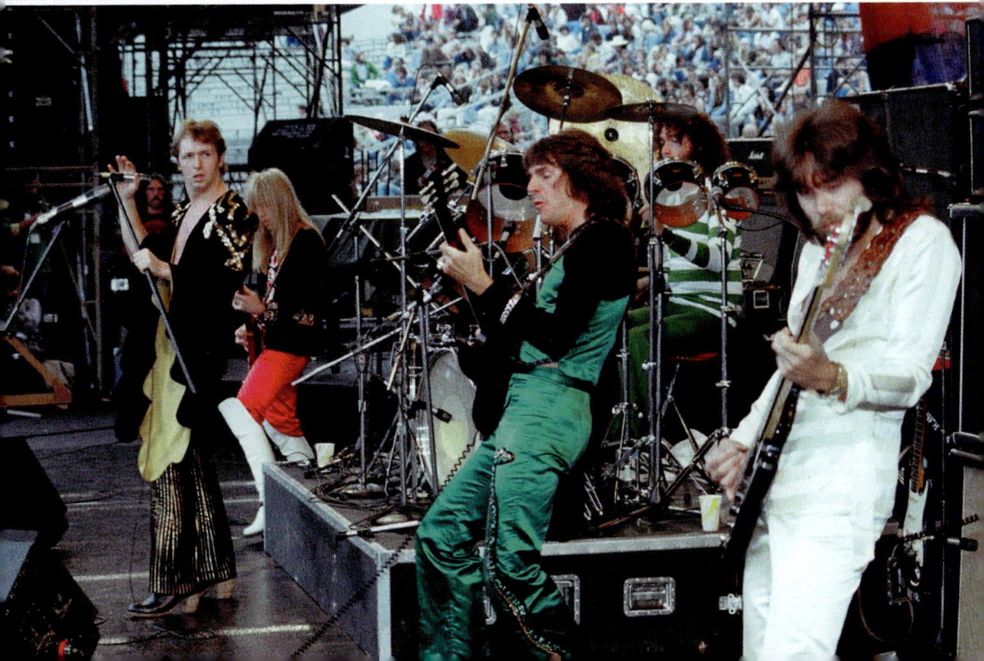

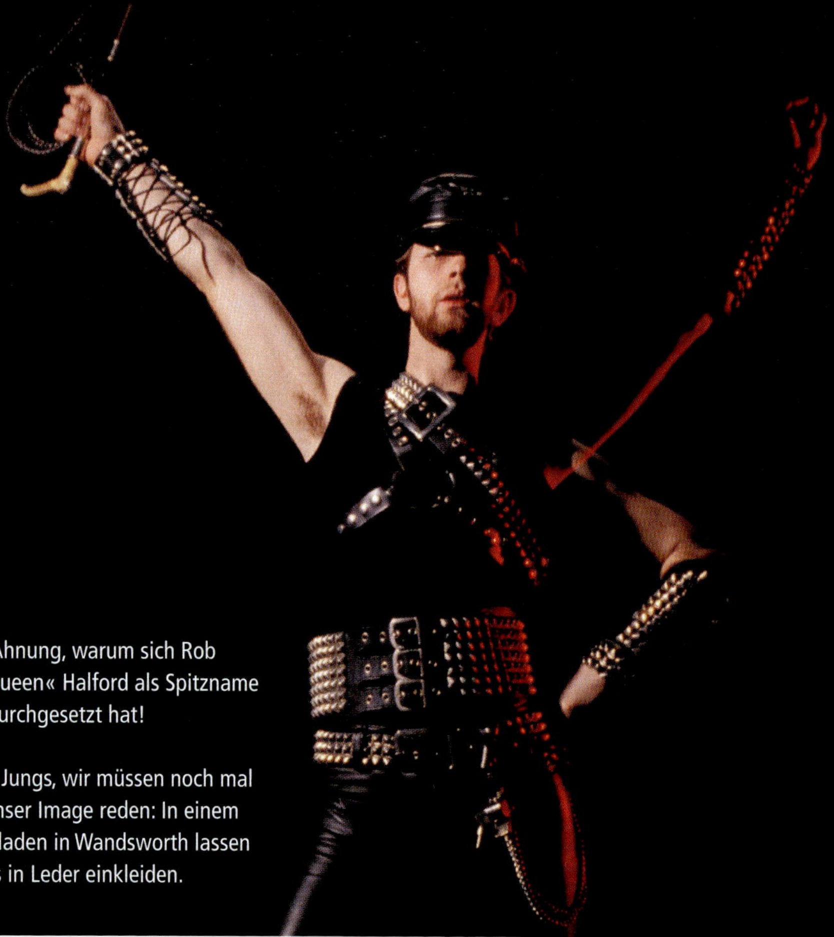

Keine Ahnung, warum sich Rob »The Queen« Halford als Spitzname nicht durchgesetzt hat!

Unten. Jungs, wir müssen noch mal über unser Image reden: In einem Fetischladen in Wandsworth lassen wir uns in Leder einkleiden.

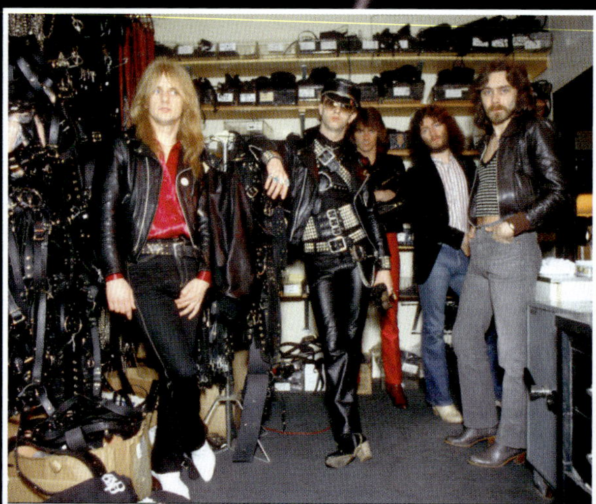

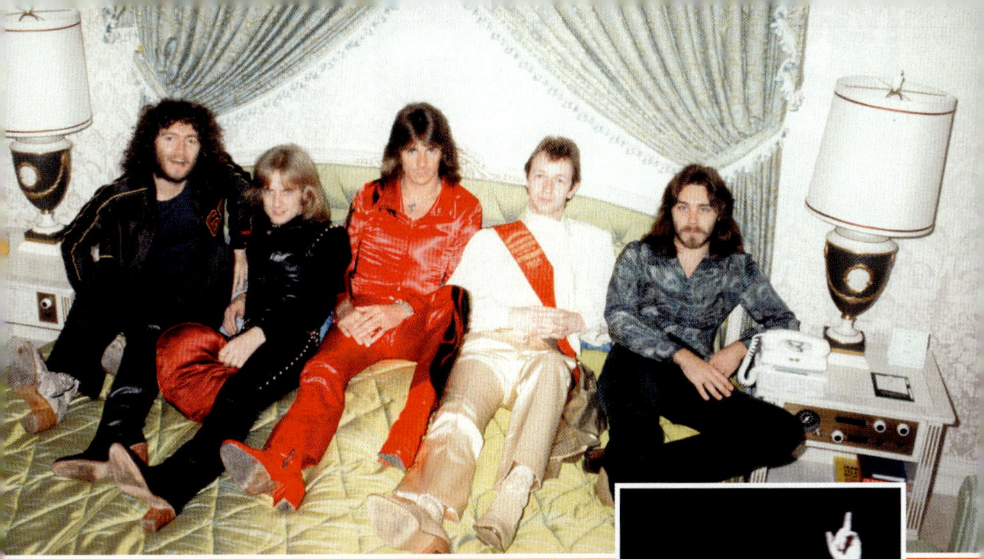

Oben. Im Hotel auf unserem ersten Japan-Trip. Kurz vor dem Zimmerservice-Fiasko und ausgelassenen Eskapaden mit dem Feuerlöscher.

Rechts. Ta-daa! Live in Japan, offenbar in einer Uniform der Heilsarmee.

Unten. Dalymont Park, Dublin, 1979. »Ich fürchte, wir dürfen Ihnen nicht erlauben, Ihr Motorrad auf die Bühne zu fahren.« *Das werden wir doch mal sehen …*

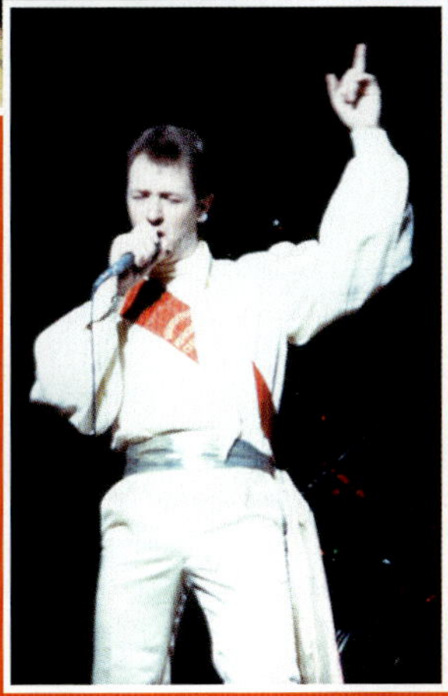

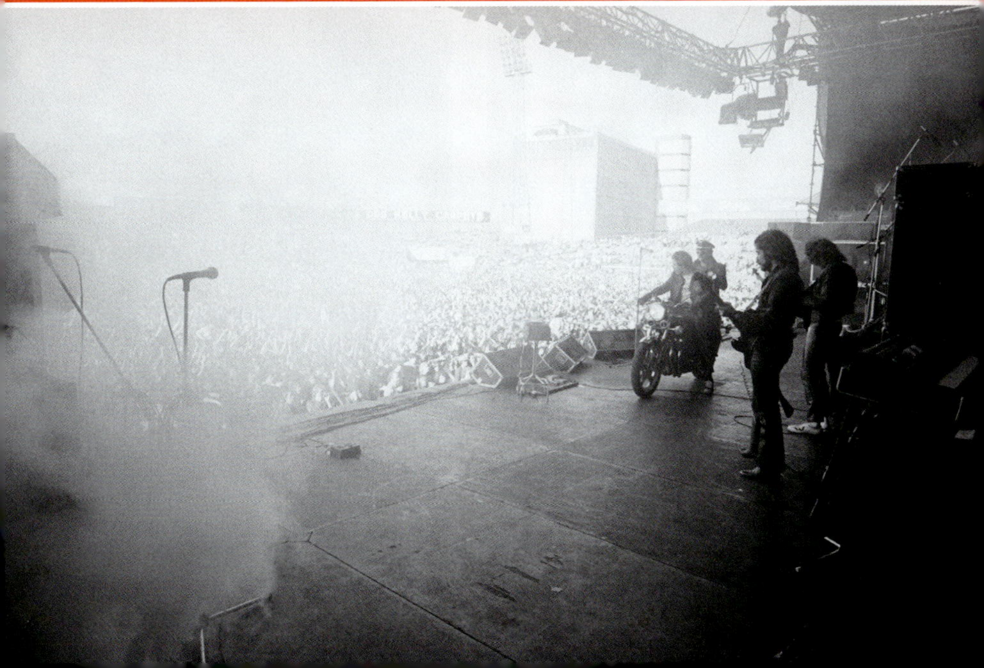

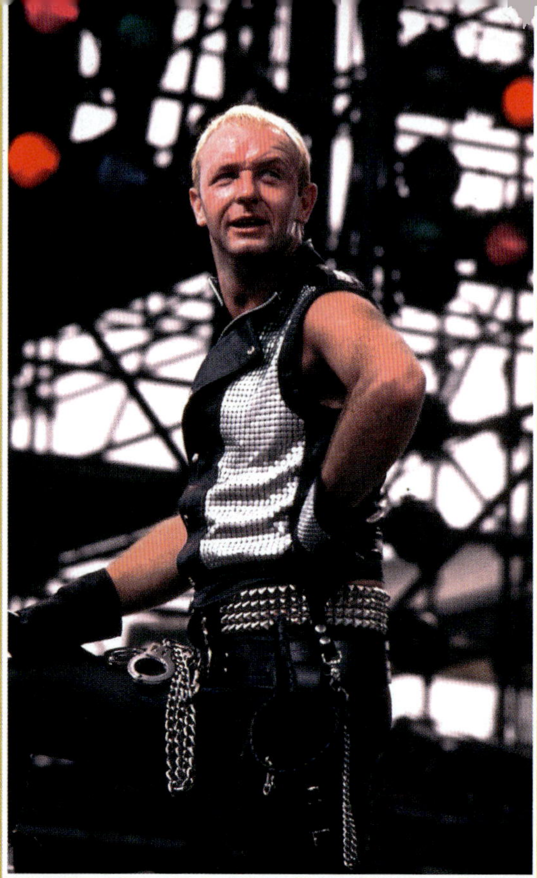

Links. »Verdammte Scheiße … *Wie viele waren das noch gleich?«* Vor dreihunderttausend Metalheads beim US Festival im Mai 1983 in Kalifornien.

Unten links. Die gesamte Metal-Szene trifft sich für *Hear 'n Aid* in L. A. Zu meiner Linken Ronnie James Dio. Ich vermisse ihn immer noch. Kein Tag vergeht, an dem ich nicht seine Musik spiele.

Unten. Live Aid in Philadelphia, 13. Juli 1985. Ein ziemlich … bewegter Tag.

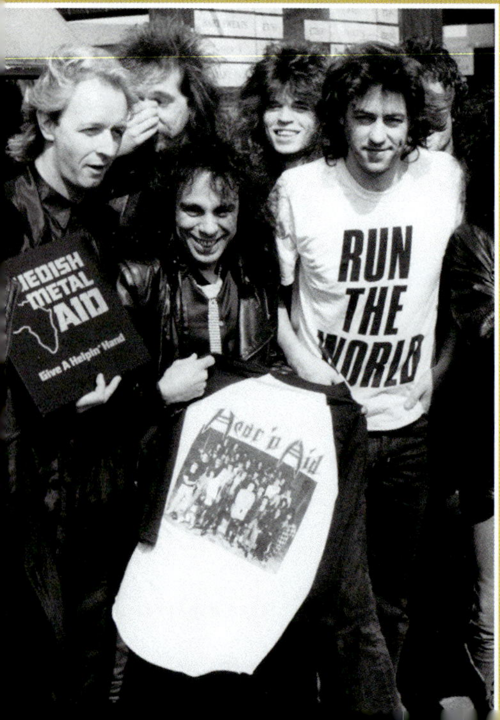

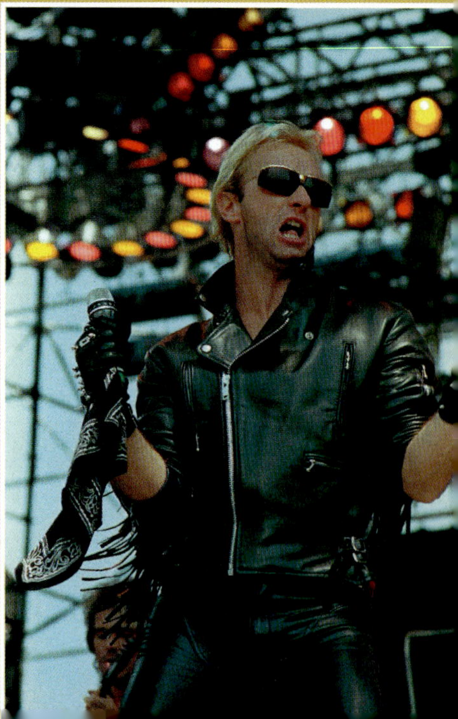

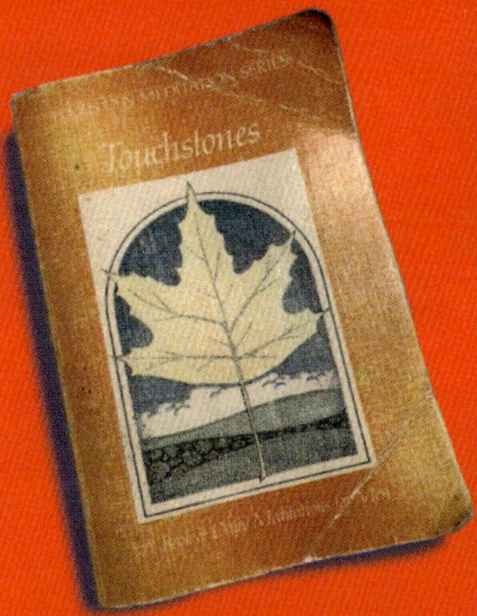

Oben. Das Buch, das mir das Leben gerettet hat. Meine Suchtberaterin Ardith schenkte es mir. Ständige Bettlektüre seit vierunddreißig Jahren.

Rechts. 1986: *Fuel for Life*, meine erste Priest-Tour ohne Alkohol. Ich bin glücklich, und das sieht man auch.

Unten. Eine menschliche Tragödie, die sich ins reinste Affentheater verwandelte: Priest vor Gericht in Reno, Juli 1990. Uns wurde vorgeworfen, in unseren Songs Aufrufe zum Selbstmord zu verstecken.

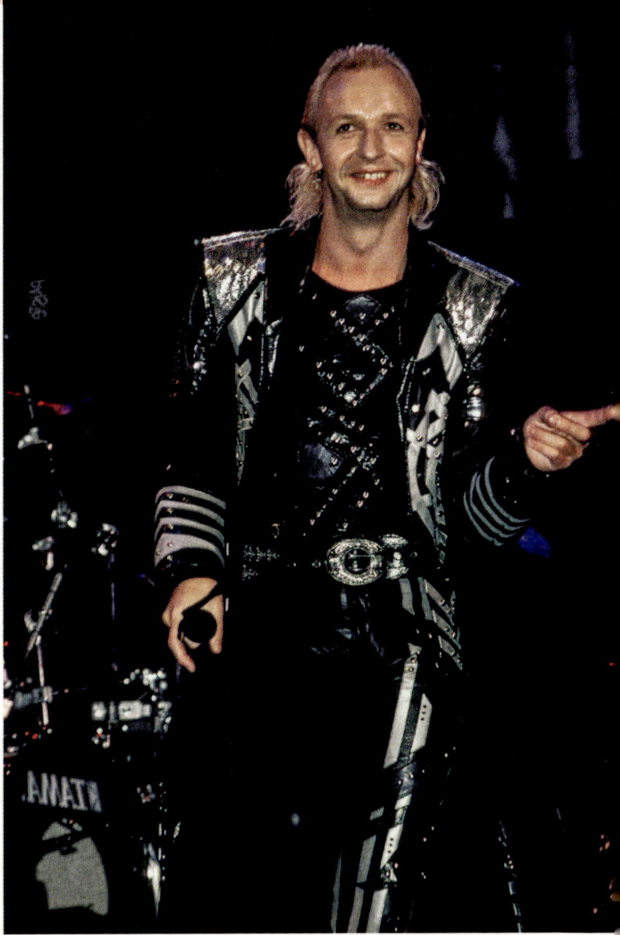

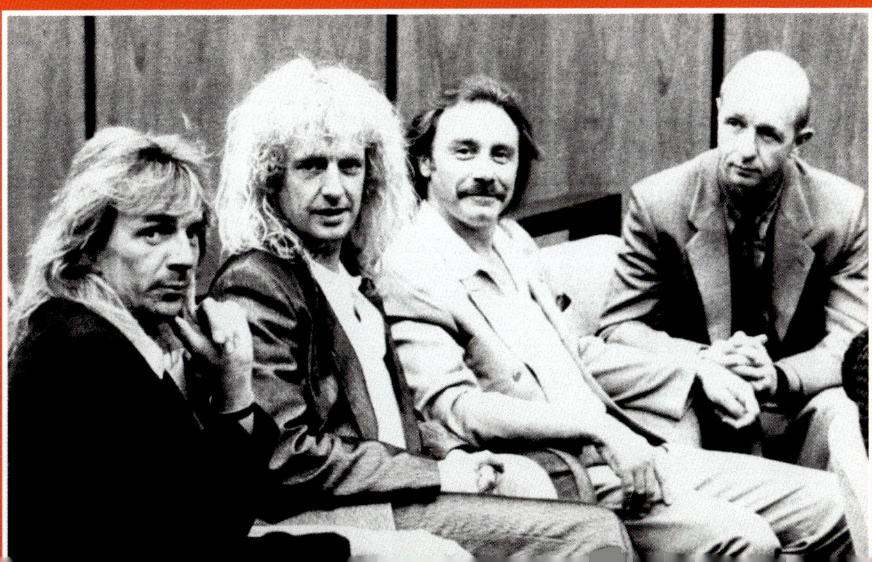

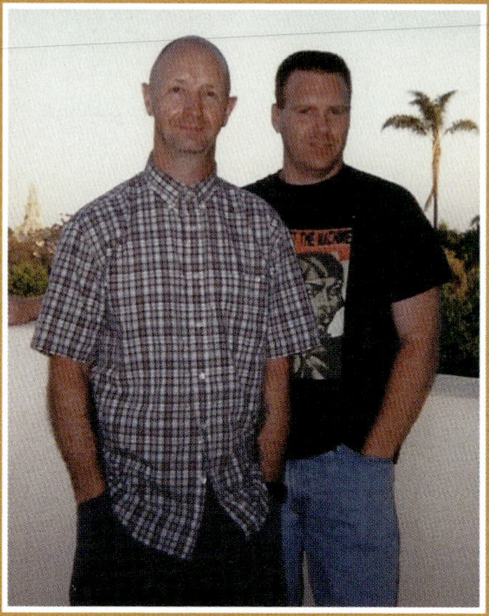

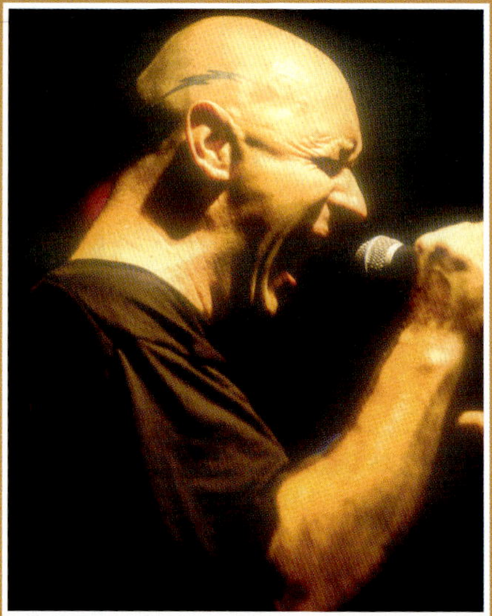

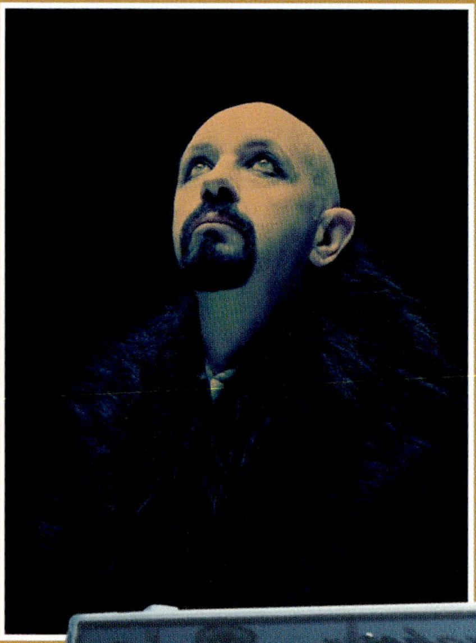

Oben links. Mit etwas Glück findet jeder den Richtigen. Ein frühes Bild mit Thomas – mein Seelenverwandter und Fels in der Brandung.

Oben rechts. Mit Fight wieder kleinere Brötchen backen, nachdem ich versehentlich Priest verlassen hatte: Astoria, London, 1993.

Links. 1998: Jeder hat so seine Modesünden zu beichten: als Electro-Goth im Fu-Manchu-Look bei 2wo.

Unten. Der Metal God braucht kein Ticket für den Bus.

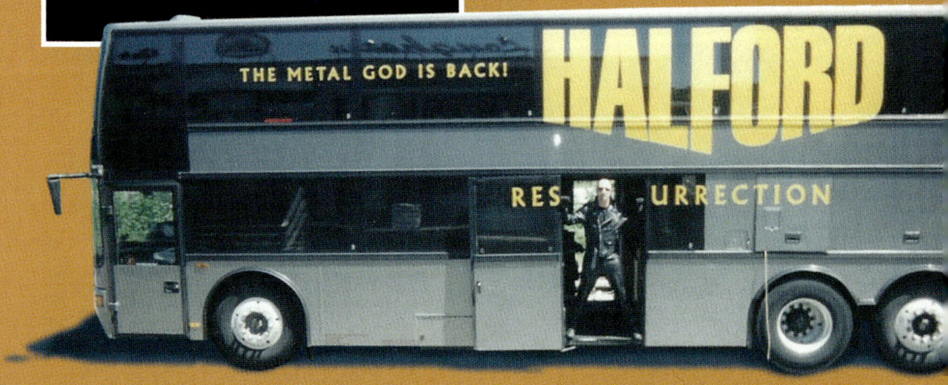

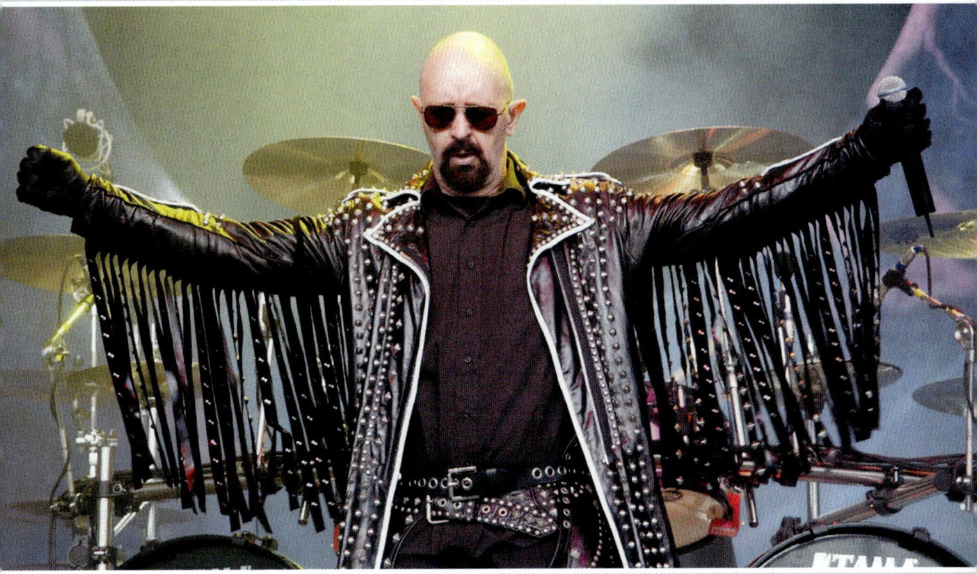

Priest hat mich wieder – Gott sei Dank! Unterwegs mit dem Ozzfest, 2004.

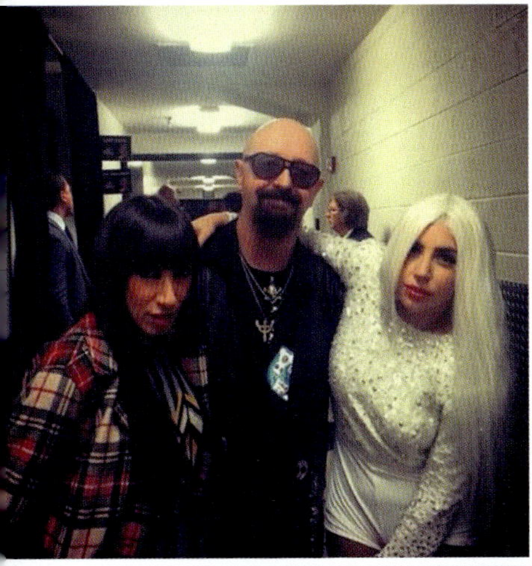

»Ladys, Ladys!« Mit Gaga und Starlight in Phoenix, 2014.

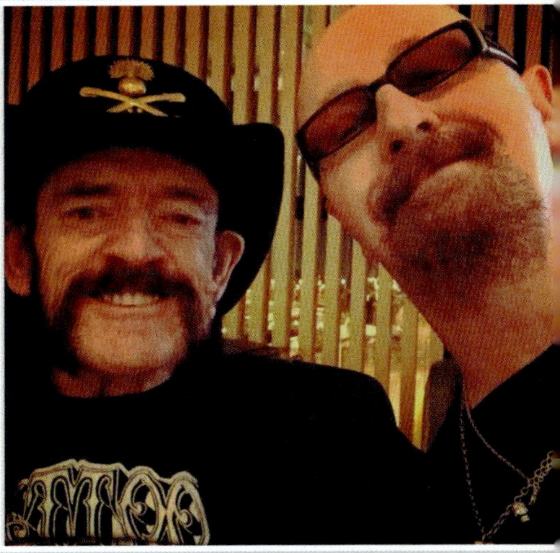

Ein seltenes Selfie mit Lemmy, Mai 2015 in Chile. Leider würde er das Jahr nicht überleben.

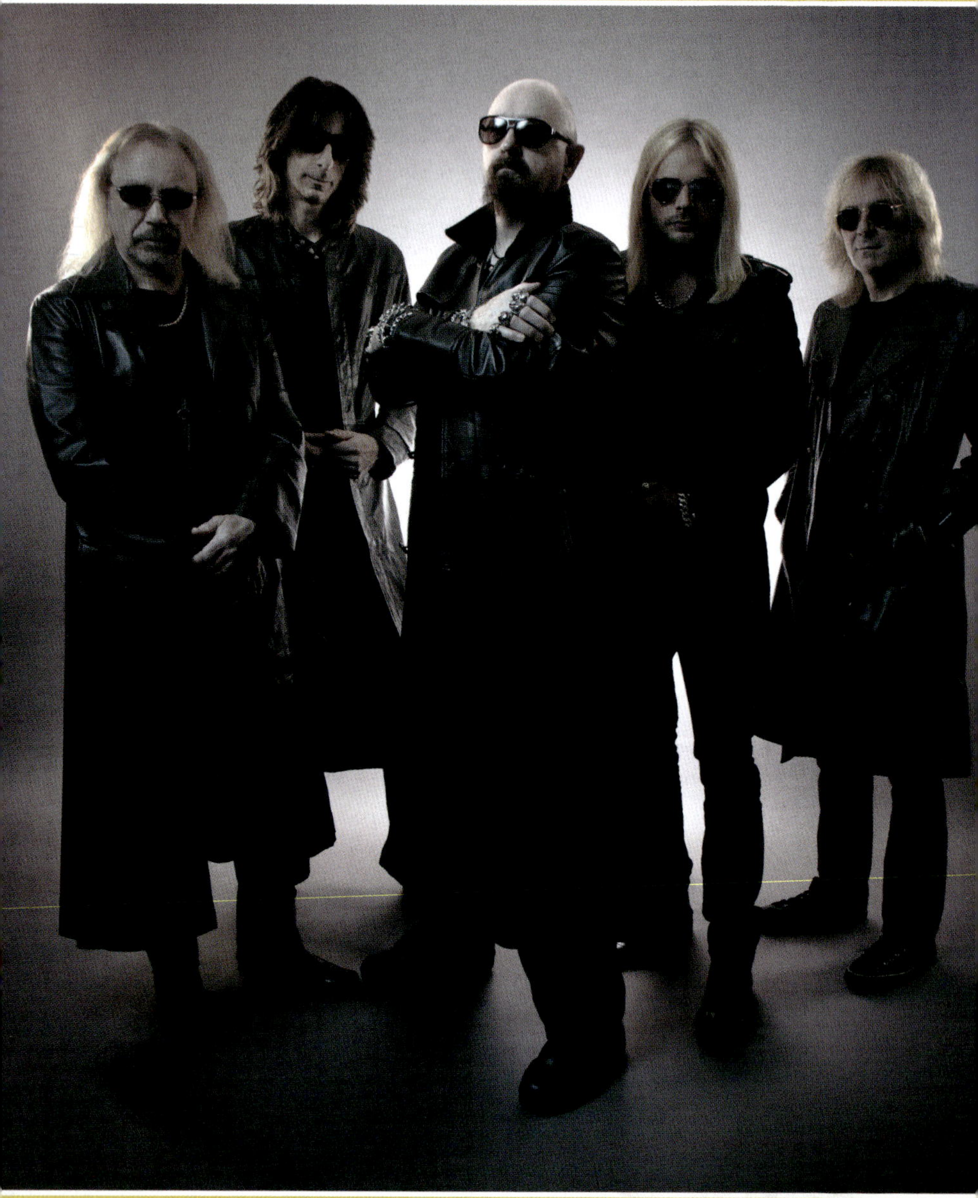

Zum Goldenen Jubiläum mit Judas Priest: meine Band, mein Leben.
Im Black Country geschmiedet.

Ich zögerte keine Sekunde mit meiner Zusage und flog im Mai 85 nach Los Angeles, wo ich auf so manchen Star der Szene traf. Darunter alte Bekannte wie Ted Nugent oder die Jungs von Journey und Iron Maiden. Viele andere lernte ich hier erst kennen: Dio, Mötley Crüe, W.A.S.P., Twisted Sister …

Am meisten aber freute ich mich auf Michael McKean und Harry Shearer. Die beiden hatten David St. Hubbins und Derek Smalls in *This is Spinal Tap* gespielt, und jetzt waren sie hier! Das war nun *wirklich* mal der gottverdammte Rockadel!

Glenn und ich hatten den Film im Jahr zuvor in San Diego gesehen. Wir hatten gehört, er wäre die ultimative Satire auf eine Heavy-Metal-Band auf Tour. Außerdem war uns zu Ohren gekommen, dass Rob Reiner und seine Co-Autoren sich ein paar Priest-Gigs angesehen hätten – möglicherweise auf der Suche nach Inspiration? Um nicht erkannt zu werden, schlichen wir uns mit hochgestelltem Kragen in eine der Nachmittagsvorstellungen. Aber wir hätten uns keine Sorgen machen müssen, denn das Kino war fast leer.

Wir wussten sofort, dass der Film völlig falsch eingestuft wurde. Das war keinesfalls Satire – das hier war die reine Wahrheit! In Reiners brillantem Porträt einer glücklosen britischen Rockband auf Amerika-Tour kam uns wirklich jedes einzelne Szenario bekannt vor. Sich auf dem Weg zur Bühne verlaufen? Yep, war uns auch schon passiert. Autogrammstunden, zu denen keiner auftauchte? Aber klar doch, in den Anfangstagen. Scherereien mit dem Catering? Natürlich, obwohl *wir* gerade noch genug Grips hatten, um uns selbst ein Sandwich zu machen.

Und wie war das mit den Schlagzeugern? John Hinch war zwar nicht in Flammen aufgegangen, und Les Binks fiel auch nicht irgendeinem bizarren Gartenunfall zum Opfer.

Dennoch war uns Spinal Taps rapider Verschleiß an Drummern zu vertraut, um ein Zufall zu sein.

Redeten diese Typen da etwa von uns?

This is Spinal Tap hätte unseren Sinn für Humor auf eine harte Probe stellen können. Doch wir nehmen uns selbst bei Weitem nicht so ernst wie unsere Musik. Glenn und ich brüllten vor Lachen.

Für zwei der Metalheads im spärlich besetzten Kino war der Film ganz offensichtlich ein einziger Affront. Ohne von uns Notiz zu nehmen, stürmten sie aus dem Saal: »So ein Dreck, Mann, diese Wichser wollen uns verarschen! Beschissene Arschlöcher!« Da heulten wir natürlich erst recht vor Lachen.

Für uns war es der lustigste und gleichzeitig wahrhaftigste Film, den wir je gesehen hatten.

Während der Aufnahmen zu *Hear 'n Aid* spielten die Jungs von Spinal Tap beinhart ihre Rollen. Egal, ob die Kameras gerade liefen oder nicht. »Hey, Mann, ihr seid Judas Priest und Iron Maiden, stimmt's?«, riefen sie mir und Adrian Smith zu. »Ohne Tap wärt ihr überhaupt nicht hier. Ihr habt uns alles zu verdanken!« Es war zum Brüllen komisch. Ich konnte nicht genug davon bekommen.

Der Sommer 85 hielt aber auch weniger angenehme Entwicklungen bereit. In der amerikanischen Hauptstadt Washington, D.C. hatte sich ein Aktionsbündnis namens Parents Music Resource Center, kurz PMRC, formiert. Gegründet von einem Quartett einflussreicher Politikergattinnen unter Führung von Tipper Gore, der Ehefrau des künftigen US-Vizepräsidenten Al Gore, hatte das PMRC sich die zeitgenössische Musik als Zielscheibe auserkoren. Genauer gesagt Songs, die sie für obszön genug hielten, um die öffentliche Moral zu beschädigen (*ja, genau!*).

Die Mitglieder des PMRC erstellten eine Liste von fünfzehn Liedern, die sie ganz besonders anwiderten – die »Filthy Fifteen«. Die Auswahl war durchaus eklektisch. In die Kategorie »zu sexuell« (Wie ist das überhaupt möglich?) fielen Madonnas »Dress You Up«, Cyndi Laupers »She Bop« sowie »In My House« von den Mary Jane Girls. Prince war ein explizit sexueller Künstler, das konnte ich nachvollziehen, aber … *Sheena Easton?* Im Ernst?!

Wenig überraschend belegten auch einige Heavy-Metal-Bands Spitzenplätze in den Filthy Fifteen. Darunter natürlich Black Sabbath, außerdem Twisted Sister, W.A.S.P., Def Leppard, AC/DC, Venom, Mötley Crüe, Mercyful Fate … und Judas Priest.

»Eat Me Alive«, der Song, den ich stockbesoffen auf Ibiza geschrieben und mich dabei halb totgelacht hatte, schien ihren zarten Gemütern ganz schön zugesetzt zu haben. Tipper und ihre Washingtoner Mädels hielten gewaltsame Blowjobs unter Androhung von Waffengewalt offenbar für keine besonders gute Idee.

Stimmt natürlich, klar, aber unser Song war ein Witz. Textlich allerhöchstens Comic-Niveau. Als wir davon erfuhren, dass er es in die Filthy Fifteen geschafft hatte, wussten wir nicht, ob wir uns nun darüber aufregen oder lachen sollten. Es war einfach absurd und zudem Teil einer politischen Agenda, die uns am Arsch vorbeiging.

Als Ehefrauen von Amerikas Entscheidungsträgern war es für die PMRC-Ladys ein Leichtes, in das öffentliche Bewusstsein und die Medien vorzudringen. Und tatsächlich schafften sie es, das US-Musikbusiness nachhaltig einzuschüchtern: Man verständigte sich allen Ernstes darauf, Platten mit derben Texten einen Sticker zu verpassen. Auf diesem stand:

PARENTAL ADVISORY: EXPLICIT LYRICS

Die Ironie der Geschichte war natürlich, dass von nun an jeder rockbegeisterte amerikanische Teenager nach Alben suchte, auf denen *genau dieser* Sticker prangte. Das PMRC half einer ganzen Menge Metal-Bands dabei, ordentlich Platten unter die Leute zu bringen!

Der Frühsommer kam, und für Priest wurde es Zeit, Plektren und Badehöschen einzupacken. Es ging für die Aufnahmen zu *Twin Turbos* auf die Bahamas. Anfang Juni flogen wir runter, um uns dort mit Tom Allom in den Compass Point Studios in Nassau zu treffen.

Wir hatten einen Aufnahmeort ausgesucht, an dem wir zugleich arbeiten und leben konnten, um uns voll und ganz der Musik zu widmen. Warum genau wir annahmen, ein Party-Hotspot in der Karibik würde keinerlei Ablenkungen für uns bereithalten, ist mir im Rückblick nicht mehr so ganz klar. Hatten wir aus der Ibiza-Geschichte denn gar nichts gelernt?

Gleich bei unserer Ankunft erfuhren wir, dass Columbia unserer Bitte nach einem Doppelalbum nicht nachkommen würde. Wir verstanden es nicht: Sie bekamen von uns doch bloß *noch mehr* Musik. Sogar ohne Aufpreis. Leider hatten wir keine andere Wahl, als uns ihren Regeln zu beugen. Auf Wiedersehen, *Twin Turbos* – hallo, *Turbo*!

Die Karibik entsprach voll und ganz dem Klischee der Reisebüro-Kataloge. Weiße Strände, azurblaues Meer. Und doch kann ich mich nicht erinnern, davon allzu sehr beeindruckt gewesen zu sein. Was mich dagegen *wirklich* begeisterte, war der Umstand, meine Hepatitis-Behandlung hinter mir zu haben. Ich durfte wieder trinken.

Scheiße, Mann, ich holte so einiges nach!

Schnell machte ich mich mit der örtlichen Kunst des Dosenstechens vertraut. Man schnappte sich eine große Dose Jamaican Red Stripe Lager. Unglaublich starkes Zeug. Mit einem Schraubenzieher bohrte man ein Loch in den Büchsenboden. Dann hielt man sich die Dose über den Mund und zog an der Lasche.

WUUUSCH! Der schiere Luftdruck spülte einem das Lager mit einer derartigen Geschwindigkeit in den Rachen, dass man innerhalb kürzester Zeit besoffen war. Fantastisch – wieso erfuhr ich erst jetzt davon?

Schon kurz nach unserer Ankunft lud ich Jeff von Surgical Steel für ein Wochenende ein. Eine Olympiade im Dosenstechen wurde ins Leben gerufen. Wir verbrachten die vollen zwei Tage mit Red Stripe und einer Stoppuhr. Meine persönliche Bestzeit machte mich durchaus stolz: zweieinhalb Sekunden.

Anfangs kniete sich die Band richtig in die Aufnahmen rein. Der PMRC-Wirbel ging mir immer noch im Kopf rum, und ich wollte es diesen selbsternannten puritanischen Zensoren so richtig zeigen. Der Refrain von »Parental Guidance« ist alles andere als subtil, lässt aber keinen Zweifel, was unseren Standpunkt betrifft:

> We don't need no no no parental guidance
> here!

Schnell entwickelte die Band eine gewisse Routine. Tagsüber arbeiteten wir am Album, die Nächte zogen wir durch die Bars und Clubs von Nassau. Nach etwa einem Monat erreichte uns ein Anruf aus London. Bill Curbishley hatte große Neuigkeiten zu verkünden.

Bob Geldof hatte den Einsatz erhöht. Noch diesen Juli wollte er ein weltweites Benefizkonzert veranstalten, um Geld für Äthiopien zu sammeln. Bei Live Aid würden die größten Pop- und Rockstars des Planeten auftreten, und zwar gleichzeitig in London und Philadelphia. Geldof wollte uns in Amerika dabeihaben.

Als Band versinkt man manchmal tief in seiner eigenen kleinen Welt. Anfangs waren wir alles andere als begeistert. »Wir haben gerade einen richtigen Lauf mit dem Album. Diese Sache wird uns nur ausbremsen«, grummelten wir uns gegenseitig an. »Wollen wir uns das alles wirklich antun – wegen drei verdammter Songs?«

Zum Glück kamen wir dann relativ bald zur Vernunft. Die Hungersnot in Äthiopien war wirklich grauenvoll. Wenn wir also nichts weiter tun mussten, als unsere faulen Ärsche aus diesem Nirwana zu hieven, ein paar Lieder zu spielen und damit auch noch Gutes zu bewirken, dann sollten wir das verflucht nochmal tun! Außerdem waren auch einige gute Freunde wie Ozzy dabei. Es konnte also sogar richtig lustig werden.

Live Aid ging am 13. Juli 1985 über die Bühne und sprengte alle Erwartungen. Erst bei unserer Ankunft am John F. Kennedy Stadium in Philadelphia begriffen wir die enormen Ausmaße dieser Veranstaltung. Die Hälfte aller weltgrößten Musik-Ikonen war hier versammelt – die andere Hälfte befand sich im Londoner Wembley-Stadion.

Es war ungeheuer aufregend, an etwas so Gewaltigem beteiligt zu sein. Gleichzeitig kam es mir von der ersten Minute an völlig surreal vor. Zu der Zeit, in der wir in Nassau normalerweise gerade ins Bett gingen, mussten wir bereits am Stadion sein. Um neun Uhr morgens sah ich Joan Baez »Amazing Grace« singen.

Zehn Minuten später bekam ich eine Nachricht: »Miss Baez möchte Sie gerne sprechen.« Wie ein unartiger Schuljunge, der bei etwas Verbotenem erwischt worden war, dachte ich sofort: *Verdammt!* Wollte sie mich etwa wegen unserer Heavy-Metal-Verunglimpfung von »Diamonds and Rust« zur Rede stellen?

Aber ehe ich mich versah, trippelte sie auch schon auf mich zu und winkte. »Hey, Rob!«, rief sie lächelnd. »Ich wollte nur mal kurz vorbeischauen und dir sagen, dass eure Version von ›Diamonds and Rust‹ …«

Jetzt kommt's, dachte ich mir.

»… die Lieblingsversion meines Sohnes ist. Er findet es großartig, dass seine Mom von einer Metal-Band gecovert wird!«

»Oh, das ist wirklich cool!«, sagte ich. Und meinte das auch so. Joan war eine wirklich reizende und liebenswürdige Lady.

Judas Priest spielten um halb zwölf am Vormittag, zwischen Crosby, Stills and Nash und Bryan Adams. Die Menschenmenge war gigantisch; es erinnerte uns an das US Festival. Unser kurzes Set aus drei Songs würde wie im Flug vergehen, also gaben wir zwanzig Minuten lang Vollgas.

Philadelphia war schon immer ein guter Markt für Rockmusik gewesen und empfing uns mit offenen Armen. »Ich sehe hier heute ein paar Tausend Metal-Maniacs!«, begrüßte ich das Publikum. Sprechchöre antworteten mir: »Priest! Priest! Priest!« Aber an diesem Tag ging es nicht mal ansatzweise um uns. Dies war etwas viel Größeres.

So lachhaft früh auf die Bühne zu gehen, hatte einen entscheidenden Vorteil: Ich konnte mich hinterher sofort weglöten. Was ich auch tat. Der restliche Tag verging entsprechend wie im Traum.

Sabbath hatte ich mir bereits angesehen, denn sie waren noch früher auf die Bühne gegangen als wir. Hatte Ozzy überhaupt geschlafen? Led Zep waren fantastisch. Ein alberner, trunkener Stolz überkam mich, weil Birmingham und das Black Country so gut vertreten waren: Sabbath, Planty, Priest … und, na ja, Duran Duran.

Live Aid ging schier endlos weiter. Bei MTV kriegten sie sich gar nicht mehr ein, weil Phil Collins sowohl in Wembley als auch in Philly spielte. Er kam eigens mit der Concorde aus London. Aus irgendeinem Grund ärgerte mich das. Irgendwie großkotzig, fand ich. Für mich machte er sich damit ein bisschen zum Arsch.

Als Pop-Nutte, die ich nun einmal bin, feierte ich dafür Madonnas Auftritt. Von Anfang an war ich ihr schwuler Metal-Fanboy. Am meisten hauten mich allerdings Mick Jagger und Tina Turner um. Rock-Showmänner und Soul-Diven gehören zu meinen größten Schwächen, und die zwei bedienten beide Vorlieben spielend. Ich war hin und weg. Vor allem von Tina, als sie in ihren High Heels auf die Bühne gestöckelt kam.

Beim großen Finale war ich wieder mit dabei und durfte ein wenig mitträllern, als Lionel Richie das gesamte Ensemble durch die dreitausend gottverdammten Refrains von »We Are the World« dirigierte.

Ein großartiger Tag, dachte ich mir, *noch dazu für eine gute Sache. Aber wär's nicht langsam mal an der Zeit, den Sack zuzumachen?*

Was denn – NOCH ein Refrain?

Priest residierten im Four Seasons, wo wir in Philadelphia immer abstiegen. In der Penthouse-Suite eines Luxusapartment-Blocks gleich auf der anderen Straßenseite fand die After-Show-Party für alle beteiligten Künstler und Moderatoren statt. Ich ging alleine rüber.

Als Erstes stach mir die Sauna ins Auge. Die Leute schlichen sich paarweise rein, komplett bekleidet, und kamen mit zerzausten Klamotten wieder raus. Als Zweites fiel mir der Typ auf, der neben der Sauna an der Wand lehnte. Er trug eine Sonnenbrille und schien alleine da zu sein. Es war … Jack Nicholson.

Jack hatte beim Konzert einige der Bands angekündigt. Er war den ganzen Tag über im Backstage-Bereich herumgelaufen, aber ich hatte es nicht gewagt, ihn anzusprechen. Nachdem ich den ganzen Tag literweise flüssigen holländischen Mut in mich hineingeschüttet hatte, sah die Sache anders aus. Ich taumelte zu ihm rüber.

»Alles klar, Jack?«

»Hey, Rob! Hab euch heute gesehen – ihr wart klasse!«

Verdammte Scheiße, Jack Nicholson weiß, wer ich bin! »Ähm, danke! War 'n toller Tag, hm …?«

Weiter kam ich nicht, denn in genau diesem Moment wankte der betrunkenste Mann der Stadt, vielleicht sogar der Welt, auf uns zu. Ich hatte den ganzen Tag gesoffen. Jack hatte sich sicher auch ein paar Drinks genehmigt. Dieser Scheißkerl jedoch war auf einem vollkommen anderen Level.

»Jack Nicholsschonn, Mann!« Er dehnte jede Silbe und versprühte eine Menge Speichel über uns. Aus einer Ecke seines Mundes tropfte eine ordentliche Spur Sabber. »*The Shining*, Mann! Kuckuckschnescht, verdammt nochmal! Heilige Scheische!«

Der Typ hielt einfach nicht die Schnauze. So langsam verlor ich die Fassung. *Verpiss dich, Alter. Du ruinierst hier gerade meinen Jack-Nicholson-Moment.* Jack hingegen war ein Musterbeispiel an höflicher Geduld: »Danke, ich weiß das wirklich zu schätzen.« Nach fünf Minuten Gelalle und Gespucke schwankte die Pissnelke zur Bar hinüber.

»So geht's dir wohl ständig, oder?«, fragte ich Jack. Der seufzte nur und verdrehte die Augen gen Himmel. »Yep, überall, wo ich hingehe.«

Was. Für. Ein. Tag! Mit Joan Baez geschäkert. Afrika gerettet. Milliarden Menschen vor den Fernsehern unterhalten. Mit Lionel Richie gesungen. Und mit Jack Nicholson gesoffen. So schlenderte ich zurück zum Four Seasons. *Ein letzter Absacker geht noch,* sagte ich mir, als ich an der Hotelbar Platz nahm.

Und da sah ich ihn.

Groß gewachsen, markantes Kinn, gut aussehend. Ein richtiger Platzhirsch. Genau mein Typ. Er saß mir gegenüber an der anderen Seite der Bar. Er starrte mich an, ich starrte ihn an. Wir konnten die Augen nicht voneinander lassen.

Eine magnetische Anziehung. Es war die natürlichste Sache der Welt, zu ihm rüberzugehen und ihn anzuquatschen. Als ich dann ein paar Minuten später Richtung Toilette verschwand, fühlte es sich genauso selbstverständlich an, dass er mich begleitete.

Kaum waren wir dort angekommen, ging es zur Sache. Wir gaben uns in einer der schicken Kabinen ganz und gar einander hin. Unsere Hände und Münder verschlangen, was immer sie zu fassen bekamen. Pure, animalische Lust. Leidenschaft. Keine Hemmungen.

Natürlich mussten wir vorsichtig sein. Aus irgendeinem Grund hatten die Türen der Toilettenkabinen im Four Seasons Lamellen, durch die man hindurchsehen konnte. Betrat jemand den Raum, hielten wir kurz inne und machten keinen Mucks. Niemand sollte uns hören oder sehen. Sobald die Luft wieder rein war, fielen wir erneut übereinander her.

Der Sex war unfassbar gut. Wir blieben gefühlt Jahrzehnte da drin und brachten einander wieder und wieder zum Höhepunkt. Wie lange es wirklich dauerte? Keine Ahnung. Ich hatte jegliches Zeitgefühl verloren. Mein Kopf sagte mir ständig nur:

Ja! SO muss das sein!

Als wir schließlich doch ein Ende fanden, schlichen wir getrennt zurück an die Bar. Dort blieben wir allerdings nicht mehr lange. Er begleitete mich auch nicht auf mein Zimmer. Sein Name war Brad, er war in Philadelphia geboren und aufgewachsen und gerade aus dem Militärdienst entlassen worden. Also ging er einfach nach Hause … nachdem wir uns für den nächsten Tag verabredet hatten.

Vor Glück halb benommen glitt ich ins Bett. Ich konnte es kaum erwarten, ihn wiederzusehen. Glücklicherweise ließ er mich nicht lange warten.

Am nächsten Morgen kam Brad vorbei. In seinem Auto redeten und redeten wir. Es hätte sich komisch anfühlen können, denn der Rausch der vorherigen Nacht hatte sich mittlerweile verzogen. Aber auch einfach nur mit ihm zu reden, fühlte sich völlig selbstverständlich an.

Er war jünger, als ich vermutet hatte, gerade mal zwanzig. Seine Größe, die breiten Schultern und seine reife Art ließen ihn viel älter wirken. Er entstammte einer Arbeiterklasse-Familie aus Philadelphia. Seit er die Armee verlassen hatte, lebte er wieder bei seinen Eltern.

Es gefiel mir, dass er bei unserer ersten Begegnung nicht wusste, wer ich überhaupt war. Als ich ihm erzählte, ich sei der Sänger von Judas Priest, sagte ihm das gar nichts. Kein Metalhead also – er machte sich generell nicht viel aus Musik.

»Und wohin verschlägt es dich als Nächstes, Rob?«, wollte er wissen.

»Für ein paar Tage zurück nach Phoenix, dann nach Nassau auf den Bahamas, die Platte fertigstellen«, meinte ich.

»Oh, das klingt ja großartig.«

»Warst du schon mal auf den Bahamas, Brad?«

»Nein.«

»Würdest du gern mal hin?«

Auch diesmal schien es mir das einzig Schlüssige zu sein, ihn zu fragen. Es war das Einzige, was ich in diesem gesegneten Moment sagen *wollte*. Seine Antwort fühlte sich ebenso selbstverständlich an.

»Und ob!«

So einfach war das. Wir einigten uns darauf, dass er in der kommenden Woche nach Nassau kommen würde. Gewissermaßen hatten wir also ein Date. Nur eine Sache musste ich noch erledigen. Ich kramte einen meiner alten Standardsätze raus: »Gibst du mir ein kleines Andenken mit? Etwas, das mich an dich erinnert, bis wir uns wiedersehen?«, fragte ich.

»Was meinst du?«, gab Brad zurück.

»Einfach irgendwas«, sagte ich.

Mit einem Lächeln knöpfte er seine Jeans auf und streifte sie herunter. Eine äußerst knappe Unterhose mit Metallschnallen an den Seiten kam zum Vorschein – sehr beliebt unter Schwulen. Er öffnete die Schnallen, zog die Unterhose aus und überreichte sie mir.

»Danke«, sagte ich. »Also dann bis nächste Woche!«

Ein schneller Abschiedskuss, raus aus dem Auto, und weg war er.

Ich war so selig, dass ich mein Glück kaum fassen konnte. Brad zu treffen war das Beste, das mir jemals passiert war. Auf einmal wurde mir bewusst, was in meinem Leben alles schieflief. Es war heftig, leidenschaftlich, wunderschön gewesen – und vor allem empfanden wir es *beide* so.

Jetzt, da ich Brad getroffen hatte, war alles anders. Von nun an würde nichts mehr so sein wie vorher. *Nichts.*

Darauf hatte ich immer gewartet.

Er war der Eine.
Der Einzige.
Es war Liebe!

14

Am Hof des Königs von Philadelphia

Ich fühlte mich wie ein vollkommen neuer Mensch. Die Begegnung mit Brad hatte meinem Leben neuen Schwung verliehen. Plötzlich war alles ungeheuer aufregend.

Zurück in Phoenix drehte ich erst einmal die ganz große Wiedersehensrunde – und schaute auch bei David vorbei. Zu meiner großen Erleichterung fand ich schnell heraus, dass sich meine Gefühle für ihn praktisch über Nacht geändert hatten. Einfacher ausgedrückt: Sie waren nicht mehr vorhanden. Über mich und Brad verlor ich kein Wort. Eigentlich ging ihn die Sache ja auch überhaupt nichts an.

Brad hatte in mir Wallungen vulkanischen Ausmaßes entfacht. Im Vergleich dazu kam mir die Sache mit David trivial und unwichtig vor. Na gut, dann stand er eben auf Frauen. Sollte mir recht sein. Ich verspürte keinen Funken Interesse mehr an ihm, geschweige denn Eifersucht.

Es war nicht so, dass ich David nun nicht mehr mochte. Natürlich konnten wir weiterhin Saufkumpane bleiben. Ihm fiel wahrscheinlich gar keine Veränderung an mir auf. Er hatte keinen Schimmer, wie verliebt ich war. Und das war ich zweifellos. Mein erster Gedanke vor dem Aufstehen und mein letzter Gedanke vor dem Einschlafen galten allein … Brad. Ich konnte es kaum erwarten, ihn in Nassau wiederzusehen. Unsere warmherzigen Telefonate befeuerten meine Vorfreude umso mehr.

Nur noch sechs Tage … fünf … vier …

Um die Zeit totzuschlagen, fuhr ich zum Rockers. Dort wollte ich die Jungs von Surgical Steel treffen. Mein Bierkrug wartete schon auf mich, als ich reinkam. Irgendwann nach Mitternacht machte ich mich wieder auf den Weg nach Hause. Selbstredend hatte ich ordentlich einen sitzen.

Ohne auch nur einen Gedanken daran zu verschwenden, wie viel ich eigentlich getrunken hatte, stieg ich in meine Corvette. Ich bin nicht gerade stolz drauf, aber … na kommt schon, ich war damals bei Weitem nicht der Einzige, der sich danebenbenahm. Immerhin reden wir hier von den Achtzigern, verdammt nochmal. Irgendwie kam man mit allem davon. Es war auch nicht das erste Mal, dass ich besoffen heimfuhr. Es würde jedoch das letzte Mal sein.

Als ich die Ausfahrt auf den Freeway nahm, sah ich bereits Blaulicht im Rückspiegel aufflackern. Aus irgendeinem Grund ließ ich mich jedoch in diesen Tagen von einer Polizeikontrolle nicht aus der Ruhe bringen. *Ach, wird schon passen!* Wahrscheinlich hielt ich mich für unbesiegbar oder so was.

Ich hielt an und kurbelte das Fenster runter. Die Ausdünstungen meines vierstündigen Saufgelages müssen den Bullen ziemlich umgehauen haben. Als er wieder zu sich kam, erblickte er meine Lederkluft und Nietenarmbänder. Nachdem er meine Papiere unter die Lupe genommen hatte, fragte er mich: »Haben Sie irgendwelche Waffen bei sich?«

Hatte ich. Wie gewöhnlich führte ich meinen kleinen geladenen Revolver mit mir. Ganz normal in Arizona. Er lag neben mir in der Mittelkonsole, und ich machte Anstalten, danach zu greifen. »Hände weg!«, blaffte der Cop. »Raus aus dem Fahrzeug!«

Ich musste ins Tütchen blasen. Auf einmal war von dem seltsamen Gefühl, diese Geschichte würde ein gutes Ende nehmen, nichts mehr zu spüren. Ich war weit über dem Limit. »Hiermit verhafte ich Sie wegen Trunkenheit am Steuer«, rief der Polizist und legte mir Handschellen an (zugegeben, das war nun nicht gerade eine neue Erfahrung für mich).

Er führte mich zum Einsatzwagen, wo seine Kollegin uns in Empfang nahm. Die beiden verfrachteten mich auf den Rücksitz. Ich war immer schon ziemlich laut und gesprächig gewesen, wenn ich zu viel intus hatte. Und so ließ auch dieses Mal meine verbale Diarrhö nicht lange auf sich warten. »Wisst ihr überhaupt, wer ich bin?« Na ja, das waren vielleicht nicht *exakt* die Worte, die ich wählte. Aber es war nah dran.

»Jetzt seid doch nicht so verklemmt!«, zeterte ich. »Ich bin gerade mit meiner Band Judas Priest bei Live Aid aufgetreten. Und das wollte ich eben ein bisschen feiern …«

Ich hörte die Worte, die da aus meinem Mund kamen, und erschauderte vor mir selbst. *Du blöder Schwanz! Du hast es echt nicht besser verdient.*

Um zwei Uhr morgens kamen wir am Revier an. Einige der Beamten erkannten und begrüßten mich: »Hey, Rob, was geht ab? Wir lieben Priest, Alter!« Wunderbar – dann war ich also vom Haken? Keine Chance. Ich wurde verhaftet und bekam mein Polizeifoto.*

---

* Zum Glück ist dieses Foto nie an die Öffentlichkeit gelangt und in irgendeiner dämlichen Promisendung aufgetaucht. Aber jetzt, da ich mit der Story rausrücke, wird das wohl letzten Endes doch noch passieren.

Die Cops ließen mich erneut blasen. Yep. Immer noch drüber. Weil ich so viel Bier getrunken hatte, musste ich nun auch noch ziemlich dringend pissen. »Sorry, aber ich muss mal austreten«, rief ich.

»Das wirst du dir noch 'ne Weile verkneifen müssen«, gab einer von ihnen zurück.

»Geht nicht! Wenn ihr mich nicht aufs Klo lasst, wird's eben hier passieren!«

»Du kannst nicht alleine aufs Klo«, erwiderte einer der Bullen brüsk. »Und die Handschellen nehm ich dir auch nicht ab.«

»Na, dann wird's jetzt interessant«, antwortete ich.

Der Cop knickte schließlich ein und begleitete mich auf die Toilette. Er nahm eine Fessel meiner Handschellen ab und schnallte sie sich um sein eigenes Handgelenk. Als wäre er Andy Warhol oder so. Aber wie die meisten Typen kann ich nicht pinkeln, wenn jemand zusieht. »Du wirst dich umdrehen müssen«, erklärte ich ihm. Er seufzte und tat wie ihm geheißen.

Man erklärte mir, dass ich die Nacht auf dem Revier verbringen müsste. Am nächsten Tag sollte ich dann einem Richter vorgeführt werden. Da ich einen Anruf tätigen durfte, klingelte ich bei David durch. »Ich sitze im Knast«, erzählte ich ihm. »Ruf Jim Silvia an!« Aus irgendeinem armseligen Grund hoffte ich, unser Tourmanager und Ex-Bulle würde in der Lage sein, diesen Albtraum zu beenden.

Die Cops sperrten mich allein in eine große Zelle. Na ja, anfangs jedenfalls. Dann warfen sie den nächsten Volltrunkenen hinein, dann noch einen, und immer so weiter. Einige von denen waren so sternhagelvoll, dass sie einfach umkippten. Zwei besoffene Native Americans stolperten rein und erkannten mich in meiner Rockertracht.

»Hey, Rob, wir stehen total auf Priest!«, lallten sie. »Lass dich umarmen, Mann!« Eine langwierige Debatte über die Verdienste von Judas Priest und Mötley Crüe wurde angestoßen. Um sechs Uhr morgens war die Zelle mit fünfzehn bis zwanzig bemitleidenswerten Trunkenbolden gut gefüllt.

Die Bullen brachten uns Frühstück: Jeder bekam ein Fleischwurstsandwich, einen Pappbecher mit dünnem Orangensaft … und ein Päckchen Tabak mit etwas Zigarettenpapier. Rauchen war in diesem Gefängnis scheinbar nicht nur erlaubt, es wurde fast schon erwartet. Irgendwie seltsam, oder? Erbitterte Verhandlungen brachen aus. Einer der Ureinwohner tauschte sein Wurstbrötchen gegen meinen Tabak.

Eine weitere Stunde verging. Plötzlich erschien einer der Polizisten vor der Zelle und deutete auf mich. »Du da! Kannst gehen. Du hörst von uns wegen der Anklage.« Wie ich später herausfand, hatte Jim Silvia *tatsächlich* auf dem Revier angerufen und mich rausgehauen. Allerdings nicht sofort.

»Lasst ihn erst mal eine Nacht einsitzen«, hatte Jim ihnen gesagt. »Das wird dem dämlichen Wichser eine Lehre sein!«

Als ich das Revier endlich verließ, fand ich mich mitten in Phoenix wieder. Es war Sonntagmorgen, und das Leder an meinem Körper stank zum Himmel. Auf dem Thermometer stieg die Temperatur bereits auf weit über vierzig Grad Celsius. Meine Corvette stand abgeriegelt auf dem Freeway herum, schlappe acht Kilometer weit weg. Nach zwanzig Minuten hatte ich es endlich fertiggebracht, mir ein Taxi nach Hause zu rufen.

Dank Jim Silvia kam ich um den Gerichtssaal herum, musste aber dennoch vor einer Richterin erscheinen. Die las mir gehörig die Leviten, ließ mich fünfhundert Dollar blechen und setzte mich auf Bewährung. Außerdem verhängte sie ein Fahrverbot von achtzehn Monaten. »Sollten wir uns hier wiedersehen, wird es nicht so glimpflich für Sie ausgehen«, merkte sie noch spitz an.

Das war nur fair.

Ich konnte es kaum erwarten, aus Phoenix rauszukommen und wieder zurück auf die Bahamas zu fliegen. Im Flugzeug nach Nassau verspürte ich große Erleichterung. Bei der Arbeit an der Platte machten wir genau da weiter, wo wir aufgehört hatten. Im Grunde war ich aber nicht mit dem Herzen dabei. Ich verzehrte mich nämlich nach Brad.

Als er dann an diesem Wochenende eingeflogen kam, ging es schlagartig bergauf mit mir. Die Leidenschaft war sofort wieder da, und der Sex war genauso gut wie nach Live Aid. Ihm schien es da ganz ähnlich zu gehen. Wir erfreuten uns einfach an der Anwesenheit des anderen.

Mit Brad geschah alles in eher ungewöhnlicher Reihenfolge. Ich hatte mich in ihn verliebt – und nun musste ich ihn kennenlernen. Das Tolle daran: Je mehr ich über diesen wunderhübschen Typen aus Philadelphia herausfand, desto vernarrter war ich.

Seine Zeit beim Militär hatte natürlich dafür gesorgt, dass er sehr früh erwachsen geworden war. Trotzdem hatte er sich einen unwiderstehlichen, überschwänglichen Sinn für Humor bewahrt. Er war unkompliziert und lustig, und er liebte es, sich zu amüsieren. Sein albernes Gekicher wiederum brachte mich jedes Mal zum Lachen.

Brad war ein unverbesserlicher Clown, ein Meister darin, Leute zu verarschen. Eine Naturgewalt. Und er pflegte seine ganz spezielle Art von Humor: Streiche, bei denen jemand nass wurde.

Schon an unserem ersten gemeinsamen Tag in Nassau wurde mir klar, dass dies sein Fachgebiet war. Als er mir zum ersten Mal ein Glas Wasser über den Kopf schüttete, war ich zugegebenermaßen noch ein wenig perplex. Genau wie beim ersten Mal, als ich durch die Tür kam und mir ein Wasserballon auf die Birne fiel. Aber ich gewöhnte mich ziemlich schnell daran. Streiche zu spielen war nie so wirklich mein Ding gewesen. Wenn jemand mit mir irgendeinen Scheiß abzog, ignorierte ich das für gewöhnlich. Oder ich sorgte dafür, dass Jim Silvia sich der Sache annahm. Da ich in Brad aber total verknallt war, fand ich das alles zum Schießen. Er brachte mich zum Lachen, und ich liebte es, Zeit mit ihm zu verbringen.

Also ja, wir freuten uns wahnsinnig, zusammen zu sein – im Bett und auch außerhalb des Schlafzimmers – und uns gegenseitig kennenzulernen. Unser großes gemeinsames Ding jedoch war die Sauferei.

Brad war ein Trinker wie ich. Was die Mengen an Alkohol anging, die er vertrug, war er fast schon ein Wunderkind. Beim Bierstürzen erwies er sich als Naturtalent. Unsere Stammkneipe in Nassau war das Duke of Wellington. Eines Nachts haute ich mich dermaßen weg, dass ich nicht mehr laufen konnte. Brad warf mich einfach über seine männliche Ex-Soldaten-Schulter und trug mich bis nach Hause ins Bett.

Bitte sehr! Geht doch!

Schon bei unserem ersten Treffen hatte er mich verzaubert. Nach ein paar Tagen Spaß auf den Bahamas jedoch hatte sich meine Begeisterung verzehnfacht. Als er nach Philadelphia zurückflog, dämmerte mir, wie sehr ich ihn in den nächsten zwei Wochen vermissen würde.

Es war, als hätte sich eine Wolke über mich gelegt. Ich begann, mich regelrecht nach ihm zu verzehren. Egal ob im Studio, in den Bars oder sonst wo, in Gedanken war ich immer bei ihm. Jede Ausrede, ihn in Philadelphia anzurufen, war mir recht. Am Telefon planten wir unsere nächsten hirnverbrannten Abenteuer. Und als er dann endlich zum zweiten Mal zu Besuch kam, war die Freude genauso groß wie beim ersten Mal.

Ich entwickelte eine regelrechte Besessenheit und wollte ihn mit niemand anderem mehr teilen. Schließlich war die Zeit mit ihm so kostbar, dass ich ihn ganz für mich allein haben musste. Und so besorgte ich uns beiden Flugtickets nach Cabo San Lucas in Mexiko. Dort verbrachten wir ein paar unglaubliche Tage miteinander, die viel zu schnell vorübergingen.

Drei Wochen später sollte er wieder nach Nassau kommen. Diesmal plante ich einen noch exotischeren Trip. Ich buchte uns für drei Tage eine hübsche Suite in einem Luxushotel direkt am Meer auf den Bermudas. Ich wollte die Zeit für intime Zweisamkeit nutzen. Brad jedoch wollte lieber das tun, was jeder vernünftige Mensch in einem karibischen Paradies getan hätte: rausgehen und die Insel erkunden.

Meinen Bedürfnissen stand er eher gleichgültig gegenüber und meinte: »Mach, was du willst, Rob, aber *ich* geh raus!« Er ging zum Strand und genoss die lebhafte Atmosphäre, während ich mich in unserem Zimmer verkroch und bis zur Besinnungslosigkeit soff. Eine richtige Arschgeige eben, wie man in Walsall sagen würde.

Gut gemacht, Rob. Sehr erwachsen. Cleveres Bürschchen.

Nach unserem Rückflug nach Nassau umarmte ich Brad, bevor er durch den Sicherheitscheck für seinen Flug nach Philly musste. Ich blickte ihm nach, während er durch die Passkontrolle, den Korridor entlang und dann um die Ecke verschwand.

Jedes Mal, wenn Brad mich verließ, übermannte mich eine hasserfüllte Leere. Eine schwarze Wolke. Und da war sie auch schon wieder. Es war unerträglich. Ich musste ihn wiedersehen. Dringend. *Und zwar sofort.*

Ich rannte zum Kontrollschalter. »Hey, ich muss da ganz kurz rein, nur schnell mit jemandem reden!«, rief ich.

»Wie bitte, Sir?«, antwortete der Typ am Schalter. »Haben Sie denn ein Ticket?«

»Nein, ich will ja gar nicht fliegen. Ich muss nur …«

»Dann tut es mir leid. Ich darf Sie hier nicht durchlassen.«

»Muss nur ganz kurz jemandem etwas Wichtiges sagen! Schauen Sie, ich bin Rob Halford von Judas Priest …«

Und noch während diese schleimtriefenden Worte meinen Mund verließen, erfüllte mich derselbe Selbsthass wie im Polizeiauto in Phoenix.

»… und muss wirklich nur ganz kurz einen Freund treffen. In zwei Minuten bin ich zurück, versprochen. *Bitte* lassen Sie mich durch!«

»Na ja, das ist schon etwas unorthodox, aber …« Der Kerl konnte meine Not und meine Panik wohl förmlich riechen. »Na gut. Zwei Minuten! Wenn Sie dann nicht zurück sind, ruf ich den Sicherheitsdienst!«

»Tausend Dank!« Ich drängte mich an ihm vorbei, den Korridor entlang und um die Ecke. Was ich mir davon versprach, Brad noch einmal zu sehen, war mir eigentlich gar nicht klar. Ein klassischer, leidenschaftlicher Leinwandabgang? Unser *Casablanca*-Moment? *Uns bleiben immer die Bahamas?*

Als ich in die Abflughalle gerannt kam, saß Brad da und hatte bereits eine ganze Gang von Männern und Frauen um sich geschart. Er redete, und alle um ihn herum lachten. Typisch Brad: Wo er auch hinkam, überall fand er sofort Anschluss. Als er aufblickte und mich sah, wirkte er etwas überrumpelt.

»Rob, was machst *du* denn hier?« Er hätte wenigstens aufstehen können.

»Ich musste dich einfach noch mal sehen, bevor du ins Flugzeug steigst«, sagte ich. »Ich wollte mich noch einmal verabschieden.«

Für Brad schien das alles keine große Sache zu sein. Er lächelte. »Okay, klar! Na ja, ruf mich in Philly an! Bis bald!«

Als ich die Halle verließ, drehte ich mich noch einmal um und sah, wie er sich weiter mit seinen neuen Freunden unterhielt. Mich beachtete er nicht weiter.

Dieser Vorfall löste einen paranoiden Gedankengang in mir aus: *Mag er mich vielleicht nicht so sehr, wie ich ihn mag? Und wenn nicht – warum nicht? Erwartet er von dieser Beziehung dasselbe wie ich? Ich liebe ihn – aber liebt er mich auch?*

Während der nächsten Tage schossen mir diese Fragen immer wieder durch den Kopf. Bei der Arbeit und auch außerhalb des Studios. In gewohnter Manier versuchte ich, sie in Unmengen von Alkohol zu ertränken. Allein in meinem Zimmer schüttete ich Red Stripe und Rum in mich hinein. Wie es wohl Brad in Philadelphia erging?

Ob er wohl genauso viel an mich denkt wie ich an ihn? Ist er gerade allein? Ist … jemand bei ihm?

Ich war dreiunddreißig Jahre alt und benahm mich wie ein liebeskranker Teenager.

Inmitten all dieser Turbulenzen hatte ich natürlich auch noch ein Album aufzunehmen. Wann immer ich im Studio auftauchte, versuchte ich zwar, guten Willen zu zeigen und meinen Beitrag zu leisten, aber … in Gedanken war ich ganz woanders. Nicht bei *Turbo*. Nie zuvor hatte ich mich bei den Aufnahmen zu einer Judas-Priest-Scheibe so isoliert gefühlt.

Die Jungs waren in Topform, und die Musik entstand fast wie von selbst. Nur ich kam einfach nicht in die Gänge. Im Studio war ich entweder besoffen oder verkatert. Meistens beides zugleich. Meine Gesangsparts bekam ich irgendwie hin. Was hingegen das Songwriting anging, schaltete ich auf Autopilot.

Mir ging es nicht gut, und dessen war ich mir auch bewusst. Von der unermüdlichen Sauferei fühlte ich mich völlig fertig und ausgezehrt. Außerdem war ich wütend und frustriert, weil ich nicht bei Brad sein konnte. Und dann kam eine Seite von mir zum Vorschein, die ich vorher nicht gekannt hatte – ich wurde gewalttätig.

Es geschah an einem herrlichen karibischen Sommernachmittag. Wir waren der Meinung, ein paar Stunden außerhalb des Studios würden uns guttun. Und so beschlossen wir, in der wunderschönen Bucht am Ende der Straße ein wenig zu entspannen. Dort konnten wir Motorboote mieten, uns ein paar Dosen Bier genehmigen und nebenher ein wenig angeln. *Läuft!*

Der Typ vom Bootsverleih gab uns einige Sicherheitsanweisungen. »Bitte seid vorsichtig damit«, ermahnte er uns und deutete auf einen bestimmten Bereich der Bucht. »Da drüben ist ein Korallenriff. Wenn ihr es rammt und die Propeller kaputtgehen, dann müsst ihr dafür bezahlen.«

Ja, klar, passt schon. Wir schenkten ihm kaum Beachtung, und sobald wir draußen waren, knöpfte ich mir mein erstes Bier vor. Jedes Wort der Warnung war zu diesem Zeitpunkt bereits längst wieder vergessen. Ich gab richtig Gummi und steuerte das Boot natürlich sofort in eine Ansammlung von Korallen. Man hörte den Propeller förmlich zerknirschen: *KRRRRRRRK!*

Hoppla! Na ja, was soll's. Noch ein Bier?

Glenn hatte seine kleine Tochter Karina dabei. Auch er rammte mit seinem Boot die Korallen. Keiner von uns fing einen einzigen Fisch. Die sengende Sonne war unerträglich, und als wir endlich beschlossen, es gut sein zu lassen, war ich besoffen und völlig entnervt. Mit mir war nicht gut Kirschen essen.

Wir gaben die Boote zurück, und natürlich sah der Kerl als Erstes nach, ob die Propeller in Ordnung waren. Der Anblick, der sich ihm bot, empörte ihn zutiefst. »Das war's!«, rief er. »Ich leih euch nie wieder was! Ihr werdet dafür bezahlen. Ich will Geld sehen, und zwar sofort!«

So zu tun, als wären wir's nicht gewesen, hätte keinen Sinn ergeben. Also zahlten wir.

War es die Art dieses Typen? Der Umstand, dass wir keinen einzigen Fisch gefangen hatten? Oder hatte ich mich mittlerweile schlicht und einfach in ein komplettes Arschloch verwandelt? Wahrscheinlich Letzteres. Jedenfalls war ich auf hundertachtzig. Ich suchte Streit. Und sollte bald fündig werden.

Auf dem Weg über das Dock zu unseren Mietwagen kam ein Jeep auf uns zugerast, in dem laut grölendes Partyvolk saß. Der Fahrer war abgelenkt und schenkte dem Geschehen auf der Straße kaum Beachtung. Blitzschnell riss ich Karina zur Seite. Während sie an uns vorbeifuhren, brüllte ich ihnen allerhand wüste Beschimpfungen hinterher.

Abrupt stieg der Fahrer auf die Bremse und legte den Rückwärtsgang ein. Er trug Dreadlocks und stammte offenkundig von den Bahamas. Nachdem er mit einem Satz aus dem Jeep gesprungen war, kam er direkt auf mich zu und plapperte mit dickem Akzent auf mich ein. Weiß der Geier, was der Typ genommen hatte, seine Augen jedenfalls sahen völlig wirr aus.

»Was dein Scheißproblem, eh?«, wollte er wissen. »Eh? Mieser Dreckskerl!«

»Schau verdammt nochmal auf die Straße, wenn du fährst!«, gab ich zurück. »Beinahe hättest du die Kleine erwischt!«

»Scheiße, ich wünschte, ich *hätte* sie erwischt!«, zeterte er.

Was?!

Scheiß. Auf. Den. Wichser! Ich holte mit meiner Faust weit aus und schlug ihm so hart ich konnte in die Fresse. Er taumelte nach hinten, bekam mich dabei irgendwie zu fassen, und im nächsten Moment rollten wir beide auf dem Boden herum. Mitten im Straßenstaub prügelten wir uns gegenseitig die Scheiße aus dem Leib.

Ich bring ihn verflucht nochmal um!

»Aufhören! Aufhören! Rob, hör auf!«, schrie Glenn und zog mich von dem Kerl runter. Der Typ lag mit blutender Lippe im Dreck. Seine Kumpel aus dem Jeep versuchten, ihm aufzuhelfen. Mehr und mehr Einheimische kamen angerannt und umstellten uns. Auf einmal sah das Zahlenverhältnis nicht mehr ganz so gut für uns aus.

»Wir müssen hier weg!«, rief Glenn. »Das sind einfach zu viele. Los jetzt, lauft! Schnell!«

Wir rannten zu unseren Autos und machten uns mit quietschenden Reifen aus dem Staub. Auch die Einheimischen sprangen nun unter großem Geschrei zurück in ihren Jeep und verfolgten uns. Ein paar Minuten lang blieben sie uns auf den Fersen, schrien und blinkten auf, während wir auf unser Quartier zurasten. Irgendwann waren sie es wohl leid, und sie drehten um.

Es war, als hätte ich komplett neben mir gestanden – das hatte nun wirklich überhaupt nichts mit meinem normalerweise sanften Gemüt zu tun. Bei unserer Analyse des Kampfes später im Studio war ich jedoch noch zu geladen, um irgendeine Art von Scham zu verspüren. *Scheiß drauf! Der hat's ja so gewollt! Ich würde es verdammt nochmal jederzeit wieder tun!*

Nassau hatte uns wohl allen einen Lagerkoller verpasst. Die Zeit war reif, die Insel zu verlassen, also zog Tom Allom die Notbremse. Unsere Aufnahmesessions im Compass Point waren damit erst einmal beendet. Wir beschlossen, uns gegen Ende des Jahres in Los Angeles wieder zu treffen, um das Album unter Dach und Fach zu bringen.

Die nächsten drei Monate hatte ich nun also nichts weiter zu tun. Innerlich rieb ich mir die Hände. Ich würde jede freie Minute mit Brad verbringen.

Also holte ich ihn zu mir nach Phoenix.

Dort verlebten wir eine wundervolle Zeit. Das Haus am Berg war ganz nach seinem Geschmack, und der Pool versorgte ihn mit jeder Menge Stoff für seine feuchten Streiche. (Wer wüsste es nicht zu schätzen, wenn sich eine Einkaufstasche voller Chlorwasser über seinem Kopf entleert?)

Ich genoss die Zeit zu Hause mit Brad. Und wenn wir ausgingen, fügte er sich nahtlos in die Szene rund um das Rockers und das Mason Jar ein. Den Jungs von Surgical Steel war er auf Anhieb sympathisch, was wohl zu großen Teilen daran lag, dass er sie unter den Tisch trinken konnte. Einmal nahm mich sogar einer von ihnen zur Seite und meinte, er hätte mich noch nie zuvor so glücklich gesehen.

Allerdings stellte ich ziemlich schnell fest, dass man Brad bei Laune halten musste. Schon nach einer Woche, die wir mit entspannten, alkoholbefeuerten Faxen in Phoenix verbracht hatten, stand ihm der Sinn nach einem Tapetenwechsel. Er langweilte sich.

»Ich geh zurück nach Philly«, eröffnete er mir. »Warum kommst du nicht in ein paar Tagen nach?«

Da Brad seit Kurzem eine eigene Wohnung hatte, stimmte ich zu. Und ich freute mich sehr darauf. Als ich dann aber in Philadelphia ankam, war ich vollkommen entsetzt. Er hauste in einem verwahrlosten, winzigen Zimmer über einem

Gemischtwarenladen. Es war eine Gegend, in der man besser den Baseballschläger einpackte, wenn man Milch kaufen ging. Die Secondhand-Möbel hatten schon bessere Jahrzehnte gesehen, und die Rattenscheiße in der Küche deutete darauf hin, dass er nicht der alleinige Bewohner war.

Was für ein Drecksloch. Aber mehr konnte er sich nun mal nicht leisten. Außerdem hatte er sowieso andere Dinge im Sinn. Nachdem wir uns ein paar Stunden lang in seiner schäbigen Absteige vor dem winzigen Schwarz-Weiß-Fernseher betrunken hatten, machte er einen Vorschlag.

»Hey, hast du Bock auf ein bisschen Koks? Ich hab was da!«

Schon in Nassau hatte Brad mir erzählt, dass er dem Charlie nicht abgeneigt sei. Da ich ebenfalls nichts dagegen hatte, meine Nase in einen Haufen weißes Puder zu stecken, hielt ich seinen Gedanken für eine hervorragende Idee. Sein Vorrat reichte jedoch gerade mal für zwei dünne Lines … also befanden wir uns sogleich auf der Jagd nach mehr.

Ein langer Nachmittag begann, aus dem ein langer Abend und eine lange Nacht wurden. Ganz genau das, was Lou Reed mit »I'm Waiting for the Man« gemeint hatte. Irgendwoher hatte Brad wohl die Nummer eines örtlichen Dealers. Der Mann nannte sich King. »Ich hab ein paar Hundert Dollar in der Tasche«, rief ich begeistert. »Bring ihn her!«

Brad wählte die Nummer. Irgendein Kerl nahm ab. »Ist King zu sprechen?«

»Nein. Ruf in fünf Minuten noch mal an.«

»Okay.«

Fünf Minuten später: »Ist King zu sprechen?«

»Nein. Versuch's in fünf Minuten noch mal.«

»Okay.«

So ging das dann zwanzigmal hin und her, bis wir endlich King an den Apparat kriegten. Einer seiner Laufburschen kam vorbei – eine nervöse, kaputt aussehende, blasse Type – und brachte uns Koks für zweihundert Dollar. Das reichte dann für eine halbe Stunde. Wenn überhaupt.

»Hey, kann ich King sprechen?«

»Nein. Ruf in fünf Minuten noch mal an …«

So ging das stundenlang weiter. Bis in die Nacht. Als die Sonne am nächsten Morgen aufging, saßen wir immer noch da. Schweißgebadet, mit roten Augen und zerkauten Lippen. King war dafür tausend Dollar reicher. Mindestens.

Auf meinem Flug zurück nach Phoenix ein paar Tage später ließ ich mir alles noch einmal durch den Kopf gehen. Die Art, wie Brad dort lebte, schockierte mich. Er konnte in dieser Absteige nicht bleiben – und rief er diesen King eigentlich ständig an? Ich kam zu dem Schluss, dass die Wohnung ihm nicht guttat. In einem besseren Umfeld würde er aufblühen.

Ich rief ihn also an und fragte ihn nach seiner Bankverbindung. »Ich überweise dir ein bisschen Geld«, erklärte ich ihm. »Such dir ein hübsches Plätzchen. Egal, was es kostet – tu's einfach!«

Brad war echt dankbar. Bei meinem nächsten Besuch wohnte er in einem schicken Stadthäuschen mit zwei Schlafzimmern im Herzen von Philadelphia. Er schien wirklich glücklich zu sein. »Danke vielmals, Rob. Die Hütte hier ist so cool. Genau das, was ich gebraucht hab. Hey, Bock auf ein bisschen Koks?«

Ich hätte es wissen müssen. Brad war nicht auf Kokain, weil er in dieser beschissenen Wohnung lebte – er war drauf, weil er total auf Kokain stand. Was, ehrlich gesagt, auch für mich galt. Dank meiner Priest-Einkünfte spielte Geld keine Rolle. In kürzester Zeit entwickelten wir einen unstillbaren Appetit.

Wir beide hatten eine seltsame Beziehung zueinander. Ich war der Ältere, der mit der Kohle. Wegen Brads Alpha-Energie und seines Charismas gab trotzdem er den Ton an. Er bestimmte, was wir unternahmen, und ich hängte mich dann einfach dran. In neunzig Prozent aller Fälle hieß das: koksen.

Aber nicht jeder Trip nach Philly verlief so erbärmlich. Manchmal besuchten wir seine Familie zum Abendessen. Seine Eltern waren warmherzige, gastfreundliche Leute. Brad hatte zwei Schwestern. Nachdem ich ein paarmal bemerkt hatte, wie sie mich ansahen, war ich mir ziemlich sicher, dass die beiden wussten, was zwischen Brad und mir lief. Seine Eltern hingegen hatten keinen Schimmer.

Meistens jedoch hingen wir bei Brad rum, soffen wie die Penner und warfen King und ähnlichen Arschlöchern Hunderte, ach was, Tausende Dollar in den Rachen. Langsam verwandelten wir uns in die schwule Pennsylvania-Version von Sid und Nancy. Gegen Ende des Sommers waren wir vollkommen auf Koks hängen geblieben.

Dann wurde es Zeit, nach Los Angeles zu reisen, um die Arbeit an *Turbo* zu vollenden. Brad begleitete mich. Nachdem wir die Jungs von Priest getroffen hatten, bezogen wir unsere Wohnungen in Burbank. Von dort aus war es nicht weit zu den Record Plant Studios in Hollywood, wo wir mit Tom Allom die restlichen Aufnahmen und den Mix des Albums fertigstellen wollten.

In L. A. Drogen aufzutreiben war noch nie ein großes Problem gewesen. Und so machten Brad und ich genau da weiter, wo wir in Philadelphia aufgehört hatten – nur dass wir es noch mehr auf die Spitze trieben. Mittlerweile hatten unsere Sauf- und Koksexzesse richtig heimtückische Ausmaße angenommen. Im Grunde wollten wir nichts anderes mehr tun. Es war zu unserem Lebensinhalt geworden.

Sommer und Herbst hatten wir beide in selbstgewählter Isolation verbracht. In unserer kleinen Blase ergab dieser wahnsinnige Lebensstil ja noch irgendeinen Sinn. Nach dem Wiedersehen mit Priest jedoch dämmerte mir langsam, in was für einem jämmerlichen Zustand ich mich befand.

Scheiße! Was ist denn bitte aus mir geworden? Wie konnte das passieren?

Ein normaler Tag in Burbank begann damit, dass Brad und ich gegen sechs Uhr abends aus dem Bett fielen. Sofort fingen wir an zu trinken – Bier, Wodka, was immer vom letzten Abend noch übrig geblieben war. Dann hatte Charlie seinen großen Auftritt, und es war Zeit für ein bisschen *Scarface*.

Übermenschlicher Alkoholkonsum und das Schnupfen von Kokain sind nicht gerade bekannt dafür, besonders harmonische Beziehungen hervorzubringen. Bald entwickelten sich Spannungen zwischen uns. Vorbei waren die Tage der Wasserstreiche und Luftballons. Wir kriegten uns wegen allem möglichen Alltagsscheiß in die Haare.

»Hey, Rob, gehen wir heute noch in die Bar?«

»Nee, lass mal, wir können genauso gut hier saufen.«

»Fick dich, *ich* geh trotzdem!«

»Schön für dich. Fick dich doch selbst!«

Im Großen und Ganzen kamen wir zwar recht gut miteinander aus. Wenn es aber zu einem Streit zwischen uns kam, wurde es richtig übel.

Im Studio war ich ein einziger Totalausfall. Schon in Nassau hatte ich mich irgendwie abgekoppelt von *Turbo* gefühlt. Jetzt aber war jegliche Verbindung zu dem Album abgerissen. Meine Gesangsparts musste ich in kurzen Abschnitten aufnehmen, weil ich einen kompletten Take nicht durchhielt. So fertig war ich. An den meisten Tagen konnte ich kaum stehen.

Meinen geliebten Thesaurus hatte ich noch nicht mal mitgenommen. Ich gab mir kaum noch Mühe, wenn es darum ging, Texte zu schreiben. Selbst der letzte Dreck war mir gut genug. Natürlich hätte ich auch einfach die Band fragen können: »Taugt das irgendwas?« Heute läuft mir ein kalter Schauer über den Rücken, wenn mir einer meiner Texte von *Turbo* in die Hände fällt.

Sogar die Songtitel waren Schrott. »Rock You All Around the World«, »Wild Nights, Hot & Crazy Days«, »Hot for Love« – die Jungs hatten für ihre Anstrengungen bei der Musik wahrlich Besseres verdient als diesen Müll. Nichts als Klischees. Mit Metal hatte das ganz bestimmt nichts zu tun.

Ehrlich gesagt kann ich mich an diesen Teil der Aufnahmen kaum noch erinnern. Meine Performance im Studio erreichte ein noch niedrigeres Level, als ich eine Koksmühle in die Finger bekam. Das Ding sah aus wie eine abgefahrene Pfeffermühle und bestimmte von nun an jeden Tag meines Daseins.

Sobald Brad und ich nun also am späten Nachmittag aufwachten und uns die ersten Drinks genehmigten, zerkleinerte ich mit dem Ding die großen Koksklumpen zu feinem Puder. Ein paar Aufwachlinien später füllte ich den Rest fein säuberlich in ein hübsches kleines Fläschchen. Damit ging's dann ab ins Studio.

Dieses Fläschchen kam auf den Toiletten des Record Plant ausgiebig zum Einsatz.* Zwischen zwei Takes stahl ich mich damit davon und schnupfte in einer der Kabinen. Großspurig stolzierte ich dann zurück ins Studio. Gleichzeitig war ich das reinste Nervenbündel. Ich hatte ständig die Uhr im Blick und

* Es ist wirklich erstaunlich, wie oft in meinem Leben ich in irgendwelchen Toilettenkabinen das Gesetz gebrochen habe.

war heiß darauf, mich schnell wieder aufs Klo verziehen zu können.

Ich war ein nervliches Wrack, ein wandelndes Katastrophengebiet. Irgendwann würde ich den Karren unweigerlich komplett an die Wand fahren. Was noch hinzukam: Unter all dieser Angst und der Verwirrung brodelte eine bösartige, vulkanische Wut. Und wenn dieser Vulkan ausbrach, wurde es spektakulär.

Eines Tages musste ich dringend jemanden von der Plattenfirma anrufen. Bei der Rezeption im Record Plant hing ein Wandtelefon. Die Sache endete ziemlich übel. Ich weiß nicht mehr, worum es bei dem Streit überhaupt ging. Aber es dauerte nicht lange, und ich schrie unzusammenhängendes, benebeltes Zeug in den Hörer. Nachdem ich ihn auf die Gabel geknallt hatte, schlug ich gegen eine Tür und schimpfte ins Nichts … um dann mit bloßen Händen den ganzen Apparat aus der Wand zu reißen.

Hinter mir hörte ich ein Geräusch. Eilig drehte ich mich und sah, wie Dee Snider von Twisted Sister nervös an mir vorbeischleichen wollte.

»Oh, hey, Rob!«, rief er freundlich.

»Hey, Dee!«, antwortete ich. Das Telefon hielt ich immer noch in meinen Händen.

Niemand von der Band sagte irgendwas, wenn ich durchdrehte. So läuft das bei Priest einfach nicht. Aber natürlich fiel allen mein miserabler Zustand auf. Ich war außer Kontrolle, befand mich in schnellem Sinkflug. So konnte es nicht weitergehen. Und das tat es auch nicht.

Kurz darauf saßen Brad und ich wieder völlig zugedröhnt in unserem Zimmer in Burbank. Leere Bierdosen und Wodkaflaschen lagen überall auf dem Bett und dem Boden herum. Die Koksmühle war bereits seit einigen Stunden wieder im

Einsatz. Wir stritten nun immer öfter miteinander, wenn wir auf Droge waren.

Keine Ahnung, worum es diesmal ging. Um den Anruf für die nächste Drogenlieferung? Den TV-Sender, den wir schauen sollten? Alles möglich. Jedenfalls eskalierte die Sache, und wir brüllten uns mit maximaler Lautstärke an. Erst als es an der Tür klopfte, ließen wir voneinander ab.

»Aufmachen! Polizei!«

Konfus rannte ich durchs Zimmer, um die Mühle und die leeren Kokstütchen zu verstecken, bevor Brad die Tür öffnete. Draußen standen zwei LAPD-Cops in voller Montur. »Uns liegt hier eine Beschwerde von den anderen Gästen vor«, wurden wir informiert. »Ihr Jungs solltet mal 'nen Gang runterschalten. Beim nächsten Mal müssen wir euch mitnehmen.«

Sie verschwanden wieder. Eine Zeit lang gaben Brad und ich uns Mühe. Wir schnupften das letzte Koks, und als nichts mehr übrig war, gingen wir ins Bett. Wieder fingen wir an, uns anzuzicken ... und diesmal rastete ich aus. Drehte völlig durch. *Es reicht!*

»Ganz recht, du blöder Scheißkerl! Beschissener Verlierer!«

Ich kniete auf seiner Brust und landete einen Schlag nach dem anderen in seinem Gesicht. Weder konnte ich aufhören, noch wollte ich das überhaupt. Bald war seine Fresse nur noch ein blutiger Klumpen, was mich jedoch weiter anstachelte. Meine fliegenden Fäuste waren mit seinem Blut getränkt. *Gut so!*

Jungs von der Armee lassen sich diesen Scheiß natürlich nicht einfach so gefallen. Auch Brad teilte aus. Er schlug mich, so hart er konnte – und das war verdammt hart. Büschelweise riss er mir die Haare aus. Es war ein schonungsloser, animalischer, kompromissloser Kampf.

Einer von uns hätte den anderen wohl tatsächlich umgebracht, wäre Brad nicht mit einem Mal aufgesprungen und aus dem Zimmer gestürmt. Er sah aus, als hätte er einen schweren Autounfall gehabt. Oder wäre aus einem Horrorfilm gekrochen. Sein ganzes Gesicht war voller Blut. In dieser Nacht kam er nicht mehr zurück. Ich ließ mich aufs Bett fallen und verlor das Bewusstsein.

Als ich am nächsten Tag wieder zu mir kam, war ich immer noch allein. An meinem Körper klebten die stinkenden Klamotten, in denen ich nachts zuvor stundenlang getrunken und Drogen genommen hatte. Ich stand auf, nahm mir ein Taxi zum Flughafen und setzte mich in den Flieger nach Arizona. Ich machte mir nicht mal die Mühe, vorher noch zu duschen.

Im Flur meines Hauses in Phoenix betrachtete ich mich im Spiegel. Es war, als hätte ich mit Mike Tyson im Ring gestanden und den Kürzeren gezogen. Ich sah noch viel schlimmer aus als Brad in der Nacht zuvor. Zum Arzt ging ich trotzdem nicht – ich legte mich nur aufs Bett, und weg war ich. Als ich diesmal wieder aufwachte, lagen noch mehr Haarbüschel auf dem Bett.

Zu meinem Erstaunen nahm Brad den Hörer ab, als ich ihn in Philadelphia anrief. Ihm tat die Sache genauso leid wie mir. Irgendwie rauften wir uns zusammen, zumindest ansatzweise. Ich fühlte mich jedoch nicht in der Lage, nach L. A. und zu Judas Priest zurückzukehren. Eigentlich konnte ich nirgends hin, geschweige denn irgendetwas tun. Ich erreichte Tom im Record Plant und erzählte ihm, dass es mir nicht gut ging. Dass ich bereits nach Phoenix zurückgeflogen war und dringend eine Auszeit brauchte.

»In ein paar Tagen bin ich wieder zurück«, versprach ich. Doch ich glaube nicht, dass ich es ernst meinte.

Schlimmer konnte es nicht mehr kommen. Das war der Tiefpunkt. Ich versank in schier grenzenlosem Selbstmitleid. Eine Woche lang tauchte ich zu Hause unter. Dort betrank ich mich, bis mein Gesicht wieder ansehnlich genug war, um unter die Leute zu gehen. Irgendwann hielt ich die Einsamkeit nicht länger aus und rief David an. Ich schlug ihm vor, wieder mal um die Häuser zu ziehen. Was sollte schon schiefgehen?

Wir trafen uns bei mir und nahmen ein Taxi zum Rockers. Es dauerte nicht lange, bis er seine Entscheidung bereute. Triefend vor Selbstmitleid trank ich wie ein Schwachsinniger. Ein erbärmlicher Anblick muss das gewesen sein.

Es ging wieder los. Sechs Starkbier und eine Mogadan – der Phoenix-Remix.

Wir blieben in der Bar, bis der Laden dichtmachte, und fuhren dann mit dem Taxi zurück zu mir. Da David nicht mehr fahren konnte, übernachtete er bei mir. Mit einer Flasche Jack Daniel's bewaffnet torkelte ich in Richtung Schlafzimmer. *Warum jetzt die Party beenden?* Dort konnte ich meine Augen nicht von der Schachtel neben meinem Bett abwenden.

Durch meine Koks- und Saufexzesse war meine Schlaflosigkeit in den letzten Wochen immer schlimmer geworden. In L. A. hatte mich ein äußerst zuvorkommender Arzt mit einer Monatsration Schlaftabletten versorgt. Und da lagen sie nun also, mitten auf meinem Nachtkästchen. Lächelten und winkten mir zu. Unheimlich verlockend.

Die Entscheidung fiel mir dann überraschend leicht.

Klar, ich mach's. Warum auch nicht?

Wer wird mich denn schon vermissen, wenn ich abtrete?

Niemand liebt mich!

Ich fläzte mich aufs Bett, schraubte den Deckel von der Whiskey-Flasche und öffnete die Tablettenpackung. Ich ließ die Folie aufplatzen, drückte eine Pille heraus und schluckte sie.

Dann nahm ich einen großen Schluck Jacky.

Niemand liebt mich.

Tablette.

Noch ein Schluck.

Niemand liebt mich.

Tablette.

Noch ein Schluck.

Niemand liebt mich.

Tablette.

Noch ein Schluck.

Niemand liebt mich.

Gott weiß, wie oft ich das wiederholt habe. Zwanzigmal? Fünfundzwanzig? Ich hatte den Überblick verloren. Und doch war da die ganze Zeit über noch eine andere Stimme in meinem Kopf. Leise, aber beharrlich warnte sie mich. Diese Stimme kannte ich. Es war meine eigene: *Was zum Geier machst du da, Rob, du beschissener Vollidiot?*

In dem Moment kam ich zur Besinnung. *Gerade noch rechtzeitig*. Als ich vom Bett aufstand, fühlte ich mich bereits ziemlich schläfrig. Ich stolperte in Richtung Gästeschlafzimmer und schlug gegen die Tür. Im Halbschlaf öffnete David.

»Was denn?«

»Ich glaub, ich hab 'ne Überdosis erwischt.«

»Jesus Christus!« David stürzte in mein Zimmer und sah die leere Pillenschachtel sowie die Flasche Jack Daniel's. »In mein Auto, schnell!«, rief er, während er sich hastig ein paar Klamotten überwarf. »Sofort!«

Er brachte mich ins John C. Lincoln Medical Center im Zentrum von Phoenix. Dort verfrachtete man mich schleunigst in die Notaufnahme. Mir wurde der Magen ausgepumpt, dann verabreichte man mir irgendeine schwarze Flüssigkeit. Ich kotzte mir das Gift aus dem Leib. Angst hatte ich seltsamerweise nicht. Es war, als würde das alles gar nicht mir passieren. Wie im Film.

Nachdem ich offiziell über den Berg war, kam ein Arzt, um sich mit mir zu unterhalten. Trotz des ganzen Alkohols fühlte ich mich einigermaßen klar und vernünftig.

»Wir glauben, Sie brauchen dringend jemanden, dem Sie sich anvertrauen können«, meinte er. »Sie sollten so etwas nicht tun. Sie müssen mit jemandem reden und herausfinden, was Ihnen fehlt.«

Natürlich hatte er recht. Ich war dankbar für seine Freundlichkeit. Ich hatte gerade versucht, mich umzubringen – natürlich musste ich mich jemandem anvertrauen! Nur leider war ich dazu nicht bereit. Noch nicht. Ich bedankte mich bei ihm und versprach, darüber nachzudenken.

David fuhr mich nach Hause. Genau wie ich hatte er Angst, ich würde es wieder versuchen, also bot er mir an, ein paar Tage zu bleiben. Die Medikamente schaffte er aus dem Haus, aber mir blieb ja noch die Sauferei. Jede Nacht trank ich bis zur Ohnmacht.

Meine Wut fraß mich förmlich auf. Mein wilder, unaussprechlicher Zorn darüber, seit fünfundzwanzig Jahren meine Sexualität verleugnen zu müssen. Ich hatte ständig gegen diese Wut angekämpft. Jetzt war ich es einfach nur noch leid. Aus. Ende. Sie hatte gewonnen. Ich ließ ihr freien Lauf.

Eine Woche später kam dann der endgültige Zusammenbruch. Es war der 5. Januar 1986. Ich saß in meinem Zimmer und betrank mich. Mit einem Mal fing ich an zu weinen, zu schluchzen und auf die Wand einzuschlagen. Wie eine traurige, wildgewordene Bestie. WUMMS! WUMMS! WUMMS! Die schwachen Abdrücke meiner Fäuste starrten mich von der Zimmerwand aus an. Meine Knöchel waren rot, roh und blutig.

WUMMS!

WUMMS!

WUMMS!

Gott, bitte mach, dass es aufhört!

Wie ein heulendes Häuflein Elend lag ich zusammengerollt auf dem Fußboden, als David ins Zimmer platzte. Er baute sich vor mir auf und blickte auf mich herab.

»Rob, wir müssen das mit dir wieder hinkriegen«, sagte er. »Sonst stirbst du.«

Ich starrte zu ihm hinauf.

»Du musst einen Entzug machen. Sofort!«

Ich nickte.

»Ja«, gab ich klein bei. »Ja, ich weiß. Gehen wir.«

15

Der Geruch von Schießpulver

David brachte mich zurück ins John C. Lincoln Medical Center zur Entgiftung. Man legte mich auf die Entzugsstation für Alkoholiker, wo die Schwestern mich sofort an den Tropf hängten. Von meinem Bett aus sah ich mich um. Zeit für eine erste Bestandsaufnahme.

Hier bin ich also. Ich war ganz offiziell drogen- und alkoholabhängig. Dieser Krankenhausaufenthalt würde etwas länger dauern, daran bestand kein Zweifel.

Und wie ging es mir nun damit?

Das überwältigende Gefühl war … Erleichterung. Ich war vollkommen ruhig. Dies hier war der Boden der Jauchegrube, noch tiefer ging es nicht mehr runter. Der nächste Schritt wäre mit absoluter Sicherheit mein Tod gewesen. Hier zu sein bedurfte keiner Entscheidung. Es war ganz einfach überlebensnotwendig.

Das ganze Therapie-Gewäsch können wir uns hier gerne sparen, ich will ja niemanden langweilen. Nur so viel: Mein Selbstmordversuch war ein Schrei nach Hilfe gewesen. Ein stummer Schrei. Mein Leben war außer Kontrolle geraten, und zwar schon seit geraumer Zeit.

Inmitten meiner Wut und Verzweiflung musste ich mir schlussendlich eingestehen, dass ich ein Problem hatte. Ein Problem, das ich aus eigener Kraft nicht bewältigen konnte. Ich brauchte Hilfe. Es war eine verdammt tiefgreifende Erkenntnis.

Beim kalten Entzug leiden die meisten Süchtigen unter schweren körperlichen Symptomen. Deshalb hatte man mich an den Tropf gehängt. Doch ich hatte keinerlei Entzugserscheinungen. Es war seltsam: Während der ganzen Zeit, die ich im John C. Lincoln verbrachte, verspürte ich keinerlei Verlangen nach Schnaps oder Drogen.

So bin ich eben. Selbst in Phasen meines Lebens, in denen ich wirklich schwer trank (also eigentlich immer, abgesehen von den sechs Monaten im Jahr zuvor), war ich stets in der Lage gewesen, ein paar Tage lang auf die Bremse zu treten, wenn es nötig war. Diese Fähigkeit hatte mich allerdings auch dazu verführt, mein Alkoholproblem zu verdrängen. Von jetzt an ging das nicht mehr.

Auf der Entzugsstation herrschte ein sehr zaghafter, vorsichtiger Tagesablauf. Am schwierigsten gestaltete sich das frühe Aufstehen. Wegen meiner chronischen Schlaflosigkeit kann ich das bis zum heutigen Tag nicht ausstehen. Doch in der Klinik war das nötig, denn die frühmorgendlichen Treffen der Anonymen Alkoholiker waren Pflichtprogramm.

Die anderen Patienten kamen aus allen möglichen Berufen: Geschäftsleute, Busfahrer, Lehrer. Viele Hausfrauen waren ebenfalls darunter. Ein paar von ihnen wussten, wer ich war, die meisten hatten jedoch keinen Schimmer. Aber eigentlich war es allen egal. Wir saßen im selben Boot. Zum ersten Mal sagte ich dort öffentlich die berühmten Worte:

»Hallo. Mein Name ist Rob, und ich bin Alkoholiker.«

Es machte mir nichts aus … schließlich stimmte es ja. Im Grunde war es so gewesen, seitdem ich mich zum ersten Mal im Dirty Duck von Walsall besinnungslos gesoffen hatte.

David benachrichtigte die Band im Studio in L. A. per Telefon darüber, dass ich auf Entzug war und eine Weile lang nicht zur Verfügung stehen würde. Priest waren geschockt – niemand hatte das kommen sehen. Das hatte ich ja selbst nicht. Sofort setzten die Jungs sich in den Flieger nach Phoenix, um mir einen Besuch abzustatten.

Da ich immer noch am Tropf hing, versammelten sich alle um mein Krankenbett. Ein normales Gespräch zu führen, war unter diesen Umständen gar nicht so einfach. Die Situation war ihnen, glaube ich, ein wenig unangenehm. Niemand wusste, was er sagen sollte, also erzählte ich freimütig: »Ich bin hier, weil ich Alkoholiker bin.«

»Du bist doch kein Alki, Rob«, erwiderte Glenn.

»Doch, das bin ich, Glenn.«

»Nein, Alter! Du kippst dir halt gern mal einen hinter die Binde, so wie wir alle!«

Glenn legte sich wirklich ins Zeug, damit ich mich besser fühlte. Doch das änderte nichts daran, dass er falschlag. *Ich war Alkoholiker.* Das wusste ich nun. Vor ihrem Abschied sagten mir die Jungs, ich solle mir so viel Zeit zur Erholung nehmen, wie ich bräuchte. Sie wären für mich da. Obwohl ich mir dessen natürlich bewusst war, tat es gut, das zu hören.

In den täglichen Therapiesitzungen konnte es ziemlich heiß hergehen. Einmal brachte unsere Suchtberaterin beispielsweise einen Baseballschläger mit. In der Mitte unseres Kreises stand ein Stuhl, auf den sie irgendein wahlloses Objekt legte. Dann forderte sie uns auf, die Scheiße aus dem Ding rauszuprügeln. Das Objekt stand symbolisch für eine Person – oder einen Vorfall –, die oder der uns innerlich schwer verletzt hatte. Es sollte für die Patienten eine Art Katharsis darstellen, dieses Objekt stellvertretend zu zerstören.

Den Frauen in der Gruppe gelang das besser als den Männern. Ich saß da und sah diesen sittsamen Damen zu, während sie einen Teddybär kurz und klein schlugen – nur um im nächsten Moment zu einem Häuflein Elend zusammenzubrechen und auf dem Fußboden ihrer Trauer und ihren Ängsten freien Lauf zu lassen. »Wow, fühlt sich gut an«, staunten sie hinterher. Die Männer waren da viel zurückhaltender.

Ich griff nicht ein einziges Mal zum Baseballschläger. Meine Betreuerin Ardith – eine wirklich entzückende Lady, die ein paar Jahre älter war als ich – sagte immer zu mir: »Du bist ein Meister der Verdrängung, Rob.« Wahrscheinlich hatte sie recht. Aber ich wollte eben einfach nicht.

Wir lebten wie unter einer Käseglocke, doch ab und an durften wir Telefongespräche führen. Ich informierte Mom und Dad darüber, wo ich war. Auch Ardith sprach mit den beiden. Sie waren erleichtert, Mom klang sogar ehrlich erfreut. Ich schätze, sie hatten meinen Absturz bewusster wahrgenommen, als ich dachte.

Brad rief ich ebenfalls an. Es tat gut, seine Stimme zu hören. Er war froh über meine Entscheidung, mich behandeln zu lassen, und er vermisste mich. Am meisten freute ich mich darüber, dass er ebenfalls Hilfe suchen wollte: Er würde auch einen Entzug machen. Mein Herz hüpfte auf und ab vor Freude. *Großartig! Vielleicht kriegen wir unsere Beziehung ja doch noch auf die Reihe!* Das wünschte ich mir schließlich am meisten. Ich liebte ihn immer noch.

Nach dreißig Tagen wurde ich aus dem John C. Lincoln entlassen. Schlagartig wurde mir klar, wie sehr mein Leben sich nun ändern würde. Ich war eine folgenschwere Verpflichtung eingegangen: kein Alkohol, keine Drogen mehr. Nie wieder.

Die Zeit war gekommen. Ich wollte mich nicht mehr ständig elend fühlen. Seit Jahren hatte ich mich körperlich nicht mehr gesund gefühlt. Und das musste sich ändern.

Der zweite große Anreiz bestand für mich darin, ein besserer Musiker zu werden. Ich wollte mich wieder mit Judas Priest und unserer Musik verbunden fühlen. Schließlich war – *und ist* – es das Wichtigste in meinem Leben. Durch den Alkoholismus und meine Drogensucht war ich so tief gesunken, dass ich jeden Zugang dazu verloren hatte. Zu allem, was mir Antrieb verlieh.

Der Entzug änderte mein Leben. Er *rettete* mir das Leben. Auch nach meiner Entlassung blieb ich weiter mit Ardith in Kontakt. Was für eine gütige Seele. Sie reiste bis nach Walsall, um meiner Mutter genau zu erklären, was in der Klinik mit mir passiert war. Die beiden wurden zu engen Freundinnen. Sie machten sogar einmal gemeinsam Urlaub in Schottland!

Seit vierunddreißig Jahren habe ich nun weder einen Drink noch andere Drogen angerührt – und das soll auch so bleiben. Natürlich kann man nie sicher sein, aber ich hoffe es von ganzem Herzen. Das alte Klischee der Suchtbekämpfung stimmt: immer ein Tag nach dem anderen. Heute bin ich clean. Morgen werde ich es hoffentlich immer noch sein.

Nach meiner Entlassung aus der Klinik ging ich nie wieder zu einem Treffen der Anonymen Alkoholiker. Ich hörte einfach auf zu trinken, und das war's. Ich sage nicht, dass das jeder so machen sollte, aber bei mir hat es funktioniert. Wie man in Walsall sagt: *Was sein muss, muss sein.*

Zurück in L. A. machten wir uns daran, die Arbeit an *Turbo* endlich abzuschließen. Meine Rückkehr ins Studio gestaltete sich denkbar unspektakulär. Die alte Black-Country-Schule.

Ich schlurfte einfach eines Nachmittags zurück ins Record Plant, wo der Rest der Band bereits schwer beschäftigt war.

»Alles klar, Männer?«, fragte ich.

»Läuft! Bei dir alles gut, Rob?«

Und das war's auch schon. Es gab keinerlei bohrende Fragen darüber, was ich durchgemacht hatte. Die Jungs ließen mir meinen Freiraum. Alle waren einfach nur froh, mich wiederzusehen, gut erholt und bereit, das Album zu beenden.

Ich war mehr als bereit. Fit wie ein Turnschuh. Zum ersten Mal nahm ich meine Gesangsparts für Priest in nüchternem Zustand auf. Als »Out in the Cold« und »Reckless« an der Reihe waren, ließ ich so richtig die Sau raus. Es fühlte sich großartig an. Anscheinend war es einfacher zu singen, wenn man nicht komplett neben sich stand. *Wer hätte das für möglich gehalten?*

Nach meiner schlappen Leistung in Nassau und den unterirdischen Vocals in L. A. vor meinem Entzug war Tom Allom nun hochzufrieden mit meinen neu gewonnenen, verbesserten Sangeskünsten. »Gute Güte, Rob, das klingt viel besser als vorher! Ganz famos!«, überschlug sich unser Produzent mit seinem Schickimicki-Akzent.*

Mit Komplimenten konnte ich noch nie sonderlich gut umgehen, egal, ob es meine Stimme betraf oder irgendetwas anderes. Dieses Lob aber nahm ich bereitwillig an. Tom hatte recht, und das wusste ich. Ich hatte nie besser geklungen. Meine Nüchternheit zahlte sich für die Band sofort aus.

Gegen Ende der Arbeit an *Turbo* kam eine Filmproduktionsfirma auf uns zu. Sie waren interessiert, »Reckless« für

---

* Da Toms Akzent so lupenrein ist, nahm ich stets an, dass er in Eton studiert hatte. Erst viel später klärte er mich auf, dass er Charterhouse-Absolvent war. »Wir waren aber genauso vornehm«, fügte er stolz hinzu.

einen Tom-Cruise-Film namens *Top Gun* zu verwenden. Das allerdings hätte bedeutet, den Song nicht aufs Album zu nehmen, und das wollten wir nicht. Außerdem hatten wir nicht den Eindruck, dass der Film große Wellen schlagen würde. Also lehnten wir ab. *Kluger Schachzug, hm?*

Viele Monate lang hatte ich quasi unentschuldigt gefehlt. Nun hatte ich jede Menge Nachholbedarf – auch was das Geschäftliche anging. Aus London erreichte mich die Nachricht, dass Bill Curbishley jemanden aus seinem Team zu unserer Vollzeit-Managerin gemacht hatte. Strategisch war Bill weiterhin involviert, um das Tagesgeschäft jedoch würde sich von nun an Jayne Andrews kümmern. Seitdem wir uns das erste Mal getroffen hatten, mochte ich sie sehr, also hielt ich das für eine großartige Idee. Sie war ehrgeizig, effizient und würde sich für die Band aufopfern. Das ist heute immer noch so.

Auch privat war es Zeit für einen Neustart. Ich musste raus aus dem Haus am Berg, wo ich meine wildesten Partys gefeiert hatte. Es dauerte nicht lange, bis ich etwas Neues gefunden hatte – ebenfalls im Paradise Valley, nur fünf Minuten entfernt. Es war einfach wundervoll. Bei der Besichtigung rief ich immer wieder: »Das ist ja unglaublich!« Das Haus war luftig und geräumig, und es bot eine atemberaubende Aussicht auf die naturbelassene Herrlichkeit Arizonas.

Vom Pool aus konnte ich die Flugzeuge beobachten, die in der Ferne am Phoenix Airport landeten. *Dad wird es lieben,* dachte ich mir. Also legte ich eine halbe Million Dollar in bar auf den Tisch, noch an Ort und Stelle. Die Investition zahlte sich genauso aus wie die in Walsall: Mehr als dreißig Jahre später lebe ich immer noch hier.

Als Nächstes flog ich nach Philadelphia, um Brad wiederzusehen. Vorher hatte ich mit einer seiner Schwestern telefoniert, die mir versicherte, dass es ihm gut ging. Seit unserem blutigen Kampf in L. A. hatte ich ihn nicht mehr getroffen. Ich war also ziemlich nervös. Wir begruben das Kriegsbeil aber sehr schnell wieder. Schnee von gestern.

Brad hatte mir versprochen, ebenfalls einen Entzug zu machen. Doch dazu kam es nie. Während meines Besuchs in Philly ging er ab und zu »Besorgungen machen« und kehrte mit einer üblen Bierfahne zurück. Ich sagte nichts dazu – meine alte Angst vor Konflikten hinderte mich daran. Aber es belastete mich.

Ich machte mir jedoch nicht nur Sorgen um Brad, sondern auch um mich selbst. Jetzt, da ich endlich nüchtern war, durfte ich keinerlei Risiko eingehen, rückfällig zu werden. So schön es auch war, wieder bei ihm zu sein, er war immer noch ganz der Alte: wild, impulsiv, lebenslustig. Eine tickende Zeitbombe. Ich aber brauchte Stabilität.

Auf dem Rückflug beschlich mich eine gewisse Skepsis.

Nach einer langen und schweren Geburt erblickte im April 86 dann *Turbo* das Licht der Welt. Das Album wurde gut aufgenommen, auch wenn ein paar Metalheads wegen der nervtötenden Gitarrensynthesizer schlucken mussten. Anfangs hatte ich mich von dem Album irgendwie losgelöst gefühlt. Dafür liebte ich es jetzt umso mehr. Außerdem bescherte es uns mit »Turbo Lover« und »Locked In« zwei Riesenhits in den USA.

Für unsere erste Tour seit beinahe zwei Jahren schlossen wir uns eine Woche lang zum Proben ein. Es lief wie geschmiert. Was zum Teil auch daran lag, dass ich nicht mehr alle paar Minuten pausieren musste, um den Wodka-Tonic-Nachschub zu sichern. Halb und halb, versteht sich. Ich musste mir der Gefahren bewusst sein und wachsam bleiben, um die Show am Laufen zu halten.

Fuel for Life war das ehrgeizigste Unterfangen unserer bisherigen Bühnenlaufbahn. Verschiedene Plattformen wurden aufgebaut, zwischen denen wir uns hin und her bewegten, als befänden wir uns in einer seltsamen außerirdischen Maschine. Riesige Roboterhände hoben mich hoch in die Luft. Definitiv keine Konstruktion, die man betrat, wenn man randvoll mit Smirnoff war.

Die Tournee sollte fast ein Jahr dauern. Unser Label war immer noch voll und ganz auf Amerika fixiert. Es gab also *schon wieder* keine Konzerte in Großbritannien. Dafür haufenweise US-Arenen und Sporthallen, einen vierwöchigen Abstecher nach Europa und am Ende noch einen Japan-Trip. Mittlerweile war ich zwar ein alter Hase, was das Reisen anging. Diesmal aber gab es einen großen Unterschied.

Ich war in meinem ganzen verdammten Leben noch kein einziges Mal nüchtern auf eine Bühne gegangen.

In den Nächten vor der Tour lag ich schlaflos und voller Panik in meinem Bett. Während es draußen langsam hell wurde, schossen mir die immer gleichen Fragen durch den Kopf: *Wie soll ich da rausgehen und vor Tausenden von Leuten singen, ohne vorher etwas zu trinken? Werde ich einknicken? Wie soll ich das schaffen?*

Leider gab es keine Antworten darauf. Nur Angst und blinde Hoffnung. Am ersten Abend der Tournee war ich ein nervliches Wrack. *Ach du Scheiße!* Ich stand hinter der Bühne im ausverkauften Tingley Coliseum von Albuquerque und schiss mir vor Angst fast in die Hosen. Zehntausend Fans verlangten nach Priest … und ich hätte mich am liebsten einfach nur verkrochen.

Die Saallichter erloschen. Die Menge brüllte. Ich stellte mich ans Mikro. Und dann passierte es. Etwas Kostbares und Wahrhaftiges.

Sobald ich meinen Mund öffnete und zu singen begann, spürte ich etwas, das ich noch nie zuvor auf einer Bühne empfunden hatte. Nichts verfälschte die Art und Weise, wie ich mich in diesem Moment ausdrückte, weder Alkohol noch irgendwelche anderen Drogen. Es war ein einziger intensiver, heiliger und völlig natürlicher Rausch: das pure Glück der menschlichen Stimme.

Ich schwelgte in der unbändigen animalischen Lust, meine Kehle zu öffnen und alles rauszulassen. Als würde ich unter der Dusche singen. Als wäre ich wieder acht Jahre alt und würde den »Skye Boat Song« schmettern. Es war einfach großartig. Es war transzendental.

Plötzlich hatte ich Zugriff auf etwas tief in meinem Körper, meinem Verstand, meiner Seele, das mir so lange verwehrt geblieben war. Während der ganzen Show fühlte ich mich, als würde ich in der Luft schweben. Blanke Euphorie. Und eine neue, ekstatische innere Haltung ersetzte meine strapaziösen Neurosen:

Wow! Meine ganze Karriere über habe ich mir selbst dieses Gefühl vorenthalten! Ich danke Gott, dass ich es doch noch entdeckt habe!

Nach dem Konzert schwebte ich auf Wolke sieben. Früher wäre ich nun erst einmal kopfüber in eine Flasche Jack Daniel's gesprungen. Jetzt aber saß ich seelenruhig und in mich gekehrt da. Ein warmer Schauer des Stolzes und des Triumphes überkam mich. Glücksgefühle, von denen ich nicht mehr zu träumen gewagt hätte.

Während sich die Tour dann durch Kalifornien und den Mittleren Westen schlängelte, fühlte ich dieselbe Art Glück an jedem Abend aufs Neue. Hier und da gab es backstage aber schwierige Momente. Denn natürlich hatte der Rest der Band das Trinken und Feiern nicht aufgegeben, was ich auch niemals erwartet oder verlangt hätte.

In der Garderobe war immer jede Menge Alkohol im Umlauf. Nach den Shows gingen wir meist zusammen essen. Und so sehr die anderen sich auch zu zügeln versuchten – was ich ihnen hoch anrechnete –, endete es stets im Vollsuff. Heimlich wanderten meine Blicke rüber zu Ken oder Ian, wenn sie sich ein Glas Wein hinter die Binde kippten und sich den Arsch ablachten. Ich kam nicht umhin, mir zu denken: *Sieht aus, als hätten sie einen Riesenspaß!*

Wirklich in Versuchung geriet ich jedoch nie. Es war wohl die alte angeborene Black-Country-Sturheit, die mich immer wieder rettete. Wenn ich mir etwas vornehme, dann mache ich es auch. Ich ziehe es durch. Ich fühlte mich sicher – außerdem waren die Erinnerungen an meine jüngsten Albträume noch zu lebhaft. Ans Aufgeben auch nur zu denken war einfach nicht drin.

Stattdessen rief ich jede Nacht Brad in Philadelphia an, sobald ich von der Bühne kam. Es entwickelte sich ein seltsames, aber sehr schönes Ritual. Zuerst erzählte ich ihm von dem Auftritt und versorgte ihn mit weiteren Neuigkeiten … und dann musste ich ihm »Swing Low, Sweet Chariot« vorsingen. Er sagte, es würde ihm beim Einschlafen helfen.

Und so ging das jede Nacht: Minuten zuvor hatte ich noch für Zehntausende headbangende Metal-Maniacs »Turbo Lover« oder »Freewheel Burning« gekreischt. Und im nächsten Moment saß ich in einem ruhigen Zimmer hinter der Bühne und schnurrte eine sanfte Gospelmelodie für einen schlaftrunkenen jungen Mann, der in seinem Bett in Philly lag:

I looked over Jordan, and what did I see?
Coming for to carry me home

Jedes einzelne Mal freute ich mich darauf. Es war ein süßer, zarter und sehr intimer Moment.

Bei unserer Show in Dallas passierte uns ein Missgeschick. Kens Techniker hatte neue Saiten auf seine Gitarre aufgezogen, aber vergessen, die überstehenden Enden abzuschneiden. Mein Hang zu überschwänglichen Bewegungen auf der Bühne ist ja nun wirklich kein Geheimnis. An diesem Abend schleuderte ich also mal wieder ausladend die Arme nach oben, verpasste dabei aber dummerweise Kens Gitarrenhals einen Schlag.

Er schnellte nach oben, und eine der abstehenden Saiten erwischte Kens rechtes Auge. *AUTSCH!* Das Blut floss in Strömen. Ein wirklich grotesker Anblick. Ken spielte das Konzert natürlich noch zu Ende. Allerdings schnappte er sich dafür seine Sonnenbrille – vor allem deswegen, weil Wayne Isham an diesem Abend ein Live-Video für »Parental Guidance« drehte.

Das Lustige an der Geschichte ist, dass jeder, der das Video sieht, Ken für einen gottverdammten Poser hält. Zum Glück verursachte der Unfall keine bleibenden Schäden, aber der arme Kerl durchlitt Höllenqualen. Er wird auch bis heute nicht müde, dies mir gegenüber zu betonen.

Für den kanadischen Abschnitt der Tour kamen Bon Jovi als Vorgruppe an Bord. Coole Jungs, aber unseren eingefleischten Fans waren sie wohl ein bisschen zu seicht. Ihre Pop-Metal-Masche kam gar nicht gut an. Eines Abends wurden sie sogar mit Flaschen beworfen. Aber eins muss man ihnen lassen: Sie ließen sich davon nicht beeindrucken und zogen jede einzelne Show eiskalt durch.

Na ja, Priest-Fans haben halt ihren eigenen Kopf. Und zumindest haben die Jungs von Bon Jovi ihre »Bad Medicine« an jedem Abend tapfer geschluckt.

Es war eine Sache, Brad jede Nacht ein Schlaflied zu singen. Ihn mit auf Tour zu nehmen, stand auf einem ganz anderen Blatt. So gut meine Genesung auch verlief, wusste ich natürlich trotzdem, was für einen schlechten Einfluss er auf mich haben konnte. Würde meine neue Stabilität ihm standhalten?

Andererseits vermisste ich ihn schrecklich. Unsere nächtlichen Unterhaltungen taten mir gut, also gab ich mir einen Ruck und lud ihn ein, zu uns zu stoßen. Wie immer fügte er sich bestens ein. Mir wurde erneut klar, warum ich mich in ihn verliebt hatte. Nicht, dass ich es jemals vergessen hätte.

Brad blieb zwar nicht nüchtern, aber er mutierte auch nie zu einem besoffenen, zugekoksten Wrack. Allem Anschein nach versuchte er, sich zu bessern. Trotzdem entdeckte ich nun eine Seite an ihm, die ich vorher nicht gekannt oder einfach bewusst ausgeblendet hatte.

Er konnte provokant und ziemlich reizbar sein. Wenn er getrunken hatte, fing er manchmal Streit wegen der nebensächlichsten Dinge an. Ohne Grund konnte er richtig boshaft werden. Vor sechs Monaten noch hätte ich einfach zurückgestichelt. Betrunken genug wäre ich ja gewesen. Jetzt aber blieb ich ruhig und zog mich in mich selbst zurück … und machte mir Sorgen um ihn.

All die Anzeichen des alkohol- und kokainbedingten Zerfalls, die ich an mir selbst beobachtet hatte, bemerkte ich nun auch bei Brad. Dazu diese unbändige Wut. Ich sehnte mich danach, ihn um einen Entzug zu bitten – ich hätte auch dafür bezahlt. Allerdings wusste ich auch, dass er mich in der Luft zerreißen würde, wenn ich nur danach fragte. Am einfachsten war es, gar nichts zu unternehmen. Und das tat ich dann auch.

Klar, er ist mir wichtig. Aber ich habe keine Ahnung, wie lange diese Beziehung noch hält. Und ich weiß nicht, wie die Sache enden wird.

Nichtsdestotrotz hatte Brad auch jede Menge gute Tage. Seine obligatorischen Wasserstreiche feierten ein Comeback (*na toll!*), und die meiste Zeit über war es einfach schön, ihn um mich zu haben. Als wir im Herbst mit *Fuel for Life* nach Europa übersetzten, lud ich ihn ein, mich zu begleiten.

Zuvor blieben uns noch ein paar freie Tage in Walsall. Wir waren gerade zur Tür hereingekommen und hatten unser Gepäck noch gar nicht richtig verstaut, als Brad schon wieder in seine alte Philly-Routine verfiel. Er wollte bestimmen, was wir taten, wo wir hingingen, welche Pläne wir machten.

»Moment«, rief ich halb scherzhaft. »Das hier ist *mein* Hoheitsgebiet. Hier laufen die Dinge so, wie *ich* es will.«

Großer Fehler.

Brad flippte völlig aus. Tassen und Teller flogen mir um die Ohren und zerschellten an der Wand hinter mir. »Halt dein beschissenes Maul!«, kreischte er. »Arschloch! So redet niemand mit mir!«

Ich duckte mich weg. Damit hatte ich nun wirklich nicht gerechnet. Wo zur Hölle war das denn gerade hergekommen? War er immer schon so gewesen, und ich war einfach immer nur zu dicht, um es zu bemerken? So oder so brachte mich die Sache wirklich durcheinander. Ich war ganz aufgewühlt.

Noch vor einem Jahr hätte ich ihn aufs Übelste beschimpft. Vielleicht wäre es auch zu einem Faustkampf gekommen. Möglicherweise hätte auch die Polizei wieder auf der Matte gestanden. Jetzt aber entschuldigte ich mich einfach und spielte die Sache herunter: »Sorry, war nur ein Witz! Hör mal, ich mach uns jetzt eine schöne Tasse Tee, okay?« Nach einer Weile hatte er sich dann auch tatsächlich wieder beruhigt.

Unter Brads Jähzorn blitzte jedoch immer wieder sein jungenhafter Sinn für Humor auf. Aus irgendeinem Grund entdeckte er in Walsall Modelleisenbahnen für sich. Also gingen wir in den örtlichen Spielzeugladen, und er baute ein langes Schienennetz in meinem Wohnzimmer auf. Lokomotiven, Bahnhöfe, Rangiergleise, einfach alles.

Ich stellte ihn meiner Familie vor. Die genauen Umstände unserer Beziehung ließ ich zwar unerwähnt, aber mittlerweile hatten sie mich sowieso durchschaut. Unser Anblick allein sagte alles. Als geborener Charmeur wickelte er meine Eltern von Anfang an um den Finger. Auch Sue mochte ihn sehr.

Es passte ihm allerdings gar nicht, rund um die Uhr mit mir zusammen nüchtern zu sein. Und so wurde er in Walsall schnell hibbelig und ruhelos. Als er dann schließlich eine Snooker-Bar entdeckte, die nur fünf Minuten von meinem Haus entfernt und auch noch die ganze Nacht lang geöffnet war, lag ich wieder schlaflos zu Hause – und fragte mich, wann und in welchem Zustand er zurückkehren würde.

Als wäre das nicht genug gewesen, begann mich noch ein weiterer Gedanke zu quälen. Unser Sexleben flaute ziemlich ab. Außerdem hatte seine Schwester vor Kurzem unabsichtlich am Telefon ausgeplaudert, dass Brad in Philadelphia eine enge Freundin hatte. Natürlich rief das die alte Paranoia wieder auf den Plan.

War Brad am Ende etwa hetero? So wie David? Hatte ich den gleichen dämlichen Fehler wirklich ein zweites Mal begangen?

Sicher nicht, redete ich mir ein. Irgendwann hörte ich dann, wie Brad betrunken den Schlüssel ins Schloss zu stecken versuchte, und dämmerte erleichtert weg.

Nach dem europäischen Abschnitt von *Fuel for Life* flog Brad zurück in die USA, während wir in Japan die Tour zu Ende brachten. Dort führte ich auch ein zwangloses, aber durchaus bedeutungsvolles Gespräch mit der Band. Es ging um ein Thema, das mir schon eine Weile am Herzen lag.

Jetzt, da ich nicht mehr trank, war ich mit Priest glücklicher denn je. Trotzdem ging mir der Gedanke an ein Soloprojekt nicht aus dem Kopf. Einfach um herauszufinden, wie es sich anfühlen würde.

Ich konnte absolut nicht einschätzen, was die Jungs dazu sagen würden. Als ich es aber dann backstage in Japan erwähnte, schienen alle vollkommen unbeeindruckt zu sein. »Klar, warum nicht?«, sagten sie. »Hau rein! Tu uns nur den Gefallen und mach es, wenn wir gerade Pause haben. Und lass es nicht zu sehr nach Priest klingen. Dann wird das schon!« Ihr Einverständnis zu bekommen, war eine große Erleichterung für mich. Und so trennten sich unsere Wege am Ende dieser Tour fürs Erste.

Im Dezember kam Brad wieder nach Walsall. Wir verbrachten ein wundervolles Weihnachtsfest im Bungalow meiner Eltern. Um den Jahrestag meines erfolgreichen Entzugs zu feiern, präsentierte Sue mir am 6. Januar einen Kuchen in Form einer Flasche Perrier. Wirklich herzergreifend.

Danach flog ich zurück nach Phoenix, während Brad nach Philadelphia heimkehrte. Wir vereinbarten, uns am folgenden Wochenende wiederzusehen. Yul Vazquez und Gigi Fredy waren mittlerweile nach New York gezogen, hatten sich dort aber getrennt – in aller Freundschaft. Ich traf mich weiterhin mit beiden. Da ich Gigi ewig nicht gesehen hatte und auch Brad sie sehr mochte, fragten wir, ob sie uns begleiten wollte. Das versprach lustig zu werden – oder nicht?

Dieser Horrortrip wird mich für den Rest meines Lebens heimsuchen.

Es war der 19. Januar 1987. Gigi und ich erreichten auf separaten Maschinen den Flughafen von Philadelphia. Dort trafen wir uns und fuhren dann direkt zu Brads Stadthäuschen. Dieses hatte zwei Schlafzimmer, also wollten wir beide bei Brad übernachten. Als wir ankamen, betraten wir das Haus, trugen Gigis Taschen nach oben – und Brad flippte völlig aus.

Ich habe das alles seitdem immer wieder in Gedanken durchgespielt, trotzdem weiß ich bis heute nicht, worum es überhaupt ging. Wahrscheinlich um gar nichts. Jede noch so kleine Nebensächlichkeit konnte Brad dazu bringen, komplett auszurasten und alles kurz und klein zu schlagen. Und genau das tat er jetzt.

Diesen Film kannte ich bereits. *Brads Dämonen.* Er hatte kein Happy End.

»Lass uns abhauen und ein Hotel nehmen«, sagte ich zu Gigi. »Kannst du uns ein Taxi rufen?«

Sie rannte hinunter, was Brad aus irgendeinem Grund noch wütender machte. Mit wildem Blick legte er das Zimmer in Schutt und Asche. Meine Versuche, ihn zu beruhigen, machten alles nur noch schlimmer.

»Brad, ich hau ab«, erklärte ich ihm. »Ich gehe, weil ich hier nichts für dich tun kann. Du musst das alles hinter dir lassen. Ich such mir ein Hotel und ruf dich später an.«

Dann ging ich ebenfalls nach unten. Gigi hatte bereits ein Taxi angehalten und wartete auf dem Beifahrersitz auf mich. Als ich gerade einsteigen wollte, kam Brad aus dem Haus gerannt.

Er lief direkt auf mich zu und umarmte mich.

»Ich liebe dich«, rief er.

»Ich liebe dich auch, Brad«, erwiderte ich.

Als er sich umdrehte, fiel mir die Knarre auf, die in seiner Hose steckte.

Ich stieg ins Taxi.

»Heilige Scheiße«, wandte ich mich an Gigi, als wir davonfuhren. »Hast du die Waffe gesehen?«

»Was für eine Waffe?«

»Brad hat 'ne Knarre in der Hose. Ich wusste gar nicht, dass er überhaupt eine besitzt!«

Wir ließen uns zum Embassy Suite Hotel am Flughafen bringen. Sobald wir unser Zimmer bezogen hatten, versuchte ich, Brad zu erreichen. Er nahm nicht ab. Irgendetwas stimmte nicht. Brad nahm sonst *immer* ab. Ich versuchte es erneut. Wieder keine Antwort.

»Das gefällt mir überhaupt nicht«, erklärte ich Gigi. »Ich hab ein ganz seltsames Gefühl. Ich ruf mal seinen Onkel an.«

Dieser Onkel wohnte nur fünf Minuten von Brads Haus entfernt und hatte einen Schlüssel. Am Telefon erzählte ich ihm von meinen Sorgen. »Okay, danke für den Anruf, Rob«, sagte er. »Ich geh gleich mal rüber.«

Als sein Onkel die Tür öffnete, lag der Geruch von Schießpulver noch immer schwer in der Luft.

Ich wartete geschlagene zwei Stunden, bis sein Onkel endlich zurückrief. Brad hatte sich in seinem Schlafzimmer das Hirn weggepustet. Ein paar Minuten bevor sein Onkel eintraf, hatte er sich einfach erschossen. Der arme Kerl machte sich die schlimmsten Vorwürfe, nicht früher vor Ort gewesen zu sein.

Und er war nicht der Einzige, der sich Vorwürfe machte.

Scheiße. Ich hatte die Knarre bemerkt. Ich wusste, in welchem Zustand er sich befand. Warum hatte ich nichts gesagt? Nichts getan?

WARUM?

Ich fühlte mich … nun, wie fühlte ich mich eigentlich? Ich konnte es nicht sagen. Benommen. Kalt. Ich fühlte mich, als wäre etwas in mir gestorben. Schließlich hatte ich gerade den Menschen verloren, den ich mehr liebte als jeden anderen, den ich jemals getroffen hatte. Für niemanden hatte ich so unendlich viel empfunden.

Mit Brad war ich durch die Hölle gegangen und im Himmel gewesen. Manchmal innerhalb eines Tages. Oft innerhalb von nur fünf Minuten. Ich hatte keine Ahnung, was ich tun oder sagen sollte. Ich wusste jedoch, dass nichts wieder so werden würde, wie es einmal war.

Man hatte ihn ins Krankenhaus gebracht und lebenserhaltende Maßnahmen eingeleitet. Seine Familie wollte seine Organe spenden. Sobald ich davon erfuhr, war mir klar, dass ich ihn noch ein letztes Mal sehen musste. Ein allerletztes Mal.

Ich traute mich nicht, seine Eltern oder seine Schwester anzurufen und um Erlaubnis zu bitten. Wollten sie mich jetzt überhaupt sprechen? Würden sie mir eventuell sogar die Schuld geben?

Als Gigi meinen Zustand bemerkte, wusste sie sofort, was zu tun war, und rief seine Familie für mich an. Sie waren einverstanden. Also fuhr ich hin, um mich von ihm zu verabschieden.

Um drei Uhr morgens bahnte sich das Taxi seinen Weg durch die dunklen verlassenen Straßen von Philadelphia. Einfach alles hier erinnerte mich an Brad. Die Bars, in denen wir uns gestritten und geliebt hatten. Die Clubs, die wir besucht hatten. Die Restaurants, in denen wir zusammen gegessen hatten.

Das Hotel, in dem wir uns zum ersten Mal begegnet waren.

An der Rezeption des Krankenhauses stellte ich mich vor und erklärte, warum ich gekommen war. Der Nachtpförtner nickte nur und rief dann einen Pfleger, der mich die Treppen hoch zu einer abgedunkelten Station brachte. Er begleitete mich in eins der Krankenzimmer und verschwand.

Brad lag auf dem Bett. Man hielt ihn mit Schläuchen am Leben, bevor die Ärzte später seine Organe entnehmen konnten.

Trotz seiner blutunterlaufenen Augen sah er friedlich aus. Als wäre er endlich mit sich im Reinen. Ich ging zu ihm, beugte mich hinunter und gab ihm einen Kuss auf die Stirn.

Und dann verließ ich den Raum.

Am nächsten Morgen flog ich zurück nach Phoenix. Ich fühlte mich komplett leer. In meinem Zustand würde ich es auf keinen Fall alleine in meinem Haus aushalten, also fuhr ich mit meiner Corvette direkt vom Flughafen zu David. Ich erzählte ihm, was geschehen war.

Mit David und mir hatte es zwar nie geklappt – wenn es aber hart auf hart kam und ich ganz unten war, konnte ich mich immer auf ihn verlassen. »Tut mir leid, Rob«, sagte er. »Bleib hier, so lange du willst.«

Eine Woche lang verkroch ich mich in seinem Gästezimmer, immer noch völlig betäubt und komplett gleichgültig. Dort tat ich nichts, außer ins Leere zu starren. Irgendwann rief dann Gigi an und erzählte mir von der bevorstehenden Beerdigung.

»Möchtest du hingehen?«, fragte sie.

Ich konnte nicht. Ich war zu mitgenommen, zu verzweifelt. Außerdem wollte ich seiner armen Familie nicht noch mehr Kummer bereiten. Zwar hatten sie mich immer nett behandelt, aber ob sie mich überhaupt dabeihaben wollten, konnte ich nicht sagen. Meine Anwesenheit am Grab konnte ungewollte Aufmerksamkeit auf sich ziehen. So beschloss ich, alleine zu trauern.

Exakt zu dem Zeitpunkt, an dem Brad beerdigt wurde, fuhr ich an ein wunderschönes Plätzchen im Paradise Valley. Wir beide waren oft dorthin gewandert. Vom Hang aus schaute ich hinunter ins Tal und versuchte, eine spirituelle Verbindung zu den Ereignissen herzustellen, die sich mehr als zweitausend Meilen entfernt in Philadelphia zutrugen.

Bis heute habe ich Brads Grab nicht besucht. Ich bin mir einfach nicht sicher, ob ich das wirklich möchte. Wieder und wieder habe ich Jim Silvia davon erzählt. »Rob, wann immer du bereit bist, gehen wir zusammen hin«, lautete die immer gleiche Antwort. »Sag einfach Bescheid.«

Irgendwann werde ich so weit sein.

16

We should be so lucky

Wenn ich jemals rückfällig geworden wäre, dann in der Zeit nach Brads Selbstmord. Nichts ist traumatischer als der plötzliche Tod eines geliebten Menschen, noch dazu auf solch brutale Art und Weise. Man braucht Trost, und man braucht Zuspruch. Beides findet man, zumindest für eine Weile, auf dem Boden einer Flasche.

In meiner Seele hatte lange genug finsterste Nacht geherrscht. Nur ein Jahr zuvor hatte ich selbst versucht, mich umzubringen, aber irgendwie war das … anders gewesen. Selbst in dem Moment, als ich die Pillen schluckte, hatte sich eine Stimme in meinem Kopf dagegen gewehrt. Es war ein Hilferuf gewesen. Ich hatte nach einem Ausweg gesucht.

Das hier war etwas ganz anderes. Sich eine Waffe an den Kopf zu halten und abzudrücken … welche Seelenqualen muss man durchleben, um das durchzuziehen? Nacht für Nacht lag ich wach und fragte mich, was Brad angetrieben hatte. Und irgendwann bekam ich dann den entscheidenden Hinweis.

Eine seiner Schwestern hatte Gigi erzählt, Brad hätte ein Mädchen in Philadelphia geschwängert. *Also war er doch hetero!*

Neben unserem gemeinsamen Leben und seinem Alkohol- und Drogenkonsum musste er also auch noch mit diesem Stressfaktor irgendwie fertig werden. Nun ergab alles mehr Sinn. Ein *wenig* mehr.

Mancher Leser denkt jetzt vielleicht: »Na gut, der Kerl war eben bisexuell.« Mein Bauchgefühl aber sagt mir, dass Brad hetero war und für mich eine Ausnahme gemacht hatte. Er hatte mich also betrogen, aber ich fühlte mich nicht verletzt deswegen. Wozu auch? Dafür war es ja sowieso zu spät. Stattdessen überkam mich ein leichter Anflug von Erleichterung, weil er von seinem Leiden erlöst war.

Hätte ich damals noch getrunken, dann hätte ich die Situation nicht überlebt. Meine Nüchternheit war ein Segen. Ein Wunder. Meine Gedanken waren völlig klar. Wäre ich die ganze Zeit über besoffen gewesen, dann hätte ich meine Gefühle niemals so geordnet verarbeiten können. Ich war imstande, mich irgendwie mit Brads Tod zu arrangieren. Und dafür war ich sehr dankbar.

Für den größten Teil des Jahres 1987 verschwanden Judas Priest von der Bildfläche, was sich als großes Glück herausstellte. So konnte ich mich erholen und sicherstellen, dass ich nach dieser grässlichen Tragödie nicht erneut zur Flasche griff. Ich tauchte in Phoenix unter, ging in keine Bars oder Clubs und traf mich nur mit einer streng begrenzten Anzahl von Freunden.

In der ersten Jahreshälfte kam die Band nur ein einziges Mal zusammen. Gemeinsam mit Tom Allom mischten wir in Florida unser Live-Album *Priest…Live!*, das Mitschnitte von zwei Konzerten der *Fuel for Life*-Tour enthielt: Atlanta und Dallas, wo ich Kens Augapfel als Nadelkissen missbraucht hatte.

Ganz im Gegensatz zu *Unleashed in the East* war es diesmal das reinste Kinderspiel – keine panischen Neuaufnahmen meiner Gesangsparts waren nötig. Ein sehr entspannter Arbeitsaufenthalt, der mir genug Gelegenheiten verschaffte, das Strandleben zu genießen.

Mit Ian teilte ich mir eine hübsche Villa direkt am Wasser. Da ich dem Saufen abgeschworen hatte, kam ich allmählich richtig in Form. So brachte ich meine Nachmittage damit zu, in einem winzigen weißen Tanga durch den Sand zu stolzieren und ein Auge auf die herumliegenden Sahneschnittchen zu werfen.

Ich gewöhnte mir an, einen Apfel pro Tag zu essen. Genau das tat ich gerade, als mich Toms Frau Louise dabei erwischte, wie ich in meinem kleinen Herren-String versuchte, einen Rettungsschwimmer anzuquatschen. »Ehrlich, Rob, du bist die Heavy-Metal-Eva im Garten Eden«, seufzte sie. Ich schätze, damit hatte sie sogar irgendwie recht.

Da Priest bis zum Herbst Pause machen würden, begab ich mich im Frühsommer nach Walsall. Dort verbrachte ich ein paar Wochen in meiner Remise. Mom und Dad erzählten mir, wie untröstlich sie gewesen waren, als sie von Brads Tod erfahren hatten. Gleichzeitig bereitete es ihnen aber auch große Freude, mich nüchtern und klar im Kopf zu sehen.

New York gehörte schon immer zu meinen absoluten Lieblingsstädten. Wann immer ich damals aus England nach Phoenix zurückflog, legte ich dort in der Regel einen mehrtägigen Zwischenstopp ein. Das tat ich auch im Sommer 87 und verbrachte ein paar Tage mit Gigi in ihrem Apartment in Manhattan.

Zusammen gingen wir ins Limelight, einen unfassbar angesagten Club in einer ehemaligen gotischen Kirche. Billy Idol war an diesem Abend auch dort unterwegs. Da die wummernde House Music höllisch laut war, bahnten Gigi und ich uns unseren Weg in einen kleinen Nebenraum. Dort saß eine voluminöse Jamaikanerin ganz für sich allein.

Die Frau stellte sich als Pearl vor und erklärte uns, sie habe übersinnliche Kräfte. Ein Medium. *Oh, was die sich in diesen Clubs heutzutage alles einfallen lassen,* dachte ich mir. Aber dann fragte Pearl: »Gibt es eine bestimmte Person, mit der du gerne sprechen würdest?«

Doch noch bevor ich nein sagen und irgendeine skeptische Bemerkung vom Stapel lassen konnte, rief sie plötzlich: »Nun, es gibt hier jemanden, der mit *dir* reden möchte.«

Verdutzt sah ich sie an. *Hä?*

»Er fragt, ob du die Unterwäsche aufgehoben hast, die er dir geschenkt hat. Die mit den Schnallen an den Seiten.«

Mein Mund wurde trocken. Mein Herz blieb stehen. Es fühlte sich an, als würde die ganze Welt stehen bleiben. *Was zum …?* Ich hatte niemandem die Geschichte mit der Unterwäsche erzählt. Wie zur Hölle kam diese fröhliche Jamaikanerin in diesem Nachtclub jetzt darauf?

»Die Person, die das wissen will«, fuhr Pearl fort, »hat ein echt ansteckendes Lachen, oder? Ein richtig ungezogener Junge!«

Ich ertappte mich dabei, wie ich ihr zustimmte. Ja, das war er.

»Ganz bestimmt! Ständig hat er dir Streiche gespielt, mit Wasser!«

Mein. Gott. Was passierte hier? Woher konnte diese Frau, der ich noch nie zuvor begegnet war, all diese Dinge über Brad wissen? Es waren private, besondere, intime Dinge. *Unsere Dinge.* Jedenfalls hatte sie – oder er – danach nicht mehr besonders viel zu sagen.

Aber so war Brad eben. Er machte dich heiß und ließ dich dann stehen.

Vielleicht war dies die außergewöhnlichste Begegnung meines Lebens. Von einem Moment auf den anderen hatte sich meine Einstellung zum Leben, zur Spiritualität und zum Leben nach dem Tod vollkommen verändert. Mit einem Mal war ich mir völlig sicher, dass wir an einen anderen Ort gehen, wenn wir sterben. Brads Körper war nicht mehr am Leben, aber *er* war es. Und er passte auf mich auf.

Und das Beste daran war, dass er sich sein lautes, wunderschönes Lachen bewahrt hatte.

Gegen Ende 1987 zogen wir uns mit Priest für ein paar Wochen in Glenns neues Haus in Südspanien zurück. Dort schrieben wir Songs für den Nachfolger von *Turbo.* Kurz vor Weihnachten dann zogen wir in die Puk Studios in Dänemark um. Gemeinsam mit Tom Allom wollten wir dort das Material aufnehmen, aus dem *Ram It Down* hervorgehen würde.

Die Gefahr wilder Ausschweifungen wie in Nassau und Ibiza bestand jedenfalls nicht. Puk befand sich mitten im Nirgendwo. Zu Anfang nahmen wir ein paar Songs auf, die übrig geblieben waren, als aus *Twin Turbos* das Album *Turbo* wurde. Es sollten die ersten Aufnahmen werden, die ich komplett nüchtern durchzog. Die Klarheit, mit der ich mich meinen Texten und meinem Gesang widmen konnte, gefiel mir sehr.

Es hat mir schon immer Schwierigkeiten bereitet, mich selbst singen zu hören. Wenn ich mir aber heute die Tracks aus den Puk-Sessions anhöre, fällt mir sofort auf, dass weder Alkohol noch chemische Drogen im Spiel waren. Meine Stimme klingt *anders,* irgendwie schärfer als auf den früheren Alben. Es hört sich an, als wäre ich in einem besseren Zustand gewesen – und das stimmte ja auch. Es war ein großartiges Gefühl, wieder ein vollwertiges Bandmitglied zu sein.

Ich genoss die Arbeit im Puk ... was man von Dave Holland leider nicht sagen konnte. Die Einfachheit seines Spiels, dieser direkte Ansatz, den wir als Kontrast zu Les Binks immer so geschätzt hatten, wurde nun als Einschränkung wahrgenommen.

Bands, hm? Können sich verflixt nochmal nie entscheiden!

Wir entschieden uns dafür, einen Drumcomputer zu verwenden. Dazu musste man nur die verschiedenen Trommeln einzeln aufnehmen und konnte die Schlagzeugspuren dann buchstäblich elektronisch im Studio programmieren. Was zur Folge hatte, dass unser armer Schlagzeuger kaum Schlagzeug spielte.

Das kotzte ihn natürlich ziemlich an. Ich kann es ihm nicht verübeln – hätte die Band einen Roboter zum Singen angeheuert, wäre ich auch stinksauer gewesen! Und um ehrlich zu sein, die Drums auf diesem Album klingen tatsächlich arg künstlich.

Wir waren mit den Aufnahmen etwa zur Hälfte fertig, als Bill Curbishley uns einen Besuch abstattete. Man hatte uns angeboten, einen Song für eine Filmkomödie namens *Johnny Be Good* beizusteuern. Anthony Michael Hall, Robert Downey Jr. und eine blutjunge Uma Thurman spielten die Hauptrollen.

Nach unserem *Top Gun*-Debakel wollten wir uns diese zweite Chance auf keinen Fall entgehen lassen. Also spielten wir für den Soundtrack ein Cover von Chuck Berrys »Johnny B. Goode« ein, das wir auch aufs Album nahmen. Als ich den Film später sah, war ich ein wenig enttäuscht, wie kurz unser Beitrag war. Und seien wir ehrlich, der Streifen reichte nicht wirklich an *Top Gun* heran.

Auch Ozzy kam uns während der Arbeit im Puk besuchen, mit einer Schar gut aussehender Mädels in den Armen.

Er war gekommen, um sich das Studio anzusehen, da auch er mit dem Gedanken spielte, dort aufzunehmen. Für seinen Geschmack jedoch war es zu weit ab vom Schuss. Aber der Inhaber – ein echter Wikinger – setzte alles daran, ihn vom Gegenteil zu überzeugen.

»Na ja, ich bräuchte einen Hubschrauberlandeplatz«, verkündete Ozzy, um mit der völlig verrückten Forderung die Diskussion im Keim zu ersticken.

»Klar, kein Problem«, antwortete der Wikinger und nickte ernsthaft. »Du kriegst deinen Landeplatz.«

Am Ende sollte es trotzdem nichts werden mit Ozzys Aufnahmen im Puk. Während seines Besuchs bei uns verstand er sich allerdings blendend mit Glenn. Ständig verdrückten sich die beiden, um im studioeigenen Pool schwimmen zu gehen. Wenn ich dann in meinen Speedos ebenfalls Richtung Schwimmbecken unterwegs war, kippten sich die beiden zusammen mit Ozzys Mädels im Whirlpool ordentlich einen hinter die Binde.

Wir schlossen die Arbeit an dem Album mit einem ziemlich ungewöhnlichen Sprung ins Ungewisse ab. Einige unserer Fans würden es wohl eher als einen Tanz mit dem Teufel bezeichnen.

Wie bereits erwähnt mag ich zwar ein Metal-Gott sein, aber ich bin gleichzeitig auch eine ziemliche Pop-Nutte. Ich habe die Charts permanent im Blick, und so kam es, dass ich mich in den Dance-Pop verliebte, der damals von Stock, Aitken & Watermans Fließband lief: Kylie Minogue, Rick Astley, Bananarama.

In den späten Achtzigern beherrschte dieses Produzententrio die britischen Single-Charts fast im Alleingang. Zwar hatten wir uns immer als klassische Album-Band gesehen, waren aber seit »United« im Jahr 1980 nicht mehr in den

Top 20 vertreten gewesen. Und ich stellte mir die Frage, ob SAW das vielleicht richten könnten.

Judas Priest und Stock, Aitken & Waterman? Allein der Gedanke daran erschien lächerlich. Andererseits habe ich immer schon die Ansicht vertreten, dass man gewisse Risiken im Leben einfach eingehen muss. Sonst darf man sich hinterher auch nicht über verpasste Chancen beschweren. Hab vor nichts Angst! Wenn du es ausprobierst und es nicht funktioniert, dann hast du es immerhin versucht.

Also präsentierte ich der Band meine Idee. Ich hatte absolut keine Ahnung, wie die Jungs reagieren würden. Anfangs waren sie ziemlich verwirrt (*»Was???«*), nach einer Weile aber standen sie dem Vorschlag offener gegenüber. Sie vertrauten meinem Instinkt. Der generelle Konsens lautete wohl: *Diese Sache ist dermaßen dämlich, dass sie glatt funktionieren könnte.*

Jayne Andrews nahm Kontakt zu SAW auf, die von der Idee ebenfalls ziemlich angetan waren. Wahrscheinlich gefiel ihnen allein der Gedanke daran, neue Wege zu beschreiten, genauso gut wie uns. *Eine Heavy-Metal-Band? Klar, wieso nicht?* Also buchten wir im Frühling unsere Flüge nach Paris und besuchten sie im Studio.

Ich mochte die drei von Anfang an. Vor allem Pete Waterman* hatte es mir angetan. Genau wie wir ist er ein typisch bodenständiger Kerl aus den West Midlands. Was mich aber am meisten vom Hocker haute, war die Geschwindigkeit und Effizienz, mit der SAW arbeiteten.

Insgesamt wollten wir drei Songs aufnehmen. »You Are Everything« war die Coverversion einer alten Soulnummer

---

* Obwohl er aus Coventry kommt, ist Pete großer Anhänger des FC Walsall. Zwar bin ich selbst kein großer Fußballfan, schätze aber, er ist der einzige Saddlers-Mann, der nicht aus Walsall stammt.

aus den Siebzigern. Ich hatte das Original der Stylistics immer geliebt. Die anderen beiden Songs würden SAW für uns schreiben … und dafür brauchten sie dann ungefähr so lange, wie andere Leute brauchen, um sich ein Brot zu schmieren.

Ihr kreativer Prozess hörte sich ungefähr so an:

»Okay, das hier nehmen wir als Refrain.«

»Ja, dieser Ton hierhin – nein, eigentlich passt er hier noch besser.«

»Stimmt. Wie wär's damit an dieser Stelle? Das wird die Strophe so richtig anheben.«

»Kommen wir zur Hook … und hier die Bridge … ja, das klappt super!«

»Okay, Rob, wir wären dann so weit!«

Einfach unfassbar. Als das rote Licht anging, nahmen wir zuerst »You Are Everything« und anschließend die beiden Songs auf, die SAW für uns aus dem Ärmel geschüttelt hatten: »I Will Return« und »Runaround«. Kein Vergleich zu unserer normalen Arbeitsweise! Das Ganze dauerte nicht länger als einen Nachmittag.

Als wir wieder zu Hause waren, hörten wir uns das Ergebnis an. Mir hatte die Session großen Spaß gemacht. Außerdem fand ich, dass der Dance-Beat uns großartig stand. Gleichzeitig war uns aber auch bewusst, was uns bei der Veröffentlichung blühen würde – dieses Experiment könnte sogar unser Karriereende besiegeln. Innerhalb der Band wurde lang und breit darüber diskutiert.

Für viele unserer Fans waren Stock, Aitken & Waterman gleichbedeutend mit musikalischen Antichristen; in den Augen der Metalheads lieferten sie lediglich leeren, wertlosen Popschmelz für die Durchschnittskids. Auch wenn ich vollkommen anderer Meinung war, konnte ich die Feindseligkeiten, die uns entgegenschlagen würden, bereits in meinem Kopf hören:

Was soll dieser Disco-Scheiß, Priest? Seid ihr verflucht nochmal völlig irre? Das hat mit Heavy Metal nichts zu tun! VERRÄTER-SCHWEINE!

Da wir mit »Johnny B. Goode« bereits einen Song auf dem Album hatten, mit dem wir Neuland betraten, beschlossen wir, die SAW-Songs erst mal auf Eis zu legen. Mit diesen Bubblegum-Liedchen hätten wir uns einfach einen Schritt zu weit von dem entfernt, wofür wir eigentlich standen: *Metal.* Die Vorsicht hatte gesiegt.

Wann immer ich Pete Waterman über den Weg laufe, erzählt er mir, dass die Aufnahmen immer noch irgendwo in seinem Haus rumliegen. Im Lauf der Jahre sind ein paar Schnipsel davon auf YouTube durchgesickert. Ob wir die Tracks jemals komplett veröffentlichen? Kann ich ehrlich nicht sagen. Mir jedenfalls liegen die Songs und unsere Session mit SAW immer noch am Herzen.

Da ich sowieso gerade in Europa war, traf ich mich mal wieder mit Michael aus der Yew-Tree-Siedlung. Er lebte mittlerweile in London, wo er für das Lighthouse-Hospiz arbeitete, das Männer aufnahm, die an Aids erkrankt waren.* Er kannte sogar Prinzessin Diana persönlich, die oft unangekündigt mitten in der Nacht auftauchte, um den Patienten Trost zu spenden.

Michael erzählte mir von einer großen Gay-Pride-Parade, die stattfinden würde, um gegen die Schwulenfeindlichkeit der Thatcher-Regierung zu protestieren. Aus einer Laune heraus entschloss ich mich, ihn zu begleiten.

* Tragischerweise sollte Michael selbst später an Aids sterben.

Was Politik anging, habe ich mich stets zurückgehalten. Aber selbst mir fiel auf, welche üblen Dinge unter Margaret Thatcher abliefen. So wurde zum Beispiel der Gesetzeszusatz Section 28 beschlossen, durch den es Kommunen verboten wurde, »Homosexualität bewusst zu begünstigen«. Außerdem durfte im Schulunterricht nicht mehr darüber gesprochen werden. Es diskriminierte Homosexuelle als Freaks und Perverse.

Es war eine beglückende Erfahrung, zusammen mit Tausenden anderen schwulen Männern mitten durch London zu marschieren. Pfeifen trällerten, überall flatterten bunte Regenbogenflaggen: *Das sind meine Leute!* Eine unglaubliche Energie und Begeisterung lag in der Luft. Oh, und jede Menge hübsche Kerlchen waren natürlich auch dabei!

Als wir das Ende der Downing Street erreichten, stimmte ich mit ein: »Maggie! Maggie! Maggie! Raus! Raus! Raus!« Vor meinem geistigen Auge sah ich sie – mit einer Tasse Tee in der Hand hörte sie uns zu und schüttelte den Kopf über diese renitente schwule Massenansammlung.

Meine Entscheidung, an dem Protest teilzunehmen, hatte ich sehr spontan gefällt. Nun fühlte ich mich bestärkt, sah mich aber gleichzeitig auch einem hohen Risiko ausgesetzt. Schließlich verbarg ich meine Homosexualität öffentlich noch immer. Ich hatte höllische Angst, geoutet zu werden und damit die Band zu gefährden. Was, wenn mich ein Fan beobachtet hatte? Oder noch schlimmer: ein Journalist?

Aber ich blieb unbemerkt. Zumindest was das anging, hatte ich stets Glück.

Die Kritiken zu *Ram It Down* fielen ganz anständig aus. Nach einer Woche Proben in Schweden brachen wir zur *Mercenaries of Metal*-Tour auf. Sechs Monate lang würden wir durch Europa, Großbritannien und schließlich Nordamerika brausen.

Seit fünfzehn Jahren waren Priest nun schon auf Tournee, und jede Konzertreise wurde größer und besser als die davor. Mittlerweile wussten wir eben ganz genau, was wir taten. Wie eine furchterregende, gut geölte Metal-Maschine rollten wir auch diesmal scheinbar unaufhaltsam los … bis wir in den Staaten ankamen. Dort hatten wir dann eine Reifenpanne.

Wieder einmal ereilte uns der Fluch der Judas-Priest-Schlagzeuger. Dave Holland war noch immer sauer, weil wir ihn bei den Aufnahmen zu *Ram It Down* auf die Ersatzbank verbannt hatten. Mit ihm war nicht gut Kirschen essen, und im Nassau Veterans Memorial Coliseum in New York eskalierte die Situation schließlich.

Dave hatte dermaßen die Schnauze voll, dass er vor versammelter Mannschaft verkündete, an Ort und Stelle aussteigen zu wollen. Sein Rücken würde ihm Probleme bereiten, und in diesem Zustand könne er nicht spielen. Zwei Stunden lang redete ich mit Engelszungen auf ihn ein, es sich noch einmal zu überlegen. Als er endlich einlenkte und wir auf die Bühne gingen, waren wir bereits eine Stunde zu spät dran.

Der Auftritt selbst war dann ganz solide. Anschließend in der Garderobe bekam Dave aber gleich den nächsten Wutanfall. Er warf ein paar Beleidigungen in Glenns Richtung und beschimpfte ihn als Hauptverantwortlichen für die Sache mit dem Drumcomputer. Dann teilte er uns mit, dass ihm das Leben *on the road* keinen Spaß mehr machte und dass er die Band nach dieser Tour verlassen würde.

Die schlechte Stimmung schwelte bei den nächsten Konzerten ständig im Hintergrund – vor allem natürlich an den Drums. Trotzdem waren es großartige Konzerte. Und dann, im August, erreichten wir Minneapolis.

Achtzehn Monate waren nun bereits seit Brads Tod vergangen. Abgesehen von wenigen One-Night-Stands und gelegentlichen Fummeleien war bei mir nicht viel gelaufen. Ich führte ein ziemlich einsames Leben. Und ich war langsam bereit für eine neue Beziehung.

Bei unserer Show im Met Center in Minneapolis bemerkte ich einen gut aussehenden jungen Kerl in der ersten Reihe, der zu unserer Musik völlig abging. Er sah zum Anbeißen aus. Während ich auf der Bühne performte, dachte ich mir: *Den Typen muss ich kennenlernen.*

Kurz vor der Zugabe schnappte ich mir ein Mitglied unserer Crew und beauftragte ihn, dem schönen Fan einen Backstage-Pass zu besorgen und ihn hinter die Bühne einzuladen. Wenn ich einen geeigneten Kandidaten im Publikum erspähte, machte ich das manchmal so. Die anderen Jungs in der Band taten dasselbe mit weiblichen Fans. Wieso also nicht?

Als der Typ backstage eintraf, wirkte er ziemlich aufgeregt. Sein Name war Josh, und er war mit seinem Bruder Ted hier. Ich schätzte ihn auf Anfang zwanzig. Er wohnte zusammen mit Ted in irgendeinem Kaff in South Dakota, war ein großer Priest-Fan und begeisterter Metalhead.

Es lief vollkommen anders ab als das erste Treffen mit Brad. Damals hatte eine elektrische Spannung in der Luft gelegen, und nach nur zehn Minuten hatten wir es auf dem Klo getrieben. Trotzdem war Josh ein süßer Kerl, und nach einem freundlichen Plausch sowie ein paar gemeinsamen Fotos verabschiedete er sich wieder. Allerdings nicht, ohne mir seine Telefonnummer zu geben.

Ich werde einfach mal durchklingeln, dachte ich mir. *Wer weiß, vielleicht hab ich ja Glück …*

Während der gesamten Tour hing eine dunkle Wolke über unseren Köpfen. Drei Jahre zuvor hatten sich zwei junge Typen erschossen, während sie unser Album *Stained Class* hörten. Als wir davon erfuhren, waren wir völlig entsetzt und tief erschüttert. Was für eine grauenvolle, unnütze Verschwendung von Menschenleben.

Jetzt teilte uns das Management mit, dass die Eltern der beiden uns verklagen wollten. Sie behaupteten, unsere Musik sei schuld am Tod ihrer Söhne. Sofort dachten wir an Ozzys Verfahren drei Jahre zuvor. Damals hatte sich einer seiner Fans das Leben genommen, während er den Song »Suicide Solution« hörte.

In Ozzys Fall wurde die Klage abgewiesen. Also betrachteten wir es als ziemlich unwahrscheinlich, dass die Sache jemals vor Gericht landen würde. Das Ganze war einfach zu sehr an den Haaren herbeigezogen. Als wir aber im September die Starplex Arena in Dallas erreichten, bat uns Jim Silvia zu sich.

»Wenn ihr aus dem Bus aussteigt, wird euch der Sheriff eure Vorladungen aushändigen«, erklärte unser Tourmanager. »Sagt einfach gar nichts. Nehmt sie einfach nur entgegen.«

Genau das taten wir dann auch. In den Papieren hieß es, wir müssten als Zeugen aussagen, falls der Fall vor Gericht ginge. Natürlich hatten wir unsere Bedenken – trotzdem schien es uns zu weit hergeholt, um sich allzu sehr den Kopf darüber zu zerbrechen. Wir gaben die Vorladungen an unsere Anwälte weiter und dachten nicht länger darüber nach.

Ich rief Josh ein paarmal von unterwegs an, und als die Tour vorüber war, besuchte ich ihn in South Dakota. Seine Heimatstadt war ein verschlafenes kleines Nest, und er arbeitete im örtlichen Fitnesscenter. Seine Eltern waren ziemlich prüde, aber sehr sanftmütig und liebevoll.

Josh wuchs mir immer mehr ans Herz … allerdings lief in den ersten Wochen rein gar nichts zwischen uns. Als es dann endlich so weit war, schien es für ihn etwas vollkommen Neues zu sein. Er war wohl noch nie mit einem Mann zusammen gewesen (obwohl es durchaus schon Körperkontakt gegeben hatte – im Football-Team seiner Schule hatte er als Quarterback gespielt).

Wir waren uns zur richtigen Zeit begegnet. Im Jahr 1989 gab es einmal mehr keine Priest-Aktivitäten, also konnte ich mich voll und ganz darauf konzentrieren, Josh kennenzulernen. Langsam, aber sicher verliebte ich mich in ihn. Nachdem er mich zwei- oder dreimal besucht hatte, zog er im Frühling ganz zu mir nach Phoenix.

Im Vergleich zu der Achterbahnfahrt, die ich mit Brad erlebt hatte, war das Leben mit Josh ruhig und beschaulich. Genau das, was ich brauchte. Wir ernährten uns gesund, nahmen Vitamine, stemmten Gewichte. Zum ersten Mal in meinem Leben bekam ich einen Waschbrettbauch! Den Rest der Zeit verbrachten wir zu Hause vor dem Fernseher.

Ich nahm Josh mit nach Walsall, und meine Familie war ganz begeistert von ihm. Zusammen frönten wir seiner Obsession für die Sitcom *Cheers* – auch wenn ich diese Begeisterung nicht so recht teilen konnte. Es war nicht wirklich mein Humor, außerdem hatte die Kneipe in der TV-Show so gar nichts mit dem Dirty Duck gemein. Wo waren das Mogadan und die Go-go-Tänzerinnen? Aber mir gefiel, dass es *ihm* gefiel.

Er hatte gesundheitliche Probleme mit seinen Händen, also massierte ich sie ihm, während wir den Serienhelden Sam, Carla und Woody zusahen. Es fühlte sich alles sehr gemütlich an und erinnerte mich irgendwie an meinen ersten Freund Jason in der Yew-Tree-Siedlung.

Ende 89 war es Zeit, den Priest-Motor wieder anzuschmeißen. Wir quartierten uns erneut bei Glenn in Spanien ein. Dort begannen wir, Material für ein neues Album zu schreiben, das wir später auf den Namen *Painkiller* taufen würden. Zuerst aber galt es, einen neuen Drummer zu finden.

Auf langwierige Vorspiel-Arien, bei denen wir die Träume von zahllosen hoffnungsvollen Jungschlagzeugern zerstören würden, hatten wir allerdings keine Lust. Zum Glück wusste ich schon, was zu tun war.

In Phoenix hatten Surgical Steel letztendlich doch das Handtuch geworfen und sich aufgelöst. Jeff Martin war mittlerweile nach L.A. gezogen und hatte dort die Metal-Band Racer X gegründet. Deren Drummer war ein überaus talentierter junger Judas-Priest-Fanatiker namens Scott Travis.

Und wenn ich »Fanatiker« sage, dann ist das keineswegs übertrieben. Als wir während der *Fuel for Life*-Tour im Hampton Coliseum in seinem Heimatstaat Virginia gespielt hatten, wollte Scott ursprünglich sein Schlagzeug auf dem Parkplatz aufbauen, um bei unserer Ankunft für uns zu spielen. Alles in der Hoffnung, wir würden ihn entdecken und engagieren!

Am Ende hatte er sich dann doch damit begnügt, einem Mitglied unserer Roadcrew ein Demoband zu geben. Ich glaube nicht, dass wir es uns jemals anhörten – schließlich hatten wir damals ja einen Schlagzeuger. Als ich ihm allerdings jetzt davon erzählte, dass der Platz am Schlagzeug wieder frei war, sprühte er vor Begeisterung.

Nachdem ich den Jungs von Scott erzählt hatte, luden wir ihn nach Spanien ein. Er hatte die Vereinigten Staaten noch nie verlassen. Sobald er nun also an unserem entlegenen Fleckchen von Marbella ankam, stellte er scheinbar unverfängliche Fragen: »Wo ist denn hier der nächste 7-Eleven? Oder Circle K? McDonald's?« Da wir ihm keine dieser gewohnten

Annehmlichkeiten bieten konnten, taufte er den Ort auf den Namen »Death Camp One«.

Als er dann zum ersten Mal hinter dem Schlagzeug Platz nahm, wurde uns schnell klar, was für ein beschissen geiler Drummer er war. Er konnte alle Priest-Songs spielen und passte perfekt in die Band. Wenn man von seinem einzigen Makel absah: Er war Amerikaner.

Heute hört sich das dämlich an, aber damals sorgte seine Herkunft für reichlich Diskussionsstoff. *Wir sind eine britische Heavy-Metal-Band – sollen wir uns wirklich diesen Yankee holen?* Glücklicherweise siegte der Verstand. Musikalisch war er die ideale Lösung. Die Farbe seines Ausweises war da völlig egal.

Anfang 1990 gingen wir ins Studio Miraval in Südfrankreich, um *Painkiller* aufzunehmen. Nach sechs Studioalben und zwei Liveplatten mit Colonel Tom Allom hatten wir Lust auf eine Veränderung. Also angelten wir uns Chris Tsangarides, um das Album mit uns gemeinsam zu produzieren.

Es ging uns gar nicht darum, Tom irgendwie herabzusetzen. Wir wussten einfach, welchen Sound wir wollten, und hatten uns vorgenommen, den Großteil der Platte selbst zu produzieren. Chris war bereits auf *Sad Wings of Destiny* unser Toningenieur gewesen. Seitdem hatte er unter anderem Thin Lizzy, Magnum, Gary Moore und … na ja, auch Samantha Fox produziert. Aber niemand ist perfekt.

Studio Miraval lag in einer malerisch ländlichen Gegend, genauso weit ab vom Schuss wie die Puk Studios in Dänemark. Der entsetzte Scott taufte es sofort »Death Camp Two«. Nicht einmal einen Fernseher gab es dort. Das war uns ganz recht. Schließlich folgten wir bei den Aufnahmen zu *Painkiller* einem klaren Ziel.

Ein neues Jahrzehnt war angebrochen, und die Musiklandschaft hatte sich verändert. In Seattle nahm die Grunge-

Bewegung Fahrt auf und brachte mit Bands wie Nirvana, Pearl Jam oder Alice in Chains Vertreter eines ganz neuen Rock-Genres hervor. Dem Heavy Metal erwuchs daraus ernsthafte Konkurrenz.

Wir hatten das Gefühl, dass *Painkiller* ein besonders wichtiges Album für Judas Priest sein würde. Und so beschlossen wir, alles auf eine Karte zu setzen. Dies sollte die stärkste, intensivste und kraftvollste Platte unserer Karriere werden. Für uns hing die gesamte Zukunft der Band von dieser Veröffentlichung ab.

Bei den Aufnahmen gingen wir äußerst diszipliniert und fokussiert vor … und es funktionierte. Angefeuert von Scotts majestätischen Drums griff ein Rädchen ins andere. Für mich ist *Painkiller* bis heute das Priest-Äquivalent zu *Sgt. Pepper's Lonely Hearts Club Band.* Unser musikalischer Maßstab, an dem sich alles andere messen lassen muss.

Painkiller war schier unbarmherzig. Abgesehen von dem symphonischen Track »Touch of Evil« ließ es dem Hörer von Anfang an keine Atempause. Es war genau das besondere Album, das wir zu diesem Zeitpunkt brauchten und dessen brutale musikalische Intensität perfekt zum Text des Titelsongs passte:

> Faster than a laser bullet, louder than an atom bomb
> Chromium plated boiling metal, brighter than a thousand suns

Wir alle waren hochzufrieden mit *Painkiller.* Von Miraval zogen wir weiter nach Amsterdam, wo wir das Album fertigstellten und abmischten. Dort kam Josh mich besuchen … und ich kaufte eine Wohnung.

Ich habe Amsterdam schon immer gemocht. Die bodenständige Offenheit der Holländer spricht mich einfach an. Die Stadt strahlt ein wirklich entspanntes Freiheitsgefühl aus. Außerdem ist Amsterdam ein echtes Schwulenparadies. Also besorgte ich mir eine coole kleine Bude in der Nähe des Rijksmuseums, wo Josh und ich dann ein paar Wochen lang abhingen. Es war ein fantastischer Sommer … doch am Tag vor unserer Abreise nach Phoenix sollte mir der Spaß gehörig vergehen.

Ich war Josh – *meistens* – treu gewesen. In der Welt der Schwulen läuft das etwas anders: Wir sind ein wenig lockerer, erzählen unseren Partnern aber dafür auch oft von unseren kleinen Fehltritten. Manchmal machen diese dann sogar einfach mit, und schon hat man einen guten alten Dreier! Bei Josh und mir hingegen gab es so etwas nicht.

Eigentlich war ich glücklich mit ihm. Am Tag vor unserer Abreise jedoch verspürte ich den plötzlichen Wunsch nach einem kleinen Techtelmechtel. Zehn Minuten von meiner Wohnung entfernt lag ein Schwulenclub namens Drake's Cruising. Dort verkauften sie Pornos, Peitschen und Sklavenmasken, außerdem gab es Zimmer, in denen alles erlaubt war, und Zellen mit Glory Holes.

Meine Säfte begannen zu brodeln. Ich musste da hin. *Sofort!*

»Ich geh noch mal … kurz vor die Tür«, sagte ich zu Josh.

Wie jeder andere Bewohner von Amsterdam besaß auch ich ein Fahrrad, schwang mich hinauf und trat wie ein Wilder in die Pedale. Ich trug meine Doc Martens, eine grüne Bomberjacke, Wollmütze und die engsten Jeans, die ich im Schrank hatte. Die Ausbeulung in meiner Hose wollte schließlich gut in Szene gesetzt sein.

Amsterdam ist berühmt für Sexshops, Fahrräder und Straßenbahnen … und ich war drauf und dran, alle drei miteinander zu verbinden. Da ich so unfassbar scharf darauf war, zum Drake's zu gelangen, verhakte ich mich in der Eile mit meinem Vorderrad in den Bahngleisen. Schnurstracks flog ich über den Lenker.

Scheiße! In Zeitlupe segelte ich durch die Nachmittagsluft. Ich erinnere mich noch genau, dass ich dachte: *Das geht nicht gut aus!* Und das tat es auch nicht. Mit meinem rechten Arm versuchte ich, den Aufprall abzudämpfen. Dann schlug ich krachend auf dem Asphalt auf und verdrehte mir den Ellbogen.

Ein weiteres laut knacksendes Geräusch verkündete das Brechen meines Knochens. Der Schmerz war so unerträglich, dass ich dachte, ich würde auf der Stelle in Ohnmacht fallen. Von überallher kamen Leute angerannt, beugten sich über mich und redeten auf mich ein. Da ich offensichtlich große Schmerzen hatte, riefen sie einen Krankenwagen, der auch bald eintraf.

Im Inneren des Fahrzeugs wurden die Schmerzen immer schlimmer, sodass ich kaum noch sprechen konnte. »Ich gebe Ihnen jetzt etwas zum Inhalieren«, sagte der Rettungssanitäter, dem meine Beschwerden nicht entgangen waren, und drückte mir einen Schlauch samt Atemmaske in die Hand. Gierig klammerte ich mich daran fest und begann einzuatmen.

Wuuusch! Vier Jahre lang war ich nun bereits nüchtern gewesen und bei der ersten Dosis des Betäubungsmittels komplett high. Es fühlte sich verdammt nochmal fantastisch an! *Gott, wie hab ich dieses Gefühl vermisst,* dachte ich. *Scheiße, ja! Wenn das hier vorbei ist, gibt's wieder Schnaps und Koks … vielleicht ein bisschen Heroin …*

Sanft befreite mich der Sanitäter aus meiner Jacke. Ich sah auf meinen Ellbogen und musste verblüfft feststellen, dass der Knochen herausragte. Mittlerweile war ich dermaßen zugedröhnt, dass mich das nicht weiter störte. Als wir im Krankenhaus ankamen, steckten sie mich sofort in ein Bett, wo mich dann ein Arzt untersuchte.

Er verabreichte mir eine Spritze, setzte sich aufs Bett und begann, mit mir zu quatschen. Ein hübscher kleiner Smalltalk … bis der Doc sich ohne Vorwarnung meinen Arm schnappte und ihn mit einem Ruck herumriss. Es fühlte sich an, als wollte er mir das Ding abreißen! Stattdessen jedoch renkte er meinen Ellbogen einfach wieder ein. Wirklich meisterhaft.

Am nächsten Tag flogen Josh und ich zurück nach Phoenix. Mein Arm war verbunden, und nach unserer Ankunft wurde er voll eingegipst. Es tat noch wochenlang weh. Das war also bei meinem Versuch herausgekommen, Josh für einen schnellen Handjob mit einem Fremden zu betrügen! Um es mit John Lennon zu sagen: Es war Instant Karma.

In Amerika warteten ziemlich schlechte Nachrichten auf uns. *Painkiller* war endlich fertig und bereit, auf die Welt losgelassen zu werden. Doch plötzlich hieß es, die Veröffentlichung des Albums, auf das wir so stolz waren, würde fürs Erste auf Eis gelegt. Auch unsere Tourplanungen standen mit einem Mal still. Verdammt, unsere gesamte Karriere stand von einem Tag auf den anderen auf dem Spiel.

Das, was wir alle für unmöglich, für geradezu lächerlich gehalten hatten, würde nun tatsächlich passieren.

Judas Priest mussten sich vor Gericht verantworten.

17

Ich wollte nur ein Pfefferminz!

Die beiden Jungs hießen James Vance und Raymond Belknap. Sie kamen aus Sparks in Nevada. James war zwanzig Jahre alt, Belknap gerade achtzehn. Den 23. Dezember 1985 hatten sie damit verbracht, in Belknaps Zimmer zu trinken und zu kiffen, während sie unser Album *Stained Class* in Dauerschleife hörten. Schließlich schlossen sie einen Selbstmordpakt.

Mit einer abgesägten Schrotflinte gingen sie zu einem Kinderspielplatz in der Nähe, um sich dort umzubringen. Belknap schoss sich in den Kopf und war sofort tot. Vance pustete sich die untere Hälfte seines Gesichts weg und überlebte knapp, jedoch abscheulich entstellt.

Eine furchtbare Geschichte. Was jedoch als Nächstes geschah, war einfach nur grotesk. Vance hatte einen Brief an Belknaps Eltern geschrieben, in dem er behauptete, unsere Musik hätte sie zu ihrer Aktion inspiriert: »Ich glaube, Alkohol und Heavy-Metal-Musik wie die von Judas Priest haben uns hypnotisiert.« Daraufhin beschlossen Vance und seine Eltern … *uns zu verklagen.*

Inzwischen war Vance an einer Methadon-Überdosis verstorben, die Eltern des Jungen jedoch hielten weiterhin an ihrer Klage fest. Anfangs hatten sie noch behauptet, unser Song »Heroes End« enthielte einen Aufruf zum Selbstmord. Bis ihnen Jayne Andrews anhand des Textes das Gegenteil aufzeigte. Denn darin hieß es: »Why do you have to die to be a hero?« Also änderten sie ihre Taktik.

Ihre Anwälte heuerten Toningenieure an, die wiederum berichteten, auf *Stained Class* »verschleierte Texte« entdeckt zu haben. Sie unterstellten uns, dass wir in den Songs unterschwellige Botschaften platziert hätten. Darin würden wir jeden, der unsere Musik hörte, dazu aufrufen, sich umzubringen.

Dabei ging es vor allem um unsere Coverversion des Spooky-Tooth-Songs »Better by You, Better than Me«. Die Audio-Experten hatten angeblich an sieben verschiedenen Stellen des Songs gehört, wie ich »Do it!« krächzte. Ein klarer Aufruf zum Selbstmord!

Und damit nicht genug. Anscheinend hatten wir uns auch die ganz besondere Mühe gemacht, sogenannte »rückverschleierte« Texte in anderen Songs des Albums zu verstecken. Spielte man diese Tracks nun rückwärts ab, dann hörte man Dinge wie »Try suicide«, »Sing my evil spirit«* und »Fuck the Lord, fuck all of you«. *Unter anderem.*

Anfangs konnten wir diese Anschuldigungen kaum glauben. Was sollte der Scheiß? Das alles war dermaßen weit hergeholt, dass wir völlig baff waren. Warum zur Hölle sollten wir so etwas tun? Das würde doch wohl niemand ernsthaft behaupten, oder?

Nun, da hatten wir uns anscheinend geirrt. Die Band wurde dazu aufgerufen, am 16. Juli 1990 im Washoe County Courthouse in Reno zu erscheinen. Vances Familie verklagte uns

---

* Niemals würde ich etwas sprachlich derart Absurdes singen!

und unser Plattenlabel CBS auf fünf Millionen Dollar. Die Familie Belknap hingegen war schon mit 1,6 Millionen zufrieden.

Vor dem Prozess mieteten wir uns in einer Wohnanlage außerhalb von Reno ein, um dort mit unseren Anwälten in Klausur zu gehen. Aus Stunden wurden Tage und Wochen. Jedes kleinste Detail über *Stained Class* und Priest mussten wir ihnen erklären. Schließlich hatten sie im Gerichtssaal auf alles vorbereitet zu sein.

Das alles machten wir bereitwillig mit, und doch konnten wir es irgendwie noch immer nicht richtig fassen. Natürlich ging es uns nicht darum, diese furchtbare Tragödie in irgendeiner Form herunterzuspielen, aber … die ganze Sache war verdammt nochmal völlig bescheuert.

In Großbritannien ist es Angeklagten nicht gestattet, vor einem Prozess in der Öffentlichkeit über ihren Fall zu sprechen. Nur befanden wir uns eben nicht in Großbritannien. In Amerika tickten die Uhren nun einmal anders. Also sorgte unser Team dafür, dass wir im Vorfeld der Verhandlung reichlich Gelegenheit bekamen, uns der Presse gegenüber zu äußern.

Unter anderem gab ich ein Interview in Howard Sterns Radiosendung. Zunächst hatte ich ein mulmiges Gefühl bei der Sache. Schließlich hatte er einen ziemlich üblen Ruf – würde uns das also wirklich helfen? Unsere Anwälte jedoch überzeugten mich davon, und am Ende ging alles gut. Auch Stern hielt die Anschuldigungen für absolut lächerlich und zerriss sie in der Luft.

Weniger erfolgreich verlief unsere Einladung in Geraldo Riveras Fernsehtalkshow. Im Vorfeld fanden wir heraus, dass wir in eine Falle getappt waren, denn die Eltern der beiden verstorbenen Jungs würden ebenfalls da sein. Also machten wir einen Rückzieher. Der bekennende Republikaner Rivera, der in seiner Sendung auch gerne mal »satanische Umtriebe« und ähnlichen Unsinn anprangerte, stellte ein paar leere Stühle auf und bezeichnete uns als »Heavy-Metal-Feiglinge«.

Auf einmal befanden wir uns mitten in diesem bescheuerten Zirkus, und die Verhandlung selbst machte die Sache nicht besser. Als wir am ersten Tag nervös die Stufen zum Gerichtssaal erklommen, während die Pressemeute sich mit ihren Kameras auf uns stürzte, hatte sich dort eine Schar örtlicher Metalheads versammelt, um uns zu unterstützen. Wir gaben ein paar Autogramme, und sie skandierten: »Priest! Priest! Priest!« Von da an tauchten sie an jedem einzelnen Tag wieder auf.

Im Gerichtssaal sah ich dann zum ersten Mal die Eltern von Vance und Belknap. Obwohl sie für all den Ärger verantwortlich waren, verspürte ich ihnen gegenüber nicht den geringsten Hauch von Wut. Sie lagen zwar total daneben, aber sie hatten ja auch ihre Söhne verloren. Es musste die Hölle sein. Am liebsten wäre ich rübergegangen, um sie zu umarmen.

Für ihre Anwälte hingegen hatte ich keinerlei Mitgefühl. Gleich zu Beginn der Verhandlung wurde eins absolut deutlich: Während britische Gerichte penibel und nüchtern nach der Wahrheit suchten, mutete das hier an wie der verlängerte Arm des Showgeschäfts. Schon die Eröffnungsrede des Chefanklägers sprach Bände:

»Euer Ehren, in diesem Fall geht es um den Schrei zweier gebeutelter Familien nach Rache!«, erklärte er dem Richter. »Sie sind gekommen, um ihren Glauben zu verteidigen! Überlassen Sie sie nicht den traurigen Flügeln des Schicksals …«

Nebeneinander aufgereiht in unseren braven Anzügen und Krawatten starrten Glenn, Ken, Ian und ich uns gegenseitig fassungslos an. Angesichts dieses verbalen Durchfalls waren

Unser Anwalt bat mich, den Refrain von »Better by You, Better than Me« vorzutragen, damit sich alle davon überzeugen konnten, dass mein Ausatmen an einer Stelle wie die Worte »Do it!« klang. Ich saß also im Zeugenstand und schmetterte den Song genau so in den Gerichtssaal, wie ich es im Studio getan hatte. Ein dramatischer und überzeugender Moment.

Außerdem hatte auch ich noch ein Ass im Ärmel. Ich hatte den Vormittag damit verbracht, mir in einem Aufnahmestudio die anderen Songs von *Stained Class* rückwärts anzuhören, um nach weiteren »unterschwelligen Botschaften« zu forschen. Und ich war auf Gold gestoßen.

Auf meinem Ghettoblaster spielte ich jetzt also den Song »Invader« rückwärts ab. An einer Stelle heißt es darin: »They won't take our love away.«

»Ich denke, Ihnen wird nicht entgangen sein, Euer Ehren«, wandte ich mich an Richter Whitehead, »dass sich daraus rückwärts Folgendes ergibt: ›Look, Ma, my chair is broken!‹« Als ich die lächerliche Zeile erneut vorspielte, klang sie um einiges deutlicher als alle anderen verschleierten Botschaften, die das Gericht bisher gehört hatte.

Aber ich war noch nicht fertig. Freundlich wies ich darauf hin, dass »Exciter« verkehrt herum noch weniger Sinn ergab: »I … I … I asked her for a peppermint! I … I … I asked her to get one!« Sonnenklar. Im Gerichtssaal machte sich leises Gelächter breit.

»Egal, welchen Song Sie rückwärts spielen, ob von Judas Priest oder Frank Sinatra, irgendeine Botschaft werden Sie immer hören«, erklärte ich dem Richter. »So funktioniert das menschliche Gehör nun einmal.« Als ich ihn ansah, beschlich mich das Gefühl, ins Schwarze getroffen zu haben. Zumindest hoffte ich das.

Und das war's dann. Die Verhandlung wurde beendet, und uns blieb nichts weiter übrig, als auf das Urteil des Richters zu warten. Als wir das Gebäude zum letzten Mal verließen, kam einer unserer Fans auf mich zugerannt. Er überreichte mir eine US-Flagge mit Unterschriften und Glückwünschen von unseren vielen Anhängern, die sich vor dem Gericht versammelt hatten. »Es tut uns leid, dass unser Land euch das alles angetan hat!«, rief er. Einfach bezaubernd. Bis heute hat diese Flagge einen Platz in meinem Haus in Phoenix.

Da der Prozess nun beendet war, wollte ich nicht bis zur Urteilsverkündung in Reno bleiben. Ganz allein verschwand ich für ein paar Tage nach Puerto Vallarta in Mexiko. Dort mietete ich mir eine hübsche Villa und bestückte den großen Pool mit einem muskulösen Jüngling, den ich in der Stadt aufgerissen hatte. Na ja, ich war eben einsam!

Als Jayne Andrews mich anrief, um mir von dem Urteil zu erzählen, hielt ich mich noch immer in Mexiko auf. Richter Whitehead hatte größtenteils zu unseren Gunsten entschieden. Zwar meinte er, im Refrain von »Better by You, Better than Me« durchaus so etwas wie »Do it!« herauszuhören. Er glaubte jedoch, dass es sich dabei um eine »zufällige Anordnung von Klängen« handelte.

Ach, was du nicht sagst!

Weiterhin fand der Richter keinen Beweis für »verschleierte Botschaften«. Unsere Plattenfirma CBS musste zwar vierzigtausend Dollar abdrücken, weil sie dem Gericht die Masterbänder nicht schnell genug zur Verfügung gestellt hatte.* Judas Priest jedoch waren aus dem Schneider.

---

* Wenn CBS etwas mehr Gas gegeben hätte, dann wäre die ganze Sache möglicherweise niemals vor Gericht gelandet. DAS wäre doch schön gewesen.

Und doch war ich unzufrieden mit dem Urteil. Ich bin es immer noch. Für mich hörte sich das so an, als hätten die Ankläger ihre Argumente lediglich nicht gut genug dargelegt. Von der totalen Rehabilitierung, die wir gebraucht und verdient hatten, war es weit entfernt.

Insgeheim hatte ich mir das Urteil etwa so vorgestellt: »Judas Priest sind völlig schuldlos daran, dass diese armen jungen Menschen ihr Leben verloren haben. Die Anschuldigungen waren zu hundert Prozent falsch.« Aber so kam es nicht, und das nagte an mir.

Aber trotz der schwammigen Richterworte war ich natürlich erleichtert, vom Haken zu sein. Es machte die Tatsache, dass *Painkiller* endlich erscheinen konnte und fantastisch aufgenommen wurde, umso angenehmer.

Die Besserwichser holten sich auf die Platte ordentlich einen runter. Wir erhielten einige der besten Kritiken unserer gesamten Karriere. Sie schienen zu begreifen, was wir mit *Painkiller* beabsichtigt hatten – nämlich das härteste, aufrichtigste Metal-Album rauszubringen, das in uns steckte. Und dass wir das auch geschafft hatten.

Nach ein paar freien Tagen mit Josh in Phoenix war es schließlich wieder an der Zeit, loszuziehen. Im Oktober würde die *Painkiller*-Tour in Kanada starten. Also begaben wir uns für die anstehenden Proben in eine eiskalte Sporthalle in der Nähe des Lake Placid.

Dort hatte ich eine fantastische Idee. Rollerblades feierten gerade so etwas wie ein Comeback, also besorgte ich mir in der Stadt ein Paar davon. Bald schon rollte ich singend durch die Gegend, während wir an unserer Setlist arbeiteten.

»Hey, wäre es nicht großartig, wenn ich mit Rollerblades über die Bühne flitze?«, schlug ich vor. »Ihr wisst schon, ganz in Leder gekleidet?«

Viele meiner Ideen wurden einfach durchgewunken – diese hier jedoch stieß auf wenig Gegenliebe. »Nein, das wäre verdammt nochmal keine gute Idee!« Und damit war das Thema vom Tisch. Keine Rollerblades für Rob.

Die Proben liefen gut. Eines Abends saß ich in meinem Hotelzimmer und schaute MuchMusic, Kanadas Antwort auf MTV. Dort sprach ein Kerl namens Dimebag Darrell über seine Band Pantera. Von denen hatte ich zwar noch nie gehört, aber Dimebag trug ein *British Steel*-Shirt, und so spitzte ich die Ohren.

Nachdem er ein paar nette Sachen über Priest gesagt hatte, spielten sie das Video zu »Cowboys from Hell«. *Verdammte Scheiße, die haben's echt drauf!* Die Sendezentrale lag ganz in der Nähe, also rief ich dort an. Ich kannte jemanden, der für MuchMusic arbeitete, und bat ihn, Dimebag noch ein wenig dazubehalten.

Sofort machte ich mich auf den Weg, um ihn zu treffen. Und er stellte sich als ganz entzückender Kerl heraus – schon nach wenigen Minuten hatte ich das Gefühl, ihn bereits seit Jahren zu kennen. An diesem Abend traten Pantera in Toronto auf. Ich ging hin, und sie pusteten mich weg. *Was für eine Band!* Und was für coole, entspannte Typen aus Texas!

Es war heavy, klang brutal, originell und erfrischend. Am nächsten Tag schwärmte ich dem Rest meiner Band von Pantera vor. »Wir sollten sie mit nach Europa nehmen!«, schlug ich vor. Niemand hatte etwas dagegen, und damit war die Sache besiegelt. Cool!

Unser *Painkiller*-Ausritt sollte eine der erfolgreichsten Tourneen der Bandgeschichte werden. Genau wie bei den Aufnahmen zum Album legten wir auch bei der Live-Präsentation die Latte ziemlich hoch. Nachdem wir die Tour wegen der Gerichtsverhandlung hatten verschieben müssen, konnten unsere Fans es kaum erwarten. Die neuen Songs klangen live einfach atemberaubend.

Endlich konnten wir all den Frust und die Spannungen rauslassen, die sich in Reno aufgestaut hatten. Der Titelsong des Albums wirkte mit seiner metallischen Wucht und Scotts donnerndem Schlagzeugspiel schier überwältigend, und für mich war es eine kathartische Erfahrung, ihn zu singen:

> Faster than a bullet, terrifying scream
> Enraged and full of anger, he is half man
> and half machine

Während wir noch in Kanada waren, verwöhnte Jim Silvia mich eines Tages mit einem ganz besonderen kleinen Leckerbissen. Ich hatte Gefallen daran gefunden, mich vor der Show massieren zu lassen, und als verspätetes Geburtstagsgeschenk hatte er einen Typen aus Winnipeg für mich angeheuert. Es klopfte an der Garderobentür, und hereinspaziert kam … ein superheißer Bodybuilder.

Na, hallöchen!

Während ich also eine fantastische Massage genoss, kamen wir beide ins Gespräch. Wie sich herausstellte, arbeitete der Bursche außerdem als Stripper. Noch an diesem Abend würde er auftreten, etwa eine Stunde nach dem Ende unserer Show. Ob ich vielleicht Lust hätte, vorbeizukommen und ihn mir anzusehen?

Nun, ich hab schon schlechtere Angebote bekommen!

Nachdem ich also von der Bühne kam, zogen Jim Silvia und ich los Richtung Stripclub. Wir waren die einzigen Kerle im Publikum. Ein paar der Frauen dort waren Priest-Fans und ganz aus dem Häuschen … bis die Stripper rauskamen. Mit einem Schlag war ich vollkommen nebensächlich.

»Runter damit! Zeig uns deinen Pimmel! Hey, hier drüben, mein Großer!«

Das reinste Irrenhaus. Noch nie zuvor hatte ich gesehen, dass sich freundliche Damen so schnell in tollwütige Tiere verwandelten … na ja, vielleicht mit Ausnahme meiner Mom beim Ringen in Walsall. Die knackigen Jungs lieferten aber auch eine verdammt heiße Stripshow ab, und ich war genauso aufgeregt wie die Ladys. Wenn nicht noch mehr.

Nach dem Auftritt fächelte ich mir energisch Luft zu, um mich ein wenig abzukühlen. In diesem Augenblick kam mein Masseur zu mir rüber. »Hey, Rob, was hast du denn heute noch vor?«, wollte er wissen.

»Hm, wahrscheinlich verdrück ich mich einfach wieder zurück ins Hotel«, meinte ich.

»Großartig! Wir begleiten dich! Du kriegst unser Blue Light Special!«*

Ich hatte keinen Schimmer, was er damit meinte, aber ich wollte es unbedingt herausfinden. In Begleitung seines ebenso stattlichen Kollegen kam er mit auf mein Zimmer. Er stellte seinen Ghettoblaster auf meinen Schreibtisch. Laute House Music pumpte aus den Boxen.

»Aufs Bett mit dir!«, befahlen mir die beiden.

Okay, was immer ihr sagt …

Ich war im Himmel. Zwei durchtrainierte Bodybuilder verwöhnten mich mit einem exklusiven Striptease. Anfangs begrapschten sie sich nur gegenseitig, als ich aber immer

---

* Offenbar gab es zu dieser Zeit bei Walmart sogenannte »blue light special offers«, bei denen man zwei Artikel zum Preis von einem bekam. Und das war genau das, was mir gerade angeboten wurde. Zwei für einen.

heißer wurde, kletterten sie aufs Bett und fingen an, auch mich zu streicheln und zu befummeln. Und dann …

War es vorbei. Kein Happy End für Rob. Na ja, das war wohl auch besser so. Immerhin hatte ich einen festen Freund in Phoenix (hüstel) …

In Amerika lief es geschmeidig, die Konzerte waren einfach umwerfend. Scott trommelte uns in völlig neue Dimensionen, während wir die ungestüme Power von *Painkiller* auf die Bühne brachten. Was allerdings nicht hieß, dass wir auf unsere typischen Slapstick-Einlagen verzichten mussten.

Da meine Haare in den letzten Jahren immer dünner geworden waren (tragisch für einen Metalhead!), ergriff ich die Flucht nach vorn und rasierte mir den Schädel. Mit den Tattoos hatte ich zu diesem Zeitpunkt noch nicht angefangen … aber immerhin unternahm ich den ersten kleinen Schritt in diese Richtung.

Es war früher Abend, irgendwo im Mittleren Westen. Ich musste eine gute Stunde totschlagen und saß vor dem Spiegel in meiner Garderobe. Also malte ich mir mit einem Filzstift ein großes »JP«-Logo auf die Glatze. Ziemlich kunstvoll. Es sah wirklich fantastisch aus.

Dann kam Jim Silvia herein, um mir wie immer anzukündigen, dass die Show in zehn Minuten beginnen würde.

»Wie findest du's?«, fragte ich ihn.

Jim betrachtete mich. »Sieht super aus … im Spiegel.«

Was? Ah, fuck! Wie der letzte Schwachkopf hatte ich das Logo so aufgemalt, dass man es nur im Spiegel lesen konnte. Auf meiner Birne stand also: »ꟼႱ«. *Scheiße!*

»Was soll ich denn jetzt machen?«, fragte ich Jim panisch am Bühnenrand.

Doch der zuckte nur mit den Schultern. »Einfach viel headbangen, dann fällt's keinem auf.« Und genau das tat ich dann auch. Es dauerte zwei oder drei Tage, bis ich die bescheuerten Buchstaben von meiner Rübe geschrubbt hatte. Von da an ging ich in Tattoo-Studios. Es schien mir klüger, dieses Feld den Profis zu überlassen.

Nach einem anderen Konzert der Tour blätterte ich in einer Zeitschrift und stieß auf eine Kontaktanzeige:

JUNGER, SCHWULER MARINE-SOLDAT
SUCHT NACH GLEICHGESINNTEN

Nun war ich zwar weder Marine-Soldat noch sonderlich jung, aber diese Gelegenheit wollte ich mir trotzdem nicht entgehen lassen. Auf dem Briefpapier des Hotels kritzelte ich schnell eine Nachricht zusammen, schickte sie an das angegebene Postfach und dachte nicht weiter daran. *Fürs Erste.*

Über Weihnachten legte die *Painkiller*-Tour eine kurze Pause ein, bevor es Anfang 91 mit einem weiteren Meilenstein für Priest weiterging: unserem ersten Trip nach Südamerika.

Rock in Rio war eine gigantische Angelegenheit. Das Festival fand im Maracanã-Stadion vor achtzigtausend Menschen pro Tag statt – und zwar zehn Tage lang. Das Programm war so zusammengewürfelt wie eine Folge von *Top of the Pops.* Prince, INXS und Santana spielten dort neben a-ha, George Michael und den New Kids on the Block.

Zum ersten Mal bekamen wir einen Eindruck vom Fanatismus unserer südamerikanischen Fans. Nur allzu gern hätte ich mich in Rio de Janeiro umgesehen. Aber wir konnten noch nicht mal unser Hotel verlassen, ohne dass ganze Horden hyperventilierender Metalheads auf uns zustürmten und lechzten: »Bitte unterschreiben! Bitte Foto!« Jim Silvia war dort wirklich Gold wert.

Am Metal-Tag waren wir die zweiten Headliner, gleich vor Guns N' Roses, zu jener Zeit wahrscheinlich die größte Band auf dem Planeten. Ihre Musik war großartig, ich liebte Axl Roses Bühnenpräsenz und Ausstrahlung. Für mich waren sie so etwas wie eine Heavy-Metal-Version der Rolling Stones. Allerdings war mir auch schon zu Ohren gekommen, dass Axl ein wenig … schwierig sein konnte.

Dieser Ruf sollte sich am Tag der Show bestätigen. Aus dem Gunners-Lager erreichte uns die Nachricht, ich dürfe bei »Hell Bent for Leather« nicht mit der Harley auf die Bühne fahren. Axl wolle das nicht, wurde mir mitgeteilt. Ich fühlte mich wieder genauso wie damals in Dublin. »Na, dann spielen wir eben gar nicht«, sagte ich.

In unserem Lager herrschte Uneinigkeit. »Ach, komm schon, Rob, wir sind extra für diesen Auftritt nach Rio gereist!« Aber ich blieb standhaft. *Nie. Im. Leben.* Das Motorrad war Teil unserer Show. Die Fans erwarteten es. Außerdem ging es ums Prinzip. *Was geht das den beschissenen Axl Rose überhaupt an?*

Die Situation wurde immer verfahrener. Gequält sprangen die Organisatoren zwischen den Garderoben hin und her. Nach einer gefühlten Ewigkeit überbrachte man uns eine Botschaft vom Großen Mann selbst.

»Axl möchte euch wissen lassen, dass er mit der ganzen Motorrad-Sache nichts zu tun hat!«, behauptete der Laufbursche. »Er hat nie gesagt, dass ihr es nicht benutzen dürft. Also nur zu!«

War irgendein übereifriger Tourmanager völlig größenwahnsinnig geworden? Hatte Axl den Schwanz eingezogen und versuchte nun, sein Gesicht zu wahren? Wer hätte das gedacht? Und vor allem, wen interessierte es? Was mich anging, wollte ich einfach nur mit dem Bike auf die Bühne fahren. Ob das dem verdammten Axl Rose nun passte oder nicht.

Unser Auftritt wurde in ganz Südamerika live übertragen. Genau wie bei dem Konzert mit Led Zeppelin in Oakland, dem US Festival oder Live Aid verschaffte es uns einen riesigen Adrenalinkick, vor so einer gewaltigen Menschenmenge zu spielen. Natürlich mussten wir alle Register ziehen, und das taten wir auch. Wir lieferten wirklich ab.

Auf dem europäischen Abschnitt der *Painkiller*-Tour stießen dann Pantera zu uns. Sie hatten Amerika zwar noch nie zuvor verlassen, waren aber absolut furchtlos. Vor Priest aufzutreten ist kein Zuckerschlecken. Unsere Fans wissen, was sie wollen, und sie können erbarmungslos sein.

Pantera gingen einfach raus und hauten sie um. Sie erinnerten mich an uns selbst, als wir im Vorprogramm von Kiss gespielt hatten. Unsere Fans hatten so etwas wie Pantera noch nie gehört, also wurde die Band erst einmal mit erstauntem Schweigen empfangen. Gegen Ende ihres Sets hatten die Jungs das Publikum allerdings jedes Mal komplett in der Tasche. Es war wirklich schön, das zu sehen.

Für ein paar Tage holte ich Josh zu uns. Er liebte das Tourleben, ich freute mich über seine Gesellschaft, und zwischen uns beiden ging alles seinen gewohnten, entspannten Gang. Unglaublich, in wie vielen verschiedenen Ländern man *Cheers* gucken konnte.

Auch die Gigs in Europa liefen wunderbar, allerdings zeigte ich nun erste Ermüdungserscheinungen. Das lag vor allem an den Spannungen innerhalb der Band. Unsere beiden Gitarrenhelden Glenn und Ken zofften sich wie ein altes Ehepaar, und je länger die Reise dauerte, desto schlimmer wurde es. Das war bisher auf jeder Tour so gewesen. Man konnte fast schon seine Uhr danach stellen.

Es war immer dasselbe Lied. Ken beschwerte sich über irgendetwas, Glenn ließ einen sarkastischen Kommentar vom Stapel, und das war's dann für ihn. Aber nicht für Ken. Tagelang schwelte es in ihm. Irgendwie lustig … nur hatte ich diesen Film schon viel zu oft gesehen. Mittlerweile langweilte er mich nur noch.

Meine Sehnsucht, eine kleine Auszeit von der Band zu nehmen und ein Soloprojekt zu starten, wurde immer stärker. Andere Künstler machten das schließlich auch. Ich würde einfach zur Abwechslung mal mein eigenes Ding machen, und sobald der Bandkalender es verlangte, wäre ich wieder zurück.

Die Tournee ist im Frühling zu Ende, malte ich mir aus. *Genug Zeit, etwas Eigenes zu machen und den ganzen Stress abzuschütteln, um dann im nächsten Jahr wieder bereit für das nächste Priest-Album zu sein. Ich werde mir selbst beweisen, dass ich es kann. Und letztendlich wird es uns allen guttun.*

Dumm nur, dass Priest nach den letzten Konzerten der Tour gleich wieder loszogen.

Während wir mit *Painkiller* unterwegs waren, hatte im Nahen Osten der Zweite Golfkrieg begonnen. Irakische Truppen waren in Kuwait einmarschiert. Ein militärisches Bündnis unter amerikanischer Führung leitete nun die Operation Desert Storm ein, um die Iraker wieder zu vertreiben und die Ölvorräte zu sichern.

Zwischen uns und unseren Freunden und Fans beim Militär entwickelte sich ein besonderes Verhältnis. So schickten sie uns zum Beispiel kleine Videos aus ihren Baracken, wo sie sich auf den Einsatz vorbereiteten. Sie putschten sich für den Kampf auf, indem sie *Painkiller* in voller Lautstärke anhörten.

Mir ging das Ganze wirklich nahe. Immerhin waren diese Jungs drauf und dran, in den Krieg zu ziehen. Es bestand ein großes Risiko, dass sie schwer verwundet oder sogar getötet wurden. Und wenn nicht sie, dann vielleicht der Kamerad, der neben ihnen kämpfte. Es musste der furchterregendste Moment ihres Lebens sein … und in dieser Situation wandten sie sich an uns. Und baten um *Heavy-Metal-Motivation.*

Wir erhielten die Anfrage, zusammen mit einigen anderen Künstlern auf eine große Tour namens *Operation Rock & Roll* zu gehen, um den US-Streitkräften unsere Ehre zu erweisen. Die Reise würde uns im Sommer sechs Wochen lang durch die Vereinigten Staaten führen. Das Line-up konnte sich wirklich sehen lassen: Alice Cooper, Motörhead, Dangerous Toys und Metal Church.

Sollten wir zusagen? Es war keine leichte Entscheidung. Seltsamerweise sprachen wir gar nicht über den politischen Aspekt: *Wofür geben wir da eigentlich unseren Namen her?* Rückblickend betrachtet finde ich das wirklich schräg.

Uns ging es mehr um das Timing. Schließlich hatten wir gerade eine gigantische Tour hinter uns gebracht. Und ich war bei Weitem nicht der Einzige in der Band, der fix und fertig war. Wir alle brauchten dringend eine Pause. Außerdem hatten wir die Staaten ja gerade erst ausgiebig bereist. Würden die Fans also überhaupt auftauchen, um sich dasselbe Programm noch einmal anzusehen?

Wir hatten immer Wert darauf gelegt, uns nicht zu wiederholen. Judas Priest gingen erst dann auf Tour, wenn es neue Musik gab, mit einer frischen Bühnenshow im Gepäck. Diesmal hatten wir jedoch nichts Neues anzubieten. Ich fühlte mich nicht wirklich wohl damit, und auch Ken war nicht gerade scharf drauf. Irgendwie sagten wir letzten Endes aber doch zu.

Zu Hause in Arizona hatte Josh Neuigkeiten für mich. Wie das bei Jungs vom Land eben so ist, hatte er seine Familie sehr vermisst. Also waren sein Bruder Ted, dem er sehr nahestand, und dessen Verlobte zwischenzeitlich nach Phoenix gezogen.

Gut! Es freute mich sehr, dass die beiden sich von nun an öfter sehen würden. Außerdem hatte er jetzt Gesellschaft, wenn ich auf Tour war. Josh besuchte Ted jetzt also regelmäßig und blieb auch manchmal über Nacht. Wenn er allerdings am nächsten Tag wiederkam, beklagte er sich über Rückenschmerzen.

»Teds Bude ist noch nicht komplett eingerichtet, deshalb muss ich auf der Couch übernachten«, schimpfte er. »Ich wünschte, sie würden sich ein Gästebett anschaffen!«

Nichts leichter als das, dachte ich mir, also sahen Josh und ich uns in Phoenix nach einem Bett für ihn um. Nachdem wir fündig geworden waren, ließ ich es direkt an Teds Adresse liefern. Als ich wieder losmusste, begleitete mich Josh auf die Tournee – trotzdem sträubte sich alles in mir gegen die ganze Sache.

Die *Operation Rock & Roll* wurde zu einem echten Tiefpunkt. Waren wir bei der *Painkiller*-Tour noch in Topform und absolut auf der Höhe unseres Schaffens gewesen, so kamen wir uns als Teil dieses reisenden Festivals wie verwässerte Versionen unserer selbst vor. Alles daran fühlte sich falsch an.

Seit ich 1972 bei Harry Fenton zum ersten Mal »School's Out« durch die Boxen gejagt hatte, war ich ein Riesenfan von Alice Cooper. Aber auch er war nicht glücklich mit der Tour. Er sollte vor uns auf die Bühne, wäre aber lieber Headliner gewesen. Ich hätte nichts dagegen gehabt, schließlich hätte ich dann früher im Hotel vor der Glotze sitzen können. Nur leider spielten die Veranstalter da nicht mit. Die Reihenfolge musste unter allen Umständen eingehalten werden. Priest waren als Letzte dran, da ließen sie nicht mit sich reden. Allerdings machten sie Alice gegenüber ein kleines Zugeständnis und ließen ihn bei zwei Terminen als Headliner auftreten: in seiner Heimatstadt Detroit und am letzten Abend in Toronto.

In kommerzieller Hinsicht lief es allenfalls ganz gut … wenn überhaupt. Hatten uns die Priest-Verrückten bei unserer letzten Tour noch die Türen eingerannt, waren viele Termine der *Operation Rock & Roll* nicht ausverkauft. Vor so vielen leeren Reihen zu spielen, machte den Trip erst recht zu einer überflüssigen und enttäuschenden Angelegenheit.

Als wir am 19. August 1991 am CNE Stadium in Toronto ankamen, wo das letzte Konzert stattfinden sollte, hatte ich eine Auszeit bitter nötig. Die Show wurde dann auch zu einem kompletten Desaster.

Bei unserer Ankunft fanden wir heraus, dass es sich um ein Baseballstadion handelte. Die Bühne war in der Mitte des Spielfeldes aufgestellt, und die Fans befanden sich sowohl auf dem Feld als auch auf den Rängen. Ein ungewöhnlicher Aufbau – und nicht das, was wir gewohnt waren.

Wir starteten unser Set mit »Hell Bent for Leather«. Normalerweise ließen wir unser Intro vom Band ablaufen, während ein hydraulisches Podest im hinteren Teil der Bühne hochgefahren wurde. Dann kam ich mit meinem Bike rausgebrettert, und wir legten los.

Doch diesmal lief irgendetwas schief. Irgendjemand hatte es gründlich versaut. Während ich noch mit einem Golfmobil von der Garderobe zur Bühne gefahren wurde, hörte ich bereits unser Intro. *Verdammte Scheiße! Ich müsste längst auf dem Motorrad sitzen!*

»Mach schneller, Kumpel!«, trieb ich meinen entspannten kanadischen Fahrer an.

»Alter, das is ’n Golfwagen, okay? Das Ding fährt nicht schneller!«

»Dann *sorg dafür,* dass es schneller fährt!«

Als wir endlich im Schneckentempo bei meinem Bike ankamen, hätte ich bereits längst auf der Bühne sein sollen, die mittlerweile in einem dichten Nebel aus Trockeneis und Rauch lag. Ich schmiss mich auf die Harley, drehte am Gas und brauste los.

Ich wusste natürlich nicht, dass die Bühnencrew über unsere Verspätung informiert war. Darum hatten die Jungs natürlich gerade erst damit begonnen, das Podest hochzufahren. Durch den Rauch und das Trockeneis konnte ich praktisch nichts sehen. Ich bretterte auf die Rampe, hinein in den Nebel und …

ZACK! Mein Nasenrücken schlug mit voller Wucht gegen die Hebebühne, die noch nicht ganz oben war. Mein Genick gab nach, als hätte mich jemand mit dem Vorschlaghammer erwischt. Ich wurde von meinem Motorrad auf die Bühne geschleudert … und im nächsten Augenblick war ich auch schon weg.

BLACKOUT!

Als ich etwa eine Minute später wieder zu mir kam, hatte ich nicht die geringste Ahnung, wo ich war. Ich lag auf irgendetwas Hartem … wo kam all dieser Rauch her … und dieser Lärm … und … trat da jemand auf mich ein?

Über mir lief Glenn hin und her, während er seine Gitarre malträtierte. Von meinem Schlamassel schien er nichts mitbekommen zu haben. Wieder und wieder trat er mir in die Rippen.

»AUA!«

Überrascht sah er zu mir runter. »Rob? Bist du das? Was machst du denn? Steh auf!«

Ich konnte nicht. Die Schmerzen waren zu groß. In diesem Moment kamen ein paar Roadies angerannt, schafften mich von der Bühne … und klebten mir ein Pflaster auf die Nase. Unterdessen spielte die Band weiter ihre Instrumentalversion von »Hell Bent for Leather«. Niemand im Publikum hatte irgendeine Ahnung, was abging. Genauso wenig wie ich.

Ich stand immer noch völlig neben mir, außerdem tat mein Nacken höllisch weh. Jeder einigermaßen vernünftige Mensch hätte sich sofort in die nächste Notaufnahme bringen lassen.

Aber wenn man aus Walsall kommt, tut man so was nicht.

Wenn man einmal gesehen hat, wie die Kerle bei G. & R. Thomas Ltd. schuften, tut man so was nicht.

Wenn man einen Job zu erledigen hat, dann zieht man den auch durch.

Irgendwie schaffte ich es zurück auf die Bühne und spielte die Show. Gott weiß, wir mir das gelang. Meine Nase und mein Genick fühlten sich an, als würden sie jeden Augenblick zersplittern. Die Schmerzen waren fürchterlich. In jeder einzelnen Sekunde des Konzerts stand ich kurz davor, in Tränen auszubrechen. *Scheiße, es war übel.*

Irgendwie schaffte ich es, bis zum Schluss durchzuhalten. Jim Silvia hatte bereits einen Krankenwagen gerufen. Während wir in der Garderobe auf die Rettungssanitäter warteten, saß Josh bei mir und beruhigte mich ein wenig. Auf einmal hörte ich fürchterlichen Krach von der anderen Seite des Raums. Eine schrecklich hohe, weinerliche Stimme.

»Dich mach … dich mach ich fertig!«

Es waren unwirsche, harte Töne. Das Geschimpfe eines Typen aus dem Black Country, der die Schnauze gestrichen voll hatte. *Ein richtiger Wüterich.*

Wieder einmal hatten sich Glenn und Ken in die Haare gekriegt. Worum ging es wohl diesmal? Und wen interessierte das noch? Mit seinem typischen gönnerhaften Grinsen im Gesicht sah Glenn aus, als würde ihn die Sache gar nichts angehen. Ken dagegen …

Nun, Ken kriegte sich gar nicht mehr ein. Mit einem Satz sprang er auf einen kleinen Tisch, oben ohne und immer noch völlig verschwitzt. Er war knallrot im Gesicht und brüllte sich die Seele aus dem Leib.

»Dich mach ich fertig! Ich mach dich fertig!«

Gottverfluchte Scheiße! Gerade jetzt war dieser Kindergarten das Letzte, was ich brauchte.

Endlich trafen die Sanitäter ein. Ich bekam eine Halskrause und durfte mich keinesfalls bewegen. Jim fuhr im Krankenwagen mit. Während wir uns durch den dichten Verkehr von Toronto schlängelten, spielte mein Verstand vor Schmerzen fast verrückt.

Genug. Genug von den Streitereien. Genug von den ewigen Tourneen. GENUG VON DER BAND. Ich muss eine Weile hier raus. Mein eigenes Ding machen. Und zwar sofort!

Im Krankenhaus wurden Röntgenaufnahmen gemacht. Meine Nase war gebrochen, und ich hatte mir das Genick übel verrenkt. Die nächsten Wochen würde ich mit einer Halskrause verbringen. Angeschlagen, hundeelend und voller Selbstmitleid flog ich mit Josh zurück nach Phoenix.

Dort verschwand Josh für eine Weile zu seinem Bruder. Nach ein paar Tagen rief er mich an.

»Hey, Rob!«

»Hey! Wie geht's? Wann kommst du zurück?«

»Gar nicht, glaube ich.«

»Was?«

»Ich denke, ich ziehe hier bei Ted ein. Ich vermisse ihn einfach und bin glücklich hier. Aber es war eine tolle Zeit. Danke für alles! Bye!«

Und das war's dann. Josh hatte Schluss gemacht. Ich hatte ihm ein Bett gekauft, und in dem würde er von nun an schlafen.

Zwar hatte er in mir nie diese unbändige, einzigartige, himmelhochjauchzende Leidenschaft ausgelöst wie Brad – verletzt war ich aber trotzdem. Außerdem fehlte er mir. Klar hatte ich mir gelegentlich ein Tête-à-Tête geleistet. Trotzdem hatte ich an Josh und mich geglaubt. Offensichtlich lag ich da falsch.

Also war ich erneut allein, und einmal mehr ging es auf emotionale Talfahrt. Die Tatsache, dass ich nicht mehr trank, verhinderte sicherlich das Schlimmste, aber auch nüchtern fühlte ich mich … *ausgebrannt.* Verbraucht. In mir hatte sich so viel Spannung aufgebaut, und jetzt kam ich mir vor wie eine leere Hülle. Ein ausgehöhlter Mann.

Zu allem Überfluss war ich gerade vierzig geworden. Schwieriges Alter. Und ich war nicht im Geringsten in der Verfassung, damit umzugehen. Dafür war in letzter Zeit einfach zu viel üble Scheiße passiert. Reno, der Fahrrad-Unfall, die Spannungen in der Band, das Ende der Beziehung mit Josh. Es wäre schon schwer genug gewesen, mit all diesen Dingen einzeln umzugehen.

Aber mit allen zusammen? Keine Chance!

Ich zog mich in mich selbst zurück. Rutschte ab in eine leere, schale Halbexistenz. Ich fühlte mich, als hätte ich überhaupt keine Gefühle mehr, und interessierte mich für absolut gar nichts. Ein paar Wochen lang lungerte ich allein in meinem Haus herum. Außerdem aß ich kaum noch.

Ich erinnerte mich daran, wie Mom nach Nigels Geburt in tiefe Depressionen versunken und komplett verstummt war. Bis man ihr dann die Happy-Pillen verschrieb. Damals hatte ich nicht verstanden, wie sie sich fühlte. Jetzt wusste ich es.

Zumindest erlaubte ich mir zu erkennen, was ich monatelang verdrängt hatte: *Josh war nicht schwul.* Er war die ganze Zeit über hetero gewesen. Es hatte ihn einfach völlig überwältigt, mit seinem liebsten Rockstar zusammen zu sein. Und das Leben mit mir hatte ihm wahrscheinlich auch gefallen … aber irgendwann eben seinen Reiz verloren.

Ja, Josh war hetero. Genau wie Brad. Und David.

Warum versaute ich es immer wieder? Warum jagte ich ständig Heteros nach? Was zur Hölle stimmte nicht mit mir?

Einer Theorie zufolge fühlen sich manche schwulen Männer zu Hetero-Männern hingezogen. Da ihnen von der Gesellschaft immer wieder eingebläut wird, dass sie weniger wert sind, glauben sie schlussendlich unbewusst, dass heterosexuelle Kerle ihnen überlegen sind.

Also laufen sie ihnen nach. Aber selbst, wenn sie sich einen angeln können, wird die Sache nie von Dauer sein. Eine schädliche, aussichtslose, unfassbar masochistische Denkweise … und doch, jedes Mal von Neuem, hoffen sie auf ein Wunder. Bei manchen hört es nie auf.

Scheiße. War ich echt einer von denen? *WIRKLICH?*

Ich war vierzig Jahre alt – *vierzig!* – und ging hart mit mir ins Gericht. Ich begutachtete mich selbst, und was ich sah, gefiel mir überhaupt nicht. Aber wie sollte ich etwas daran ändern? Ich war ein Gefangener meiner eigenen Sexualität, ein Gefangener *meiner selbst.* Seitdem ich wusste, dass ich schwul war. Seit der Schule.

Mein Leben war zur Hälfte vorbei, und ich wusste, dass ich eine Tatsache auf ewig wie ein schäbiges kleines Geheimnis behandeln musste: Ich war ein Schwuler in einer Heavy-Metal-Band. Ich sah keinen Ausweg. Keine Hoffnung.

Und so schmorte ich alleine in Phoenix vor mich hin. Es war verdammt nochmal echt beschissen.

18

Reden ist Silber, Schweigen ist Gold

Kurz nachdem ich nach Phoenix gezogen war, hatte ich John Baxter kennengelernt. Genau wie die Jungs von Surgical Steel gehörte er zu unserer kleinen Trinkergemeinschaft rund um das Mason Jar und das Rockers. Er hatte immer einen echt netten Eindruck auf mich gemacht, und wir verstanden uns prima.

Nachdem John sich eine Bude in Los Angeles an Land gezogen hatte, blieben wir weiter in Kontakt, auch wenn er jetzt immer mehr Zeit an der Westküste verbrachte. Ich brauchte eine Pause von meinen lethargischen Orgien des Selbstmitleids in Phoenix. Als er mich also einlud, ihn in L. A. zu besuchen, sagte ich sofort zu.

John entpuppte sich als wirklich guter Zuhörer, dem ich all mein Leid klagen konnte. Ich vertraute ihm, also erzählte ich eines Tages von meinem Überdruss, was Judas Priest betraf. Als ich dann von meinen Soloplänen berichtete, bestärkte er mich sofort darin.

»Yeah, Rob, du solltest das unbedingt durchziehen!«, riet er mir. »Du könntest ein großer Solokünstler werden. Schau dir nur an, was mit Ozzy passiert ist, als er Sabbath verlassen hat! Das könntest du auch schaffen!«

Daran hatte ich so meine Zweifel, aber da ich mich wirklich mies fühlte, taten Johns Begeisterung und Unterstützung unendlich gut. Er hatte kürzlich einige Kurse zum Thema Musikmanagement absolviert und fragte mich, ob er mich bei meinen Soloaktivitäten managen dürfe.

Ich hatte tatsächlich keine Lust, mich mit all diesen Dingen selbst zu beschäftigen. Außerdem sollte meine Solokarriere ja ein Neuanfang sein, also … *klar, warum nicht? Schauen wir, wie's läuft!*

Von Glenn, Ken und Ian hatte ich ja bereits grünes Licht bekommen. Trotzdem wollte ich Bill Curbishley und Jayne Andrews in meine Planungen einweihen. John stimmte zu, und so schickte ich den beiden kurzerhand ein Fax.

Es dauerte weniger als fünf Minuten, das Schreiben aufzusetzen. Damals dachte ich nicht groß darüber nach, und auch jetzt, fast dreißig Jahre später, erinnere ich mich nur noch sehr unscharf an den genauen Wortlaut:

> Liebe Jayne, lieber Bill,
>
> ich glaube, die Band und ich brauchen eine Pause voneinander. Also werde ich mich einem Soloprojekt widmen. Das liegt mir schon seit langer Zeit auf dem Herzen – ich MUSS es einfach tun. Mein Freund John Baxter wird bei diesem Projekt mein Manager sein.
>
> Danke, Rob

Das war alles. Kein Wort davon, Priest zu verlassen – schließlich war das ja auch nicht meine Absicht. Wir sendeten das

Fax an Bill und Jayne, und für den Rest des Tages dachte ich nicht weiter darüber nach. Bis Bills Antwort kam.

Er schickte ein sehr aggressives Fax zurück. Darin teilte er mir mit, es sei eine Dummheit, die Band auf dem Höhepunkt ihres Schaffens zu verlassen, und empfahl mir, meinen Kopf untersuchen zu lassen. Mit Sicherheit gab er mir weder seinen Segen, noch wünschte er mir alles Gute! Das hatte mich vollkommen kalt erwischt. Wo, bitte schön, war das denn jetzt plötzlich hergekommen?

Hatte ich mich missverständlich ausgedrückt? Dachte Bill, ich wollte die Band endgültig verlassen? Wahrscheinlich hätte ich einfach den Telefonhörer in die Hand nehmen und ihn anrufen sollen. Andererseits war ich ziemlich verletzt. Seine Worte waren so feindselig, dass ich ihn eigentlich gar nicht sprechen wollte. *Wieder diese verdammte Angst vor Konflikten!*

In der Zwischenzeit organisierte John eine Pressekonferenz, bei der wir der Öffentlichkeit meine Soloambitionen verkünden wollten. An diesem Punkt erst wurde mir klar, welche Erwartungen – oder vielmehr Ängste – die Journalisten und Fans mit diesem Termin verbinden würden.

An erster Stelle stand bei allen natürlich die Sorge, ich würde Priest verlassen.

Doch da konnten sie sich entspannen. Immer wieder, sowohl bei der Pressekonferenz als auch in den nachfolgenden Interviews, betonte ich: Mein bis dahin noch namenloses Soloprojekt würde gemeinsam mit Priest koexistieren. Auf gar keinen Fall wollte ich damit meine Band ersetzen.

»Es ist mir sehr wichtig, euch eins klarzumachen. Judas Priest haben sich keineswegs aufgelöst«, sagte ich. »Wir sind immer noch eine Band und verstehen uns weiterhin prächtig. Sobald die Zeit reif ist, werden wir uns zurückmelden.«

Viel entsetzlicher und persönlicher war hingegen das andere Gerücht, das umging. Mir war zu Ohren gekommen, ich wolle die Pressekonferenz nutzen, um die Fans über meine angebliche Aids-Erkrankung zu informieren.

Der Boden war zu dieser Zeit sehr fruchtbar für derart giftiges Geschwätz. Erst vor Kurzem hatte Freddie Mercury der Weltöffentlichkeit erklärt, er sei HIV-positiv – nur wenige Tage vor seinem Tod. Und die Skandalblätter verzehrten sich nach dem nächsten berühmten Opfer. Anscheinend machte gerade der Tratsch die Runde, dass es sich dabei um mich handeln könnte.

In gewisser Weise überraschte mich das nicht. Noch immer verbarg ich meine Sexualität, und ich verspürte auch nicht den Drang danach, das mit einem großen Knall zu ändern. Gleichzeitig setzte ich mich selbst nicht mehr so sehr unter Druck, meine sexuelle Orientierung geheim zu halten. Zumindest auf privater Ebene.

Ein Grund dafür war meine Alkohol-Abstinenz. Seitdem ich vor sechs Jahren das Saufen aufgegeben hatte, war auch die Paranoia deutlich zurückgegangen. Ich fühlte mich einfach wohler in meiner Haut. Es war mir nicht mehr so wichtig, wie die Leute mich wahrnahmen – bei Gay-Pride-Paraden mitzumarschieren war eben nicht gerade der beste Weg, sich bedeckt zu halten!

Der zweite Grund für meine neue Lässigkeit war die temporäre Trennung von Priest. Seit unseren ersten Proben im Holy Joe's litt ich unter der ständigen Angst, meine Sexualität könne publik werden und die Band zerstören. Da ich nun eine Weile lang solo unterwegs sein würde, fühlte ich mich davon weniger gestresst.

Natürlich hatte es immer Anspielungen gegeben. An die hinterhältigen Fragen der Journalisten hatte ich mich längst gewöhnt. Man hatte schon oft von mir wissen wollen, was meine Ansichten über Schwule in der Rockmusik seien. Stets hatte ich denselben Ansatz wie Freddie zum Ausdruck gebracht: »Das hat nichts mit der Band zu tun.« Meiner Meinung nach ging das eben niemanden etwas an.

Als das Thema dann schließlich bei der Pressekonferenz zur Sprache kam, antwortete ich so gefasst wie möglich: »Nein. Nein, ich habe kein Aids, danke der Nachfrage. Nächste Frage, bitte.«

Ungefähr zu dieser Zeit passierte etwas ziemlich Cooles: Der Marine-Soldat, auf dessen Anzeige hin ich mich während der *Painkiller*-Tour gemeldet hatte, schrieb mir zurück. Sein Name war Thomas Pence, und er schien ein überaus interessantes Kerlchen zu sein.

Er war in einem Dreihundert-Seelen-Nest im Osten von Alabama aufgewachsen. Dort gab es keine Ampeln, sondern nur einen einzigen Gemischtwarenladen und … eine Gruppe von Ku-Klux-Klan-Mitgliedern. Als Junge wuchs man dort auf, um später beim Militär zu landen. Die Mädchen warteten darauf, dass die Jungs irgendwann heil zurückkehrten und sie heirateten.

Ein schlimmer Ort für einen schwulen Jungen. Er hatte noch nie eine Beziehung mit einem Mann geführt oder irgendwelche sexuellen Erfahrungen gemacht. Tatsächlich war er in seinem ganzen Leben noch keinem anderen schwulen Mann begegnet! Dennoch hatte er beschlossen, die Anzeige aufzugeben und sich langsam voranzutasten.

Weiter erklärte er, dass er gerade in Kuwait gedient hatte. Nach seiner Rückkehr hatte er ein Postfach eröffnet und die kleine Annonce aufgegeben. Seitdem quoll dieses Postfach jeden Tag vor Zuschriften über. Ihm war nicht bewusst gewesen, wie heiß Marines in der Welt der Schwulen gehandelt wurden.

Wow! Was für ein unschuldiges Bürschchen!

Fünfundneunzig Prozent der Antworten, die Thomas erhielt, begannen mit den Worten: »Ich bin zwar kein Marine, ABER …« Als Nächstes behaupteten die Schreiber dann, entweder »richtig heiß« oder »richtig reich« zu sein. Er hatte sogar Zuschriften von Kerlen bekommen, die sich als Hollywoodstars ausgaben!

Also war es völlig nachvollziehbar, als er mich in seinem Brief fragte: »Du schreibst, du wärst der Sänger von Judas Priest – ist das wahr?«

Eifrig schrieb ich zurück: »Ja. Ja, der bin ich tatsächlich.«

Während der folgenden Wochen schrieben Thomas und ich uns viele Briefe. Begierig stellte er mir jede Menge Fragen über Heavy Metal, Slayer und Ozzy. Mir war mehr daran gelegen, mit ihm über … na ja, Sex zu reden.

Nach einer ganzen Weile fingen wir dann an zu telefonieren. Zwar fand er meine zweideutigen Anspielungen wohl eher etwas abstoßend (manchmal kann ich mich halt nicht zusammenreißen), trotzdem lief es eigentlich ganz gut zwischen uns. Dann, ganz plötzlich, hörten die Anrufe einfach auf. Von einem Tag auf den anderen war er wie vom Erdboden verschluckt.

Keine Ahnung, wohin er verschwunden war. Aber unsere Gespräche fehlten mir wirklich sehr.

Nun, da ich mit meinen Soloplänen an die Öffentlichkeit gegangen war, begann ich mit dem Songwriting. Denn das war meine Hauptmotivation: mir und allen anderen zu beweisen, dass ich – *ich, ich, ich!* – imstande war, meine Songs selbst zu schreiben. Darum ging es mir am allermeisten.

In Bands geht es immer um Kompromisse. Schon oft hatte ich bei Priest bestimmte Vorstellungen darüber gehabt, in welche Richtung ein Song gehen sollte, war letztendlich aber überstimmt worden. Mit dieser Frustration muss jeder umgehen, der in einer Band spielt. Darum wollte ich die Gelegenheit am Schopf packen, dieses Dilemma vollständig auszuräumen, um dann in alter Frische wieder zur Band zurückzukehren.

Songs waren bei uns immer im engen Austausch miteinander entstanden. Es hätte also eine durchaus furchteinflößende Erfahrung werden können – wurde es aber nicht. Stattdessen empfand ich es als befreiend. Ich fühlte mich richtiggehend bestärkt in meinem Vorhaben. Ich schrieb und schrieb und schrieb, als wären schwere Schleusentore geöffnet worden. Innerhalb kürzester Zeit hatte ich jede Menge Material beisammen. Gitarre und Bass spielte ich selbst, mit erstaunlich annehmbaren Ergebnissen. Sogar das Schlagzeug programmierte ich eigenhändig. Es klang alles genau so, wie ich es in meinem Kopf gehört hatte. Mein großer *Ich*-Moment rückte näher und näher.

Zwischenzeitlich hatte ich mir in Marina del Rey in L. A. ein Haus gekauft, hauptsächlich als Geldanlage. Es war ein ganz und gar entzückendes Plätzchen, also verbrachte ich jetzt die Hälfte meiner Zeit dort. In Phoenix, wo sich all mein Equipment befand, schrieb ich weiter an meiner Musik.

Ich arbeitete sehr, sehr hart. Aber ich gönnte mir auch meinen Spaß.

Thomas war immer noch nicht wieder aufgetaucht. Vermutlich war ich in meinen Briefen und Anrufen ein wenig zu lüstern rübergekommen und hatte ihn abgeschreckt. Jammerschade, er schien so ein netter Kerl zu sein. *Sei's drum, auch andere Mütter haben schöne Söhne.*

In einer Bar in Marina del Rey kam ich dann mit einem anderen US-Marine ins Gespräch, einem groß gewachsenen, sehr maskulinen Typen namens Hank. Die ganze Zeit über lächelte er mich an und hielt Augenkontakt. Am Ende lud er mich ein, das Marine Corps Base Camp in Pendleton zu besuchen. Der Road Runner wäre nicht schneller dort gewesen als ich.

Beep, beep!

Für einen Schwulen war Pendleton eine Art Schlaraffenland. Noch nie hatte ich so viele Musterexemplare der Gattung Mann auf einem Haufen gesehen: überall junge, durchtrainierte Kerle, die voll im Saft standen! Da ich bekanntermaßen eine klitzekleine Schwäche für Männer in Uniform habe, lief ich nur noch mit Stielaugen durch die Gegend.

Hank war zwar verheiratet, jedoch erging es ihm wie vielen anderen Marines auch. Er langweilte sich in der Militärbasis, also stieg er mit seinen Kameraden und anderen Typen ins Bett, um etwas gegen seine sexuelle Frustration zu tun. Bald schon wurde ich zum Stammgast in Pendleton, und wir beide trieben es regelmäßig miteinander.

Den Umständen entsprechend – und vor allem wegen der Tatsache, dass er verheiratet war – würde zwischen uns nie mehr laufen als ein freundliches *Rein-Raus-Dankeschön,* aber damit konnte ich ganz gut leben. Ich war Single und arbeitete sogar allein, also war Hank genau das, was ich brauchte.

Die Sache nahm ein trauriges Ende. Auf dem Stützpunkt fuhr Hank gerne mit großen, leistungsstarken Motorrädern und Quads durch die Gegend. Wie alle Marines liebte er es, ordentlich anzugeben. Eines Tages saß er auf seiner Maschine und ließ den Motor laut aufheulen. Plötzlich kam das Motorrad in Gang und schoss in die Höhe.

Hank landete auf dem Bauch, die Maschine erwischte ihn mit voller Wucht im Rücken und brach ihm die Wirbelsäule.

Sein Leben würde nie wieder so sein wie vorher – von der Hüfte abwärts war er von nun an gelähmt.

Er saß jetzt im Rollstuhl, und wir beide blieben weiterhin in Kontakt. Manchmal besuchte ich ihn, wenn auch nur noch als Freund. Als er ein paar Jahre später starb, fand seine Frau in seinen Sachen meine Briefe … und begriff, dass wir eine Affäre gehabt hatten.

Ich fühlte mich schrecklich schuldig deswegen. Mir wurde klar, dass meine leichtfertige Einstellung zur Sexualität Konsequenzen haben konnte – und manchmal sogar Opfer. Ich habe nie Kontakt zu ihr aufgenommen. Es gab nichts, was ich ihr hätte sagen können. *Die arme Frau.*

In Pendleton gab es aber auch eine Soldatenfrau, die meine Affäre mit ihrem Mann überhaupt nicht störte. Weil sie einfach gemeinsam mit uns ins Bett ging.

Durch Hank lernte ich auf dem Stützpunkt einen bisexuellen Feldwebel namens Steve kennen. Er stand auf Dreier – gemeinsam mit seiner Ehefrau Dawn. Familienbesuche waren bei den Marines erlaubt, und wann immer sie da war, gesellte ich mich zu den beiden. Sobald die Tür ins Schloss gefallen war, trieben wir es stundenlang. Wenn ich die beiden wieder verließ, war ich erschöpfter als nach dem Krafttraining.

Tatsächlich – exklusive News! – ist Dawn die einzige Frau, mit der ich jemals wirklich Sex hatte. Sie war ganz reizend und wunderschön, ihr Körper war makellos. Sicherlich hätten die meisten Männer getötet, um sie ins Bett zu kriegen. Und hier war ich also und vögelte sie, während ihr Ehemann uns beide anfeuerte.

Ich tat, was ich konnte, aber … *mit dem Herzen war ich nicht bei der Sache.* Plötzlich saß ich in Gedanken wieder auf Kens Sofa in Bloxwich und schmuste mit Margie. *Möglich war's, nur Spaß machte es nicht wirklich.* Was ich tatsächlich wollte, war

Steve. Unsere Hand- und Blowjobs fühlten sich an wie die Belohnung für meine Ausdauer mit Dawn.

Während meiner Abenteuer in Pendleton wurde das Camp von einem Sexskandal erschüttert. Ein schmieriger Mexikaner namens Bobby Vasquez angelte sich wuschige Marines in den Heterobars im nahe gelegenen Oceanside und lud sie zu sich nach Hause ein.

Nach ein paar Bier, Zigaretten und vielleicht einem Zwanziger legte er einen Porno ein und ermunterte sie, sich einen runterzuholen. Dabei filmte er sie und schnitt aus dem Material DVDs zusammen. Die verkaufte er dann wiederum an schwule Männer. Damit verdiente er sich eine goldene Nase.

Schließlich erwischte man Vasquez, und auch mir wurde in Pendleton mein Name zum Verhängnis. Eines Tages lief ich gerade auf den Stützpunkt, um mich dort mit Steve zu treffen, als mich der Sicherheitsmann am Haupteingang anhielt.

»Tut mir leid, Sir«, sagte er. »Aber ich befürchte, Sie können hier nicht mehr herkommen.«

Und damit war das auch vorbei. *Hausverbot auf einem Militärstützpunkt wegen anstößigen Verhaltens!* Das kann wirklich nicht jeder von sich behaupten …

Pendleton war nicht der einzige Schauplatz meiner erotischen Streifzüge. Wenn ich in Phoenix war, fuhr ich auf der Suche nach Schwänzen durch den Papago Park beim alten Zoo. Meistens waren das aber eher traurige und fruchtlose Exkursionen, und ich ging enttäuscht wieder nach Hause.* Trotzdem gab ich nicht auf.

Warum ich derart die Sau rausließ, nachdem ich vierzig geworden war, kann ich nicht genau sagen. Lag es an meiner

---

* Danket dem Herrn für Grindr!

langen, ziemlich bodenständigen Beziehung mit Josh? Machte ich gerade eine Midlife-Crisis aus dem Bilderbuch durch? Hatte ich einfach zu viel Zeit? Oder lag es bloß daran, *dass ich es konnte?*

Wahrscheinlich war es eine Kombination all dieser Dinge … und die führte mich direkt zum nächsten Fettnäpfchen.

Wann immer ich in Marina del Rey war, schwang ich mich einmal am Tag auf mein Mountainbike. Dann fuhr ich auf dem Fahrradweg die Küste entlang bis hoch nach Malibu und wieder zurück. Eine wunderschöne Strecke, und ich freute mich jedes Mal darauf, dabei etwas Sonne zu tanken.

An einem herrlichen kalifornischen Nachmittag drehte ich in Shorts, T-Shirt und Baseballcap meine gewohnte Runde. Einer der ersten Orte auf meiner Route war Venice Beach. Dort gab es eine berüchtigte Herrentoilette, an der ich anhielt, um mein Glück zu versuchen.

Um Cruiser und Junkies abzuschrecken, hatte man alle Türen entfernt. In dem schmuddeligen, versifften Klohäuschen lungerten vier oder fünf Typen rum, also lehnte ich mein Fahrrad gegen die Wand, ging in eine der Kabinen und wartete ab.

Nach etwa zehn Minuten kam ein gut aussehender, muskulöser Kerl rein. Als er an meiner Kabine vorbeilief, warf er einen Blick rüber, lächelte und nickte mir zu. *Huhu! Hier bin ich!* Meine Hand wanderte in meine Radlerhose, und ich fing an, mich zu streicheln. *Ich wär dann so weit.*

Er stand mit dem Rücken zu mir am Waschbecken und sah in den Spiegel – oder besser gesagt, auf den polierten Edelstahl. Da die Junkies sie immer wieder zertrümmerten, gab es keine Spiegel mehr. Er lächelte mich an. Mit der Hand zwischen meinen Beinen lächelte ich zurück.

Endlich drehte er sich um, sah mich direkt an und griff sich unter das Hemd – um seine Marke herauszuholen.

»Hiermit sind Sie wegen unsittlichen Verhaltens in der Öffentlichkeit festgenommen«, sagte der Cop.

Ach du Scheiße! Mir schossen eine Million Gedanken durch den Kopf. *Das war's. Ich hab's verbockt. Es wird in den Zeitungen stehen. Jetzt ist alles aus.* Gleichzeitig fühlte ich mich seltsam ruhig.

Ich nickte. Er nahm die Handschellen von seiner Hüfte und legte sie mir ums Handgelenk (das wurde langsam zur Gewohnheit).

»Was ist mit meinem Fahrrad?«, fragte ich. Aus irgendeinem Grund hatte ich meinen Black-Country-Akzent eingeschaltet.

»Darum kümmern wir uns. Mir nach.«

Der Bulle führte mich um das Klohäuschen herum zu einem kleinen Gebäude, das wie ein Lagerraum aussah. Darin befanden sich fünf oder sechs weitere Männer mit gesenkten Köpfen und gefesselten Händen. Nachdem er mich mitsamt meinem Fahrrad dort abgeliefert hatte, schloss er die Tür und verschwand ohne ein weiteres Wort.

Ich setzte mich hin. Die Jungs und ich hatten uns nicht viel zu erzählen. Nicht der richtige Ort für Small Talk. Nach einer gefühlten Ewigkeit kamen zwei weitere Polizisten, steckten uns in einen weißen Transporter und fuhren mit uns weg.

Wir wurden meilenweit ins Landesinnere gebracht. Ich hatte keine Ahnung, wo wir waren oder wohin es ging. Schließlich erreichten wir eine Polizeiwache, die wir durch die Hintertür betraten. Immer noch gefesselt ließ man uns in einem Aufenthaltsraum warten.

Etwa zehn Minuten später starrte ich gedankenverloren auf den Fußboden, als ein Paar Polizeischuhe vor mir auftauchte.

Der Bulle beugte sich runter, zog mir die Baseballcap vom Schädel und musterte mich. In seinen Augen bemerkte ich ein dezentes Flackern. Er setzte mir die Kappe wieder auf den Kopf, beugte sich noch ein Stück weiter herunter und öffnete meine Handschellen.

»Mir nach.«

Wir gingen in eine kleine Zelle, und er zog die Tür hinter uns zu.

»*Dachte* ich mir doch, dass Sie das sind«, rief er. »Was zur Hölle macht Rob Halford hier?«

»Ich bin ein verdammter Idiot«, gab ich kleinlaut zu.

Kopfschütteln. »Ich kann gar nicht glauben, dass Sie hier sind. Ich seh mal, was sich machen lässt.«

Würde er mich etwa vom Haken lassen? »Tausend Dank«, murmelte ich. Er ging wieder hinaus und verriegelte die Tür hinter sich.

Da saß ich nun auf meinem winzigen, harten Bänkchen. Während der nächsten zwei Stunden kam jeder einzelne Beamte der Polizeiwache an meiner Zelle vorbei, gaffte durch das kleine Glasfenster in der Tür und zeigte mir die Teufelshörner. Ich erwiderte jeden einzelnen Gruß und streckte dabei die Zunge raus. So verging wenigstens die Zeit etwas schneller.

Schließlich kam der erste Cop wieder zurück und setzte sich neben mich.

»Wir halten die Presse da raus«, erklärte er.

»Danke!«

»Das ist alles, was wir tun können.« Im Zimmer nebenan schoss er mein Verbrecherfoto – *für meine Sammlung!* – und nahm meine Fingerabdrücke ab. Ich musste keine Kaution zahlen. »Wir melden uns«, sagte er. »Sie können gehen.«

Glück gehabt. *Schon wieder.*

»Wo bin ich denn überhaupt?«, wollte ich von dem Polizisten wissen. Er sagte es mir.

»Verflixt und zugenäht, das ist ja am Arsch der Welt! Wie komm ich denn jetzt nach Hause?«

»Das ist *Ihr* Problem, Rob.«

Irgendwo fand ich schließlich eine Telefonzelle und rief John Baxter an, der mich kurze Zeit später abholte. Ich musste zwar nicht vor Gericht erscheinen, bekannte mich aber schuldig. Ich zahlte meine Strafe und wurde auf Bewährung gesetzt. Außerdem wurde meiner Akte eine weitere Straftat hinzugefügt.

Wie ich mich fühlte? Dämlich, beschämt, aber auch wütend. Das Jahrhundert war fast zu Ende, und schwule Männer mussten immer noch in Angst leben. Scherzhaft nenne ich die Geschichte gern meinen »George-Michael-Moment«. Nur dass George sechs Jahre später in Beverly Hills weniger Glück mit den Zeitungen hatte.

Jedenfalls hatte ich jede Menge Zeit für diese sexuellen Ausschweifungen, denn meine Karriere befand sich in der Schwebe. Es gab noch keinen Plattenvertrag für mein Soloalbum, aber da ich genug Songs geschrieben hatte, begann ich damit, Musiker für das Projekt zu rekrutieren. Ein Drummer war schnell gefunden. Bereits während der *Painkiller*-Tour hatte ich Scott Travis gefragt, ob er vielleicht interessiert wäre. Und das war er. Da Priest sowieso gerade pausierten, war er auch zeitlich verfügbar.

Aus der lokalen Rockszene in Phoenix holte ich mir Brian Tilse als Gitarrist und Jay Jay Brown als Bassist an Bord. Beide waren gute Kumpels, obendrein arbeitete Jay Jay als Tätowierer und verwandelte mich gerade in einen laufenden Wandteppich. Komplettiert wurde die Band von Scotts Freund Russ Parrish, der ebenfalls Gitarre spielte.

Zwar hatte ich die Songs für das Album bereits geschrieben, dennoch sah ich in den Jungs weit mehr als angeheuerte Mietmusiker. Ich schätzte ihren Input, ihr Talent und ihre Ideen sehr. Es sollte eine richtige Band sein. Zu keiner Zeit betrachtete ich die Sache als Bühne für mein Ego oder meine Eitelkeiten.

Ich taufte die Band auf den Namen Fight. Unser Album hieß *War of Words*. In meinen Augen beschworen all diese Begriffe eine aggressive und gleichzeitig belesene Haltung herauf, die mir sehr gefiel. Scott, Brian, Russ und Jay Jay liebten die Demos, die ich ihnen vorspielte. Jetzt fehlte nur noch ein Plattenvertrag.

Zwar hatte Columbia, wo auch Priest unter Vertrag standen, ein Vorkaufsrecht auf meine Musik. Aber man schien dort nicht unbedingt scharf auf Fight zu sein. Also musste ich bei anderen Plattenfirmen mit den Demos hausieren gehen. Man gab mir den Rat, den Leuten von Columbia schriftlich zu erklären, dass ich bei Priest »zurückgetreten« war. Es sei eine rein rechtliche Formalität, keine große Sache.

Für mich ergab das durchaus Sinn, also schrieb ich dem Label einen Brief. Dummerweise gelangte das Schreiben irgendwie an die Öffentlichkeit. Und plötzlich – wer hätte das gedacht? – meinte jeder, ich würde die Band tatsächlich verlassen. In der Woche darauf titelten die Musikzeitschriften unmissverständlich:

HALFORD SCHMEISST BEI PRIEST HIN!

Was. Zur. Hölle? Nicht mal im Entferntesten hatte ich das beabsichtigt. Am liebsten hätte ich einfach Nein gesagt, sie *angeschrien*: »Halt! Halt! Augenblick! Das stimmt nicht!« Aber ich wusste nicht, wie ich das anstellen sollte.

Wenn ich es schon nicht schaffte, mit Bill zu sprechen, dann hätte ich wenigstens Ian, Glenn oder Ken anrufen sollen. Immerhin waren wir seit Ewigkeiten beste Kumpel, Heavy-Metal-Brüder, *Familie.* Wir hätten die ganze verdammte Sache aus der Welt schaffen können.

Aber das tat ich nicht. Ich wusste nicht, was ich sagen oder tun sollte. Stattdessen machte ich dasselbe wie immer: Ich steckte den Kopf in den Sand. Rannte einfach davon. Unternahm *gar nichts.* Und so wurde es im September 1992 offiziell.

Ich war nicht mehr der Sänger von Judas Priest.

Das alles kam mir wie ein schrecklicher Irrtum vor. Ein Missverständnis. Jemand musste irgendwas falsch interpretiert haben. Das hatte ich wirklich nicht gewollt. Wie zur Hölle hatte es so weit kommen können? Ich fühlte mich, als wäre ich aus meiner eigenen Familie geflogen. Es war einfach grauenhaft, und ich hatte es selbst verbockt … weil ich meinen Mund nicht aufgekriegt hatte.

Der Gipfel der Ironie: Ich hätte den bescheuerten Brief niemals schreiben müssen. Denn CBS, Columbias Mutterkonzern, hatte durchaus Interesse an Fight. Ich traf mich mit David Glew, dem Präsidenten des CBS-Unterlabels Epic Records, in seinem New Yorker Büro (aus irgendeinem Grund trug ich Anzug und Krawatte), um ihm ein paar meiner Demos vorzuspielen. Nach vier Songs hatte er bereits genug gehört. »Okay«, nickte er. »Wir kommen ins Geschäft!«

Um mir nicht permanent den Kopf über die trübe Priest-Situation zu zerbrechen, stürzte ich mich sofort mit John in die Arbeit an *War of Words.* Vorher jedoch absolvierte ich noch einen ziemlich überraschenden Gastauftritt.

Vollkommen unerwartet erreichte mich in Phoenix ein Anruf: »Alles klar, Rob? Hier ist Tony Iommi!« Der Black-

Sabbath-Gitarrist meldete sich in einer recht heiklen Angelegenheit.

Ozzy befand sich gerade auf großer Abschiedstournee *(ja, klar!)* namens *No More Tours.** Im Pacific Amphitheatre in Costa Mesa, Kalifornien, würde er am 14. und 15. November 1992 seine beiden letzten Live-Shows spielen. Um dieses bedeutsame Ereignis standesgemäß zu feiern, sollten Sabbath im Vorprogramm auftreten.

Zwischen Ozzy und Sabbaths aktuellem Sänger Ronnie James Dio gab es jedoch Spannungen. Worum es dabei genau ging, ist mir entfallen, jedenfalls würde Ronnie bei den Konzerten nicht dabei sein. Deshalb bat mich Tony, für ihn einzuspringen.

Mit Black Sabbath auftreten – als Sänger! Verdammte Scheiße! Auf gar keinen Fall würde ich mir das entgehen lassen! Vorher musste ich aber natürlich mit ihnen proben, also kamen Sabbath für einen Tag nach Phoenix. Innerhalb weniger Stunden studierten wir die Songs zusammen ein, die ich sowieso schon auswendig kannte. Es war der absolute Wahnsinn!

Nur eine Sache hatten wir bei den Proben nicht bedacht: Wie würden wir die Shows eigentlich anfangen? An unserem ersten Abend in Costa Mesa stand ich also hinter dem Vorhang am Bühnenrand. Es war stockfinster, Trockeneis waberte durch die Luft, und das Intro erklang.

Hinter mir stand Tony. Dachte ich zumindest.

»Wann gehen wir raus, Tone?«, wollte ich wissen. Schweigen. »Tone?« Ich sah mich um. Keine Spur von ihm. *Mist, die müssen alle schon draußen sein!*

---

* Während ich dieses Buch schreibe – fast dreißig Jahre später –, steckt Ozzy mitten in den Planungen für eine weitere Abschiedstour. *No More Tours II* – mit Priest im Vorprogramm!

Ich konnte überhaupt nichts sehen. Kurzerhand lief ich einfach raus, ein Licht ging an, die Menge tobte, ich schaute mich um und sah … niemanden außer mir auf der Bühne.

Verdammt! Total verkackt! Sollte ich wieder abgehen? Das hätte absolut lächerlich ausgesehen. Für eine unfassbar lange Minute stand ich also dort rum, bevor Sabbath ebenfalls rausgewandert kamen. Am Ende war das Konzert trotz meines Spinal-Tap-Entrées ein Heidenspaß.

Einen Abend lang war ich Ozzy – wer kann das schon von sich behaupten?

Wir schrieben das Jahr 1993. Mit Priest war es erst einmal vorbei, aber ich hatte ja noch ein Album zu machen. Also schlugen wir mit Fight unsere Zelte in Amsterdam auf, um dort gemeinsam mit dem holländischen Produzenten Attie Bauw *War of Words* aufzunehmen. Er hatte schon bei der *Painkiller*-Produktion als Engineer mitgewirkt. Damals hatten wir uns prima verstanden, und so erschien er mir die geeignete Wahl zu sein.

Tatsächlich war Attie genau der richtige Mann. Und obwohl ich die Songs im Alleingang geschrieben hatte, arbeiteten alle Bandmitglieder im Studio auf Augenhöhe. Jeder sollte seine Meinung frei äußern und eigene Ideen einbringen können, und so kam es dann auch. Während der Aufnahmen wohnte ich in meinem Apartment. Sogar einen Ausflug zu Drake's Cruising überstand ich diesmal ohne Knochenbrüche.

Es war ein erhebendes Gefühl, wieder im Studio zu stehen. *War of Words* klang viel urwüchsiger und thrashiger als Priest. Manchmal wilderten wir sogar in Death-Metal-Gebieten. Als ich von den Niederlanden aus für ein paar Wochen nach Walsall flog, war ich hochzufrieden mit dem Resultat.

Noch im selben Herbst erschien die Platte, und die Presse war ebenfalls begeistert. Die Kritiker schrieben, dass nicht nur die Priest-Fans das Album mögen, sondern auch jüngere Metalheads auf ihre Kosten kommen würden. Genau das hatte ich im Sinn gehabt.

Mit einer Platzierung in den Charts hatte ich ehrlich gesagt nicht gerechnet, aber irgendwie rutschten wir in die Billboard 200 und verkauften weltweit mehr als 250.000 Exemplare. *Damit kann ich leben, Kumpel!* Jetzt war es an der Zeit, die Songs auch live zu spielen.

Mittlerweile war mein alter Dreier-Buddy Steve aus Pendleton nicht mehr bei den Marines. Da er nichts mit sich anzufangen wusste, nahm ich ihn als meinen persönlichen Assistenten und Security-Mann mit auf Tour. Außerdem leistete er mir … Gesellschaft.

Allerdings war er immer noch ein verheirateter, bisexueller Kerl, der vor allem auf Frauen stand. *Genau mein Typ!* Er konnte also höchstens ein Lückenbüßer sein. Umso mehr freute es mich, als mir Thomas völlig unerwartet einen Brief schrieb. Er war gerade mit seinem Schiff vor der Küste von Afrika unterwegs.

Wie sich herausstellte, war er nach Somalia versetzt worden. Unter Marine-Soldaten gibt es eine Redensart: »Loose lips sink ships.« Der Inhalt ist etwa gleichbedeutend mit dem des Sprichworts »Reden ist Silber, Schweigen ist Gold«. Diese Soldaten-Weisheit stammte ursprünglich aus dem Zweiten Weltkrieg, und ihr Mantra war unmissverständlich: Erzähle niemals einem Zivilisten, was du vorhast.

Ach so! Das erklärt natürlich die lange Funkstille!

Thomas gab mir seine Adresse in Somalia, betonte aber, ich müsse sehr diskret sein. Anscheinend blieb ihm auf seinem Schiff nur sehr wenig Privatsphäre. Ich schätze, dass ich mich nicht wirklich an seine Anweisungen hielt. Denn wie üblich schickte ich ihm einen ganzen Haufen notgeiler Briefe.

»*Du* bist der Grund dafür, warum Schwule beim Militär nicht erwünscht sind«, schrieb er entsetzt zurück. »*Kannst du dich denn nicht ein einziges Mal beherrschen?*«

Bald darauf jedoch wurde Thomas aus Afrika abgezogen und kam zurück in die USA – und zwar direkt in meine alten Jagdgründe, das Marine Corps Base Camp Pendleton! Ich konnte es kaum erwarten, ihn endlich persönlich zu treffen. Anfangs gab er sich skeptisch, willigte aber schließlich ein.

Wir verabredeten uns in einem Restaurant in Oceanside zum Mittagessen. Thomas schlug vor, dass wir beide jemanden mitbringen sollten – als Anstandswauwau, nahm ich an. Aber nicht mit mir. Meine einzige Begleitung war mein unbändiger Sexualtrieb.

Thomas hatte mir ein Foto von sich geschickt. Schon auf den ersten Blick war ich total angetan gewesen. Als er mir dann aber in Fleisch und Blut gegenüberstand, war es vollkommen um mich geschehen. Ein athletischer, umwerfend schöner Rotschopf, genauso smart und humorvoll, wie ich ihn schon am Telefon erlebt hatte. Und sein Begleiter war ebenfalls ziemlich lecker!

Wie ein Wahnsinniger flirtete ich die ganze Zeit mit beiden – und ignorierte die offensichtliche Tatsache, dass er sich dabei alles andere als wohlfühlte. Sobald wir mit dem Essen fertig waren, schlug ich vor, ein Zimmer zu nehmen. Also nahm ich die beiden mit zu einem Hotel an der Strandpromenade.

Wir gingen aufs Zimmer, und ich legte sofort los mit meinen Annäherungsversuchen. Aber wie sich herausstellte, war Thomas' Begleiter hetero, und auch mit meinem Soldaten würde *definitiv* nichts laufen! Mit einer knappen Ausrede machten sie einen Abgang. »Och, schade!«, rief ich ihnen hinterher. »Es hätte so ein schöner Dreier werden können!«

Während der Heimfahrt kam ich mir unglaublich dämlich vor. *Mist!* Ein Schwanz hat kein Gewissen – zumindest galt das ziemlich sicher für *meinen*. Schon wieder hatte er mir alles versaut. Nach diesem Debakel hörte ich nie wieder etwas von Thomas. Es war eine Schande. Ich mochte ihn nämlich wirklich gern.

Dafür war nun die Zeit gekommen, mit Fight auf Tournee zu gehen. Nach ein paar Vorab-Gigs im Mason Jar in Phoenix und im Whisky a Go Go am Sunset Strip ging es im Oktober 93 in Europa ans Eingemachte. Während wir den Kontinent bereisten, wurde mir bewusst, wie sehr sich die Spielregeln für mich geändert hatten.

In Ländern, wo locker zehntausend Fans zu Priest-Konzerten strömten, spielten wir nun in Clubs vor fünfhundert Zuschauern. Die Olympiahalle in München hatten wir mit Priest üblicherweise im Handumdrehen ausverkauft. Jetzt füllten wir Clubs wie die Rockfabrik in Ludwigsburg gerade mal zur Hälfte. Ganz nebenbei erinnerte mich die Stadt auffallend an Walsall.

In Großbritannien erging es uns nicht anders. Das Hammersmith Odeon konnte ich vergessen. Wir spielten genau zwei Shows: im Rock City, einem mittelgroßen Club in Nottingham, sowie im Astoria in London. Zwar war das ein ziemlich hipper Laden, mit Priest allerdings hätten wir dort höchstens die Aftershow-Party steigen lassen.

Mich ereilten Flashbacks an die Zeit mit Corky, an Kleintransporter und Auftritte in den Pubs von St. Albans. *So schnell wird dich kein Golfwagen mehr zur Bühne karren, alter Freund!* Ich fing wieder ganz von vorne an, mit einer ganz neuen Band, die sich erst einmal beweisen musste. Und auch ich musste mir meine Sporen von Neuem verdienen.

Aber es war auch schön, neue, jüngere Fans neben den älteren Typen in ihren Priest-Shirts zu sehen. Natürlich verlangte man überall lauthals nach »Breaking the Law« und »Hell Bent for Leather«, worauf ich allerdings nicht reagierte. Ich war wild entschlossen, ausschließlich Fight-Songs zu spielen. Ob es ihnen nun gefiel oder nicht!

Es war gleichermaßen Spaß und harte Arbeit. Wenn wir unsere Musik einem möglichst großen Publikum präsentieren wollten, dann mussten wir etwas tun, was ich seit über einem Jahrzehnt nicht mehr gemacht hatte: Wir mussten als Support für größere Bands auftreten. Zum Glück konnten wir damit gleich ganz oben anfangen.

Damals waren Metallica die größte Metal-Band der Welt, und Lars Ulrich lud mich ein, sie auf ihrer epischen *Shit Hits the Sheds*-Tournee durch die Stadien dieser Welt zu begleiten. Es waren auch noch andere hochkarätige Support-Acts dabei wie Danzig, Suicidal Tendencies oder Candlebox.

Zwar waren wir nicht die ganze Zeit über an Bord, aber die Shows, die wir spielten, waren große Klasse. Ich stand endlich wieder vor einem großen Publikum (großartig!), wenn auch viel zu früh am Tag (weniger großartig!). Da die Jungs von Metallica große Priest-Fans waren, gab ich in Miami gemeinsam mit ihnen »Rapid Fire« von *British Steel* zum Besten. Es war ziemlich cool.

Außerdem machte ich auf dieser Tour eine unerwartete neue Bekanntschaft. Ich hatte mich mit den jungen Kerlen von Candlebox angefreundet, die bei Madonnas Label unter Vertrag standen. Von ihrem Sänger Kevin Martin erfuhr ich, dass ihre Chefin sich die Show in Miami ansehen wollte.

An diesem Nachmittag sah ich sie an meinem Trailer vorbeigehen – besser gesagt, ich sah eine winzig kleine Frau mit wasserstoffblondem Haar, das in einer Armee aus Security-Gorillas aufblitzte. Dann war sie auch schon im Candlebox-Wohnwagen verschwunden. Einige Zeit später kam Kevin zu mir rüber.

»Hey, Rob, willst du mal bei uns vorbeischauen und Madonna Hallo sagen?«, fragte er.

Was für eine Frage! Welche schwule Metal-Pop-Nutte würde Madonna *nicht* Hallo sagen wollen?! Gespannt lief ich zum Trailer hinüber … und platzte mitten in eine Szenerie, die aus einem Renaissance-Gemälde zu stammen schien.

Madonna lag höchst königlich auf einer Chaiselongue, wie Kleopatra auf ihrem vergoldeten Nil-Kahn. Zu ihren Füßen tummelte sich ein ganzer Haufen junger Miezen, die ihr huldigten. Der Duft von Chanel und Dior lag in der Luft.

Als ich auf sie zuging, sah sie mich fragend an.

»Das ist Rob, der Sänger von Judas Priest und Fight«, stellte Kevin mich vor.

»Oh, hey, Rob. Schön, dich kennenzulernen!«, sagte Madonna, ohne dabei aufzustehen. Stattdessen musterte sie mich von Kopf bis Fuß. »Du hast aber viele Tattoos!«

Mittlerweile hatte ich die tatsächlich. »Ja«, antwortete ich.

»Hast du überall welche?«, wollte sie wissen.

Um ihr die Gestaltung meines Oberkörpers zu zeigen, zog ich mein Shirt hoch.

»Und wie weit *runter* gehen sie?«, fragte sie mit gespielter Unschuldsmiene.

Also zog ich mir den Bund meiner Hose bis zu den Schamhaaren herunter. Sie lehnte sich nach vorn und glotzte mir in den Schritt. Mit ihrer Nase berührte sie buchstäblich meinen Bauch.

Verdammte Scheiße, Rob, dachte ich. *Es ist jetzt gerade zwei Minuten her, dass du Madonna getroffen hast, und schon wedelst du ihr mit deinem Schwanz im Gesicht rum!*

»Oh, wow!«, staunte sie. »Und geht's danach *noch* irgendwohin weiter?«

»Yeah, aber vielleicht belassen wir's erst mal dabei«, sagte ich.

»Ja«, stimmte sie zu. »Das ist wahrscheinlich eine gute Idee.«

Und das war das Ende meiner kleinen Backstage-Begegnung mit der Queen of Pop. Ich hoffe, sie erinnert sich noch genauso gern daran wie ich.

Nach der Metallica-Tour nahm ich mir vor, meine nächsten musikalischen Schritte zu planen. In meinem Herzen wusste ich genau, was ich wollte. Ich wollte zurück zu Judas Priest.

Ich hatte mir den Traum erfüllt, ein Soloalbum zu veröffentlichen. *War of Words* war ganz vernünftig gelaufen, und die Tour war in Ordnung gewesen. Aber vor allem hatte ich mir selbst endlich bewiesen, dass ich dazu in der Lage war. Das alles hatte mir große persönliche Befriedigung verschafft. Aber was nun?

Am liebsten wäre ich einfach zurück zu Priest gerannt, um ihnen zu sagen: »Jungs, können wir die Sache nicht vergessen? Ich will – *ich muss* – Teil der Band sein.«

Aber ich hatte keine Ahnung, wie ich die Kluft zwischen mir und dem Priest-Lager überwinden sollte. Ich fand den Weg nach Hause einfach nicht.

Irgendwie war mein Nebenprojekt zu meiner Hauptsache geworden. Es schien, als wäre ich mit meiner Karriere in einer Sackgasse gelandet. Eine unglaublich frustrierende

Erfahrung … aber in dieser schwierigen Zeit passierte auch etwas ganz und gar Großartiges.

Denn mein Privatleben sollte bald einen mächtigen Schub bekommen.

19

Die Haustür von Sharon Tate

Die Sache mit Thomas hing mir immer noch nach. Ich hatte es echt übel verbockt. Er war ein wirklich süßer, lustiger Kerl, aber er hatte eben bis dahin auch ein ziemlich behütetes Leben geführt. Mittlerweile sah ich ein, wie sehr ihn ein tätowierter Heavy-Metal-Sänger, der ihm ständig an die Wäsche wollte, eingeschüchtert haben musste.

Gute Arbeit, Rob! Da hast du mal wieder dein goldenes Händchen für Beziehungen gezeigt!

Alles, was bei mir zurzeit lief, waren gelegentliche Techtelmechtel mit Steve, der sich gerade von Dawn getrennt hatte. Aber er suchte eigentlich eher eine neue Frau. Trotzdem verstanden wir uns sehr gut. Er war einer der wenigen, mit denen ich wirklich reden konnte.

So manches Mal schüttete ich ihm mein Herz aus. Er kannte die ganze Geschichte, wie ich für David nach Amerika gezogen war, mich in Brad verliebt hatte und mit Josh zusammengezogen war. Nur um am Ende herauszufinden, dass alle drei hetero waren. Ich quatschte ihm so oft die Ohren damit voll, dass er zu einem wahren Experten meines tragischen Liebeslebens wurde.

Eines Abends erging ich mich mal wieder in Selbstmitleid wegen Thomas, als er mir einen sehr überzeugenden Ratschlag erteilte:

»Um Gottes willen, Rob, dann meld dich halt einfach wieder bei ihm!«, rief er. »Angel dir wenigstens einmal im Leben einen echten Schwulen!«

Na ja, da konnte man wohl kaum widersprechen …

Und so schrieb ich Thomas erneut. Und – siehe da – er antwortete. Wie sich herausstellte, hatte er seinen Militärdienst mittlerweile beendet. Die Marines leiteten seine Post nach Alabama weiter. Er war wieder zu Hause bei seiner Mutter eingezogen und ging einem eintönigen Job in einer Fabrik nach. Nach seinem abenteuerlichen Leben als Marine-Soldat langweilte er sich dort zu Tode.

Es fühlte sich großartig an, wieder mit ihm zu schreiben. Alles fühlte sich liebenswürdiger und sanfter als zuvor an. Was wohl vor allem daran lag, dass ich nicht mehr alle zehn Sekunden auf das Thema Sex zu sprechen kam. Also schlug ich ihm vor, es mal wieder mit Telefonieren zu versuchen.

Zwar willigte Thomas ein, doch die Sache hatte einen Haken: Seine Mutter besaß kein Telefon. Die einzige Lösung war ein öffentlicher Apparat im Dorfladen.

Jedes Mal, wenn Thomas mich nun per R-Gespräch aus dem Laden anrief, führten wir stundenlange Gespräche. Darin ging es jetzt nicht mehr ausschließlich um »fleischliche« Dinge, wie Thomas es ausdrückte, sondern um Gott und die Welt, um jeden einzelnen Aspekt unseres Lebens.

Und doch … war es irgendwie seltsam. Dieser Typ lebte Tausende Meilen entfernt am Arsch der Welt in Alabama, und trotzdem war er mir vertrauter als jeder andere, mit dem ich jemals Zeit verbracht hatte.

Die große Entfernung brachte uns näher. Ich musste ihn ganz einfach wiedersehen.

Da eine Wiedervereinigung mit Priest vorerst unmöglich schien, nahm ich ein zweites Fight-Album in Angriff. Nachdem sich die erste Platte gut verkauft hatte, verlangte Epic nun so etwas wie *War of Words 2* von mir … allerdings entsprach das überhaupt nicht meiner Arbeitsweise.

Ich hatte mir selbst bewiesen, dass ich ein komplettes Album ganz allein schreiben konnte, und verspürte nicht den geringsten Drang, dies erneut zu tun. Für den Nachfolger *A Small Deadly Space* wollte ich zu dem kollektiven Ansatz zurückgehen, den Glenn, Ken und ich bei Priest geprägt hatten.

In der Band gab es einen Besetzungswechsel. Russ Parrish war ausgestiegen, und irgendjemand hatte uns Mark Chaussee für den Posten empfohlen. Ein liebenswerter, grundsolider Typ, der bestens zu uns passte.

Wir wurden zu einer kreativen Einheit und begannen, zusammen Material zu schreiben. Darum klangen die Songs unseres zweiten Albums weitaus abwechslungsreicher als das Debüt, das ja nur meine eigene Vision widergespiegelt hatte. Und das war mir auch ganz recht so.

Für die Produktion der ersten Platte waren wir zu Attie Bauw nach Amsterdam gereist. Diesmal kam er zu uns. Der holländische Produzent flog nach Phoenix, um dort mit uns *A Small Deadly Space* aufzunehmen, das sich nicht zuletzt aufgrund seiner Grunge-Einflüsse deutlich vom Fight-Debüt unterschied.

Alles lief sehr entspannt und locker ab. Ich genoss es sehr, im Studio Songs wie »Mouthpiece« und »Beneath the Violence« einzusingen, freute mich aber gleichzeitig auch auf den frühen Feierabend. Dann fuhr ich nach Hause, um drei Stunden lang mit einem Ex-Marine zu telefonieren, der in einem Gemischtwarenladen in Alabama saß.

Als *A Small Deadly Space* im April 95 erschien, verkauften wir davon nicht mal ein Drittel so viele Exemplare wie von *War of Words*. Wahrscheinlich hatten die Fans im Grunde dasselbe Album noch einmal erwartet. Vermutlich ist das der Grund, warum sich die meisten Bands ständig wiederholen.

Auf unserer sechsmonatigen US-Tour verfolgten wir dann auch einen etwas »selektiveren Ansatz«, um es mal mit Spinal Tap zu sagen. Wenn wir mit Priest nach New York kamen, spielten wir als Headliner im Madison Square Garden (na ja, zumindest bis man uns dort Hausverbot erteilte). Mit Fight reichte es nur fürs CBGB's. Immerhin konnte ich so einen weiteren Kultladen von meiner Liste streichen.

Ich war dreiundvierzig Jahre alt und führte das Leben eines aufstrebenden Jungmusikers, der zum ersten Mal auf Tour war: an jedem Abend der Woche eine andere kleine Club-Show. Außerdem verlangten die Fight-Songs nach einer anderen Art zu singen. Ich musste mich unfassbar anstrengen. Es war die reinste Schinderei.

Während der Tour versuchte ich weiterhin, möglichst oft mit Thomas zu sprechen oder ihm zu schreiben. Ich konnte es kaum erwarten, zurück nach Phoenix zu kommen und wieder täglich mit ihm zu reden. Und als ich dann endlich zu Hause war, tat ich etwas längst Überfälliges: Ich lud ihn ein, mich zu besuchen.

Er kam also nach Phoenix, und wir verlebten zehn wunderschöne, entspannte Tage zusammen. Während unserer zahllosen Stunden am Telefon hatten wir uns einander schonungslos offenbart. Wir waren sehr ehrlich zueinander gewesen. Inzwischen kannten wir uns also schon ziemlich gut.

Thomas war mittlerweile um einiges abgebrühter, denn in der Zwischenzeit hatte er ein paar Schwulenbars besucht und seine eigenen Erfahrungen gesammelt. Es passte einfach mit uns beiden. Am Ende seines Besuchs wollten weder er noch ich, dass er zurück nach Alabama ging, um dort in der Fabrik zu schuften. Nur ein paar Tage nach seiner Abreise bat ich ihn also, zurückzukommen und bei mir einzuziehen. Und er willigte ein.

Es klingt vielleicht kitschig, aber als Thomas und ich zusammenzogen, wurde mir erst klar, wie sehr er sich von all meinen vorherigen Liebhabern unterschied.

Ich will es mal so einfach wie möglich ausdrücken:

THOMAS WAR WIRKLICH SCHWUL!

Auf einmal fiel es mir wie Schuppen von den Augen. All meine vorherigen Beziehungen waren zum Scheitern verurteilt gewesen. Anfangs waren sie immer sehr liebevoll und lüstern, aber im Grunde genommen wollten all diese Typen lieber mit einer Frau zusammen sein.

Nun, diese Gefahr bestand diesmal nicht!

Die Aktivitäten rund um die Veröffentlichung des zweiten Fight-Albums waren abgeschlossen, also hatten Thomas und ich viel Zeit, uns aneinander zu gewöhnen. Wir hingen mit Freunden ab, besuchten die Rock- und Metal-Schuppen in Phoenix und unternahmen Kurztrips nach L. A. und San Diego.

Es war eine entspannte, glückliche Zeit. Verglichen mit meinem bisherigen Liebesleben war das eine vollkommen neue Erfahrung.

Wie sich herausstellte, hatten wir sehr viel gemeinsam. Wir kamen beide aus Verhältnissen, in denen wir unsere sexuelle Identität verstecken mussten: Judas Priest und die Marines. Wir beide waren trockene Alkoholiker. Obwohl es anfangs den Anschein gemacht hatte, als würden uns Welten trennen, fanden wir ziemlich schnell viele Gemeinsamkeiten.

Auch wenn ich dieses Klischee hasse: Es war eine klassische Yin-Yang-Situation. Unsere Persönlichkeiten ergaben zusammen die perfekte Balance … und daran hat sich bis zum heutigen Tage nichts geändert.

Was die Arbeit betraf, so suchte ich immer noch nach einem Weg, mich mit Priest zu versöhnen. Ich vermisste Glenn, Ken und Ian an jedem einzelnen Tag. Sollte ich es vielleicht einfach mal ganz direkt bei den Jungs versuchen?

Gerade als ich darüber brütete, was zu tun war … wurde mir der Boden unter den Füßen weggezogen. Judas Priest hatten einen neuen Sänger.

Völlig entsetzt versuchte ich, alles über den Kerl herauszufinden. Sein Name war Tim »Ripper« Owens, und er hatte bisher in einer Priest-Coverband in Ohio gesungen. Also konnte er mich wohl ziemlich gut imitieren. Nachdem er der Band ein Demotape geschickt hatte, war er eingeladen und dann engagiert worden.

Ich konnte ihm keinen Vorwurf machen. Er hatte die Gelegenheit beim Schopf gepackt. Und seien wir mal ehrlich: Als Sänger einer Coverband plötzlich zum Frontmann genau dieser Band befördert zu werden, ist ja wohl die Definition eines Traumjobs!

Auch Priest konnte ich es nicht verdenken. Schließlich waren mittlerweile drei Jahre vergangen, seit ich mit meinen Soloplänen an die Öffentlichkeit gegangen war. Zwar hatte sich die Band nie bei mir gemeldet, aber das war mir ja umgekehrt ebenso wenig gelungen. Ich hatte immer irgendwelche Ausflüchte gefunden, es nicht zu tun.

Nein, ich war nicht wütend, als ich hörte, dass Judas Priest einen neuen Sänger gefunden hatten. Vielmehr war ich abgrundtief traurig. Fast zwanzig Jahre lang hatten wir so viel zusammen durchgemacht, und irgendwie war ich immer davon ausgegangen, wir würden den ganzen Mist eines Tages vergessen und wieder zusammenkommen.

Jetzt aber war klar, dass das nicht passieren würde. Für mich gab es keinen Weg zurück.

Was also sollte ich jetzt tun?

Wir sprachen über ein drittes Fight-Album und trafen uns sogar, um mit dem Songwriting zu beginnen. Doch ich war nicht mit dem Herzen dabei. Nach dem Flop von *A Small Deadly Space* war die Luft einfach raus. Außerdem hatte ich musikalisch sowieso andere Sachen im Sinn.

Mitte der Neunziger stand ich total auf die elektronische Industrial-Musik, die in Nordamerika gerade populär wurde. Sachen wie Nine Inch Nails, Marilyn Manson und Ministry. Das Zeug klang urwüchsig, zwingend und kraftvoll, und darin ähnelte es dem Metal. Diese Musik war echt *heavy*.

Durch John Baxter lernte ich den Produzenten Bob Marlette kennen, der sich sowohl im Heavy Metal als auch im elektronischen Bereich auskannte. Wir beide verzogen uns in sein Studio in Los Angeles, tauschten Ideen aus und programmierten ein bisschen vor uns hin. Es fühlte sich erfrischend und aufregend an.

Da wir einen Gitarristen brauchten, holte Bob einen Kerl namens John Lowery dazu. Die beiden waren gut befreundet, und John hatte bereits mit Leuten wie Lita Ford, Paul Stanley und Randy Castillo gearbeitet. Von da an unterstützte er uns bei den Sessions und brachte sich auch beim Songwriting mit ein.

Von Anfang an war klar, dass das Material nicht zu Fight passen würde. Also beschloss ich, mich aus der Band zurückzuziehen. Stattdessen gründeten John und ich ein Duo, das wir Two nannten (oder, in unserer etwas prätentiösen Schreibweise, 2wo).

Natürlich hatten die elektronisch geprägten Songs, die ich mit Bob aufnahm, rein gar nichts mit dem zu tun, was ich bisher gemacht hatte. *Na und?* Genau das mochte ich ja so daran! Ich war jedenfalls Feuer und Flamme für das Projekt. Irgendwann beschlossen wir dann trotzdem, uns zwei Wochen Urlaub zu gönnen.

Ich reiste nach New Orleans – schon immer eine meiner Lieblingsstädte –, um dort meinen alten Freund Chuck zu treffen. Chuck arbeitete bei der Feuerwehr. Eines Tages fuhren wir gemeinsam durch den Garden District, als er auf ein Gebäude zeigte.

»Das ist das Studio von Trent Reznor«, erklärte er.

Wow! Zwar war ich Trent nie begegnet, aber Nine Inch Nails waren von allen neuen Industrial-Rockern meine absoluten Favoriten. Das Studio lag in einem imposanten Gebäude, welches früher mal ein Beerdigungsinstitut beherbergt hatte (*was auch sonst?*). Ehrfürchtig starrte ich es an.

Bis Chuck mich unterbrach: »Klopf doch einfach an und sag Hallo«, schlug er vor.

»Nein!«, erwiderte ich und schüttelte den Kopf. Mir war es schon immer zuwider gewesen, irgendwelchen Stars Honig ums Maul zu schmieren. Irgendwie fühlte sich das einfach falsch an, und dämlich obendrein. »So was mach ich nicht!«

»Man kann nie wissen, was passiert …«, zog Chuck mich auf, während wir weiterfuhren. Also gingen wir erst mal einen Kaffee trinken. Etwa eine Stunde später fuhren wir erneut an dem Studio vorbei. *Hmm … ich würde Trent schon ECHT gern kennenlernen …*

»Fahr rechts ran!«, rief ich.

Ich klopfte an die Studiotür. Und natürlich war es nicht einfach irgendeine alte Tür. Trent hatte sein Album *The Downward Spiral* in der Hollywoodvilla aufgenommen, in der auch die Manson-Morde passiert waren. Anschließend hatte er die Haustür des Anwesens kurzerhand als Souvenir gekauft und hier in New Orleans wieder eingebaut. Und so klopfte ich jetzt an die Tür der armen Sharon Tate.

»Hey, Rob, was machst *du* denn hier?«

Anfangs wusste ich nicht, wer mir da über die Gegensprechanlage antwortete. Als er die Tür öffnete, stellte der Typ sich dann als Dave Ogilvie vor, Musiker und Produzent der kanadischen Industrial-Band Skinny Puppy. *Coole Truppe!*

»Ähm, ist Trent vielleicht da?«, fragte ich ihn.

»Nein, aber er kommt in einer Stunde wieder!« Nachdem Dave mich hereingebeten hatte, führte er mich in dem wunderschönen Studiokomplex herum. Wir tranken gerade Tee zusammen, als Trent eine Stunde später hereinrumpelte.

»O mein Gott, Rob Halford!«, rief er. »Ich bin ein *gigantischer* Priest-Fan!«

Na, das geht doch ganz gut los! Und so kamen wir ins Gespräch. Ich erzählte ihm von meiner Arbeit mit Bob Marlette und John Lowery. »Wow, das klingt großartig!«, meinte Trent. »Gibt es denn schon was zu hören?«

Wo du's grad erwähnst, ich hab zufällig eine Kassette dabei …

Nachdem ich ihm das Tape vorgespielt hatte, fragte mich Trent, ob er die Aufnahme behalten dürfe. Ein paar Tage später bekam ich einen Anruf von Dave Ogilvie. »Trent fährt total auf eure Musik ab«, sagte er. »Hast du Interesse an einer Zusammenarbeit? Er würde es gern auf seinem Label rausbringen.«

Na, dreimal darfst du raten! Wir packten unsere Sachen und flogen nach Vancouver, wo Dave sein Studio hatte. Am Ende war er maßgeblich an der Produktion des Albums beteiligt. Obwohl mir seine Arbeitsweise völlig fremd war, fand ich sie total faszinierend. Zusammen mit einem Team aus vier oder fünf Typen, die vor ihren Computern hockten, erschuf er zahllose sonderbare elektronische Sounds. Daraus pickte er sich die besten heraus und spielte sie mir vor.

»Wie findest du das hier, Rob?«

»Hm, nicht so mein Fall.«

»Wie wär's dann damit?«

»Yeah, das klingt verdammt geil!«

Und so entstanden die elektronischen Soundscapes für das 2wo-Album *Voyeurs*. In seiner Funktion als ausführender Produzent schaute Trent regelmäßig vorbei, um uns zu sagen, was er von den Ergebnissen hielt. Meiner Meinung nach war das eine wunderbare Art zu arbeiten.

Während wir in Vancouver im Studio waren, brachten Priest ihr erstes Album ohne mich heraus: *Jugulator*. Was ich davon hielt? Ich habe es mir nie angehört … bis heute nicht.

Mir war bereits zu Ohren gekommen, dass sie an einem Album arbeiteten. Und warum auch nicht? Sie mussten schließlich mit der Band, mit ihrem Leben weitermachen. Um ehrlich zu sein, wäre es wohl zu schmerzhaft gewesen, mir ein Judas-Priest-Album anzuhören, an dem ich nicht beteiligt war.

Ich selbst hatte mich weiterentwickelt … und das sah man auch. Kein Leder mehr. Jetzt trug ich Pelz und pflegte einen Alternative-Gothic-Look, mit Ziegenbart und dickem Eyeliner. Ich sah genauso schräg aus, wie *Voyeurs* klang.

Mein 2wo-Look war jedoch kein aufgesetztes Image oder ein kalkulierter Style. Vielmehr war er eine Erweiterung meiner Persönlichkeit in eine neue Richtung. Ich lief rum wie der Dr. Fu Manchu des Industrial, und ich ging total darin auf. Wie gesagt, nichts geht über ein gutes Kostüm.

Voyeurs erschien auf Trents Label Nothing, das wiederum zum Major Interscope gehörte. Also traf ich mich mit dem überlebensgroßen Mitbegründer des Unternehmens, Jimmy Iovine, und sprach mit ihm über meine Idee für ein kontroverses Video zu der Single »I Am a Pig«.

Tatsächlich wollte ich ganz einfach sehen, wie weit ich gehen konnte. »Was hältst du von einem Pornovideo?«, schlug ich vor.

»Scheiße, ja!«, rief Jimmy. »Das machen wir! Aber wer soll Regie führen?«

»Na ja, wie es der Zufall will, kenne ich da jemanden ...«, sagte ich.

Da ich ja nun in Pendleton meinem Fetisch für Männer in Uniform nicht mehr nachgehen konnte, hatte ich mir eine ziemlich ausladende Sammlung schwuler Militärpornos zugelegt. Seitdem Thomas zu mir gezogen war, teilte er diese Leidenschaft mit mir.

Besser gesagt – er ging ab wie eine Rakete. Er hatte sogar selbst einen Porno gedreht! Er hatte sich auf die Anzeige einer Website für Militärpornos gemeldet. Dort wurde er natürlich mit offenen Armen empfangen. *Ein echter Ex-Marine? Los geht's!* Der Film war dann in San Diego gedreht worden.

Ein gewaltiger Schritt für einen schüchternen Jungen aus Alabama! Da Thomas sehr nervös und selbstkritisch war, nahm ihn die Regisseurin während der Dreharbeiten zur Seite, um ihn ein wenig zu beruhigen. Ihr Name war Chi Chi LaRue, und sie war eine mehr als extravagante Dragqueen.*

---

* Chi Chi kam als Larry zur Welt, betrachtet sich aber als eine ultraglamouröse weibliche Diva. Darin sind wir uns also ziemlich ähnlich.

»Woher kommst du?«, fragte sie ihn. »Bist du mit jemandem zusammen?«

»Ich wohne in Phoenix«, antwortete Thomas. »Ich bin mit Rob Halford zusammen, und …«

»*Was?!*« Es stellte sich heraus, dass Chi Chi eine große Priest-Anhängerin war, jedes Album besaß und zahllose Konzerte besucht hatte. Also trafen wir uns und wurden sehr gute Freunde. Wer wäre also besser geeignet gewesen, das 2wo-Video zu drehen?

Nur ein paar Tage nachdem ich Jimmy Iovine davon erzählt hatte, stand ich mit einer ganzen Armee Pornostars in einem Lagerhaus in Los Angeles. Gemeinsam drehten wir ein superdramatisches, megatuntiges, hocherotisches Minifilmchen. Überall Schmollmünder und durchtrainierte Oberkörper, ein einziges Schlecken und Reiben. Es war schwul, es war lesbisch, es zog einfach alle Register!

Chi Chi hatte ein großartiges, kunstvolles Pop-Video erschaffen … und seltsamerweise konnte Jimmy Iovine es nicht ausstehen. »*Das* ist doch kein Porno!«, raunzte er wütend, als er es zum ersten Mal sah.

»Na ja, wir konnten ja schlecht einen *richtigen* Porno drehen, oder?«, gab ich zurück.

»Doch!«

»Aber das würde doch niemand zeigen, Jimmy!«

»Eben! Genau das *wollte* ich ja!«

Manchen Leuten kann man es einfach nicht recht machen. Als »I Am a Pig« erschien, war es sogar ein kleiner Hit in den Billboard-Rock-Charts. Am 4. Februar 1998 gab ich in New York ein MTV-Interview, um *Voyeurs* zu promoten.

Und dieses Interview sollte mein Leben verändern.

Ich betrat die neuen MTV-Studios am Times Square ohne einen bestimmten Plan. Ganz sicher hatte ich nicht vor, mich öffentlich als schwul zu outen. Irgendwie war es dann aber genau das, was am Ende passierte.

Ich kann mich nicht mal mehr an den Namen des Interviewers erinnern. Nur daran, dass er mir die Art Fragen stellte, die ich seit Jahren immer wieder zu hören bekam. Alles drehte sich um *Gerüchte* und *Spekulationen* über meine Sexualität und darum, ob ich nicht endlich mal etwas *klarstellen* wollte, bla bla bla …

Normalerweise ignorierte ich solche Fragen einfach. Oder ich sagte, das alles hätte nichts mit meiner Musik zu tun. Doch diesmal tat ich das nicht.

Als ich meinen Mund öffnete … kamen die Worte wie von selbst heraus.

»Die meisten Leute wissen doch sowieso, dass ich schwul bin.«

ZACK! Die Produzentin im Studio hatte gerade ihr Klemmbrett fallen gelassen.

Nun, ich hatte das zwar nicht vor … aber jetzt ist es ja eh schon raus, also was soll's!

»Es hat einfach unheimlich lange gedauert, bis ich endlich über dieses Thema reden konnte«, fuhr ich daraufhin fort. »Es verfolgt mich, seit ich mir damals meiner Sexualität bewusst geworden bin.«

Hier saß ich also vor Millionen von Fernsehzuschauern, in meinem Pelzmantel, mit Mascara im Gesicht und lackierten Nägeln. Ich wählte meine Worte mit Bedacht und sah dabei seltsam ruhig und glücklich aus. Und genauso fühlte ich mich auch.

»Vielleicht hat mir ja dieses Projekt mit 2wo Mut gemacht«, sagte ich. »Vielleicht half es mir zu sagen: Teufel nochmal, es ist langsam an der Zeit, den Leuten zu erklären, wer ich eigentlich wirklich bin.«

Dann grinste ich meinen Gesprächspartner an und ergänzte: »Du hast es doch eh schon gewusst, hm?«

Mit weit aufgerissenen Augen wurde dem Kerl nach und nach klar, was für einen Scoop er da gerade landete. Verdutzt stotterte er irgendwas von Gerüchten, die ihm zu Ohren gekommen seien. Als Nächstes wollte er wissen, ob ein solches Coming-out auch während meiner Zeit bei Judas Priest denkbar gewesen wäre.

»Nein«, sagte ich. »Irgendetwas hielt mich immer zurück. Ich ließ es zu, dass man mich einschüchterte. Im Musikbusiness ist Homophobie noch immer sehr weit verbreitet.«

Wir sprachen etwa zehn Minuten lang über das Thema. Ich riet den Fans, sich die Priest-Alben noch einmal genau anzuhören, um nach versteckten Hinweisen auf meine Sexualität zu suchen. Dann wurde ich sogar noch mutiger und brachte die Hoffnung zum Ausdruck, dass mein Coming-out »in einer Gesellschaft, in der Homosexuelle immer noch als Bürger zweiter Klasse behandelt werden«, etwas bewirken würde.

»Es gibt genauso viele schwule Metal-Fans wie in anderen Musikrichtungen auch«, verkündete ich. »*Wir sind überall!* Gewöhnt euch dran.«

Ich fühlte mich völlig entspannt und fokussiert. Erst als ich nach dem Interview wieder in meinem Hotelzimmer saß, wurde mir plötzlich bewusst:

Heilige Scheiße! Ich hab mich gerade im Fernsehen geoutet!

Ich hatte fünfundzwanzig Jahre lang als Heavy-Metal-Sänger mit einer Lüge gelebt … und innerhalb weniger Sekunden war das nun vorbei. *Ende.* Ich würde nie wieder etwas verschleiern, leugnen, verstecken oder abstreiten müssen. Endlich konnte ich voll und ganz ich selbst sein.

Ich hatte mich zu mir selbst bekannt. Und es fühlte sich verdammt großartig an. Genau das hatte ich auch in dem Interview klargemacht: »Es ist ein gutes Gefühl. Kann ich jedem nur empfehlen.«

Viele, *viele* Jahre lang hatte ich mir ausgemalt, dass mein Coming-out einen Aufschrei der Empörung nach sich ziehen, meine Karriere beenden und Judas Priest vernichten würde. Doch jetzt … geschah genau das Gegenteil. Auf einmal bekam ich Zuschriften aus allen Ecken der Welt. In Phoenix mussten wir eigens ein Büro für den ganzen Briefverkehr einrichten.

Wildfremde Menschen dankten mir für meine Offenheit, für die Hoffnung, die ich ihnen damit geschenkt hatte. »*So lange* musste ich mich verstecken, und du hast mir die Kraft gegeben, mich endlich zu zeigen«, schrieben sie. Mir wurde klar, wie viele Homosexuelle immer noch ihre sexuelle Identität schmerzhaft unterdrücken mussten.

Das Beste aber war, dass *ich* mich nicht mehr verstecken musste. Mit einem Schlag war das Gerede verstummt. Niemand tuschelte mehr hinter meinem Rücken über mich. Wenn ich in Clubs ging, hörte ich zwar gelegentlich noch Kommentare: »Sieh an, die Schwuchtel ist da.«

Aber immerhin hatte ich jetzt eine Antwort: »Für dich immer noch Mr. Schwuchtel!«

Ein paar wenige religiöse Fanatiker schrieben mir, dass sie sich meine Musik nie wieder anhören wollten – und dass ich in der Hölle schmoren würde. Aber wisst ihr was? Diese Leute würde ich nicht allzu sehr vermissen.

Die allermeisten Leute aber – Freunde, Bekannte, Fans – reagierten auf mein Coming-out ziemlich unverblümt:

»Das wissen wir schon seit Jahren, du dämlicher Idiot!«

Sue rief mich an, um mir zu gratulieren. Die ganze Familie freute sich für mich. Diese Botschaft bedeutete mir mehr als alles andere. Mom und Dad, meine Schwester, mein Bruder – sie hatten es alle geahnt. Doch jetzt *wussten* sie es. Endlich!

Ich. Hatte. Es. Getan. Die Zeit der Angst war vorbei. Es erinnerte mich an das Ende meiner Alkohol- und Drogenexzesse – Lügen und Heuchelei gehörten der Vergangenheit an. Ich hatte mich aus meinem eigenen Gefängnis befreit, und niemand konnte mir mehr etwas anhaben.

Ich war schwul, und ich hatte es der ganzen Welt gesagt. *Fertig.*

Nach diesem ersten Bekenntnis entschloss ich mich, ein großes Folge-Interview zu geben. Und es gab nur eine Publikation, die dafür in Frage kam: *The Advocate*, die bahnbrechende Schwulenzeitung, die ich vor mehr als zwanzig Jahren das erste Mal in meinen nervösen Händen gehalten hatte.

»Hätte ich mich vor fünf Jahren geoutet, wäre es viel schwieriger gewesen«, erzählte ich ihnen. »Aber jetzt fühle ich dasselbe, was all meine Freunde nach ihrem Coming-out erlebt haben: große Klarheit und vollkommenen Frieden.«

Und das stimmte auch. Ich fühlte mich stärker als je zuvor in meinem Leben. Ich war mit mir selbst im Reinen. Und dieses Gefühl habe ich mir bis zum heutigen Tag bewahrt.

Es war das Beste, was ich jemals getan hatte. Aber das machte 2wo noch lange nicht zum Selbstläufer. Unser Album *Voyeurs* floppte. Techno-Fans konnten damit nichts anfangen, und den Priest- und Metal-Anhängern ging es mindestens einen Schritt zu weit. Karrieretechnisch war es die falsche Entscheidung gewesen.

Wir spielten in amerikanischen Clubs und auf Festivals vor Electronica-Fans und einem Dance-Publikum, bekamen aber höchstens lauwarme Reaktionen. Langsam fühlte ich mich der ganzen Sache nicht mehr gewachsen. Ich verzehrte mich danach, zu meinen Wurzeln zurückzukehren. Das zu tun, was ich wirklich liebte.

Ich wollte zurück zum Heavy Metal.

Die Europatour mit 2wo wurde zum Desaster. Wir hatten dort kaum Platten verkauft, und – noch viel schlimmer – die Fußball-WM war in vollem Gange.

Für ein Konzert in der Schweiz setzten wir gerade mal *zwölf* Tickets ab. Unsere Vorgruppe war … ein Fernseher, auf dem ein WM-Spiel übertragen wurde. Wir mussten lachen. Dabei war es zum Heulen.

Mit eingezogenen Schwänzen traten wir die Heimreise an. Allerdings sollten wir schon bald nach Europa zurückkehren, wo wir für ein Heavy-Metal-Festival gebucht waren. Vor dem Abflug saßen wir in unserem New Yorker Hotel, und ich war krank vor Sorge.

Wenn ich wirklich mit Pelzmantel und lackierten Fingernägeln bei einem europäischen Metal-Event auftauchte, um dort schräge Dance Music zu spielen … dann wären meine Tage als Rob Halford, der Metal-Gott, endgültig gezählt. Zumindest in den Augen der Fans dort. Und das könnte das Ende meiner Karriere bedeuten.

Spontan entschied ich, nicht in den Flieger zu steigen.

John Baxter und John Lowery sowie der ganze Tour-Tross redeten auf mich ein. Verzweifelt versuchten sie, mich doch noch umzustimmen: »Rob, wir haben so viel Geld da reingesteckt! Unser Equipment ist bereits auf dem Weg! Wir müssen zum Flughafen!« Doch das war mir egal. Wenn ich einmal eine Entscheidung getroffen habe, werde ich zum größten Dickschädel der Welt.

Ich. Geh. Nirgendwohin.

Aber sie gaben keine Ruhe, bis ich irgendwann die Beherrschung verlor. Ich schnappte mir die TV-Fernbedienung und schleuderte sie mit voller Wucht gegen die Wand. Sie grub sich in den Putz und blieb dort einfach hängen.

Hat es jetzt endlich jeder kapiert, verdammt nochmal?

Das Flugzeug nach Europa startete ohne uns. Alle packten ihre Sachen und fuhren nach Hause. 2wo waren Geschichte.

Bei meinem Abgang von 2wo wurden mir zwei Dinge schlagartig klar, die meine nähere musikalische Zukunft betrafen. Ich musste unbedingt zum Metal zurück. Und mehr noch: Ich musste um alles in der Welt zu Judas Priest zurück.

Doch ich sah mich immer noch nicht in der Lage, direkt auf die Jungs zuzugehen. Es erschien mir vollkommen unmöglich, zum Telefonhörer zu greifen und Glenn, Ken oder Ian anzurufen. Ich wusste einfach nicht, was ich ihnen sagen sollte, oder wie. Außerdem war da ja noch die unbedeutende Tatsache, dass sie bereits einen neuen Sänger hatten.

Also entschied ich mich, in der Sprache mit ihnen zu reden, die wir alle am besten verstanden: Musik. *Heavy Metal.*

Natürlich hatten Priest meine Soloambitionen aus der Ferne verfolgt. Sicher hatten sie meinen Ausflug in Richtung Thrash und Speed Metal mit Fight genau beobachtet. Gott allein weiß, was sie über 2wo dachten! Ich versuchte, mir Kens Gesicht vorzustellen, während er sich das Video zu »I Am a Pig« ansah. Es gelang mir nicht.

Mit meinem nächsten Album wollte ich meinen Ruf als Metal-Gott wiederherstellen. Außerdem sollte es eine Nachricht an Priest schicken:

Hier bin ich. Das ist es, was ich tue. Was wir früher ZUSAMMEN getan haben. Sollten wir es nicht wieder tun?

Meine Rückkehr zum Heavy Metal, zu meinem wahren Ich, sollte vor den Augen der ganzen Welt stattfinden. Ich wollte eine schonungslose Metal-Platte machen, die zu hundert

Prozent meinen Vorstellungen entsprach, und ich wollte der Band meinen Namen geben: Halford.

John Baxter half mir, bei Vorspielterminen Musiker aus der Rockszene von L. A. zu rekrutieren. Mit Mike Chlasciak und Patrick Lachman waren schnell zwei Gitarristen gefunden – *sehr Judas-Priest-mäßig!* Damit war das Songwriting-Team zu drei Vierteln besetzt.

Der Vierte im Bunde würde unser Album auch produzieren. Roy Z hatte in den Neunzigern als Gitarrist und Produzent von Bruce Dickinsons Soloalben tolle Arbeit geleistet. Bruce hatte Iron Maiden 1993 verlassen, stand nun aber kurz davor, zu der überlebensgroßen Formation zurückzukehren, die ihn berühmt gemacht hatte.

Was mich, ehrlich gesagt, ermutigte. *Wenn er dazu in der Lage ist, warum sollte mir das nicht auch gelingen?*

Als wir uns in den Sound City Studios in L. A. an die Arbeit machten, erklärte ich Roy Z ganz genau, was ich von dem Album erwartete. Es sollte mich so präsentieren, wie die Fans es von Priest gewohnt waren, und zwar während unserer gesamten Karriere von *Rocka Rolla* bis *Painkiller.* Es würde eine Rückkehr zu allem darstellen, wofür ich stand.

Oh, und da war noch was: Das Album würde *Resurrection* heißen. Denn es sollte meine Auferstehung sein.

So begann der langsame, vorsichtige Prozess des Wiederaufbaus. Für die Aufnahmen nahmen wir uns alle Zeit der Welt. Monatelang feilten wir an den Songs und erschufen Stück für Stück ein kraftvolles, treibendes, vielschichtiges Heavy-Metal-Album. Jede Note, jedes Wort musste sitzen. Schließlich hatte ich eine Mission.

Wir waren zwar nicht jeden Tag im Studio, aber wenn, dann arbeiteten wir mit voller Konzentration. Da Roy parallel noch andere Projekte hatte, nahmen wir manchmal eine

Woche oder sogar einen Monat frei. Mich störte das nicht weiter. Alles fühlte sich völlig natürlich und organisch an.

Dank Roy konnten wir Bruce Dickinson dazu überreden, mit mir gemeinsam den Song »The One You Love to Hate« zu singen. Bruce dachte sich den Titel aus, dann schrieb er gemeinsam mit Roy und mir den Song kurzerhand im Studio. Das Ganze dauerte nicht länger als einen Tag. Coole Nummer.

Während einer unserer Studiopausen zogen Thomas und ich nach San Diego. Die Stadt gefiel uns sehr, und wir fuhren oder flogen oft hin, wenn uns die Hitze in Phoenix zu drückend wurde. Wir tranken zwar beide keinen Alkohol, machten aber trotzdem regelmäßig die Schwulenbars und Clubs dort unsicher.

Immerhin hatten wir einiges aufzuholen!

Irgendwann im Jahr 1999 fuhr ich gerade allein durch San Diego, als ich an einer Baustelle vorbeikam, die direkt an einer Kreuzung lag. Dort entstand ein zehnstöckiger Apartmentblock, von dem allerdings noch nicht viel zu sehen war. Für mich war es trotzdem Liebe auf den ersten Blick.

Sofort rief ich Thomas an: »Ich hab unser neues Zuhause gefunden – es ist nur leider noch nicht fertig!« Als das Gebäude dann endlich stand, waren wir die Ersten, die dort ein Apartment mieteten. In den nächsten zwanzig Jahren pendelten wir zwischen San Diego, Phoenix und Walsall hin und her.

Zusammen mit Thomas besuchte ich auch die San Diego Pride Parade im Balboa Park. Da ich mich endlich geoutet hatte, konnte ich diese Dinge jetzt schließlich offen tun. Es war ein herrlicher, sonniger Tag. Wir liefen herum und sahen uns die heiße Ware an. Eher zufällig warf ich einen flüchtigen Blick in eins der kleinen Zelte, die überall standen.

Darin saß ein alter Mann ganz allein an einem Tisch, auf dem ein paar Bücher herumlagen. Er trug jede Menge Make-up, eine Jacke aus Samt und einen Rüschenschal. Niemand schien ihn groß zu beachten.

Es war Quentin Crisp.

Mein Gott! Sobald ich ihn erkannte, reiste mein Verstand ein Vierteljahrhundert in der Zeit zurück. Auf einmal saß ich wieder mit großen Augen vor dem Fernseher und sah mir *Wie man sein Leben lebt* an. Damals war es mir unglaublich erschienen, dass ein schwuler Mann seine Existenz so mutig, offen und extrovertiert gestalten konnte.

Jetzt saß der echte Quentin Crisp vor mir, allein inmitten einer lärmenden, ausgelassen feiernden homosexuellen Gemeinde. Voller Ehrfurcht betrat ich das Zelt.

»Quentin?«, fragte ich.

Er nickte.

»Ich bin Rob.«

»Oh, hallo!«, rief er mit seinem einzigartigen Singsang-Tonfall, der eher aus seiner Nase als aus seinem Mund zu kommen schien. »Wie geht's?«

»Sehr gut! Was für eine Überraschung! Ich hätte niemals erwartet, Sie hier zu sehen!«

»Ach, mittlerweile nehme ich praktisch an allen Gay-Pride-Veranstaltungen teil«, dehnte er seine Worte. »Mir gefällt's. Man zahlt mir gutes Geld, und sie erstatten mir die Reisekosten.«

Er war mittlerweile neunzig Jahre alt, und es war eine Riesenehre, eine solche Schwulenikone kennenzulernen. Noch im selben Jahr würde Quentin Crisp sterben. An diesem Tag aber kaufte ich sein Buch, und er signierte es für mich: »Für Rob, von Quentin«. Bis heute behandle ich es wie einen Schatz.

Die Sessions zu *Resurrection* wurden im neuen Jahrtausend fortgesetzt. Gleich zu Beginn des Jahres gab es außerdem etwas zu feiern. Moms und Dads Goldene Hochzeit stand an, also reisten Thomas und ich nach Walsall und verbrachten ein paar Tage in der Remise.

Im Veranstaltungsraum des Saddlers Club in Walsall schmissen wir eine große Party für die beiden. Doch das war nicht der einzige Grund, warum der Abend etwas Besonderes für mich darstellte.

Denn ich wusste, dass auch Ken dort sein würde.

Seit fast zehn Jahren hatte ich praktisch keinen Kontakt mehr zu den Jungs von Judas Priest gehabt. Gelegentlich traf ich Ian, wenn ich bei Sue zu Besuch war und er gerade ihren gemeinsamen Sohn Alex abholte. Das freute mich immer sehr – wir beide hatten seit den Zeiten von Beechdale und dem Dirty Duck stets ein entspanntes Verhältnis gehabt.

Mit unseren Gitarrengöttern Ken und Glenn hingegen hatte ich überhaupt nichts mehr zu schaffen – genauso wenig wie mit Bill und Jayne übrigens. Viel zu lange hielt dieses eisige Schweigen nun schon an. Es war also eine wirklich große Sache, Ken wiederzusehen.

Dachte ich zumindest. Als wir uns dann aber an der Bar begegneten, nickten wir einander nur kurz zu.

»Alles gut, Rob?«

»Hm. Bei dir auch, Ken?«

Und das war's. Bloß keine Miene verziehen. So war das eben, wenn sich zwei echte Kerle aus dem Black Country nach fast zehn Jahren wieder trafen. Wir hielten ein kleines Schwätzchen, als würden wir uns täglich sehen. Nichts hatte sich geändert.

Über den Elefanten im Raum – mein mögliches Comeback bei Priest – sprachen wir *selbstverständlich* nicht. Wir stammen aus Walsall, und in Walsall klärt man die ganz großen Fragen … indem man ihnen aus dem Weg geht. Nichtsdestotrotz war unsere kleine Unterhaltung locker, entspannt und freundlich. Wir gingen im Guten wieder auseinander.

Spätnachts setzten Thomas und ich dann noch Mom und Dad bei ihrem Bungalow ab. Als ich schließlich zu Hause ins Bett fiel, überkam mich ein wohliges Gefühl. *Wer weiß? Vielleicht gibt es ja doch noch einen Weg zurück!*

Sobald wir wieder in den Staaten waren, brachten wir die Arbeiten an *Resurrection* zu Ende. Es war exakt das Album, das ich im Sinn gehabt hatte. Ich war richtig stolz. Wenn *Painkiller* das ultimative Priest-Album gewesen war, dann war das hier *mein* großer Moment.

Alles an *Resurrection* schrie förmlich den Namen Judas Priest. Das war ja auch Sinn und Zweck der Sache. Manche Leute behaupten, es wäre das beste Priest-Album, das Priest nie gemacht haben. Und obwohl ich diese Einschätzung nicht unbedingt teile, weiß ich, was sie damit meinen. Mit dieser Platte baute ich mir eine Brücke, die mich wieder zu der Band führen sollte.

Nach meinem Abenteuer mit 2wo hatten mich die Besserwichser schon abgeschrieben. Nun war ich auch in ihren Augen wieder zu alter Form aufgelaufen. Ganz so, wie ich es mir erhofft hatte. Man empfing mich wie einen verlorenen Sohn. An den Schlagzeilen konnte ich mich gar nicht sattsehen:

DER METAL-GOTT IST ZURÜCK!

Mittlerweile war Bruce Dickinson wieder bei Iron Maiden eingestiegen und lud uns ein, sie auf ihrer *Brave New World*-Tour zu begleiten. Thomas war als mein persönlicher Assistent mit dabei. Es war nicht das erste Mal, dass ich einen Freund mitnahm, und nicht immer hatte ich dabei ein gutes Händchen bewiesen. Mit Thomas allerdings lief alles friedlich, ruhig und relaxt. Das machte auch mir das Leben unterwegs viel leichter.

Wir schlossen uns dem Maiden-Tross im August in Kanada an, darauf folgten fünf Monate in den großen Arenen von Nordamerika und Europa. An unserem vierten gemeinsamen Konzertabend fand ich mich dann endlich auf der Bühne des Madison Square Garden wieder. Diesmal jedoch blieben die Sitze an Ort und Stelle.

Mit den Maiden-Fans kamen wir bestens zurecht. Schließlich hatten Iron Maiden und Judas Priest immer schon ein ähnliches Publikum angezogen. Außerdem hatten Bruce und ich mehr oder weniger dasselbe durchgemacht. Für mich fühlte es sich an, als wäre ich in den Schoß der Metal-Familie zurückgekehrt. Als wäre ich … *zu Hause*.

Auch ihr Manager, Rod Smallwood, kümmerte sich rührend um uns. Als wir in Europa ankamen, stand dort ein fetter Doppeldeckerbus für uns bereit, auf dem unser Albumlogo prangte. Daneben stand in großen Lettern: »THE METAL GOD IS BACK!« Endlich spielte ich auch wieder in großen Arenen in England, darunter im NEC von Birmingham. Anders als bei den Fight-Shows nahm ich diesmal auch Priest-Songs mit ins Programm. Es fühlte sich fantastisch an, zehntausend begeisterten Fans in meiner Heimat Klassiker wie »The Hellion – Electric Eye« oder »Breaking the Law« entgegenzuschmettern.

Neben den Gigs im Vorprogramm von Maiden spielten wir auch einige Club-Konzerte. Drei Wochen vor Weihnachten traten wir im Londoner Astoria auf. Leider lief der Vorverkauf schlechter als erhofft, darum mussten wir auf den kleinen Saal ausweichen.

Es wurde trotzdem ein magischer Abend. Bruce kam auf die Bühne und sang mit mir »The One You Love to Hate«, und auch Geoff Tate von Queensrÿche gesellte sich zu uns. Keiner der beiden hatte mir vorher etwas davon verraten. Es war einfach wunderbar.

Irgendwann entstand die Idee, dass Bruce, Geoff und ich unter dem Namen The Three Tremors eine Platte aufnehmen und auf Tournee gehen könnten. Dann wurde Ronnie James Dio anstelle von Geoff ins Spiel gebracht. Rod Smallwood tat sein Bestes, die Sache auf die Beine zu stellen, aber am Ende wurde nichts daraus. Wirklich jammerschade. Es hätte sicher Spaß gemacht.*

Unsere Tour mit Maiden ging 2001 in Südamerika weiter. Unter anderem traten wir auch erneut bei Rock in Rio auf. Ich konnte mich noch lebhaft an den schrecklichen Verkehr in der Stadt erinnern und heulte mich bei Rod Smallwood darüber aus.

»Das reinste Chaos!«, motzte ich. »Ich werde Stunden brauchen, um zum Gelände zu kommen!«

»Dann nimm doch einfach meinen Hubschrauber«, meinte Rod.

»Brauchst du den nicht selbst?«

»Nein, ich fahr ja schon ganz früh morgens hin, dann ist der Verkehr noch nicht so schlimm. Kannst ihn haben.«

Spitze! Am nächsten Tag brachte man mich zum Hubschrauberlandeplatz, und ich setzte mich in die Maschine. »Wir warten noch auf zwei weitere Passagiere«, informierte

---

* Interessanterweise existiert heute tatsächlich ein Projekt namens Three Tremors. Und ausgerechnet Tim »Ripper« Owens ist daran beteiligt. Zufälle gibt's!

mich der Pilot. Nach fünf Minuten ging schließlich die Tür auf, und jemand kletterte zu uns herein. Es war Jimmy Page.

Wow! Ich hatte Jimmy noch nie getroffen, auch nicht während unserer Konzerte mit Led Zeppelin in Oakland. Doch als ich ihn jetzt leibhaftig vor mir sah, dachte ich nicht an diese Shows. Vielmehr versetzte mich die Begegnung zurück nach Beechdale, wo mich »Whole Lotta Love« damals mit voller Wucht umgehauen hatte.

»Hey, Rob«, rief er, während seine Freundin ebenfalls in den Helikopter stieg. »Danke, dass du uns mitnimmst!«

Mein Kopf fühlte sich an, als hätte ihn jemand auf einen Wackeldackel geschraubt. Ich war vollkommen sprachlos. Der Flug war zu kurz und der Motor zu laut für ein richtiges Gespräch. Am Ende schüttelten wir uns die Hand. »Bis bald«, sagte er.

Jederzeit, dachte ich mir.

Nach der Tour mit Maiden hatte ich erst mal ein wenig Freizeit. Priest veröffentlichten ein Album namens *Demolition,* das sich allerdings nicht besonders gut verkaufte. Ich liebte die Band immer noch sehr, also empfand ich keinerlei Schadenfreude. Aber ich fragte mich doch: *Erhöht das vielleicht meine Chancen auf eine Rückkehr?*

Und wieder mal konnte ich mich nicht dazu überwinden, mir ein Priest-Album ohne meinen Gesang anzuhören.

In gewisser Hinsicht hatte das Halford-Projekt seinen Zweck erfüllt. Mein guter Ruf in der Metal-Szene war wiederhergestellt. Da der Anruf von Priest jedoch weiterhin ausblieb, machten wir uns langsam bereit, den Nachfolger von *Resurrection* zu produzieren. Aber vorher war es an der Zeit für mich, eine alte Leidenschaft wiederzubeleben.

Die Liebe zur Schauspielerei, die mich damals zum Wolverhampton Grand geführt hatte, schwelte immer noch in mir.

Als der schwedische Regisseur Jonas Åkerlund mir nun also eine kleine Filmrolle anbot, ergriff ich die Gelegenheit beim Schopf.

Der Streifen hieß *Spun* und war ein rabenschwarzes Comedy-Drama, das in der Drogenszene von Oregon spielte. Mickey Rourke war der Star des Films. Ich sollte den Manager eines Sexshops darstellen.

Ha! Eine echte Paraderolle!

Innerhalb von drei Wochen musste der Dreh abgeschlossen sein, und ich hatte nur drei kurze Szenen. Trotzdem freute ich mich sehr darauf. Doch dann kam es, wie es kommen musste: Als ich am ersten Drehtag aufwachte, fühlte ich mich grauenhaft, denn ich hatte mir eine Lebensmittelvergiftung eingefangen.

Wobei ich nicht wirklich »aufwachte« – schließlich hatte ich kaum geschlafen. Die ganze Nacht über war es an beiden Enden aus mir herausgespritzt. Es ging mir nicht gut. Also bat ich Thomas, den Regisseur anzurufen, um mich zu entschuldigen.

Am Telefon wollte Jonas dann aber direkt mit mir sprechen: »Rob! Was ist los?«

»Ich bin halbtot, Mann«, sagte ich. »Die schlimmste Lebensmittelvergiftung aller Zeiten. Können wir das Ganze um ein paar Tage verschieben?«

»Nein, können wir nicht! Ich bin schon am Set in Santa Monica, Mickey wird in einer Stunde da sein. Entweder du kommst jetzt her, oder ich schmeiß die Szene raus – wäre aber wirklich wichtig für den Film!«

Na, wenn er es so ausdrückt …

Jonas schickte mir einen Wagen, der jedoch alle fünfzehn Minuten anhalten musste, damit ich entweder kotzen oder scheißen konnte. Als ich am Set ankam, schleppte ich mich in meinen Trailer, wo es munter so weiterging. Irgendwann klopfte jemand an meine Tür.

Es war Mickey Rourke, und er hielt einen winzigen Hund im Arm.*

»Alter, hab gehört, du bist krank?«, sagte er. »Komm mit. Ich koch dir 'ne schöne Hühnersuppe.«

Und so folgte ich Mickey Rourke zu seinem Wohnwagen, wo er mir ein wirklich spitzenmäßiges Süppchen zubereitete. Danach fühlte ich mich tatsächlich etwas besser. Während wir gemeinsam Brühe löffelten, unterhielten wir uns ganz prächtig miteinander.

Für die Szene hatte Jonas extra einen Sexshop angemietet. Dort sollte ich Mickey ein paar Pornoheftchen verkaufen, und er würde mich gegen eine Wand werfen.

»Weißt du was? Ich hab wirklich mal in so einem Laden gearbeitet«, erzählte ich Mickey und dachte dabei an die beiden Wochenenden zurück, die ich in dem Schmuddelshop in Walsall verbracht hatte.

»Tatsächlich?«, staunte er. »Und weißt du, was noch seltsamer ist? Ich hab früher mal genau in dem Laden gearbeitet, den Jonas jetzt für den Film anmietet!«

Wow! Was für ein unglaublicher Zufall! Als wir die Szene dann endlich drehten, musste ich immer wieder daran denken, wie ich damals in Walsall Tittenmagazine in braune Papiertüten gesteckt hatte. Mickey erwies sich jedenfalls als wahrer Meister seiner Zunft. Alles in allem war es eine großartige Erfahrung.

Als wir das zweite Halford-Album *Crucible* rausbrachten, wiederholte sich die Fight-Geschichte. Alle wollten eine

---

* Mickey war vollkommen vernarrt in diesen Hund. Wann immer er gerade nicht drehte, trug er ihn mit sich herum.

Kopie von *Resurrection,* aber darauf hatte ich keine Lust. Es gab wirklich gute Songs auf der Platte, aber insgesamt fehlte ihr einfach die Intensität des Vorgängers. Sie verkaufte sich auch nicht so gut wie das Halford-Debüt.

Nur in Japan lief es ganz gut – das Album kam sogar in die Top 10. Anfang 2003 gingen wir also dort und in den USA auf eine Tournee, die sechs Monate dauern würde. Die Metal-Welt hatte mich wieder … und trotzdem war ich noch nicht da, wohin ich eigentlich wollte. Halford war eine gute Sache, aber dennoch blieb eine gewisse Leere in meiner Seele.

Also setzte ich mich irgendwann hin und schrieb endlich den Brief, den ich schon seit einer Ewigkeit hätte schreiben sollen.

Darin schüttete ich Judas Priest mein Herz aus.

Ich offenbarte den Jungs die ganze Wahrheit: Ich hatte die Band nie verlassen wollen. Es war alles ein einziges Missverständnis gewesen, das irgendwann komplett außer Kontrolle geriet.

Die Sehnsucht, ein Soloprojekt auf die Beine zu stellen, war *längst gestillt. Ich vermisste sie als Freunde, vermisste es,* ein Teil von Judas Priest zu sein. Und zwar an jedem einzelnen Tag der letzten zwölf Jahre. Gemeinsam waren wir stärker als getrennt. Gemeinsam waren wir eine Band.

Um es kurz zu machen: Worte konnten nicht beschreiben, wie sehr ich mir wünschte, wieder zu Judas Priest zurückzukehren. *Könnten wir es nicht noch mal versuchen?*

Ich schickte den Brief per E-Mail an Bill und Jayne und bat sie darum, ihn der Band zu zeigen. Ein paar Wochen lang bekam ich keine Antwort. Dann erhielt ich einen Anruf. Eine Stimme, die ich seit über zehn Jahren nicht mehr gehört hatte, meldete sich.

Es war die Stimme von Bill Curbishley.

»Hallo, Rob«, sagte er. »Ich glaube, wir sollten uns mal zusammensetzen.«

20

Die Queen und ich

Wie immer kam Bill sofort auf den Punkt. Er und die Band hatten meinen Brief gelesen und hielten das, was darin stand, für sinnvoll. Er schlug ein gemeinsames Treffen vor und fragte mich, wann ich nach England kommen könne.

Verdammt, wenn ich Flügel hätte, wäre ich schon längst da!

Wenige Tage später war ich drüben. Doch vor dem Meeting mit der Band wollte ich unbedingt noch Glenn sehen. Mit Ken hatte ich bereits auf der Party meiner Eltern geredet, und auch Ian hatte ich wegen unserer familiären Verbindungen immer mal wieder getroffen. Mit Glenn hingegen hatte ich zuletzt vor zwölf Jahren gesprochen.

Es war eine große Freude, Jayne Andrews wiederzusehen; sie fuhr mich zu Glenns Haus. Oder besser gesagt, zu seinem Anwesen. Glenn bewohnte einen prächtigen Landsitz an einem Fluss in Worcestershire. Sogar ein eigenes Aufnahmestudio hatte er dort.

Sobald die Haustür aufging, waren all die Jahre wie weggeblasen. Da stand der Typ, mit dem ich fast zwei Jahrzehnte lang die Bühne geteilt, die Welt bereist und Songs geschrieben hatte. Der ganze Mist zwischen uns löste sich einfach in Luft auf. Wir grinsten einander an und fielen uns in die Arme.

Es war genau wie bei Ken – wieder kam es mir so vor, als hätte ich ihn erst gestern gesehen. Wir genehmigten uns ein Bierchen und unterhielten uns prächtig. Als ich ein paar Stunden später mit Jayne wieder wegfuhr, war ich mir endlich sicher: *Es wird passieren.*

In der Woche darauf sollte dann endlich das Meeting mit der ganzen Band stattfinden, in einem Holiday Inn im Londoner Stadtviertel Swiss Cottage. Ich war nicht wirklich nervös deswegen, eigentlich fühlte ich mich sogar recht entspannt … aber aus irgendeinem Grund trug ich einen Anzug. Vielleicht ging ich die Sache unterbewusst wie ein Vorstellungsgespräch an. »Du hättest dich aber nicht so aufbrezeln müssen, Rob!«, scherzte Bill, als er mich sah.

Die Atmosphäre war gut. Keiner machte mir irgendwelche Vorwürfe. Wir kamen sofort zur Sache und konzentrierten uns aufs Wesentliche. Sowohl die Band als auch ich hatten in den letzten Jahren unser volles Potenzial nicht wirklich entfalten können. Doch gemeinsam würden wir Judas Priest wieder zurück an die Spitze bringen. Das unausgesprochene Motto lautete:

Gott sei Dank ist das alles endlich vorbei! Zurück an die Arbeit!

Bill hatte eine nüchterne Präsentation vorbereitet. Er erklärte uns, wo wir standen, wie unsere finanziellen Möglichkeiten aussahen und was wir seiner Meinung nach als Nächstes tun sollten. Und er hatte sehr interessante Neuigkeiten für uns.

Sharon Osbourne hatte angefragt, ob Priest als Special Guest bei der nächsten Ozzfest-Tour in Amerika dabei sein wollten. Das Angebot galt jedoch nur, falls ich wieder in der Band sein sollte. Das kam uns gerade recht. Diese Sache gab uns die Möglichkeit, dort weiterzumachen, wo wir aufgehört hatten.

Nach diesem Meeting war ich wieder ein Teil von Judas Priest … aber so richtig klar wurde mir das erst eine Woche später. Natürlich waren wir nach all den Jahren etwas eingerostet, also verzogen wir uns ins Old Smithy, ein Studio in Worcester, das dem Produzenten Muff Winwood gehörte. Hier wollten wir für die Ozzfest-Konzerte proben.

Als ich dort auftauchte, sah ich zum ersten Mal seit langer, langer Zeit wieder die vertrauten Gitarren, das Equipment und die ganze Crew. Anschließend legten wir sofort mit »Living After Midnight« los. Unser erster gemeinsamer Song seit mehr als einem Jahrzehnt. *Wow!* Es passte sofort perfekt zwischen uns. Alles war wie immer. Die Band klang einfach nur fantastisch.

Na endlich! Warum zur Hölle hat das so lange gedauert?

Als dann im Juli 2004 die Ozzfest-Tour in Connecticut startete, war es das härteste Line-up der Festivalgeschichte. Neben Black Sabbath und Judas Priest standen Slayer, Slipknot, Lamb of God und Dimmu Borgir auf dem Programm. Fast alle besuchten uns backstage, um uns zu sagen, wie sehr sie Priest verehrten. Das gab uns Auftrieb.

Die Tour war der perfekte Anlass für unsere Rückkehr. Sie gab uns die Möglichkeit, in Amerika erneut Fuß zu fassen. Und nach all den Jahren vor kleinerem Publikum tat es gut, wieder jeden Abend vor dreißigtausend Menschen im Rampenlicht zu stehen.

Der größte Unterschied bestand für mich darin, dass ich jetzt einen Teleprompter benutzte. Zwar war ich bereits seit achtzehn Jahren clean, aber die Alkohol- und Drogeneskapaden hatten ihre Spuren in meinen grauen Zellen hinterlassen. Immer öfter vergaß ich meine Texte.

Als ich mit Halford unterwegs gewesen war, hatte Thomas immer meine Songtexte ausgedruckt, laminiert und in einem Ordner abgeheftet. Das Ding legte ich dann aufs Schlagzeugpodest. Nicht gerade die ideale Lösung, aber es war besser als nichts.

Eines Abends sah ich mir Korn an – tolle Band – und bemerkte, dass Jonathan Davis während des Konzerts hier und da auf einen Bildschirm schielte. Hinterher fragte ich ihn: »Hast du etwa einen Teleprompter benutzt?«

»Yeah!«, rief er. »Das Ding ist Gold wert. Ich muss so viele Korn-Songs im Kopf haben, und wenn ich mal eine Textstelle vergesse, ist der Prompter mein Rettungsring!« Also legte ich mir auch einen zu. Was gut genug für Korn war, wäre auch gut genug für mich.

Nach etwa sechs oder sieben Wochen auf Tournee machten wir in Philadelphia halt – immer noch ein schmerzlicher Ort für mich. Auf der anderen Seite des Flusses lag Camden, New Jersey, und dort würden wir am Abend ein Konzert geben. Als ich in meinem Hotelzimmer saß, klingelte das Telefon. »Hallo?«

»Robbie? Hallo, Darling, hier spricht Sharon Osbourne!«

Auweia. Mrs. O hat mich noch nie zuvor angerufen. Muss wohl was Ernstes sein.

Anscheinend ging es Ozzy nicht gut, seine Stimme war ziemlich im Eimer. Ob ich ihm wohl bei einer der Sabbath-Shows aushelfen könnte?

Das hatten wir doch schon mal. Mir schossen jede Menge Gedanken durch den Kopf, von denen sich jedoch nur einer verfestigte: *Zu Sharon Osbourne sagt man nicht nein.*

»Wie viele Songs soll ich denn übernehmen?«, fragte ich.

»Alle.«

Ups! »Und wann?«

»Heute Abend.«

Heute Abend? Ich sah auf meine Uhr. Jetzt war es sechs, zwei Stunden vor dem Priest-Auftritt. Sabbath würden um neun spielen. Mir blieb also keine Zeit, mich vorzubereiten! Es war absolut unmöglich …

Zu Sharon Osbourne sagt man nicht nein.

»Ähm, na gut«, stammelte ich.

»Ach, Robbie, ich liebe dich!« Übers Telefon warf Sharon mir noch ein paar Küsschen zu und versprach, mir *sofort* eine VHS-Kassette mit einem der Sabbath-Konzerte dieser Tour zu schicken. Dann legte sie auf. Und ich wurde furchtbar nervös.

Eine Stunde später tauchte der Kurier mit dem Tape auf. Ich rannte hinunter zum Tourbus, schmiss die Kassette in den Videorekorder und studierte während der Fahrt zum Konzert alle Songs ein. Der Priest-Gig lief bestens … und als wir von der Bühne kamen, fing Sharon mich ab.

»Bill Ward wird eine kleine Ankündigung verlesen, bevor Sabbath rausgehen«, sagte sie mit zuckersüßer Stimme.

Eine Ankündigung? Was wird denn angekündigt?

Zwanzig Minuten später stand ich erneut hinter den Kulissen und war bereit, auf die Bühne zu gehen. Mein Herz raste. Neben mir stand Tony Iommi. Es war die gleiche Situation wie vor zwölf Jahren in Costa Mesa.

»Alles klar, Rob?«, fragte er beiläufig, als wären wir uns gerade zufällig im Einkaufszentrum über den Weg gelaufen.

»Alles klar, Tone.«

Draußen ging Bill Ward ans Mikrofon. Sobald der Sabbath-Drummer zu reden begann, verstummten die »Biiiiiiill«-Sprechchöre aus dem Publikum.

»Ich hab hier eine kleine Nachricht von Ozzy«, sagte er und begann zu lesen. »Hallo miteinander, hier ist Ozzy. Es tut mir wirklich sehr leid, aber ich kann heute nicht auftreten …«

Buuuuh! Der anschwellende Lärm der Menge übertönte den armen Bill komplett. Als sich alle wieder einigermaßen beruhigt hatten, fuhr er fort: »... aber mein guter Freund Rob Halford hat angeboten, auszuhelfen und heute Abend für euch zu singen. Vielen Dank an Rob, und bis zum nächsten Mal!«

Buhrufe mischten sich mit Jubel. Ich sah rüber zu Tony und rollte mit den Augen. *Gott weiß, wie das hier heute Abend ausgeht!*

Einige Fans konnten ihren Frust kaum verbergen ... ganz besonders ein Typ, der in der ersten Reihe stand. Als wir mit »War Pigs« loslegten, begann er, mich pausenlos anzuspucken. Am Ende des Songs war Ozzys Teleprompter so voller Rotze, dass ein Roadie ihn abwischen musste. *Wie nett!*

Von da an ging es bergauf. Na ja, schlimmer konnte es ja auch nicht kommen. Man merkte, wie die Fans verschiedene Phasen durchliefen. Von *Scheiße, kein Ozzy!* über *Verdammt nochmal, nicht schon wieder der Typ von Judas Priest!*, bis sie mich endlich akzeptierten. Dann genoss ich es, und alles lief super, bis auf ... meinen Patzer bei »Paranoid«. Ich stieg drei Takte zu früh ein. *Verfluchter Mist!* Wenn es *einen* Sabbath-Song gibt, den man nicht versauen will, dann ja wohl »Paranoid«! Aber davon abgesehen war es ein nahezu makelloses Set.

Als ich hinterher mit Thomas im Hotel beim Abendessen saß, kam mir alles wie ein Traum vor.

Nach dem Ozzfest machten wir keine Pause, sondern nahmen sofort ein neues Album in Angriff. Glenn und Ken kamen mit einer gut gemeinten Idee auf mich zu: »Du verbringst doch mittlerweile viel Zeit in San Diego«, sagten sie. »Also kommen wir für die Songwriting-Sessions einfach zu dir.«

Das war ... unorthodox. Jahrelang hatte diese erste Phase immer in Glenns Haus in Spanien stattgefunden. Und aus

Gründen, die ich nie so ganz nachvollziehen konnte, hatte das Ken immer geärgert. Ein schönes Studio in bester Lage, dazu jede Menge Sonnenschein – *was gibt's da zu meckern?*

Selbstverständlich ging es dabei mal wieder um die Spannungen zwischen den beiden. Als ich anfing, mit Bill über mein Priest-Comeback zu sprechen, hatte ich eigentlich gehofft, dass die Situation sich etwas entspannt hätte. Nun, Pech gehabt. Alles war wie immer – im Grunde war es sogar schlimmer geworden.

Das großzügige Angebot, in Kalifornien zu arbeiten, brachte mich ziemlich ins Schleudern. Zwar hatten Thomas und ich ein hübsches Apartment, aber dort gab es keine Möglichkeiten, Musik aufzunehmen. Irgendwie schaffte ich es dann aber tatsächlich, ein kleines Heimstudio einzurichten.

Es war das erste gemeinsame Album seit vierzehn Jahren – und das Beste daran war, dass wir immer noch viel zu sagen hatten. Das Feuer brannte noch. Wir waren kreativ wie eh und je, und die Sessions waren enorm produktiv.

Für die Aufnahmen würden wir in die Old Smithy Recording Studios nach Worcestershire zurückkehren – und ich hatte auch schon einen Produzenten im Sinn. Zum Glück war die Band offen für meinen Vorschlag.

Offensichtlich hatten die Jungs sich das erste Halford-Album *Resurrection* sehr genau angehört – wie ich es mir ja auch erhofft hatte. Natürlich war ihnen dabei nicht entgangen, was für einen guten Job Roy Z abgeliefert hatte. Für Roy war es die Erfüllung eines alten Wunschtraums, mit Priest zu arbeiten. Schließlich kannte er jede einzelne unserer Platten auswendig.

Anlässlich unseres Comebacks wollte ich einen Song schreiben, der die Geschichte von Judas Priest behandelte.

Ganz nebenbei würde ich damit die religiösen Irren in den USA in die Schranken weisen, die uns immer noch für heidnische Teufelsanbeter hielten. In »Deal with the Devil« erzählte ich von den Anfängen der Band:

> Forged in the Black Country, under blood-red skies
> We all had our dream to realise
> Driving in that Transit, down to Holy Joe's

Wir nannten das Album *Angel of Retribution*. Ein Engel des Heavy Metal – diese Vorstellung gefiel mir, und so griffen wir sie auch auf dem Cover auf. Das Wort »Retribution«, also Vergeltung, brachte für mich zum Ausdruck, dass Priest endgültig zurück waren. Bereit zum Angriff! Ken mochte den Titel nicht sonderlich, aber ich blieb standhaft.

Die Tour zum Album würde das ganze nächste Jahr in Anspruch nehmen. Für die Proben zogen wir uns in die Bray Studios in der Nähe von London zurück. Ich war begeistert von den *Teletubbies*-Kostümen, über die man dort überall stolperte. Ein bisschen Tinky-Winky konnte schließlich nie schaden.

Kurz darauf wurde ich von einer furchtbaren Nachricht erschüttert. Pantera hatten sich kürzlich aufgelöst, und Dimebag Darrell hatte eine neue Band namens Damageplan gegründet. Es war fast schon eine Metal-Supergroup; ihr Sänger Patrick Lachman war Gitarrist bei Halford gewesen.

Während eines Damageplan-Gigs in einem Club in Columbus, Ohio, stürmte ein geistesgestörter Fan die Bühne und erschoss Dimebag. Außerdem tötete er den Security-Mann der Band, einen Angestellten des Clubs sowie einen Fan, bevor er selbst von einem Cop erledigt wurde.

Ich hatte immer mal wieder Kontakt zu Dimebag und Patrick gehabt, und als ich von der Sache erfuhr, wurde mir schlecht. Ein Freund, ein sehr talentierter noch dazu, war von irgendeinem beschissenen Psychopathen ermordet worden! Immer wieder versuchte ich, mich in ihre Lage auf der Bühne zu versetzen. Aber ich schaffte es nicht. *Was für eine Tragödie. Was für eine Welt.*

Wahrscheinlich war ich nicht der einzige Künstler, der nach diesen Morden etwas paranoid wurde. Bei den ersten paar Gigs der *Retribution*-Tour fühlte ich mich nicht wirklich wohl. Ich traute mich kaum stillzustehen. Aber auch das ging wieder vorbei. Man kann sein Leben nicht von Angst bestimmen lassen.

The show must go on.

Und so verbrachten wir das gesamte nächste Jahr unterwegs. Falls es jemals irgendwelche Zweifel daran gegeben hatte, dass die Leute noch heiß auf Priest waren, so wurden diese schnell weggewischt. Als die Tour in Skandinavien startete, stieg *Angel of Retribution* direkt auf Platz 13 der Billboard 200 ein – unsere höchste Platzierung überhaupt. Das bedeutete uns eine Menge. Wir waren voller Tatendrang. *Priest waren zurück!*

Es gibt nicht viele Dinge in meinem Leben, die mir so wichtig waren wie mein triumphales Comeback mit Judas Priest. Aber mein Treffen mit der Queen kam dem zumindest nahe.

Seitdem Ihre Majestät mir 1957 im Arboretum von Walsall zugewinkt hatte, war ich ein glühender Anhänger des Königshauses. Keine Ahnung, warum, aber so ist es heute noch. Also war ich völlig aus dem Häuschen, als mich Jayne Andrews Anfang 2005 mit wirklich umwerfenden Neuigkeiten anrief.

Die Queen plante einen Empfang zu Ehren der britischen Musikszene, um deren Bedeutung für Kultur und Wirtschaft

Großbritanniens zu würdigen. Unter den erlauchten Ehrengästen sollte auch ein Mitglied von Judas Priest sein.

Natürlich hatte der Rest der Band dabei nicht den leisesten Hauch einer Chance. *Eine Einladung in den Buckingham Palace? Wollt ihr mich vielleicht verarschen? Ja, ja und noch mal ja!* Also teilte Jayne den Mitarbeitern der Königin mit, dass ich dabei sein würde. Ich begann unmittelbar mit den Übungen für meinen Hofknicks.

Am Tag des Empfangs befanden sich Priest gerade irgendwo im tiefsten Finnland, aber davon ließ ich mich nicht abhalten. Da wir einen freien Tag hatten, buchte Jim Silvia für mich einen Flug nach Heathrow.

Als mein Taxi durch die Tore des Buckingham Palace fuhr, konnte ich mein Glück kaum fassen. *Wow!* Nachdem ich das prunkvolle Gebäude betreten hatte, lief ich eine riesige, kunstvoll verschnörkelte Treppe hinauf. Oben wurde ich empfangen: »Willkommen, Mr. Halford.« Man steckte mir ein Namensschildchen an, damit Ihre Majestät auch wusste, wen sie vor sich hatte.

Im Festsaal entdeckte ich einige bekannte Gesichter. Ich begrüßte Roger Daltrey und hielt ein kleines Pläuschchen mit Brian May. Einer der Jungs von Status Quo war ebenfalls da. Doch dann hockte ich wieder alleine rum.

Die königliche Einladung war klipp und klar auf eine Person begrenzt gewesen. Eine Begleitung war nicht vorgesehen. Um mich herum füllte sich der Raum mit Jazzmusikern, klassischen Künstlern, Opern- und Theaterdirektoren und … Cilla Black?!

Die Ärmste sah genauso einsam und verloren aus wie ich. *Cilla Black! Was für eine Legende!* Während ich an meinem Wasserglas nippte, schlürfte Cilla Champagner. Ich dachte: *Lass die Frau in Ruhe, Rob. Gönn ihr ihren Frieden!*

Mein nächster Gedanke aber war: *Ach, scheiß doch der Hund drauf! Mein ganzes Leben hab ich Cilla Black verehrt! Wenn ich jetzt nicht rübergehe und Hallo sage, werd ich das für immer bereuen!* Und so bahnte ich mir meinen Weg zu ihr.

»Tut mir leid, wenn ich störe …«, legte ich los.

»Schon gut, mein Lieber«, sagte Cilla, während sie mich von Kopf bis Fuß musterte.

»Ich wollte nur kurz sagen, was für eine große Freude es ist, Sie hier zu treffen, und dass ich ein riesiger Fan Ihrer Musik bin.«

»Oh, dankeschön!«, antwortete sie.

»Sind Sie mit jemandem hier?«, fragte ich, obwohl dem offensichtlich nicht so war.

»Nein«, gab sie zurück. »Ich durfte niemanden mitbringen. Schätze, Sie selbst wollten Ihre Frau mitbringen, oder Ihre Freundin?«

»Weder noch. Ich bin schwul …«

Offenbar war Cilla Black eine geborene Schwulenmutti. Denn sie sprang sofort auf und schnappte sich meinen Arm. Die nächsten zwei Stunden über stolzierten wir Seite an Seite durch den Saal und lernten uns ausgiebig kennen. Wir waren unzertrennlich!

Es war wirklich ein Mordsspaß. Dann plötzlich erschien die Queen am anderen Ende des Raumes. Dieses zierliche Persönchen, vielleicht gerade mal einen Meter fünfzig groß, hatte eine unfassbare Präsenz! Es ist schwer zu beschreiben – sie strahlt eben einfach etwas *Majestätisches* aus.

Ich interessiere mich sehr für Geschichte; und als ich sie aus der Ferne betrachtete, während wir von einem der Assistenten durch den Saal geführt wurden, sah ich sämtliche Generationen des Königshauses an meinem geistigen Auge vorbeiziehen. Von den Tudors bis heute. Cilla war der Queen schon ein paarmal begegnet, ich war jedoch völlig überwältigt.

Als ich mit meinem Wasserglas in der Hand neben Cilla stand und versuchte, hier und da einen Blick auf die Queen zu werfen, kam ein weiterer Assistent angeschwebt. »Würden Sie Ihrer Majestät gern die Ehre erweisen?«, säuselte er.

»Oh, das wäre großartig!«, platzte es aus mir heraus, bevor Cilla auch nur die Gelegenheit hatte, dankend abzulehnen. Sie hatte das schließlich schon hinter sich. »Tausend Dank!«

Eine Minute später stand die Queen leibhaftig vor mir. Empfänge wie diese gehören zu den wenigen Anlässen, bei denen sie keine Handschuhe trägt. Stattdessen umklammerte sie ein Glas. Anscheinend tut sie das, um die Leute davon abzuhalten, ihr die Hand zu schütteln.

Nun, *mich* hielt es jedenfalls nicht ab. Ohne darüber nachzudenken, streckte ich ihr die Flosse entgegen. Cilla versetzte mir einen Stoß in die Rippen, als wollte sie sagen: »Bloß nicht!«

Die Queen blickte mich an und streifte meine Hand kurz mit ihren Fingerspitzen. Statt einer ausladenden Verbeugung ließ ich es bei einem respektvollen Nicken bewenden.

»Vielen Dank, dass Sie gekommen sind«, sagte die Queen. »Ist es nicht seltsam, dass auf einer Musikveranstaltung gar keine Musik läuft?«

»Yeah, das wär eigentlich ganz nett gewesen!«, rief ich und versuchte, dabei nicht zu sehr nach Birmingham zu klingen.

»Ich hätte ein Streichquartett im Hintergrund engagieren sollen«, ergänzte Ihre Majestät nachdenklich. »Und was machen Sie?«

Bevor ich antworten konnte, funkte Cilla dazwischen: »Er spielt in einer Band namens Judas Priest und ist heute extra aus Finnland hergekommen!«

»Oh«, antwortete die Queen. »Und was für eine Art von Musik spielen Sie?«

»Heavy Metal, Eure Majestät«, antwortete ich.

Ein leicht schmerzerfüllter Blick der Königin. »Oh, Heavy Metal. Warum muss der eigentlich immer so *laut* sein?«

Alter! Die Queen hat gerade »Heavy Metal« gesagt. Wahrscheinlich zum ersten Mal in ihrem Leben. Aber … wie soll ich denn bitte DIESE Frage beantworten?

»Damit wir dazu headbangen können, Eure Majestät«, erklärte ich. Noch ein Stoß in die Rippen.

Die Queen lächelte königlich. »Es war sehr schön, Sie kennenzulernen«, betonte sie. Als sie sich umdrehte, um zu gehen, streckte ich ihr instinktiv wieder die Hand entgegen. Und bekam einen dritten Stoß in die Rippen.

»Der Queen schüttelt man nicht die Hand!«, schimpfte Cilla mit mir, während unsere Monarchin sich langsam entfernte.

»Und wieso hat mir das niemand gesagt?«, rief ich empört. »Ich hab doch keine Ahnung von Hofetikette!«

»Ach, dich kann man auch *nirgendwohin* mitnehmen«, seufzte Cilla Black.

Auf meinem Rückflug in den nördlichen Polarkreis ließ ich die Begegnung ungefähr noch eine Million Mal in meinem Kopf ablaufen. *Ist das wirklich passiert?* Es war ein Tag, den ich niemals vergessen werde. Der Tag, an dem ich die Queen traf. Und es war sogar noch besser gewesen als damals im Walsall Arboretum.

Während der *Retribution*-Tour spielten wir vor ausverkauften Häusern in Europa, Japan und Nordamerika. Auch dieses Mal begleitete mich Thomas. Es war nicht zu übersehen, wie glücklich er mich machte, also waren die Jungs in der Band schnell total vernarrt in ihn.

Das letzte Konzert der US-Tour ging in Phoenix über die Bühne. Danach hatten Thomas und ich erst einmal sechs Wochen Zeit für uns. Während dieser Pause würde auch mein vierundfünfzigster Geburtstag *(schluck!) stattfinden,* und ich wünschte mir von Thomas einen neuen Ring.

Wie es sich für einen wahren Metalhead gehört, waren meine Finger immer mit allerlei Totenköpfen und Drachen geschmückt. Doch Thomas wollte mir nicht einfach ein weiteres Schmuckstück dieser Art schenken. Stattdessen besorgte er … einen Ehering. Er steckte ihn mir in unserer gemeinsamen Küche an, und ich habe ihn seitdem nie wieder abgenommen.

Danach ging es zurück auf Tour, diesmal nach Lateinamerika. Eine ziemlich aufschlussreiche Erfahrung. Außer den beiden Rock-in-Rio-Festivals war ich nie in diesem Teil der Welt gewesen. Da der Rest der Band bereits mit Ripper Owens in Südamerika unterwegs gewesen war, wussten die Jungs, was uns dort erwartete.

In diesem Beruf wird man früher oder später zwangsläufig zum Verhaltensforscher. Man kann die Unterschiede zwischen den Menschen auf der ganzen Welt beobachten. Mag sein, dass sie dieselbe Leidenschaft für Musik eint – aber britische, deutsche oder brasilianische Metalheads reagieren vollkommen unterschiedlich auf Judas Priest.

Die Fans in Südamerika sind schier unglaublich. Sie kennen keine Hemmungen. Von der ersten Sekunde an strotzen sie nur so vor Energie und blanker Emotion. Und so leben sie ihr ganzes Leben. Es ist das genaue Gegenteil der entspannten Sturheit, die ich aus den Midlands gewohnt bin. Trotzdem liebe ich es.

Dann ging es wieder in die Vereinigten Staaten, bevor wir unsere erfolgreiche Comeback-Tour im osteuropäischen

Winter ausklingen ließen. Wir gaben ein paar großartige Konzerte in Russland, und in der estnischen Hauptstadt Tallinn besuchte uns dann Bill Curbishley, der einen Vorschlag für uns hatte.

»Wir sollten uns mal unterhalten«, forderte er uns auf. »Beim Mittagessen.«

Bill steckte immer voller Ideen, also waren wir alle sehr gespannt, worum es diesmal gehen würde. Bei Hering und Roggenbrot umriss er seinen verwegenen Plan.

»Ich hab mir mal Gedanken gemacht, in welche musikalische Richtung ihr als Nächstes gehen könntet«, fing er an. »Und ich dachte mir, dass ein Konzeptalbum nicht schlecht wäre.«

Hey – DAS klingt doch interessant! Auf diesem Gebiet hatte Bill jede Menge Erfahrung. Schließlich hatte er als Manager von The Who dazu beigetragen, sowohl *Tommy* als auch *Quadrophenia* auf die Beine zu stellen. *Sprich ruhig weiter!*

»Ich habe zwei Ideen«, fuhr Bill fort. »Die erste wäre: Rasputin …«

Hübsche Idee, nur war mir zu Ohren gekommen, dass Ozzy schon etwas in der Art plante (auch wenn am Ende nie etwas daraus wurde). Das war also schon mal vom Tisch.

»… und die zweite: Nostradamus.«

Nostradamus! Noch während die Worte Bills Lippen verließen, war ich Feuer und Flamme. Was für ein großartiges, vielschichtiges Thema für einen Texter! Am ganzen Tisch gab es ausschließlich zustimmendes Nicken.

»Wir sind dabei!«, rief ich begeistert.

Sobald ich nach der Tour wieder zu Hause war, begann ich mit meinen Recherchen über den legendären französischen Wahrsager aus dem 16. Jahrhundert. Ich las alles über sein ereignisreiches Leben und seine Vorhersagen, die den Lauf der

Geschichte, die Entwicklung der Gesellschaft und das Ende der Welt betrafen.

In den folgenden Wochen verwandelte ich seine außergewöhnliche Lebensgeschichte und seine Prognosen in Songtexte. Dann buchten wir ein Studio, um daraus ein Album zu machen. Wie schon bei der Produktion von *Angel of Retribution* fiel die Wahl auf das Old Smithy in Worcester.

Dafür gab es auch einen guten Grund. Mittlerweile waren alle Priest-Mitglieder der ersten Stunde Mitte fünfzig. Die meisten von uns lebten in festen Beziehungen, ein paar von uns hatten Kinder. Also wollten wir uns nicht schon wieder nach Ibiza oder Nassau verpissen, um dort wochenlang zu saufen, zu vögeln oder Drogen zu nehmen. Diese Ära war vorbei.

Natürlich hatten wir unsere Musik schon immer ernst genommen. Jetzt aber behandelten wir sie als unsere Lebensaufgabe, unsere Berufung. Wir gingen diszipliniert und effizient ans Werk. Aufstehen, einstempeln, den Job erledigen. Genau wie die Männer bei G. & R. Thomas Ltd.

Wir beschlossen, *Nostradamus* selbst zu produzieren. Da uns klar war, wie die Platte klingen sollte, und wir schon bei vielen Alben als Co-Produzenten fungiert hatten, vertrauten wir unseren Fähigkeiten voll und ganz.

In meinem Kopf war *Nostradamus* weit mehr als ein reguläres Album – es sollte eine *Heavy-Metal-Oper* werden. Wenn ich gegen Mittag von Walsall aus ins Studio fuhr, hörte ich im Auto *Das Phantom der Oper* und jede Menge Filmmusik, vor allem die großartigen Kompositionen von John Williams für Filme wie *Star Wars, Superman, Jäger des verlorenen Schatzes* oder *E.T.*

Ich liebte Williams' Streicherarrangements und dramatische Synthesizer. Für mich ließ sich *Nostradamus* nicht ausschließlich mit Metal-Gitarren erzählen. Also nahmen wir Don Airey mit ins Boot, der bei Deep Purple und in Ozzys Band Keyboard spielte. Außerdem holten wir die alten *Turbo*-Gitarrensynthesizer wieder aus dem Schrank.

Natürlich hatte es damals nicht allen Fans gefallen, dass wir plötzlich mit synthetischen Sounds experimentierten. Doch diesmal war es ein völlig anderes Projekt, und dafür waren sie einfach notwendig. In den einschlägigen Online-Foren verbreitete sich allerdings bereits Argwohn: *Was zur Hölle machen sie denn JETZT schon wieder?*

Uns war das egal. Schließlich befanden wir uns auf einer Mission.

Im Studio nahm *Nostradamus* langsam Form an. Auf Songs wie »The Four Horsemen«, »Pestilence and Plague« und »Death« machten wir keine Gefangenen. Ich liebte die Arbeit an der Platte. Am Ende wurde es sogar ein Doppelalbum, und ich bin bis heute stolz auf jedes einzelne Wort und jede Note.

Nun bin ich ja kein Idiot, und natürlich ist mir klar, dass *Nostradamus* mit Abstand unser umstrittenstes Album ist. Trotzdem bin ich der Meinung, dass es die besten Texte enthält, die ich je geschrieben habe. Ich halte die Platte für eins der besten Konzeptwerke, die der Heavy Metal jemals hervorgebracht hat. *Da habt ihr's!* Ich stehe zu hundert Prozent dahinter.

Als wir *Nostradamus* schließlich veröffentlichten, waren die Reaktionen gemischt. Manche Journalisten hielten es für das Größte, was Priest je gemacht hatten. Andere verglichen uns mit Spinal Tap – mal wieder! War dies etwa unsere ganz eigene Version von *Jazz Odyssey*? Absolut nicht. Hinter all dem großartigen Pomp und der Opulenz steckt ein höchst kraftvolles, vielfältiges Metal-Album.

Mag sein, dass es unsere Fangemeinde in zwei Lager gespalten hat. Aber diejenigen, denen es gefiel, *liebten* es. In Amerika stieg es sogar noch höher in den Charts ein als *Angel of Retribution*. Bis heute bin ich der Ansicht – und jetzt werde ich selbst zum Nostradamus –, dass der Tag kommen wird, an dem man seine wahre Größe schließlich erkennt.

Immerhin dauerte es zwanzig lange Jahre, bis aus *Tommy* ein Broadway-Musical wurde. Eines Tages würde ich *Nostradamus* gern mit einer ausgefeilten Bühnenproduktion aufführen. Entweder als klassische Symphonie oder mit dem Cirque du Soleil in Las Vegas. Alles ist möglich.

Bei den Planungen für die *Nostradamus*-Tour spielten wir mit dem Gedanken, eine komplette Theaterproduktion auf die Beine zu stellen. Am Ende aber entschieden wir uns doch für ein konventionelles Priest-Set, das sogar nur zwei Songs vom neuen Album enthielt. Irgendwie hatte uns wohl der Mut verlassen.

Es war der Beginn einer außergewöhnlich langen Konzertreise. Wir spielten auf vielen europäischen Festivals, gefolgt von einigen Konzerten in Amerika. Diese Termine gingen nahtlos in die *Metal Masters*-Tour mit Heaven & Hell, Motörhead und Testament über.

Dann ging es in Australien, Südkorea, Japan und Mexiko weiter. Anschließend – kurz durchatmen! – war wieder Südamerika an der Reihe.

Einmal mehr machten die Fans dort ihrem Ruf alle Ehre. Als wir in Bogotá ankamen, befand sich die Hauptstadt von Kolumbien gerade in einer Art Lockdown. Eine spektakuläre Mordserie im Banden- und Drogenmilieu war der Grund dafür. Sogar vor unserem Hotel waren Sicherheitskräfte mit vollautomatischen Gewehren postiert.

Die Halle, in der wir spielen sollten, bot Platz für zwölftausend Zuschauer. Dummerweise verirrte sich unser Fahrer auf dem Weg dorthin. Plötzlich fuhren wir durch einen Park, in dem sich Tausende Priest-Fans vor dem Gig versammelt hatten. *Panik!* Obwohl der arme Kerl kein Wort Englisch verstand, schrie Jim Silvia unentwegt auf ihn ein.

»Was ist denn los, Jim?«, fragte ich ihn leicht beunruhigt.

»Kein Plan!«, blaffte unser New Yorker Tourmanager. »Ich versuch ihm verfickt nochmal klarzumachen, dass er umdrehen muss!«

Als die Fans uns entdeckten, stürmten sie auf unseren Van zu und begannen, ihn von einer Seite auf die andere zu schaukeln, während sie laut »Priest! Priest! Priest!« skandierten. Es war ziemlich beängstigend. Mittlerweile hatte auch unser Fahrer seinen Fehler bemerkt. Im Rückwärtsgang schoss er aus dem Park hinaus, und so kamen wir schließlich doch noch alle sicher am Auftrittsort an.

Aber wirklich sicher fühlten wir uns auch dort nicht. Als wir auf die Bühne gingen, waren die Kids dermaßen außer Rand und Band, dass es uns wie totale Anarchie vorkam. Es hätte nicht viel gefehlt, um die Stimmung vollkommen kippen zu lassen. Immer wieder musste ich an Dimebag denken.

Irgendeine geheime US-Drogenbehörde hatte Jim Silvia vor dem Konzert gewarnt, die Sache könne nach hinten losgehen. Also hatte Jim Vorkehrungen getroffen. Als wir nach dem Konzert von der Bühne rannten, dirigierte er uns … *in einen Panzer.*

Ein voll ausgestattetes, bewaffnetes Militärfahrzeug! Da kauerten wir also auf unseren Metallbänken, während unser Fluchtfahrzeug langsam davonzuckelte. Gleichzeitig tobte draußen eine wilde Masse hyperventilierender Fans.

Schließlich erreichten wir unser abgesichertes Hotel, wo die Wachen immer noch ihre Maschinengewehre schwangen.

Ein ganz normaler Tag eben …

Unser Tross rollte weiter. Weihnachten kam, Weihnachten ging. Anfang 2009 waren wir in Großbritannien und Europa unterwegs. Diesen Abschnitt der Tour tauften wir auf den einigermaßen seltsamen Namen *Priest Feast*. Damals ergab das bestimmt irgendeinen Sinn.

Ende März begann dann eine wohlverdiente dreimonatige Pause. Während der Rest der Band sich zu Hause erholte, blieb ich nicht wirklich untätig. Es war Frühling, die Krokusse reckten ihre Köpfe aus dem Boden, und ich … nahm ein Weihnachtsalbum auf.

John Baxter kümmerte sich immer noch um meine Sologeschicke. Zwar wusste ich nun, dass ich nie wieder etwas tun würde, das meine Karriere mit Judas Priest gefährdete. Wenn mich aber die Lust überkam, gab es gegen ein gelegentliches Nebenprojekt nichts einzuwenden. Also trommelte ich die Jungs von Halford wieder zusammen, und wir produzierten *Halford 3: Winter Songs*.

Ein Album, das für viel Stirnrunzeln sorgte. Kirchen- und Weihnachtslieder entsprachen nicht wirklich dem Material, das man von einem Metal-Maniac wie mir erwartete. Ganz sicher hatte *niemand* jemals damit gerechnet, mich »We Three Kings« oder »Oh Come, All Ye Faithful« trällern zu hören. Aber genau das war ja der Punkt.

Von Kindesbeinen an habe ich die Weihnachtszeit geliebt. Ich liebte die Sternsinger, die dann immer an unsere Tür in Beechdale klopften. Außerdem gab es für mich auch einen spirituellen Grund, diese Platte zu machen.

Bin ich ein Christ? Nun, das Christentum passt mir so gut wie meine Bühnenklamotten und gibt mir jede Menge Kraft.

Vieles daran spricht mir aus der Seele. Und wenn religiöse Fanatiker uns unterstellen, Teufelsanbeter zu sein, dann sorge ich nur allzu gern für Verwirrung, indem ich ihnen antworte: »O nein. Das stimmt ganz und gar nicht. Ich bin ein schwuler Heavy-Metal-Christ!«

Vor allem in Amerika gibt es viele zutiefst gläubige Metalheads, die total auf unsere Musik abfahren. Das ist mir im Lauf der Jahre klargeworden. Und wenn eine Platte wie *Winter Songs* diesen Fans gefiel, umso besser.

Ein paar der Weihnachtssongs schrieb ich selbst. Dann suchte ich nach Liedern, die noch nie von Rock- oder Metal-Bands aufgenommen worden waren. Ich sagte unserem Produzenten Roy Z, dass ich mir ein differenziertes, feinsinniges Album vorstellte, keine lieblose Verballhornung dieser wunderbaren Musik. Und ich glaube, das ist uns auch gelungen.

Wir veröffentlichten die Platte auf dem Label Metal God Records, das John Baxter und ich eigens gegründet hatten. Im Grunde brachten wir es also einfach in Eigenregie heraus. Folglich waren die Verkaufszahlen eher unspektakulär. Aber ich hatte *Winter Songs* schließlich nicht aufgenommen, um viel Geld damit zu verdienen. Sondern weil ich es wollte.

Gleichzeitig ließ ich die Bezeichnung »Metal God« markenrechtlich schützen. Seit der gleichnamige Song auf *British Steel* erschienen war, nannten mich die Leute so. Mit der Zeit hatte ich mich nicht nur daran gewöhnt, sondern war auch selbst dazu übergegangen, diesen Namen zu benutzen.

Natürlich hatte ich das Ganze nie wirklich ernst genommen. *Niemand* aus dem Black Country würde sich jemals ohne eine Miene zu verziehen als Metal God bezeichnen! Aber ich wollte eben nicht, dass irgendwelche Firmen plötzlich mit dieser Bezeichnung Werbung für ihre Produkte machten, *wenn sie nichts mit Heavy Metal zu tun hatten.*

Durch die Sicherung der Markenrechte konnte ich das verhindern. Also war es jetzt offiziell! Ich war der einzig wahre Metal God! Verneigt euch vor mir! (*Natürlich nur, wenn ihr wollt. Wenn nicht, auch egal.*)

Bereits im Sommer 2009 waren wir wieder in den USA unterwegs. Diesmal führten wir aus Anlass des dreißigjährigen Jubiläums von *British Steel* das Album komplett auf. Es war für Priest ein wegweisendes Album gewesen, also verstand ich den Gedanken dahinter ... doch das Timing passte nicht. Es war einfach eine Tour zu viel.

Wir hatten gerade mehr als ein Jahr *on the road* verbracht. Und jetzt sollten noch einmal zwei Monate dazukommen. Wir alle waren körperlich und geistig völlig erschöpft und brauchten dringend eine längere Pause. Ich liebe das Tourleben, aber es kann auch zermürbend sein.

Ich stand nur noch zwei Jahre vor meinem sechzigsten Geburtstag. Thomas und ich sprachen immer wieder scherzhaft darüber, dass es langsam Zeit für meinen Ruhestand würde. Eines Tages machten wir uns daraus einen Spaß mit Scott.

Thomas und ich aßen gerade etwas am Flughafen, als unser junger Drummer sich zu uns gesellte. »Tja, das ist wohl meine letzte Tour, Scott«, sagte ich, als er sich gerade hinsetzte.

Er machte große Augen und sagte: »*Was?*«

»Yeah, mir reicht's einfach«, gab ich knochentrocken zurück.

Voller Sorge berichtete er dann Ken und Glenn von meiner Aussage. Kurze Zeit später nahm Ken mich beiseite und fragte: »Denkst du tatsächlich ernsthaft darüber nach, ein für alle Mal aufzuhören?«

»Nicht wirklich«, erklärte ich ihm. »Andererseits weiß ich nicht, wie lange ich das alles noch machen kann.«

Manch wahres Wort wird im Scherz gesprochen! Während der Tour durch die endlosen Weiten Amerikas kam das Thema Ruhestand immer wieder zur Sprache.

Einige von uns waren nicht wirklich in Topform. Besonders für Glenn war es diesmal hart. Er sah erschöpft aus, und selbst sein normalerweise makelloses Gitarrenspiel zeigte Aussetzer. Die Konzerte schienen ihn einfach mehr anzustrengen als sonst.

Am meisten ärgerte sich Ken über Glenns viele Fehler. Er führte sie darauf zurück, dass sein Gitarrenkollege während der Konzerte einfach zu viel trank. *Wenn es doch nur so wäre.* Später sollten wir herausfinden, womit Glenn sich wirklich herumschlagen musste.

Gegen Ende der Tour spitzten sich die Dinge dann endgültig zu. Vor unserem Auftritt in Florida führten wir ein Gespräch über die Zukunft der Band. Gab es überhaupt eine Zukunft?

Obwohl wir zu keinem Ergebnis kamen, wussten wir alle, dass sich etwas ändern musste. Glenn war offensichtlich frustriert darüber, dass er nicht mehr so gut spielte wie früher. Auch wenn weder er selbst noch wir das zur Sprache brachten. Ken wiederum war stinksauer auf Glenn, auf unser Management, auf diese Tour. *Hey, wie viel Zeit habt ihr?*

Wir hatten unterschiedliche Vorstellungen. Genau wie Scott wollte Ian einfach genauso weitermachen wie immer. Ich hatte nichts dagegen, weiterhin Platten aufzunehmen, wollte aber nur noch gelegentliche Live-Auftritte absolvieren. Niemand dachte daran, sich ganz und gar zur Ruhe zu setzen, aber von den Mega-Touren hatten wir einfach die Schnauze voll.

Und so kam die Idee auf, im nächsten Jahr noch eine letzte große Konzertreise zu unternehmen, die wir *Epitaph* nennen würden. Und wenn danach tatsächlich das Aus für Judas Priest käme … nun, dann wäre es zumindest nicht die schlechteste Art abzutreten.

Wir spielten noch ein paar Shows in Japan, und nach der Tour erzählten wir Bill und Jayne von unserem Plan. Die beiden hatten volles Verständnis und versuchten nicht, uns die Sache auszureden – was wohl vor allem daran lag, dass wir uns alle Optionen offen ließen, was zukünftige Platten und vereinzelte Konzerte anging. Alles lief sehr freundschaftlich und vernünftig ab.

Wieder zerstreuten sich meine Bandmitglieder in alle Himmelsrichtungen, um die Füße hochzulegen und sich ein Jahr lang am Arsch lecken zu lassen. Wahrscheinlich wäre das auch für mich angebracht gewesen. Aber aus irgendeinem Grund entwickelte ich mich zum absoluten Workaholic – oder eher Masochisten? Jedenfalls entschloss ich mich, ein weiteres Halford-Album aufzunehmen. Also trommelte ich erneut die Band zusammen und schrieb in Rekordzeit Songs für *Halford IV: Made of Metal*. Dann nahmen wir die Platte mit Roy Z in Kalifornien auf.

Während der Produktion nahm ich mir immer wieder mal eine Auszeit. Dafür gab es mehrere Gründe. Im März flogen Thomas und ich nach Walsall, um dort die Diamantene Hochzeit meiner Eltern zu feiern.

Sechzig Jahre! Dabei fühlte es sich an, als wäre die Party zur Goldenen Hochzeit erst gestern gewesen. Waren tatsächlich schon zehn Jahre vergangen, seit Ken und ich uns dort wieder begegnet waren? Zehn Jahre seit meiner Aussöhnung mit Priest? Wo war die beschissene Zeit geblieben?

Die Zeit ist eine grausame Geliebte. Meinen Eltern ging es nicht besonders gut. Bei Mom war kürzlich Parkinson diagnostiziert worden. Zu Ehren des Talkmasters Michael

Parkinson nannte sie die Krankheit Parky. »Schau, Parky ist wieder da«, witzelte sie jedes Mal, wenn ihre Hand zu zittern begann.

Zwar konnte der Verlauf mit Medikamenten weitgehend in Schach gehalten werden, meinen Vater jedoch nahm das Ganze ziemlich mit. Er war bereits mehrfach im Haus hingefallen, und nicht lange nach der Feier wurde er ins Krankenhaus gebracht, nachdem er besonders schwer gestürzt war. Nach seiner Entlassung kam er dann in ein Pflegeheim. Es war für uns alle eine furchtbare Zeit.

Wo wir gerade beim Thema sind … etwa zur selben Zeit ging ich auf Ronnie James Dios Beerdigung. Im Lauf der Jahre hatten wir uns immer wieder getroffen, und er war stets einer meiner absoluten Helden geblieben. Obwohl ich von seiner Krankheit gewusst hatte, war ich in Tränen ausgebrochen, als ich eines Tages in San Diego von seinem Krebstod erfuhr.

Hunderte von Fans hatten sich vor seiner Gedenkfeier in den Hollywood Hills versammelt. Unter den Trauergästen waren Tony und Geezer von Sabbath, außerdem eine ganze Reihe alter Freunde aus der Rock- und Metal-Szene. Es war ein wunderschöner Tag, und wir alle spürten nichts als Liebe für Ronnie. Bis heute höre ich mir seine Songs an, bevor ich auf die Bühne gehe. Er inspiriert mich einfach.*

Mit dem Ergebnis von *Halford IV: Made of Metal* war ich zwar sehr zufrieden, die Verkaufszahlen jedoch hielten sich in bescheidenen Grenzen. Verglichen mit Priest waren sie nahezu verschwindend gering. Trotzdem gingen wir mit dem Album auf Tour. Zunächst gaben wir ein paar Clubkonzerte

---

* Erst vor ein paar Monaten schenkte mir seine Witwe Wendy eine seiner Drachenstatuen und einen Ring, den er oft auf der Bühne trug. Jetzt trage ich ihn voller Stolz.

in den USA, dann flogen wir nach Japan und spielten schließlich sechs Wochen lang im Vorprogramm von Ozzy in Amerika und Kanada. Das Ganze dauerte bis Weihnachten 2010. Die Shows machten einen Riesenspaß ... und ich musste nicht einmal für Ozzy einspringen!

Unterdessen kündigte Jayne die Abschiedstour (na ja, vielleicht ...) von Judas Priest an. *Epitaph* sollte im Juni 2011 starten. Diese letzte große Reise sollte fast das ganze Jahr in Anspruch nehmen. Im Oktober, während ich noch mit Ozzy unterwegs war, kam der Rest der Band zusammen, um die Details zu klären.

Nur Ken tauchte nicht auf. Als Jayne bei ihm anrief, behauptete er, den Termin vergessen zu haben. Ziemlich untypisch für ihn, aber Schwamm drüber. *Kann ja mal passieren.* Ken hatte sich entschuldigt, und niemand verschwendete mehr einen Gedanken daran. Jayne setzte also einen Ersatztermin für Ende November an. Sie wollte sich mit Glenn, Ian und Ken in Glenns Haus treffen, um alles unter Dach und Fach zu bringen. Danach würde sie in die Staaten fliegen.

Doch ein paar Tage vor dem Treffen erreichte uns eine Mail von Kenneth »K.K.« Downing. Er setzte uns darüber in Kenntnis, dass er die Band verlassen hatte.

21

Das kann doch nur ein Scherz sein

Kens Kündigung traf uns alle völlig unerwartet. Wir waren wie vom Donner gerührt. Keiner von uns hatte das auch nur im Entferntesten kommen sehen. Ein Schlag in die Rippen. *Was zum Geier?!*

Auf der letzten Tour hatte Ken sich zwar über viele Dinge beschwert. Immer hatte er irgendetwas zu meckern gehabt. Allerdings hatten wir dem nicht allzu viel Beachtung geschenkt. *So war er nun einmal.* Wir hatten ja keine Ahnung, dass seine Unzufriedenheit groß genug war, um die Band zu verlassen.

Die *Epitaph*-Tour konnten wir auf keinen Fall verschieben. Die Auftrittsorte, die Flüge sowie die Hotels waren bereits gebucht. Es hätte uns ein Vermögen gekostet, alles abzusagen. Ob beabsichtigt oder nicht, Mr. K.K. hatte uns ziemlich in die Scheiße geritten.

Glenn, Ian, Scott und Jayne unternahmen noch einen letzten Versuch, Ken umzustimmen. Ich jedoch hielt das für ziemlich sinnlos. Sein Entschluss schien festzustehen. Und so blieb uns keine andere Wahl, als uns verzweifelt nach einem Ersatz für ihn umzusehen. Ein Wettlauf gegen die Zeit.

Ken hatte Jayne gebeten, seinen Abgang erst am Vorabend der Tour bekanntzugeben. Also machten wir gute Miene zum bösen Spiel, während wir uns gleichzeitig nach Alternativen umsahen. Es war noch früh im Jahr 2011, als wir mit der Suche nach einem aufstrebenden Musiker begannen, der trotzdem schon etwas Tour-Erfahrung mitbrachte.

Irgendjemand brachte den Namen Pete Friesen ins Spiel, der immerhin schon mit Alice Cooper und Bruce Dickinson zusammengearbeitet hatte. Pete war ein sehr guter Gitarrist, leider kam er aus Kanada – ich hatte eher einen Briten im Sinn. Immerhin saß schon ein Amerikaner am Schlagzeug, und ich wollte unsere Identität als britische Heavy-Metal-Band nicht noch weiter verwässern.

Trotzdem nahm Jayne mit Pete Kontakt auf. Pete fühlte sich zwar geschmeichelt, sah sich aber eher als Bluesgitarrist, was seiner Meinung nach nicht wirklich zu einer reinen Metal-Band passte. Dafür legte er uns einen Typen namens Richie Faulkner wärmstens ans Herz.

Jayne besorgte sich also Richies Nummer. In einer Textnachricht stellte sie sich als Managerin von Judas Priest vor und bat ihn um ein Gespräch. Er reagierte jedoch nicht darauf. Nach ein paar weiteren erfolglosen Versuchen war sie es leid und rief ihn kurzerhand an. Er nahm ab.

Wie sich herausstellte, hatte Richie die Nachrichten gelöscht. Da es Anfang April war (zwei Monate vor Tourneebeginn!), hatte er angenommen, jemand habe sich einen verspäteten Aprilscherz mit ihm erlaubt. Als ihm klar wurde, was wirklich Sache war, stimmte er einem Treffen begeistert zu.

Also nahm er den Zug von London nach Worcestershire, wo ihn Jayne vom Bahnhof abholte und zu Glenns Landsitz brachte. Während wir ihn begrüßten, sah er sich mit großen

Augen um. »Bisschen *Herr der Ringe*-mäßig hier draußen, was?«, meinte er.

Natürlich hatte er vollkommen recht, aber ihm schien sein eigener Kommentar bereits peinlich zu sein. Wahrscheinlich war er einfach etwas nervös. Sofort brachen wir in zustimmendes Gelächter aus, und damit war das Eis gebrochen. Er sprach mit derart breitem Londoner Dialekt, dass wir uns in Gedanken bereits nach einem Dolmetscher umsahen.

Richie war dreißig Jahre alt und brachte den passenden Stallgeruch mit. Er hatte bereits in einigen Bands gespielt, darunter auch in der von Lauren Harris, der Tochter von Iron-Maiden-Boss Steve Harris. Mit ihrer Band war er im Vorprogramm von Maiden aufgetreten. Er kannte sich im Studio aus und wusste außerdem, wie der Hase auf Tour lief. Ein guter Anfang!

»Bock, ein bisschen zu jammen?«, fragte Glenn.

Natürlich hatte Richie seine Gitarre mitgebracht, also verschwand er mit Glenn im Studio nebenan, während ich im Haus wartete. Etwa fünfzehn Minuten später tauchte Glenn wieder auf, um mit mir zu quatschen. »Was meinst du?«, wollte er von mir wissen.

»Scheint in Ordnung zu sein«, sagte ich. »Kein Arschkriecher, außerdem hat er 'ne gute Einstellung, was Metal und Priest angeht …«

Ungefähr zehn Minuten waren vergangen, und wir diskutierten immer noch über den Mann aus London, während wir langsam über den Kiesweg in Richtung Studio spazierten. Dann blieben wir wie angewurzelt stehen. Aus dem oberen Fenster konnten wir Richie spielen hören. Er feuerte haufenweise gnadenlose Riffs ab und solierte wie ein Weltmeister. Wir beide mussten grinsen.

Verdammte Scheiße, hör dir das an!

Als wir das Studio betraten, war Richie immer noch völlig in sein Spiel vertieft. Sobald er uns bemerkte, hörte er auf. »Nein, nein, nur weiter, Mann!«, riefen wir. Er war einfach ein fantastischer Gitarrist, und wir konnten uns lebhaft vorstellen, wie gut er mit der Band klingen würde.

Das war unser Mann. Die Suche hatte ein Ende.

Nachdem wir Kens Abgang monatelang geheim gehalten hatten, schickte Jayne Ende April endlich eine Pressemitteilung raus. Darin bestätigte sie seinen Ausstieg und stellte Richie als neuen Gitarristen vor. Gleichzeitig machten wir uns daran, dem Neuzugang unsere Songs beizubringen. Zum Glück lernte er sehr schnell. Den Großteil kannte er bereits, und den Rest meisterte er rasend schnell. Es war ein Traum.

Während dieser Zeit sah ich meine Eltern oft. Beiden ging es nicht besonders gut ... und das machte es auch mir ziemlich schwer.

Sue und Nigel hatten mich bereits gewarnt, dass es mit Dads Gesundheitszustand ziemlich schnell bergab ging. Als ich ihn dann in seinem Pflegeheim besuchte, war ich trotzdem schockiert. Er verbrachte seine Tage fast ausschließlich im Bett und war nur noch Haut und Knochen. Es war, als würde er vor meinen Augen zu Staub zerfallen.

Alt zu werden, ist kein Spaß, und es brach mir das Herz, meinen früher so starken und kraftvollen Vater, der immer für mich da gewesen war, so zu sehen. Selbst das Atmen fiel ihm schwer – aber immerhin erkannte er mich noch.

Ich beugte mich runter zu ihm und sagte mit sanfter Stimme: »Das alles ist nicht gut für dich, Dad. Wenn du gehen willst, dann *geh*. Bleib nicht unseretwegen. Wir lieben dich.« In seinen Augen konnte ich erkennen, dass er mich verstand.

Auch Mom hatte zu kämpfen. Ihre Parkinson-Erkrankung wurde schlimmer. Sie brachte es nicht fertig, Dad im Heim zu besuchen. Ihre Schwester Iris war ein paar Jahre zuvor dort gestorben, und es wühlte sie zu sehr auf, an diesen Ort zurückkehren. Vor allem aber konnte sie es nicht ertragen, Dad in seinem Zustand zu sehen.

Jeder, der kranke Eltern hat und weit entfernt von ihnen wohnt, kennt den Schmerz und die Schuldgefühle, die ich empfand, als ich sie wieder verlassen musste. Genau wie sie war ich Sue unglaublich dankbar dafür, dass sie Dad jeden Tag besuchte und sich praktisch rund um die Uhr um Mom kümmerte. Sie war ein Segen für die Familie.

Bei Priest entpuppte sich Richie als wahrer Gitarrenmagier. Gleich sein erster Auftritt mit uns war der blanke Wahnsinn. In L. A. hatten wir einen Gastauftritt bei *American Idol* und spielten mit einem Kandidaten namens James Durbin »Living After Midnight«. Richie feierte seinen Einstand bei Judas Priest also vor zwanzig Millionen amerikanischen Fernsehzuschauern.

Hey, nur kein Stress!

Als Nächstes stand ein Aufwärmkonzert in einem holländischen Theater auf dem Programm, gewissermaßen als Startschuss für die *Epitaph*-Tour. Darauf folgte eine Headliner-Show beim Sweden Rock Festival vor fünfzigtausend skandinavischen Metalheads. Richie meisterte das alles, als hätte er in seinem ganzen Leben nie etwas anderes getan. Es machte unglaublichen Spaß, ihm dabei zuzusehen.

Als die Tour dann so richtig in Gang kam, liefen die Abende etwas anders ab als gewöhnlich. Und zwar wegen einer Künstlerin, die es geschafft hatte, die schwule Pop-Nutte in mir wieder zum Leben zu erwecken (zugegeben, das ist nicht besonders schwer).

Sobald Lady Gaga zum ersten Mal auf der Bildfläche erschienen war, hatte sie mich förmlich umgehauen. Sie sah fantastisch aus, und ich liebte ihre verrückten Kostüme genauso wie die Tatsache, dass sie ihre eigenen Songs schrieb. Aber vor allem vergötterte ich ihre Stimme. Für mich ist die Stimme *immer* das Allerwichtigste.

Ich war vollkommen hin und weg, also las ich alles, was ich über Lady Gaga in die Finger bekam … und so war ich mehr als erstaunt, dass sie in ihrer Jugend ein Metalhead und großer Fan von Judas Priest gewesen war. Über Jayne ließ ich ihr eine Nachricht zukommen: »Wenn du zu einer Show kommen willst, sag einfach Bescheid!«

»Danke, werde ich machen!«, lautete ihre Antwort.

Ich las außerdem etwas über ihre beste Freundin Lady Starlight, die bei Gagas *Monster Ball*-Tournee als DJane aufgetreten war. Hin und wieder gestaltete sie auch das Vorprogramm von Rock- und Metal-Bands oder legte nach deren Konzerten auf. Auf einmal traf mich ein Geistesblitz: *Warum nehmen wir sie nicht mit auf Tour?*

An jedem Abend spielte nun also ein Support-Act – darunter Bands wie Motörhead, Thin Lizzy, Whitesnake oder Saxon –, nach dem dann Lady Starlight als DJane auftrat. Unsere Fans fuhren total drauf ab, schließlich spielte sie einen Haufen Metal-Klassiker und flippte hinter ihrem Pult vollkommen aus. Sie war einfach perfekt.

Eins wurde uns schon bei den ersten Shows bewusst: Dies würde nicht unsere Abschiedstournee sein. Alle Gedanken an den Ruhestand waren wie weggeblasen. Richies Spiel, sein Enthusiasmus und Tatendrang hatten der Band neues Leben eingehaucht.

Unser neuer Mann machte mir auf der Bühne ordentlich Konkurrenz und stachelte mich zu neuen Höchstleistungen an. Die schwermütige, fragile Atmosphäre innerhalb der Band war einem neuen Optimismus gewichen. Immer wieder übermannte mich ein kraftvoller Gedanke:

Verdammte Scheiße, wir könnten noch so viel gemeinsam anstellen!

Dies war nicht das Ende von Judas Priest. Es war ein neuer Anfang.

Richie ging ab wie ein junger Gitarrengott, und auch Glenn gab sein Bestes … allerdings hatte er hin und wieder einen Abend, an dem es nicht so gut lief. Natürlich ist Glenn an schlechten Abenden immer noch besser als die meisten anderen Gitarristen auf dem Gipfel ihres Schaffens. Aber er ist nun einmal ein Perfektionist, und ich wusste, wie sehr ihn seine Fehler wurmten.

Uns war es egal. *Jeder greift mal daneben, Kumpel!* Außerdem war Richie gut genug, um gelegentliche Aussetzer problemlos zu überspielen. Natürlich war es seltsam, aber eigentlich keine große Sache.

Je länger die Tour andauerte, desto besser freundete ich mich mit Lady Starlight an. Eines Tages überbrachte sie mir ein großartiges Angebot ihrer besten Freundin Lady Gaga. Wir sollten als Headliner des High Voltage Festivals im Victoria Park in Hackney auftreten, und Gaga würde zur selben Zeit in London sein. Also wollte sie wissen, ob sie zu uns auf die Bühne kommen dürfte.

Scheiße, ja! Ihre Leute redeten anschließend mit unseren Leuten, und alle nötigen Vorkehrungen wurden getroffen. Wenn ich bei »Hell Bent for Leather« mit meiner Harley auf die Bühne fuhr, würde diesmal Lady Gaga hinter mir sitzen! Wie aufregend! Meine größte Aufgabe war es nun, mich nicht schon vorher zu verplappern und so die Überraschung zu ruinieren.

Leider erreichte uns ein paar Tage vor der Show eine E-Mail von Gaga. Darin hieß es, sie müsse für einen Videodreh zurück in die Staaten. Aus der Sache würde also nichts werden. *Scheiße!* Sie schien deswegen genauso enttäuscht zu sein wie ich.

Nichtsdestotrotz lag bei Judas Priest eine neue Leichtigkeit in der Luft. Was allerdings nicht bedeutete, dass mein Berufsleben keinerlei Konfliktpotenzial mehr bereithielt. Es kam zu Spannungen zwischen John Baxter, der immer noch meine Solokarriere betreute, sowie Bill und Jayne.

Wahrscheinlich hätte ich es einfach gut sein lassen sollen, als ich zu Priest zurückkehrte. Irgendwie hatte ich jedoch die leise Hoffnung gehabt, mir neben der Band eine erfolgreiche Sololaufbahn aufbauen zu können. Danach sah es jedoch nicht aus … und mir war das ehrlich gesagt auch ziemlich egal. Worüber wollte ich mich denn beklagen?

Andererseits fühlte ich mich auch John gegenüber verpflichtet. Schließlich kannten wir beide uns schon ewig. Wann immer es also Ärger zwischen ihm und unserem Management gab, duckte ich mich weg und wartete, bis Gras über die Sache gewachsen war. In der Hoffnung, die Dinge würden sich schon regeln, ging ich viele Kompromisse ein … bis ich irgendwann die Aussichtslosigkeit der Situation akzeptieren musste.

Unsere Plattenfirma hatte einen Fehler in der Buchhaltung gemacht. Einige der Tantiemen, die Ken und Glenn zustanden, waren auf mein Konto geflossen. Eigentlich keine große Sache. Als wir es bemerkten, kümmerte sich Jayne darum. Ende der Geschichte.

Sollte man zumindest meinen. Als John davon erfuhr, kriegte er das Ganze in den falschen Hals. Er flippte völlig aus. Während Priest in Spanien unterwegs waren, ließ er auf meiner persönlichen Website robhalford.com Dampf ab und schrieb ein paar wirklich furchtbare Dinge über die Band.

Es war demütigend. Wir sahen uns gezwungen, im Namen der Band eine Erklärung abzugeben und uns bei den Fans zu entschuldigen:

> »Kürzlich war eine Menge Unsinn über die Band und unser Management im Internet zu lesen, auch auf Robs Website. (Rob hat darauf im Moment keinen Einfluss und stimmt diesen Kommentaren in keinerlei Hinsicht zu.) Wir weigern uns, diesen Disput öffentlich auszutragen – das wäre unter unserer Würde. Rechtliche Schritte sind bereits eingeleitet worden.«

In diesem Moment wurde mir klar, dass sich etwas ändern musste.

Mit Richie hatten Priest eine neue Ära eingeläutet. Auf keinen Fall würden wir uns von diesem Gezanke die Stimmung vergiften lassen. Ich atmete tief durch … und bat meinen Anwalt, einen Brief an John aufzusetzen, um unsere Management-Vereinbarung zu beenden.

Sobald ich diesen Schritt unternommen hatte, überkam mich ein gewaltiges Gefühl der Erleichterung. Auch wenn die Sache damit natürlich nicht vom Tisch war. Ein paar Wochen später bekam ich die Nachricht, John würde mich wegen Betrug, Vertragsbruch und »bewusster Beeinflussung vertraglicher Verhandlungen« verklagen. Seine Forderungen beliefen sich auf etwa fünfzig Millionen Dollar. Ein unerwarteter und zutiefst unliebsamer Schlag. Wir ließen uns davon während der Tour nicht aus der Ruhe bringen, und ich versuchte, möglichst wenig daran zu denken. Na ja, so gut das eben ging mit einer Fünfzig-Millionen-Dollar-Klage im Hinterkopf.

Das *Epitaph*-Spektakel rollte durch Südamerika, die USA, Kanada und Südostasien. Dann kehrten wir nach Europa zurück … und als wir schließlich das russische Sankt Petersburg erreichten, überbrachte mir der Bürgermeister dieser wunderschönen Stadt vor dem Gig persönlich eine Warnung.

Er hatte gehört, dass ich schwul war. Also teilte er mir mit, dass ich auf der Bühne in keinerlei Art Bezug auf meine Homosexualität nehmen dürfe. (Bis 1999 hatte man Schwule und Lesben in Russland noch als »psychisch krank« deklariert.) Andernfalls drohte mir die Verhaftung.

Ich war entsetzt. Zunächst fragte ich mich, ob es vielleicht gut wäre, ein Zeichen zu setzen. Sollte ich einfach in eine Regenbogenflagge gehüllt auf die Bühne gehen? Diskret einen Gay-Rights-Button anstecken? Mein altes Tom-of-Finland-Shirt ausgraben, das ich damals bei meinem Treffen mit Andy Warhol getragen hatte?

Am Ende tat ich nichts davon. Erstens, weil ich damit die Band in eine Sache hineingezogen hätte, mit der sie nichts zu tun hatte. Zweitens, weil das einfach nicht zu mir passte. Wie gesagt, ich war nie ein Aktivist – das habe ich bisher immer den Leuten überlassen, die das besser können als ich.

Vor allem aber erkannte ich, dass ich mich gar nicht bemühen musste, etwas Besonderes zu tun. Es reichte völlig aus, einfach dort zu sein. Der schwule, trotzige und stolze Frontmann einer Heavy-Metal-Band zu sein, die in Russland große Hallen füllte, das war Botschaft genug. *Hier bin ich. Und so bin ich. Kommt damit klar!*

Ich musste keine Regenbogenfahne schwingen, wie ich es damals einer Zeitschrift gegenüber ausdrückte. Schließlich *bin* ich die Regenbogenfahne des Metal. Also spielten wir in Sankt Petersburg unser reguläres Priest-Set, und es war großartig.

Von Russland aus ging es weiter nach Skandinavien, Deutschland – wo die Leute völlig ausflippten, wie bei jeder Tour seit 1975 – und Österreich. Als am 8. Mai 2012 mein Vater starb, waren wir bereits bis nach Tschechien vorgedrungen.

Kurz vor dem Gig in Pardubice rief mich Sue aus dem Pflegeheim an. Sie saß am Bett meines Vaters, gemeinsam mit seiner Schwester, meiner Tante Pat. »Sie sagen, es kann jeden Moment so weit sein, Rob«, erklärte sie. »Möchtest du dich von ihm verabschieden?«

»Ja.«

Sue hielt Dad den Hörer ans Ohr. Zum Abschied sagte ich ihm dasselbe wie bei meinem letzten Besuch in Walsall: »Dad, du musst nicht bleiben. Du hattest ein wundervolles Leben. Und jetzt geh einfach. Wir werden uns wiedersehen.«

Dad war zu schwach, um zu antworten. Aber ich denke, dass er mich verstanden hat. Schließlich hatte er mich immer verstanden.

Ich legte auf, und wir gingen raus auf die Bühne. Nach dem Konzert erzählte mir Thomas, dass Sue erneut angerufen hatte. Dad war gestorben. Also rief ich meine Schwester an, und wir redeten eine Weile miteinander. Natürlich waren wir traurig, schließlich hatten wir gerade unseren geliebten Vater verloren. Aber wir wussten auch, dass es das Beste für ihn war. *Seine Zeit war gekommen.*

Zehn Tage später flog ich vom spanischen San Sebastián aus zu seiner Beerdigung. Es war ein wilder Ritt. Ich musste durch den Flughafen von Barcelona sprinten, um meinen Anschlussflug nach Manchester zu erwischen. Von dort reiste ich dann per Taxi nach Walsall. Es war nicht ganz das, was ich am Tag der Beisetzung meines Dads brauchte.

Doch es wurde eine bewegende Zeremonie. Mittlerweile saß Mom im Rollstuhl. Seitdem Dad ein Jahr zuvor ins

Pflegeheim gekommen war, hatte sie ihn nicht mehr gesehen. Und nun wurde er in einem Sarg in die Kirche getragen. Als die Sargträger am Platz meiner Mutter ankamen, hielten sie einen Moment lang inne. Mom legte ihre zitternde Hand auf das Holz.

Da drin lag er nun also. Der Kerl, mit dem sie mehr als sechzig Jahre ihres Lebens verbracht hatte. Mit dem sie drei Kinder großgezogen hatte. Und nun war er von ihr gegangen.

Dass ich kein großer Freund von Hochzeitsansprachen war, wusste ich bereits … nun stellte ich fest, dass das auch für Trauerreden zutraf. Und so kniff ich, als es darum ging, bei Dads Beerdigung eine Ansprache zu halten. Stattdessen sprach Nigel im Namen aller drei Kinder. Hinterher bereute ich es. Ich wünschte, ich wäre mutiger gewesen.

Direkt nach der Totenwache stieg ich in den Flieger nach Belgien, um dort wieder zum Tour-Tross zu stoßen. Priest hatten einen kleinen Privatjet gechartert, der mich nach Antwerpen brachte. Noch in derselben Nacht gaben wir dort ein Konzert. Das lenkte mich ein wenig von meiner Trauer ab.

Fürs Erste jedenfalls.

Drei Tage später war ich schon wieder zurück in England. Dort brachten wir die *Epitaph*-Tour im Hammersmith Apollo (für mich wird es immer das Odeon bleiben!) zum Abschluss. Wie es dort Tradition ist, belagerten auch an diesem Abend die Fans den Bühneneingang an der Seite der Halle.

Da wir ein bisschen zu spät dran waren, zog ich den Kopf ein, während Jim Silvia uns durch die Menschenmenge dirigierte. Schließlich blieb keine Zeit mehr, für einen Plausch mit unseren Anhängern stehen zu bleiben. Dieses eine Mal also ignorierte ich die Hände, die sich nach mir ausstreckten, die Selfie-Wünsche … und die Stimme, die mir zurief: »Hey! Hey, Rob!«

Drinnen zog Jim ganz schnell die Tür hinter uns zu, und Thomas grinste mich einfach nur an. »Dir ist aber schon klar, dass du da draußen gerade Jimmy Page abgewimmelt hast, oder?«, fragte er.

»*Was?!*«

»Jimmy Page! Er steht direkt vor der Tür und wollte dir Hallo sagen.«

»Silvia! Mach sofort die Scheißtür wieder auf!«

Zu meiner Erleichterung stand Jimmy immer noch draußen, also winkte ich ihn herein. Ich stand vor einem meiner allergrößten Helden und stammelte eine verlegene Entschuldigung. Wahrscheinlich verfiel ich auch wieder in meinen Black-Country-Dialekt.

»Jimmy, tut mir echt verdammt leid, Mann! Hab dich nicht gesehen! Zuerst treff ich dich in einem Helikopter und kann nicht mit dir reden, und jetzt das! Dabei bin ich der größte Zep-Fan überhaupt! Verfluchte Scheiße!«

Mit einem breiten Grinsen antwortete er mir: »Zerbrich dir deswegen nicht den Kopf!«

Dann fragte ich verwirrt: »Was hast du da draußen überhaupt gemacht?«

»Ah, ein bisschen mit den Fans gequatscht«, lächelte er. Was für ein reizender, grundsolider Typ.

Während wir durch die Weltgeschichte tourten, dachte ich oft an Walsall. Meine Mom konnte auf keinen Fall allein in dem Bungalow wohnen. Das wollte sie auch gar nicht. Wie immer war Sue sofort zur Stelle und brachte sie in einem betreuten Wohnprogramm unter … und Mom liebte es. Dort war sie in guten Händen.

In den USA gingen John Baxters juristische Aktivitäten gegen mich weiter. Irgendwann schlug mein Anwalt David Steinberg einen außergerichtlichen Vergleich vor. Leider sollte es nicht sein. Trotz zahlreicher Versuche war eine Einigung einfach nicht drin.

Also landeten wir schließlich vor einem Prozessrichter und erzielten dort einen Vergleich. Ich habe keine Befugnis, weiter ins Detail zu gehen, und eigentlich möchte ich das auch gar nicht. Nur so viel sei gesagt: Ich war glücklich über das Ergebnis. Endlich konnte ich dieses turbulente Kapitel meines Lebens abschließen.

Ich war froh, die Sache hinter mir zu haben. Zeit, nach vorn zu schauen.

Da die *Epitaph*-Tour mit Richie der Band neues Leben eingehaucht hatte, führte kein Weg mehr an einem weiteren Album vorbei. Wir verständigten uns darauf, im Sommer 2013 in Glenns Studio mit der Arbeit an der nächsten Platte zu beginnen, die *Redeemer of Souls* heißen würde. Als Produzent vertrauten wir diesmal auf Glenn höchstpersönlich.

Nahtlos übernahm Richie auch Kens Rolle in unserem Songwriting-Dreigestirn. Nach dieser Tour hatte er endgültig seinen Platz in der Band gefunden. Er brachte eine Menge Ideen ein und strotzte nur so vor Energie. Zwischen uns stimmte es einfach.

Für den Titelsong – und damit auch das Albumcover – hatte ich eine Art Rächerfigur im Sinn, grob angelehnt an Mel Gibsons Rolle in *Mad Max,* die im Namen des Heavy Metal arme Seelen von ihrem Leid erlöste:

> On the skyline, the stranger draws near
> Feel the heat, and he's shaking with fear

Bei der Produktion wurde Glenn von Mike Exeter unterstützt, einem Metal-Produzenten und Engineer, der schon oft mit

Tony Iommi und Black Sabbath zusammengearbeitet hatte. Doch auf der anderen Seite der großen Glasscheibe im Studio verschlimmerten sich Glenns rätselhafte Probleme zusehends.

Er war immer noch ein fantastischer Gitarrist, der vor gigantischen Riffs nur so übersprudelte. Daran hatte sich nichts geändert, seit er die Flying Hat Band für Judas Priest verlassen hatte. Nur musste er die Takes eben öfter wiederholen als früher. Irgendetwas stimmte nicht, also beschloss er, einen Arzt zu konsultieren.

Mit Jayne Andrews fuhr er runter nach London, um sich in der Harley Street untersuchen zu lassen. Ein paar Tage später, als wir gerade dabei waren, die Arbeiten an *Redeemer of Souls* abzuschließen, teilte uns Glenn mit niedergeschlagener Miene die düsteren Neuigkeiten mit.

»Leute, wie's aussieht, bin ich an Parkinson erkrankt.«

22

Mit der Feuerkraft des Heavy Metal

Glenns Neuigkeiten trafen uns wie ein Schlag in die Magengrube. *Parkinson!* Eine tückische Krankheit, mit er ich leider allzu gut vertraut war. Schließlich hatte ich schon Moms Kampf mit »Parky« tatenlos zusehen müssen. Ich dachte an ihre zitternden Hände und Arme, und mir wurde das ganze schreckliche Ausmaß bewusst: *Armer Glenn! Auf gar keinen Fall wird er mit dieser Krankheit weiter Gitarre spielen können!*

Der Arzt hatte Glenn gesagt, dass er wohl bereits seit fünf Jahren an der Krankheit litt. Er trug sie schon seit *Nostradamus* mit sich herum. Auf einmal ergab alles einen Sinn. *Damit* also hatte er während der letzten Konzerte gerungen. Gleichzeitig erschienen seine Leistungen während all dieser Zeit in fast schon heroischem Licht. Ja, es grenzte fast an ein Wunder.

Natürlich war Glenn wegen der Diagnose ziemlich angeschlagen. Das wäre jedem so ergangen. Und doch nahm er die ganze Sache mit einer irgendwie gleichgültigen Entschlossenheit hin. *So war das eben.* Zumindest wusste er jetzt, woher seine Symptome kamen, und konnte mit der Behandlung beginnen.

Ihm war klar, dass niemand vorhersagen konnte, wie es ihm in drei oder fünf Jahren gehen würde. Fürs Erste jedoch fühlte er sich stark genug, mit Priest weiterzumachen. Solange er konnte, würde er sich davon nicht unterkriegen lassen.

Die Art und Weise, wie Glenn Tipton mit seiner Krankheit umging, war zu hundert Prozent im Sinne des Heavy Metal. Nichts anderes hatte ich erwartet.

Als die Albumaufnahmen abgeschlossen waren, flog ich mit Thomas zurück in die USA. Dort verbrachten wir den Rest des Sommers in Phoenix und San Diego, bevor Priest im Herbst wieder auf Tour gingen. Und während unserer Zeit in Kalifornien lernte ich auch endlich meinen neuen Lieblingspopstar kennen.

Eines Tages rief mich Lady Starlight an, um mir mitzuteilen, dass Lady Gaga im Rahmen ihrer *ArtRave: The Artpop Ball*-Tournee in der Viejas Arena in San Diego auftreten würde. »Lass uns die Show zusammen ansehen«, schlug sie vor. »Allerdings werde ich ihr nicht verraten, dass du mitkommst. Sie wird total ausflippen!«

Zwar erschien es mir ziemlich unwahrscheinlich, dass Gaga wegen meiner Anwesenheit bei ihrem Konzert durchdrehen würde. Trotzdem hatte ich natürlich große Lust, mir die Show anzusehen. Also fuhr ich hin und traf mich mit Starlight nach ihrem DJane-Set. Unbemerkt von Lady Gaga verschwanden wir beide im Fotograben.

Da standen wir also, gleich neben einer der langen Rampen, die zur Bühne gehörten. Ein paar Minuten nach dem Start der Show kam Gaga mit ihren Tänzern in unsere Richtung stolziert. Sie sah nach unten, entdeckte Starlight, dann mich … und fiel auf die Knie.

Hä? Auch ihre Tänzer warfen sich ungläubige Blicke zu: *Was zur Hölle macht sie da?* Im Angesicht von zwölftausend kreischenden Popfans verbeugte sie sich vor mir und imitierte Wayne und Garth aus *Wayne's World* (*Wir sind unwürdig, wir sind unwürdig*) bei ihrer Backstage-Begegnung mit Aerosmith.

Alle Achtung! Nicht gerade das, was man ein Pokerface nennen konnte.

Schließlich formte sie mit ihren Lippen noch ein Dankeschön in meine Richtung. Als Starlight uns nach der Show einander vorstellte, schmiss Gaga mit Lob für Priest nur so um sich. Und sie brachte ihre Hoffnung zum Ausdruck, dass wir in Zukunft etwas zusammen machen würden.

Bisher ist das zwar noch nicht geschehen. Aber ich hoffe ebenfalls sehr, dass wir das irgendwann tun werden.

Im Juli erblickte *Redeemer of Souls* das Licht der Welt. Im Großen und Ganzen waren die Kritiken okay – auch wenn viele Journalisten ihre positiven Reviews damit begründeten, dass die neue Platte wenigstens kein müdes Konzeptalbum wie *Nostradamus* war. Na ja, so sind sie halt, die Besserwichser.

Am meisten hatten wir sowieso schon immer auf die Meinungen derjenigen gegeben, die tief in ihre Taschen griffen, um unsere Platten zu kaufen. Und deren Urteil fiel definitiv positiv aus. In Großbritannien erreichte das Album die Top 20, in den Billboard 200 stieg es auf Platz sechs ein – unsere höchste US-Platzierung überhaupt.

Das war eine große Freude, und vor allem eine echte Erleichterung. Schließlich hätte die Sache auch genauso gut nach hinten losgehen können. Immerhin erschien *Redeemer of Souls* zu einem Zeitpunkt, an dem die *Epitaph*-Tour der Welt den Eindruck vermittelt hatte, Judas Priest würden ihrem Ende entgegengehen. Die Platte hätte also genauso gut ein Flop werden können. Umso schöner, dass es nicht so kam.

Genauso schön war es, Glenn wieder im Angriffsmodus zu sehen, als Priest bei den Proben für die Tour zusammenkamen. Scheinbar wirkten die Medikamente gut. Manchmal zitterten seine Hände ein wenig, ansonsten machte sich die Parkinson-Erkrankung kaum bemerkbar. Wie wir anderen auch konnte er es kaum erwarten, endlich loszulegen.

Es sollte eine sehr lange Tour werden – insgesamt würden wir etwa vierzehn Monate lang unterwegs sein. Als ich den Jungs erzählte, welche Vorband ich dafür im Sinn hatte, reagierten sie erst mal eher zurückhaltend: »Bist du *sicher*, Rob?« Ich war sicher.

Seitdem Steel Panther vor fünfzehn Jahren am Sunset Strip aufgetaucht waren, hatte ich ihre Karriere mit großem Interesse verfolgt. Im Grunde waren sie eine Parodie auf Hair-Metal-Bands wie Mötley Crüe und Poison. Und das funktionierte ganz wunderbar, denn sie hatten außerdem fantastische Songs im Gepäck. Sie *rockten* einfach.

Wie ich schon sagte, nehmen wir uns selbst bei Weitem nicht so ernst wie unsere Musik. Und bei Steel-Panther-Songs wie »Asian Hooker« und »Fat Girl (Thar She Blows)« bepisste ich mich vor Lachen. Während ihrer Konzerte hatte Bassist Lexxi Foxx immer einen riesigen Spiegel auf der Bühne, um sich zurechtzumachen. Wie er es anstellte, nicht von Nikki Sixx wegen eines schamlosen Plagiats verklagt zu werden, ist mir schleierhaft.*

Zudem gab es auch eine persönliche Verbindung zu Panther. Schließlich hatte sich Russ Parrish, mein ehemaliger Gitarrist bei Fight, strohblond und in Spandex gekleidet unter dem Namen Satchel neu erfunden. Für mich ergab das Sinn, denn Russ war schon immer ein cleverer und schlagfertiger Typ gewesen. Außerdem tat er alles für einen guten Lacher.

---

* Na ja, eigentlich nicht – Nikki hat einen ziemlich gesunden Sinn für Humor.

Es gibt Rockfans, die nicht damit umgehen können, wenn man sich über ihre geliebte Musikrichtung lustig macht – wie die Metalheads, die damals entrüstet aus der Vorstellung von *This is Spinal Tap* gestürmt waren. Also hatten Steel Panther anfangs immer mit einer gewissen Ablehnung zu kämpfen. Doch da die Band stets hundert Prozent gibt und noch dazu verdammt talentiert ist, schafften sie es jedes Mal, das Publikum schließlich für sich zu gewinnen.

Parallel zur Tour feierten wir das dreißigjährige Jubiläum von *Defenders of the Faith*. Ein wirklich wichtiges Album für Priest. Also nahmen wir einige Songs der Platte ins Set, die wir schon seit Jahren nicht mehr gespielt hatten. Eine schöne Gelegenheit, sich mal wieder mit Sachen wie »Love Bites« und »Jawbreaker« zu beschäftigen.

Unsere gut geölte Tourmaschine lief die üblichen Stationen an: USA, Kanada, Australien, Japan. Außerdem gaben wir eine Menge Konzerte in Südamerika, darunter auch das Monsters of Rock mit Ozzy und Motörhead.

Nach dem letzten Konzert der Tournee in Santiago de Chile lungerte ich spätnachts am Flughafen herum, wo wir auf unsere Maschine nach L. A. warteten. Da entdeckte ich zufälligerweise Lemmy, der ganz allein dasaß. Normalerweise mochte er es in einer solchen Situation nicht besonders, wenn man ihn einfach anquatschte. Trotzdem ging ich zu ihm rüber, um ihm ein wenig Gesellschaft zu leisten.

»Alles klar, Lem?«

»Alles klar, Rob.«

Wir unterhielten uns ein bisschen, aber Lemmy schien ruhiger als sonst zu sein. Aus irgendeinem Grund nahm ich seine Hand, und so saßen wir schweigend ein paar Minuten lang nebeneinander. Schließlich sagte ich: »Hey, Lem, lass uns ein Selfie machen!«

Lemmy starrte mich an, und ich wappnete mich bereits für ein knorriges »Fick dich, Rob!«. Stattdessen lächelte er und meinte: »Okay, nur zu.« Also machte ich meinen Schnappschuss von uns beiden. Es war das letzte Mal, dass ich ihn sah. Bevor das Jahr zu Ende ging, war Lemmy tot.

Auf seiner Beerdigung in Hollywood sprach ich ein paar Worte. »Wann immer ich in der Gegenwart von Lord Lemmy war, fühlte ich mich ein bisschen überwältigt«, sagte ich. »Hauptsächlich vor Bewunderung. Hier liegt ein Mann, der den Rock'n'Roll-Lifestyle nach seinen eigenen Maßstäben gelebt hat. Ein wahrer Rock'n'Roll-Rebell.«

Und das konnte man laut sagen.

Ende 2015 kamen Priest noch einmal nach England. Dort gaben wir mehrere Konzerte, darunter auch unsere sehnsüchtig erwartete Rückkehr in die Wolverhampton Civic Hall. Das gab mir die Gelegenheit, ein paar Tage in der Remise zu verbringen und meine Mom zu besuchen.

Es ging ihr den Umständen entsprechend gut. Der böse Bastard Parky trat ihr ganz schön in den Arsch, aber sie machte das Beste daraus. Sogar an das Leben im Rollstuhl hatte sie sich mittlerweile gewöhnt. *Weitermachen. Wieder und wieder.* Seit fünf Jahren lebte sie nun schon in der Einrichtung für betreutes Wohnen, hatte dort Freunde gefunden und es sich schön gemacht.

Leider war es nicht von Dauer. Zunächst fiel ihr das Schlucken krankheitsbedingt immer schwerer, im Frühling kam sie dann für eine Weile ins Krankenhaus. Als sie entlassen wurde, stufte man sie als Pflegefall ein. Und dann musste auch sie ins Heim.

Mom hasste es, und sie baute rapide ab. Nach nur sechs Wochen musste sie schon wieder ins Krankenhaus. Dann bekam sie eine Lungenentzündung, die ihr Körper nicht mehr bekämpfen konnte. Dafür war sie einfach zu schwach. Mittlerweile wollte sie ohnehin nur noch zu Dad. Am 29. Juli 2016 starb sie im biblischen Alter von neunundachtzig Jahren.

Der Gottesdienst zu ihrer Beerdigung fand in derselben Kirche statt, in der wir auch meinen Vater zu Grabe getragen hatten. Ich hatte meine Lektion gelernt – und so drückte ich mich diesmal nicht, als es darum ging, ein paar Worte zu sagen.

Es waren einfache Worte, aber sie kamen von Herzen. Sie war immer eine gütige, liebevolle und sanftmütige Mutter gewesen (na ja, außer beim Ringen!), die ihre Kinder voll und ganz unterstützte. Ich erinnerte mich an das Mantra, das sie mir früher immer wieder vorgebetet hatte:

»Rob, bist du glücklich? Also, wenn *du* glücklich bist, dann bin ich es auch.«

Diese Worte klangen immer noch genauso schön wie vor sechzig Jahren.

Seit meinem Priest-Comeback hatten wir drei Killer-Alben aufgenommen. Ich war mächtig stolz auf *Angel of Retribution, Nostradamus* und *Redeemer of Souls.* Allerdings hatte keins davon die pure Essenz von Judas Priest so perfekt eingefangen, wie es uns seinerzeit mit *Painkiller* gelungen war.

Als wir 2017 mit den Vorbereitungen für die nächste Platte begannen, hatten wir genau das im Sinn. Wir wollten die klassischen Priest-Elemente heraufbeschwören, die Alben wie *British Steel, Screaming for Vengeance* und sogar *Sad Wings of Destiny* ausgemacht hatten – nur eben mit einer modernen Herangehensweise.

Um das zu erreichen, brauchten wir einen Produzenten, der Judas Priest in- und auswendig kannte … also wandten wir uns wieder an Tom Allom.

Tom war stets ein Teil der Priest-Familie geblieben und hatte immer wieder an verschiedenen Live- und Best-of-Alben mitgearbeitet. Mittlerweile hatte er sich größtenteils aus dem Geschäft zurückgezogen. Trotzdem konnte er dem Angebot nicht widerstehen, sich noch einmal mit uns ins Gefecht zu stürzen.

Wir wussten, dass er ein wichtiger Bestandteil des Projekts sein würde. Doch gleichzeitig wollten wir kein altmodisches Album im Retro-Sound aufnehmen. Uns schwebte eine aktuelle, zeitgemäße Interpretation von Judas Priest vor … und so kam Andy Sneap ins Spiel.

Nun, ehrlich gesagt brachte Andy sich selbst ins Spiel. Der Achtunddreißigjährige hatte als Gitarrist, Produzent und Engineer bereits mit Bands wie Exodus, Obituary, Testament, Trivium, Megadeth und Dimmu Borgir gearbeitet. Jetzt waren wir an der Reihe.

In einem Brief an Glenn äußerte er den Wunsch, Judas Priest zu produzieren, falls sich jemals die Möglichkeit ergeben sollte. Das Timing war perfekt. Als wir ihn dann schließlich trafen, verstanden wir uns auf Anhieb. Also beschlossen wir, ihm eine Chance zu geben, und brachten ihn mit Tom zusammen.

Natürlich gab es keine Garantie, dass es funktionieren würde. Doch vom ersten Tag an lief es einfach perfekt. Gemeinsam wurden wir von einem starken Mannschaftsgeist erfüllt. Wir fühlten uns wie ein unaufhaltsames Team – ein *Metal*-Team.

In Glenns Studio machten wir uns daraufhin an die Arbeit. *Schwerstarbeit.* Andy zeigte sich von unseren früheren Großtaten allerdings relativ unbeeindruckt und handelte sich damit schnell einen Spitznamen ein: Andy »Mach's noch mal!« Sneap.

Ich bin immer schon sehr gewissenhaft gewesen, wenn es daran geht, im Studio meine Vocals aufzunehmen. Jedes Mal bin ich versessen darauf, mein Bestes zu geben. Wenn sie erst einmal auf Vinyl (hoppla, das Alter!) gebannt sind, können Millionen Menschen auf der ganzen Welt sie hören.

Im Studio war ich also alles andere als faul. Andy jedoch hob den musikalischen Perfektionismus auf ein ganz neues Level. Wann immer ich also eine in meinen Ohren perfekte Performance ablieferte, brachte mich unser junger Produzent aus Derbyshire auf den Boden der Tatsachen zurück.

»Könntest du's noch mal machen, Rob?«, fragte er dann.

»Was? Ich dachte, das war's jetzt!«

»Nein. Mach's noch mal!«

Natürlich hätte ich auch einfach die Muskeln spielen lassen können. *Moment mal – ich bin der verdammte Metal God!* In Wahrheit aber mochte ich es, derart gefordert zu werden. Ich wollte Anweisungen, sehnte mich nach Disziplin, und Andy gab nicht nach, bis ich meine allerbeste Leistung gebracht hatte ... *und vielleicht noch ein bisschen mehr.*

»Kannst du's noch mal machen, Rob?«

»Wie oft soll ich's denn bitteschön noch machen?«

»Bis es *richtig* ist.«

Es war genau das, was ich brauchte. Wie bei jedem anderen Menschen auch hatte sich meine Stimme im Lauf der Jahre verändert. Ich zog große Inspiration aus der Tatsache, dass Pavarotti einige seiner besten Gesangsleistungen mit Mitte sechzig erbracht hatte. Und wenn er das konnte, würde ich es auch hinkriegen!

Genau wie die Musik sollten auch meine Texte die Essenz, die *Seele* von Judas Priest einfangen. Es ging mir um das elementare Feuer, die schiere Kraft des Heavy Metal. Und darum würden wir das Album *Firepower* nennen. Der Titelsong brachte das alles perfekt zum Ausdruck:

> With weapons drawn, we claim the future
> Invincible through every storm
> Bring in the foe to be defeated
> To pulverize from dusk till dawn

In »No Surrender« ging es um Glenn, den tapfersten Kerl, den ich kenne. Um die Musik zu spielen, die er liebt, trotzt er sogar einer schweren neurologischen Erkrankung und geht bis an die Grenzen seiner Belastbarkeit. Und all das für den Heavy Metal:

> Living my life, ain't no pretender
> Ready to fight, with no surrender

Als ich der Band den Text im Studio präsentierte, erzählte ich Glenn nicht, wovon er handelte … und das musste ich auch nicht. Er *wusste* es einfach.

Während der Aufnahmen zu *Firepower* kannte Glenns Entschlossenheit keine Grenzen. In kreativer Hinsicht war er so stark wie eh und je. Und so gelang uns unser kühnes Vorhaben, das definitive Album der späten Judas Priest abzuliefern. Meiner Meinung nach kann es mit jeder unserer Platten mithalten – vielleicht steht es sogar über allen anderen.

Aber es half alles nichts – als wir uns Anfang 2018 zu den Proben für die anstehende Tour im Old Smithy wiedertrafen, ging es Glenn offensichtlich nicht gut. Trotz der Medikamente machte die Krankheit ihm immer mehr zu schaffen. An manchen Tagen erwiesen sich selbst einfache Riffs und Akkorde als zu anstrengend für ihn.

Es brach mir das Herz, einen der besten Metal-Gitarristen aller Zeiten in diesem Zustand zu sehen. War sein Spiel früher immer von großer Leichtigkeit geprägt gewesen, mühte er sich jetzt nur noch ab. Er versuchte es mit dünneren Saiten und diversen anderen Hilfsmitteln, aber es brachte nichts. Sein Körper ließ ihn einfach im Stich.

An einem Tag war es ganz besonders schwierig. Manche Songs brachte er gerade noch zu Ende, andere bekam er überhaupt nicht hin. Irgendwann bemerkte ich, dass er mutterseelenallein im Regieraum saß. Ich steckte meinen Kopf durch die Tür, um zu sehen, wie es ihm ging.

»Alles klar, Glenn?«

Er schüttelte den Kopf. »Ich muss was mit dir besprechen.«

»Was denn?«

»Ich schaff's nicht.«

»Was schaffst du nicht?«

»Ich kann die Tour nicht spielen«, gestand Glenn. »Es wird mir einfach zu viel.«

Sobald Glenn es ausgesprochen hatte, fiel mir eine Riesenlast von den Schultern – und ihm ging es mit Sicherheit genauso. Ich ging zu ihm und sagte: »Lass dich umarmen.«

Er versuchte aufzustehen. Doch es gelang ihm nicht. Also beugte ich mich zu ihm runter und drückte ihn.

»Ich freu mich so für dich«, sagte ich.

»Was meinst du?«

»Weil nur *du* diese Entscheidung treffen konntest«, erklärte ich ihm, und das meinte ich auch so. Auf gar keinen Fall hätte irgendjemand sonst Glenn sagen können, dass er nicht bereit für die Tour war. Zu dieser Erkenntnis musste er selbst kommen.

»Und was wirst du jetzt machen?«

»Wenn du und die anderen Jungs einverstanden seid, frage ich Andy Sneap, ob er meinen Part übernehmen will.«

»Großartig!«, antwortete ich. Schließlich war Andy ein äußerst versierter Metal-Gitarrist und brachte jede Menge Banderfahrung mit. Außerdem kannte er die *Firepower*-Songs in- und auswendig. Selbstverständlich war die Situation alles andere als ideal … aber immerhin hatten wir die perfekte Lösung dafür.

Also suchte ich Andy und sagte ihm: »Glenn würde gerne mal mit dir sprechen.« Dann ließ ich die beiden allein. Natürlich war Andy völlig aus dem Häuschen. Er hatte davon geträumt, Priest zu produzieren – und jetzt war er auf einmal Teil der Band! Doch vor allem war er froh darüber, Glenn helfen zu können.

So wie wir alle.

Im März 2018 kam *Firepower* heraus, und wir waren unglaublich stolz auf das Album. Offensichtlich schienen unsere Fans diese Einschätzung zu teilen. Sowohl in Großbritannien als auch in Amerika stieg die Platte auf Platz fünf in die Charts ein – in beiden Ländern unsere höchste Position aller Zeiten.

Zwei wichtige Märkte, doch die Metal-Familie – und damit die Priest-Familie – ist auf der ganzen Welt zu Hause. Und überall liebte man *Firepower.* Zu unserer großen Freude erreichten wir damit die Nummer eins in Schweden sowie die Nummer zwei in Deutschland, Finnland und Österreich. Außerdem die Top 5 in Kanada, Norwegen und der Schweiz.

Was für eine Genugtuung. Der Erfolg bestätigte uns in unserem Glauben an das Album, und es fühlte sich einfach unglaublich an, so spät in unserer Karriere noch neue Rekorde aufzustellen und Maßstäbe zu setzen. Möge es noch lange so weitergehen.

Glenns Platz einzunehmen war eine große Herausforderung für Andy. Doch genau wie Richie kam er sehr gut mit seiner neuen Rolle zurecht. Als die *Firepower*-Tour in Pennsylvania begann, war er die Ruhe selbst. Er fügte sich so gut in die Band ein, dass es fast wirkte, als wäre er schon seit Jahren dabei.

Es war eine andere Besetzung als diejenige, die den Fans im Lauf der Jahre ans Herz gewachsen war. Aber wir rockten genauso hart und ehrlich wie eh und je. Dank der mörderischen Metal-Riffs, die Richie und Andy abfeuerten, klangen wir so kraftvoll wie immer. Abend für Abend war der Zuspruch einfach überwältigend.

Auch Glenn war mit dabei. Wann immer er sich danach fühlte, kam er zu uns auf die Bühne. Wenn er sich dann seine Gitarre für »Breaking the Law« oder »Living After Midnight« umschnallte, rastete die Menge jedes Mal komplett aus.

Die Fans hätten wohl noch lauter gejubelt, wenn sie gewusst hätten, was er auf sich nahm, um bei uns zu sein. Immer wenn er auf die Bühne kam, umarmte ich ihn … und spürte, wie sein ganzer Körper zitterte. *Ein Mann aus Stahl.*

Im Sommer spielten wir auf einigen Festivals in Europa. Als wir im August in die Staaten zurückkehrten, begleiteten uns Deep Purple einen Monat lang. Es war fantastisch. Ich hatte die Band immer vergöttert, und nun waren sie nicht mehr nur Helden für mich, sondern Gleichgesinnte.

Schließlich hatten Purple einiges durchgemacht, womit auch wir gekämpft hatten, von Drogenproblemen über Bandstreitereien bis hin zu Besetzungswechseln. Und genau wie bei uns war die *Integrität* der Band und ihrer Musik stets intakt geblieben. Seit Ewigkeiten lebten wir denselben Lifestyle, ob im Studio oder auf Tour.

Wie immer klang Ian Gillan einfach kolossal. Jeden Abend stand ich am Bühnenrand, und jedes Mal bekam ich

Gänsehaut, wenn er – *Ian Gillan, verdammt nochmal!* – »Highway Star« sang. Es war schlichtweg atemberaubend.

Nach langer Zeit konnten wir so auch endlich mal wieder mit Roger Glover abhängen. Mehr als vierzig Jahre waren vergangen, seit er *Sin After Sin* produziert hatte. Es war großartig, ihn wiederzusehen. Und mit einem Lächeln auf seinen Lippen und einem Augenzwinkern ging die alte Leier gleich wieder von vorne los.

»Du hast mich immer noch nicht für das Album bezahlt, Rob!«, rief er.

»Roger, Mann«, sagte ich. »Keine Ahnung, was du meinst. Das musst du den Leuten bei Arnakata sagen!«

Da es eine ziemlich lange Tour war, hatten wir auch noch diverse andere Vorgruppen. Nachdem Purple weitergezogen waren, wurden sie von Uriah Heep ersetzt, ebenfalls Rockveteranen und geschätzte Kollegen. Als wir im Mai 2019 Illinois erreichten, ging ein bisschen der Gaul mit mir durch – oder besser gesagt mit meinem Fuß.

Konzerte laufen heutzutage im Grunde immer noch so ab wie in unseren Anfangstagen. Doch es gibt einen entscheidenden Unterschied: Mittlerweile halten viele Fans während der ganzen Show ihr Telefon in die Luft, um das Erlebnis irgendwie festzuhalten.

Na ja, das ist deren Sache. Wenn es nach mir ginge, würden sie einfach den Moment und die Musik genießen, so wie wir es auch tun. Aber schließlich haben sie ihre Tickets bezahlt und können machen, was sie wollen. Es sei denn, sie rücken mir mit ihrer aufdringlichen Technologie zu sehr auf die Pelle.

Das Rosemont Theatre in der Nähe von Chicago ist ein hübscher kleiner Konzertsaal. Dort gibt es keine Barrikaden für einen Fotograben. Also stehen die Fans in der ersten Reihe direkt vor der Bühne, einen knappen Meter hinter den Monitorboxen.

An diesem Abend gab es einen Kerl, der sich auf meinen Bühnenmonitor stützte und mir sein Handy direkt ins Gesicht hielt. Er war so nah dran, dass mich sogar das kleine Licht an der Kamera blendete. Es war äußerst irritierend, aber ich versuchte, ihn zu ignorieren. Das gelang mir auch ganz gut, da ich beim Singen die Augen schloss.

Ich singe meistens mit geschlossenen Augen. Das hilft mir dabei, mich innerlich an einen anderen Ort zu begeben. Auch wenn ich auf einer Bühne vor Tausenden von Zuschauern stehe, bleibt es eine intime, sehr persönliche Erfahrung. Singen ist das, was ich tue. *Was ich bin.*

Wenn ich dabei die Augen schließe, bin ich in der Lage, jeden Abend aufs Neue das Beste aus mir herauszuholen … als ich sie aber in Rosemont während des Songs »Judas Rising« wieder öffnete, hielt mir dieser Typ sein Telefon immer noch mitten ins Gesicht. Im Flimmern des Blitzlichts sah ich rot. *Verdammte Scheiße nochmal!*

Ohne eine Note zu verpassen machte ich zwei Schritte nach vorne und trat dem Kerl das Ding aus den Händen. Kein schlechter Kick, würde ich sagen. In hohem Bogen flog es durch die Luft und verschwand fünf oder sechs Meter hinter ihm in der Menge. *Tooor!*

Und da ich eben bin, wie ich bin, kämpften in meinem Kopf sofort zwei Gedanken um die Vorherrschaft:

Ich bin echt froh, dass ich das gemacht hab!

Scheiße! Warum hast du das gemacht? Nicht gerade die feine Art, du Arschloch!

Der arme Tropf stand da wie ein begossener Pudel. Ich behielt ihn im Auge und sah, wie man ihm sein Handy wiedergab. Es verschwand sofort in seiner Tasche. Nach dem nächsten Song warf ich ihm wieder einen Blick zu, und er hielt mir die Hand hin.

»Tut mir echt leid!«, rief er. Und so sah er auch aus. Ich schüttelte seine Hand und zeigte ihm die Teufelshörner. Mittlerweile hatte sich der rote Nebel aus meinem Kopf verzogen, die Sache war gegessen, ich war nicht mehr sauer auf ihn. Um ehrlich zu sein kam ich mir auch ein bisschen dämlich vor.

Früher wäre die Sache damit erledigt gewesen. Aber ironischerweise hatte ein anderer Fan das Ganze mit seinem Handy gefilmt und den Clip dann zu Hause sofort auf YouTube gestellt. Die nächsten zwei Tage lang war mein kleiner Ausraster ein beliebtes Gesprächsthema im Netz.

Dabei gab es zwei vorherrschende Meinungen:

1. Gut gemacht, Rob! Leute, die Konzerte mit ihren Handys filmen, sind Vollidioten!

2. Halford, du blöder Wichser! Wie kannst du es wagen, deine eigenen Fans so zu behandeln!

Tatsächlich stimmte ich beiden Seiten zu. Am Ende gab ich sogar eine Pressemitteilung raus, um die offizielle Haltung der Band zu diesem Thema darzulegen. Ich muss wohl nicht extra erwähnen, dass meine Augen dabei kräftig zwinkerten.

> Wir lieben unsere Fans, und ihr könnt uns filmen, so viel ihr wollt. Wenn ihr euch unsere Konzerte lieber auf dem Handy anseht, ist das euch überlassen. Wer aber dem Metal God bei seiner Performance in die Quere kommt, der ist ab jetzt gewarnt!

Selbst nach fünfundvierzig Jahren gelingt es uns immer noch, zu neuen Ufern aufzubrechen. Im Dezember 2018 brachten wir *Firepower* nach Indonesien. Als kleiner Junge war das für mich nur ein unglaublich exotischer Name auf einer Landkarte gewesen. Es hätte genauso gut auf einem anderen Planeten liegen können. *Da komm ich nie hin!*

Aber hier war ich nun, immer noch mit der Mission, die ganze Welt zum Heavy Metal zu bekehren. Die örtlichen Behörden pflegten eine ziemlich widerliche Einstellung, was den Umgang mit Homosexualität betraf. *Und wenn schon!* Ich fürchtete mich nicht mehr. Meine Einstellung in Jakarta war dieselbe wie in Sankt Petersburg:

Hier bin ich, Kumpel! Schwul und stolz drauf. So bin ich. Komm damit klar!

Nach dem kleinen Asien-Abstecher flog ich über Weihnachten nach Walsall. Im Sommer 2019 schließlich beendeten wir die *Firepower*-Tour, und ich war mit meinen Gedanken schon wieder bei den Feiertagen. Einzig und allein, weil ich es so wollte, machte ich mich an die Arbeit für ein weiteres Weihnachtsalbum.

Ich trommelte eine Band zusammen und nahm zehn Jahre nach *Winter Songs* den Nachfolger auf. Ich nannte die Platte *Celestial* und ließ meine metallischen Stimmbänder auf »God Rest Ye Merry Gentlemen«, »Away In a Manger«, »Deck the Halls« und sogar »Good King Wenceslas« vibrieren.

Ich veröffentlichte das Album als Rob Halford with Family and Friends. Mein Bruder Nigel spielt Schlagzeug in einer kleinen Band in Walsall, also saß er an den Drums. Mein Neffe Alex – der Sohn von Ian und Sue – spielte Bass. Sogar Sue ist auf den Aufnahmen zu hören; sie bedient die Schlittenglocken.

Mitte Dezember allerdings sang ich schon wieder Priest-Songs. Mein Nachbar in Phoenix, Alice Cooper, hatte zu seinem jährlichen *Christmas Pudding*-Benefizkonzert ins Celebrity Theatre geladen. Außer seiner Band und Stargast Joe Bonamassa war auch Johnny Depp dabei.

Johnny Depp! In Alice Coopers Supergroup Hollywood Vampires spielt Johnny neben Joe Perry Gitarre. Ich brannte darauf, ihn zu treffen. Schließlich ist er einer meiner Lieblingsschauspieler. Gemeinsam mit seiner riesigen Entourage hielt er sich in der Garderobe auf, die direkt neben meiner lag. Laute Musik dröhnte von dort aus durch die Gänge.

Vor der Show trafen wir uns alle, um einander ein wenig kennenzulernen. Auf dem Weg zurück zu unseren Garderoben mutierte ich dann zum Fanboy und krallte mir den Hollywoodstar.

»Hey, Johnny, ich bin ein großer Bewunderer deiner Arbeit«, fing ich an. »Ich bin Rob von Judas Priest, und …«

»Alter, ich weiß, wer du bist!«, unterbrach er mich. »Seit ich denken kann, steh ich auf Priest!«

Ach! Na, DAS war mal eine Überraschung!

»Kann ich nachher auf einen Plausch zu dir rüberkommen?«, fragte ich ihn.

»Jederzeit! Wäre mir eine Ehre!«

Also ging ich wieder in meine Umkleide, um mich kurz darauf zu Johnnys Garderobe zu begeben. Außer seinem persönlichen Assistenten hatte sich die komplette Entourage verzogen. »Komm rein, komm rein!«, strahlte er mich an.

Johnny hätte nicht freundlicher und charmanter sein können, und wir unterhielten uns etwa eine Stunde lang prächtig. Dann plötzlich fragte er: »Hey, Rob! Kannst du dich noch ans Treehouse erinnern?«

Was?! Meine Gedanken rasten zurück zu dem berüchtigten Nachtclub in Fort Lauderdale. Während wir tagsüber *Screaming for Vengeance* abmischten, hatte ich mich dort Nacht für Nacht bis zum Morgengrauen ausgetobt. Mit Yul Vazquez' Coverband hatte ich Priest-Songs geschmettert und Champagner aus Gigis Schuhen geschlürft.

»Verfluchte Scheiße, Johnny! Wer hat dir denn *davon* erzählt?«, wollte ich wissen.

»Na ja, ich war öfter da, um dir zuzusehen.«

»Um *mir* zuzusehen?!«

»Yeah, mir war zu Ohren gekommen, dass du dort ab und zu Priest-Stücke singen würdest. Also ging ich hin, für den Fall, dass du auftauchst.« Er lachte. »Und du warst immer da!«

Mir fehlten die Worte. »Aber … ich erinnere mich gar nicht an dich«, sagte ich.

»Natürlich nicht. Damals war ich einfach nur irgendein dürrer, langhaariger Penner, der in einer Band ohne Zukunft spielte. Dafür erinnere ich mich an *dich.*«

Verflucht nochmal! Ich war völlig baff. Gerade wenn man denkt, das Leben hält keine Überraschungen mehr bereit … dann haut es einem so etwas um die Ohren. Wie heißt es so schön? *Das kann man nicht erfinden.*

Das Jahr 2019 ging zu Ende, und ich war bester Laune. Die neue Priest-Besetzung strotzte nur so vor Kraft. Im nächsten Jahr würden wir ein neues Album aufnehmen und außerdem ein großes Jubiläum feiern. Thomas und ich lebten zusammen in Phoenix und waren so glücklich wie nie zuvor. Das Leben war gut zu mir. Ich freute mich auf die Zukunft.

Dann brach das Jahr 2020 an, und die Welt ging unter.

Epilog

Ich sing mir den Arsch ab

Jetzt mal im Ernst – da steht man kurz vor seinem siebzigsten Geburtstag und denkt, man hätte schon alles gesehen. Und dann bricht eine globale Pandemie aus!

Nun, wenn ich im Leben etwas gelernt habe, dann ist es die Erkenntnis, dass man nie weiß, was einen hinter der nächsten Straßenecke erwartet …

Anfang 2020 begab ich mich mit Thomas für ein paar Monate nach Walsall. Auf diesen Trip hatte ich mich schon seit Langem gefreut. Endlich würde ich meine Familie und Freunde wiedersehen, außerdem hatten wir mit Priest einige Eisen im Feuer.

In Glenns Studio begannen wir mit der Arbeit an einem neuen Album. Wir alle waren hochzufrieden mit *Firepower,* also beschlossen wir, das Dream-Team an den Reglern nicht auseinanderzureißen. So blieb uns Tom Allom erhalten, während Andy Sneap jetzt Zuchtmeister und Gitarrist in einer Person war.

Mittlerweile hat Glenn sich mit seiner Rolle abgefunden. Als Live-Performer wird er wohl nicht mehr vollständig zurückkehren, dafür ist er in das Songwriting immer noch genauso eingebunden wie früher. Während dieser ersten Sessions schrieben wir großartiges neues Material. Es würde ein absolutes Killer-Album werden.

Außerdem begannen wir mit der Planung für die Tour zum fünfzigjährigen Jubiläum von Judas Priest – jener Band, in der vor einem halben Jahrhundert noch ein Typ namens Al Atkins gesungen hatte, während ich als pickeliger Jüngling Schlaghosen und bunte Krawatten bei Harry Fenton verkaufte.

Bei dieser Tour soll es darum gehen, wie lange wir schon dabei sind. Ich möchte unsere Herkunft und das Leben im Black Country in den Mittelpunkt stellen. Das Bühnendesign soll wie eine Schwermetallfabrik im alten Walsall wirken. Judas Priest Metalworks.

Ich möchte mit G.& R. Thomas Ltd. auf Tour gehen.

Selbst nach fast sechzig Jahren sehe ich die Arbeiter dort noch ganz genau vor mir – oder besser gesagt ihre Silhouetten –, während sie das geschmolzene Metall aus den riesigen Kesseln kippen, um es anschließend dann zu Roheisen weiterzuverarbeiten. Ich kann mich noch gut daran erinnern, wie ich immer nach Luft schnappte, wenn ich über die Kluft rannte. Diese Bilder, diese Männer, diese Fabriken machten uns zu dem, was wir sind. Und ich möchte diese Tatsache gebührend würdigen.

»Können wir irgendwie geschmolzenes Metall auf die Bühne fließen lassen?«, fragte ich bei unserem ersten Planungstreffen.

»Nicht wirklich, Rob«, antwortete unser Fachmann für das Bühnendesign. Wahrscheinlich wurde er gerade ziemlich nervös. »Vielleicht versuchen wir's stattdessen mit gefärbtem Wasser?«

Na ja, eins nach dem anderen …

Die Tournee zum Goldenen Jubiläum von Judas Priest soll unsere Herkunft aus den West Midlands so stark wie möglich herausstellen. Ein paar Geistesblitze hatte ich bereits … und ich denke, an allererster Stelle steht der riesengroße, aufblasbare Bulle.

Birmingham liegt im Herzen der West Midlands. Und jahrhundertelang stand der sogenannte Bull Ring symbolisch für die ganze Stadt. Im Mittelalter war dieser Ort Schauplatz für das beliebte Bullenbeißen, später fand hier regelmäßig ein Markt für Fleisch und andere Lebensmittel statt, bevor schließlich das hochmoderne Einkaufszentrum entstand, das heute den Namen »Bull Ring« trägt.

Um diesem Ort zu huldigen, stelle ich mir einen riesigen, aufblasbaren Stier vor, der die Bühne haushoch überragt. Vor jedem Konzert wird unsere Crew eine Kiste auf die Bühne karren, selbstverständlich in Judas-Priest-Metalworks-Overalls gekleidet. Die Zuschauer werden sich fragen: *Hä? Was soll das denn jetzt?*

Und wenn der Moment gekommen ist … *wird der Stier emporsteigen.* Es wird nur zehn Sekunden dauern, bis er komplett aufgeblasen ist, und alle werden völlig ausflippen. Das Tier muss so beeindruckend sein, dass jeder einzelne Zuschauer sein Handy rauskramt, um es zu filmen und die Clips später ins Netz zu stellen.*

G. & R. Thomas Ltd., der Bull Ring … was könnte näher an unseren Wurzeln sein, an unseren Ursprüngen als Band? Natürlich werden sich ein paar Besserwichser über den Bullen lustig machen. Ich sehe die Vergleiche mit Spinal Taps Inszenierung von Stonehenge bereits vor mir. Aber wisst ihr was? *Das ist mir scheißegal.* Denn es wird großartig sein.

---

* Ich kann sie ja nicht allen aus der Hand treten!

Nach der Jubiläumstour wollten wir eigentlich mit einer anderen Institution aus Birmingham weiterziehen – mit Ozzy. Gerade mal achtundzwanzig Jahre nach seiner ersten Abschiedstour möchte Ozzy mit *No More Tours II* tatsächlich von den Bühnen dieser Welt abtreten.

Doch diese gemeinsame Tournee musste bereits einmal verschoben werden, weil auch Ozzy dem fiesen Bastard Parkinson zum Opfer gefallen ist. Soweit ich weiß, hat er auch schon mit Glenn darüber gesprochen. Derzeit ist er in Behandlung und felsenfest davon überzeugt, die Tour durchziehen zu können. Ich glaube fest an ihn.

Als Sharon uns bat, daran teilzunehmen, versprach sie uns, dass wir Judas Priest Metalworks und den großen Bullen mitbringen dürften. Wie ich die gewiefte Mrs. O so kenne, hat sie mich wohl auch erneut als Ersatz eingeplant, falls Ozzys Gesundheit mal nicht mitspielt.

Aber das wird wohl kaum passieren – *oder?*

Als Thomas und ich im März nach Phoenix zurückflogen, waren die diversen Planungen schon ziemlich weit fortgeschritten. Alles schien sich bestens zu entwickeln.

Doch dann passierte etwas auf einem Lebensmittelmarkt in Wuhan, und die Auswirkungen verbreiteten sich über den ganzen Globus. Die Welt machte dicht.

Ich habe noch nie etwas Vergleichbares wie die Coronavirus-Pandemie erlebt. Ich glaube, das geht jedem so. Es ist immer wieder aufs Neue entsetzlich, die Fernsehnachrichten zu sehen oder die Internet-News zu lesen. Tag für Tag sterben auf der ganzen Welt Zehntausende von Menschen. Es ist schockierend … und man fühlt sich völlig hilflos.

Während ich zu Hause saß und bei meinen wenigen Ausflügen vor die Tür leere Straßen vorfand, die nur hier und da von Gestalten mit blauen Schutzmasken bevölkert waren, fühlte ich mich an die apokalyptischen Science-Fiction-Romane erinnert, die ich früher gelesen hatte. Es kommt mir vor, als würde ich plötzlich in einem Roman von Isaac Asimov leben.

Es fühlt sich seltsam und erdrückend an. Meine Bewunderung und Dankbarkeit für die vielen Ärzte, Krankenpfleger, Sanitäter und Polizisten ist grenzenlos. Sie stehen an der Front im Kampf gegen diesen unsichtbaren Feind. Für mich symbolisieren sie das Gute im Menschen.

Tatsächlich hat mich die COVID-19-Pandemie daran erinnert, dass es im Leben Dinge gibt, die sogar *noch* wichtiger sind als Heavy Metal. *Dinge, bei denen es buchstäblich um Leben und Tod geht.*

Natürlich hängen unsere Pläne dadurch fürs Erste in der Luft. Die Jubiläumstour ist auf 2021 verschoben, und dasselbe wird wohl mit den Ozzy-Terminen geschehen. Wann das neue Album erscheint, lässt sich noch nicht genau sagen. Aber das macht nichts. Es lohnt sich, auf all diese Dinge zu warten.

Und während des Lockdowns, wenn ich mal wieder ziellos durchs Haus geisterte und mir zwanzigmal am Tag die Hände wusch, hatte ich eine Menge Zeit, über meine Vergangenheit nachzudenken.

Es lässt sich wohl mit Recht sagen, dass ich bisher ein ziemlich ereignisreiches Leben geführt habe. Von heute aus betrachtet fühlt sich vieles davon fast wie ein Traum an. Wenn ich daran denke, wie ich mich an Andy Warhol gekettet habe, bei Live Aid aufgetreten bin oder mit der Queen über Heavy Metal geplaudert habe, dann frage ich mich manchmal:

Ist all das wirklich passiert? Oder habe ich es mir nur eingebildet? War alles nur ein skurriler, unglaubwürdiger Film?

Dieses Buch wäre niemals zustande gekommen, wenn ich damals nicht clean geworden wäre. Sonst hätte ich den Dämonen meiner Vergangenheit nicht so entschieden begegnen können. Seit über vierunddreißig Jahren habe ich weder Alkohol noch Drogen angerührt. Und trotzdem ist das für mich keine Selbstverständlichkeit. Es bleibt dabei – ein Tag nach dem anderen.

Das wichtigste Ziel in meinem Leben ist es nach wie vor, den Tag ohne einen Drink zu überstehen. Bis heute habe ich noch kein Treffen der Anonymen Alkoholiker besucht. Als ich aber vor über dreißig Jahren aus der Klinik entlassen wurde, gab mir meine Betreuerin Ardith ein Meditationsbuch.

Dieses Buch hat mit mir die ganze Welt bereist. Für jeden Tag des Jahres ist darin eine Meditationsübung beschrieben. Bisher habe ich jede einzelne davon also vierunddreißigmal gelesen, nachts im Bett. Wenn ich es nicht tue, kann ich nicht einschlafen. So einfach ist das.

Das größte Geschenk, das meine Abstinenz mir beschert hat, ist die *Ehrlichkeit*. Mit einem Mal gehörten alle Lügen und Heucheleien, die Alkohol und Drogen mit sich gebracht hatten, der Vergangenheit an. Eine weitere Ursache für diese neu gewonnene Ehrlichkeit war mein Coming-out.

Wenn man sein Leben im Verborgenen führt, wenn man *eine Lüge lebt*, dann ist man permanent damit beschäftigt, seine Wünsche und Sehnsüchte zu verdrängen. Und wenn man dann aus diesem Käfig ausbricht, fühlt es sich an wie eine Explosion der Offenheit und Ehrlichkeit. Man will nichts mehr zurückhalten. *Man möchte bekennen.*

Unzählige Male habe ich mich gefragt, warum ich so lange für mein Coming-out brauchte. Und warum ich diesen riesigen Schritt am Ende aus Versehen in einem MTV-Interview vollzog! Beim Schreiben dieses Buches allerdings wurde mir klar, dass es genau so kommen musste. Es war Schicksal. Zu keinem früheren Zeitpunkt wäre ich dazu bereit gewesen.

Mein ganzes Leben lang, vor allem in meiner Jugend, mussten sich homosexuelle Menschen mit Homophobie und Vorurteilen auseinandersetzen. Egal ob in Zeitungen, im Fernsehen oder im täglichen Leben. In der Schule, bei der Arbeit, sogar in unseren eigenen Familien waren wir Ausgestoßene.

Nun, es hat uns alle stärker gemacht. Um endlich akzeptiert zu werden, haben wir den täglichen Kampf auf uns genommen. Wenn man all das durchmacht und heil aus der Sache herauskommt, dann kann einen nichts mehr verletzen. *Was einen nicht umbringt …*

Wenn ich heute einundzwanzig wäre und mit meiner Band durchstarten würde, dann wäre ich von Anfang an komplett offen, was meine Sexualität angeht. Die Welt ist mittlerweile ein anderer, ein besserer Ort als damals in den frühen Siebzigerjahren. Mr. Humphries – Gott hab ihn selig – ist vom Bildschirm getänzelt. Schwule Männer sind keine Witzfiguren mehr, über die man sich lustig macht … oder Schlimmeres.

Natürlich sind Vorurteile und Ignoranz nicht gänzlich verschwunden. Immer noch bekomme ich dann und wann Hassbotschaften, in denen mir mitgeteilt wird, dass alle Schwuchteln verrecken sollen. Bemitleidenswerte Fanatiker versuchen weiterhin, mich in den sozialen Netzwerken einzuschüchtern. Zum Glück interessiert mich das heute alles nicht mehr. Dafür gibt es ja schließlich die Löschtaste.

Eine gefühlte Ewigkeit lang blieb mir diese Zufriedenheit versagt. Jetzt, da ich sie gefunden habe, lässt sie sich natürlich nicht allein auf meine Abstinenz oder mein Coming-out zurückführen. Ich verdanke sie ebenso den fünfundzwanzig

Jahren an der Seite eines Partners, der mir unfassbar nahesteht. Wenn wir Glück haben, finden wir alle irgendwann »den Einen«. Und für mich ist das Thomas.

Wir verbringen jeden Tag zusammen. Wir sind praktisch unzertrennlich. Er begleitet mich bei jeder Priest-Tournee – und ich glaube nicht, dass ich diese langen Reisen ohne ihn überhaupt durchhalten würde. Er ist mein Fels in der Brandung. Auf ihn könnte ich niemals verzichten.

In Phoenix gehe ich wegen meiner chronischen Schlaflosigkeit meistens nicht vor drei Uhr morgens ins Bett. Also schlafen wir in der Regel bis mittags und fahren dann zum nächstgelegenen Einkaufszentrum, um uns etwas zu essen zu besorgen. Nachmittags springen wir kurz in den Pool. Viel unternehmen wir eigentlich gar nicht. Uns gefällt das so.

In der Vorstellung mancher Fans drehe ich wahrscheinlich jeden Morgen eine Runde in meinem Ferrari, treffe mich mit Lady Gaga auf einen Champagner und gehe anschließend zum Fallschirmspringen. *Träumt weiter!* Wenn Priest keine Konzerte geben, sind Thomas und ich ziemlich … langweilig.

Auf Tour sind wir Tag und Nacht von Menschen umgeben. Es hört nie auf. Wenn wir uns also in Phoenix aufhalten, reicht es uns voll und ganz, jeden Abend Netflix zu schauen. Ein- oder zweimal im Monat gehen wir vielleicht ins Casino und setzen uns für eine Stunde an den Automaten. Das war's dann aber auch.

In Walsall sind wir ähnlich entspannt unterwegs. Vor allem Thomas liebt es dort. Vieles können wir zu Fuß erledigen, statt wie in Amerika immer das Auto zu nehmen. Wir besuchen die Familie, hängen zusammen rum … und unternehmen jeden Abend einen unserer sogenannten »Nachtspaziergänge«.

Das ist eine kleine Runde durch die Gegend um die Remise, die ich nun schon seit vierzig Jahren bewohne. Unsere Route führt auch an der kleinen Sackgasse vorbei, in der ich meinen Eltern schließlich doch noch ihren Bungalow kaufen durfte. Ich werde nie vergessen, wie glücklich sie dort waren.

Nachdem meine Eltern gestorben waren, konnte ich lange nicht durch diese Straße laufen. Ich wollte ihr Haus einfach nicht sehen. Es war zu schmerzhaft. Zu viele Erinnerungen. *Mom und Dad: fort. Unser altes Leben: nicht mehr da.* Es rührte mich zu Tränen.

Mittlerweile schaffe ich es, diese Sackgasse zu betreten. Doch meistens lasse ich es lieber.

Nächstes Jahr werde ich siebzig Jahre alt. Wenn mir etwas in meinem Leben klargeworden ist, dann die Tatsache, dass ich so lange wie möglich ein Teil von Priest bleiben will. Ich habe einmal den Fehler begangen, die Band zu verlassen. Das passiert mir nicht noch mal. Da müssen sie mich schon mit dem Hirtenstab von der Bühne ziehen.

Ich werde nicht damit aufhören, mir den Arsch abzusingen!

Beim Singen kann ich alles rauslassen. Es ist der Grund, warum ich hier bin, es gibt meinem Leben eine Bedeutung. Wirklich und wahrhaftig lebendig fühle ich mich nur auf der Bühne mit Judas Priest. Die Freude, die ich dabei empfinde, ist etwas Außergewöhnliches und mit nichts anderem zu vergleichen. Selbst mit achtzig will ich noch »Painkiller« krächzen!

Glenn ist bereits über siebzig und nennt unsere Fans nur noch »Kids« – auch wenn viele von ihnen selbst schon fünfzig oder sechzig Jahre alt sind! Eine sehr schöne und wahre Art und Weise, die Dinge zu betrachten. Denn ganz gleich, wie alt man ist: Auf einem Heavy-Metal-Konzert wird jeder wieder zum Teenager.

Wie viele andere Rockveteranen sind auch Judas Priest mittlerweile eine Zeitmaschine. Wenn wir Songs aus den Siebzigern, Achtzigern oder Neunzigern spielen, nehmen wir dich mit in diese Ära. *Hey, es ist wieder 1978! Yeah! Und jetzt 1985!* Als wären wir eine Familie mit Kindern … und Familien haben nun mal kostbare Erinnerungen.

Meine Liebesaffäre mit dem Heavy Metal ist noch genauso frisch wie am ersten Tag. Jeden Tag durchforste ich auf meinem iPad die einschlägigen Websites nach jungen KünsterInnen und neuer Musik. Selbst an Orten, an denen man es niemals vermuten würde, floriert die Metal-Szene, wie beispielsweise in Südafrika oder im Iran. All diese Länder möchte ich eines Tages mit Priest bereisen.

Jede Nacht, wenn ich ins Bett gehe, lese ich zuerst mein Meditationsbuch und sage dann meine Gebete auf. Zunächst das Vaterunser, dann das Gelassenheitsgebet. Und schließlich bete ich für die Menschen, die mir wichtig sind: Thomas, meine Familie, unsere Fans, einfach alle Bewohner dieser Welt. Ich bin überzeugt von der Kraft des Betens.

Dabei kann ich gar nicht wirklich sagen, an *wen* meine Gebete gerichtet sind. Aber ich weiß, irgendjemand oder irgendetwas hört mir zu. Unsere Zeit auf diesem Planeten ist nicht alles, was das Leben für uns bereithält. Mit Sicherheit gibt es ein Leben nach dem Tod. Diese Lektion lernte ich, als ich damals in dem Nachtclub in New York einer Jamaikanerin namens Pearl begegnete.

Ich habe keine Angst vor dem Tod. Nicht im Geringsten. Jede Minute kann es so weit sein – vielleicht schlage ich mir morgen am Rand des Swimmingpools den Schädel auf. Vielleicht falle ich bei unserer Jubiläumstour auf der Bühne wieder vom Motorrad. Es kann mich jederzeit treffen. *Einfach so.*

Um mich klar auszudrücken: Ich sehne mich nicht danach. Dafür liebe ich mein Leben viel zu sehr. Aber ich bin bereit. Manchmal frage ich mich, wie meine Beerdigung wohl aussehen könnte. Ich schätze, ein mit Leder überzogener Sarg voller Nieten würde mir gefallen. Dazu ein großer, starker Wachmann und viele weinende Menschen.

Eine Menge Geheule und schwuler Herzschmerz! Hach, ich würde es lieben!

Wo ich beerdigt werden will? Verlockend wäre es schon, sich ein Plätzchen in der Nähe von Ronnie James Dio in den Hollywood Hills zu sichern … aber ich denke, ich möchte lieber nach Walsall. Hier komme ich her, und hier will ich zur ewigen Ruhe gebettet werden. Außerdem würde ich es begrüßen, wenn eine lebensgroße Statue von mir aufgestellt wird.

Vielleicht im Stadtzentrum, wo früher die öffentlichen Toiletten standen, in denen ich Klappensex hatte (das schreit doch nun wirklich nach einer blauen Plakette!). Am liebsten wäre mir jedoch der Platz vor der St.-Matthew's-Kirche, oben auf dem Hügel, von dem aus man ganz Walsall überblicken kann.

Oh, und nachts hätte ich gerne etwas Trockeneisnebel und ein paar Laser für meine Statue, *bitte.* Ich denke, das ist nicht zu viel verlangt.

Immer wieder kehre ich zu meinen Ursprüngen nach Walsall zurück. Doch hier hat sich eine Menge verändert. Die Schulkinder haben keine Angst mehr zu ersticken. Vorbei sind die düsteren, harten Zeiten der Schwermetallindustrie im Black Country. G. & R. Thomas Ltd. und das Schweine-Eisen sind endgültig Geschichte.

Vor ein paar Jahren machte ich mit Thomas, Sue und ihrer damals zehnjährigen Tochter Saskia einen Ausflug ins Black

Country Living Museum nach Dudley. Dort kann man sich völlig frei in einem liebevoll rekonstruierten Dorf bewegen, in dem unser Erbe als Industrie- und Bergbaugegend bewahrt wird.

Wir spazierten über das Kopfsteinpflaster und spähten in die Fenster der alten Schmieden und Fabriken, als Saskia angelaufen kam, um mir etwas zu zeigen.

»Onkel Rob«, rief sie. »Was ist das?«

In ihren Händen hielt sie einen Klumpen Kohle.

»Das ist Kohle, Saskia«, antwortete ich.

»Kohle? Was ist denn das?«

Ich traute meinen Ohren nicht. »Saskia, du willst mich wohl für dumm verkaufen!«, sagte ich.

»Nein, das will ich nicht! Was ist Kohle?«

Also erklärte ich meiner kleinen Nichte, was Kohle ist und was wir früher damit gemacht hatten. Ich erzählte ihr von den schwarzen Kohlenmännern, die Woche für Woche einen Sack davon zu Hause in Beechdale ablieferten. »Wow!«, staunte sie. Dann wickelte sie das Stück vorsichtig in ein Taschentuch, um es ihren Schulfreunden zu zeigen.

Heavy Metal wird niemals sterben … und doch ist die Landschaft, aus der er kam, verschwunden. Trotzdem kehre ich immer wieder gerne zurück nach Walsall, und wisst ihr was? Nichts erfreut mein Herz mehr, als in die Frittenbude im Ort zu gehen und mir Fish & Chips, Erbsenpüree und ein Solei zu bestellen.

Denn ich liebe ein gutes Solei.

Ich habe mich lange geweigert, meine Memoiren zu schreiben. Allein der Gedanke daran jagte mir einen Schrecken ein. Jetzt aber bin ich unendlich froh, dass ich es doch getan habe. Es war gut, meine außergewöhnliche Vergangenheit noch einmal zu durchleben und meine Biografie einem tiefen, prüfenden Blick zu unterziehen. Ich bin froh, mir das alles von der Seele geschrieben zu haben.

Denn manchmal tut es einem im tiefsten Inneren einfach verdammt gut, zu *bekennen*.

Metallische Grüße

Ohne die Liebe, Hilfe und den Zuspruch so vieler Menschen hätte ich dieses Bekenntnis niemals zustande gebracht. Sie alle zu nennen würde biblische Ausmaße annehmen. Dies sind die wunderbaren Leute in den vorderen Bänken:

Thomas, Mom, Dad, Sue, Nigel, Alex, Sass, Jo, Issy, Harper, Ollie und Liz.

Die ganze Halford-Sippe, einschließlich derer, die uns schon vorausgegangen sind.

Jayne, Bill, Glenn, Ian, Scott, Richie, Ken, Tom und Jim Silvia.

Meine Fans, meine musikalischen Partner in verschiedenen Bands, meine Freunde in der Musikindustrie und von der Presse, allen voran Scott Carter bei EPIC NY, Mark Neuman, Chip und Ian Gittins, der Bekenner.

Meine engsten Freunde: Pagoda, Jeff, Patsy, Jim, Hillbilly, Jaymz, Jarvis, Shane, Rem, Richard und Kevin.

Die Gläubigen, die alle ihren Platz im Herzen und im Leben des Metal God haben.

Songcredits

Seite 100 »Run of the Mill« by Tipton/Halford/Downing courtesy of Gull Songs
Seite 100 »Dying to Meet You« by Tipton/Halford/Downing courtesy of Gull Songs
Seite 131 »Sinner« by Tipton/Halford courtesy of Sony/ATV Music Publishing
Seite 132 »Raw Deal« by Tipton/Halford courtesy of Sony/ATV Music Publishing
Seite 133 »Here Come the Tears« by Tipton/Halford courtesy of Sony/ATV Music Publishing
Seite 147 »Beyond the Realms of Death« by Halford/Binks courtesy of Sony/ATV Music Publishing and Universal Music Publishing
Seite 165 »Take on the World« by Tipton/Halford courtesy of Sony/ATV Music Publishing
Seite 189 »Breaking the Law« by Tipton/Halford/Downing courtesy of Sony/ATV Music Publishing and Round Hill Songs II (ASCAP), MFN
Seite 220 »Screaming for Vengeance« by Tipton/Halford/Downing courtesy of Sony/ATV Music Publishing and Round Hill Songs II (ASCAP), MFN
Seite 220 »Jawbreaker« by Tipton/Halford/Downing courtesy of Sony/ATV Music Publishing and Round Hill Songs II (ASCAP), MFN
Seite 242 »Eat me Alive« by Tipton/Halford/Downing courtesy of Sony/ATV Music Publishing and Round Hill Songs II (ASCAP), MFN
Seite 263 »Turbo Lover« by Tipton/Halford/Downing courtesy of Sony/ATV Music Publishing and Round Hill Songs II (ASCAP), MFN

Seite 269 »Parental Guidance« by Tipton/Halford/Downing courtesy of Sony/ATV Music Publishing and Round Hill Songs II (ASCAP), MFN

Seite 344 »Painkiller« by Tipton/Halford/Downing courtesy of Sony/ATV Music Publishing and Round Hill Songs II (ASCAP), MFN

Seite 440 »Deal with the Devil« by Tipton/Halford/Downing/Ramirez courtesy of Sony/ATV Music Publishing and Round Hill Songs II (ASCAP), MFN

Seite 472 »Redeemer of Souls« by Tipton/Halford/Faulkner courtesy of Sony/ATV Music Publishing

Seite 484 »Firepower« by Tipton/Halford/Faulkner courtesy of Sony/ATV Music Publishing

Seite 484 »No Surrender« by Tipton/Halford/Faulkner courtesy of Sony/ATV Music Publishing

Bildnachweise

Alle Bilder aus dem Archiv von Sue Halford, außer die folgenden:

Erste Bildstrecke
Alle Bilder aus der persönlichen Privatsammlung des Autors.

Zweite Bildstrecke
Seite 1: oben: Chris Walter/WireImage/Getty Images; unten: Richard McCaffrey/Michael Ochs Archive/Getty Images
Seite 2: Hauptbild: Fin Costello/Redferns/Getty Images; eingerückt: Michael Ochs Archive/Getty Images
Seite 3: oben und eingerückt: Koh Hasebe/Shinko Music/Getty Images; unten: Fin Costello/Redferns/Getty Images
Seite 4: oben: Chris Walter/WireImage/Getty Images; unten links: Dave Hogan/Getty Images; unten rechts: Amy Sancetta/AP/Shutterstock
Seite 5: oben: Annamaria DiSanto/IconicPix; eingerückt: aus der persönlichen Privatsammlung des Autors; unten: Bettmann/Getty Images
Seite 6: oben links: aus der persönlichen Privatsammlung des Autors; oben rechts: Andre Csillag/Shutterstock; Mitte: © John Eder; unten: aus der persönlichen Privatsammlung des Autors
Seite 7: oben: Tim Mosenfelder/Getty Images; unten links und rechts: aus der persönlichen Privatsammlung des Autors
Seite 8: © Travis Shinn

Namensregister

IT'S ONLY ROCK 'N' ROLL, BUT WE LIKE IT

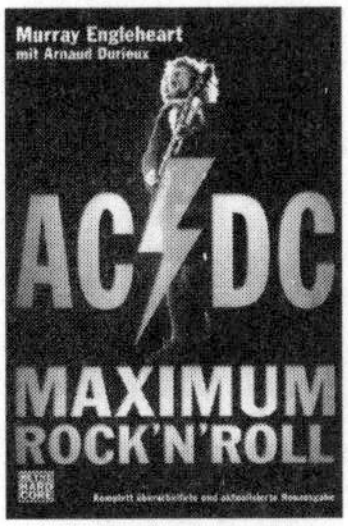

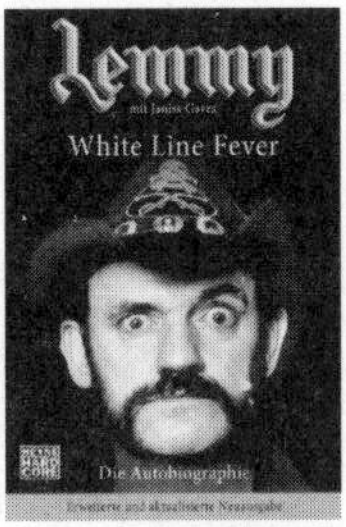

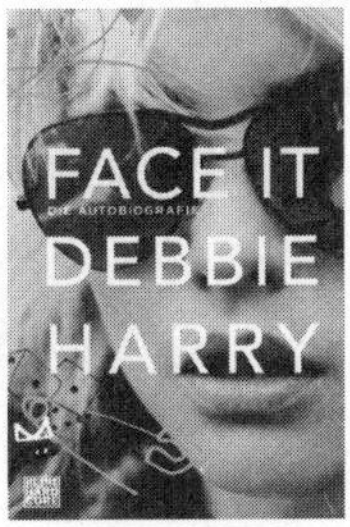

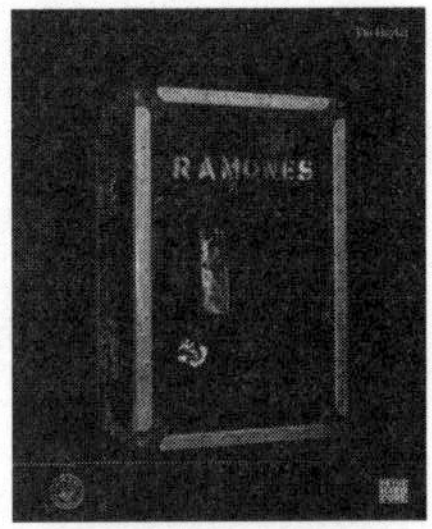

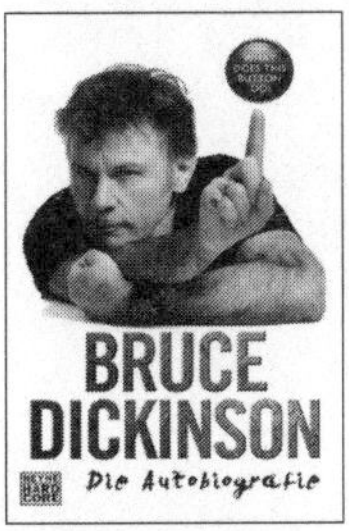

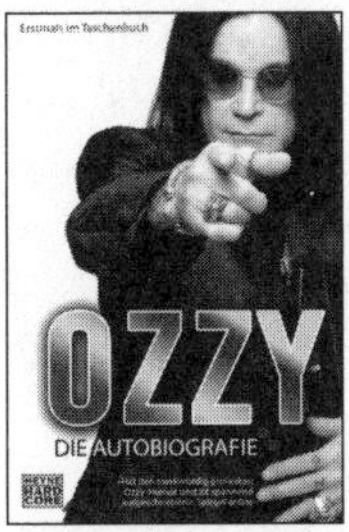

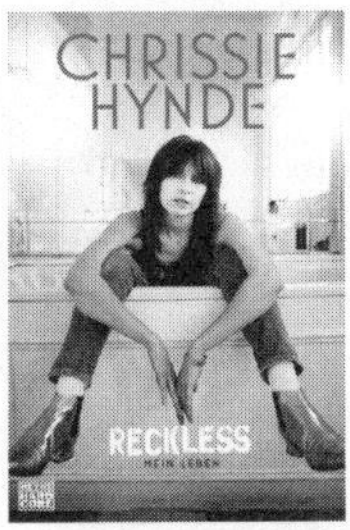

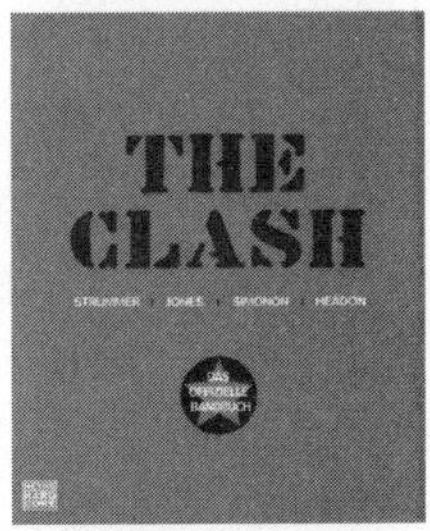

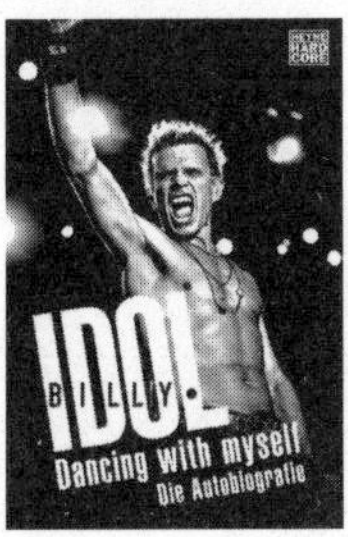

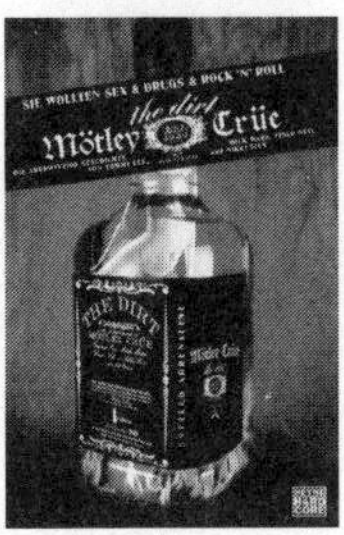

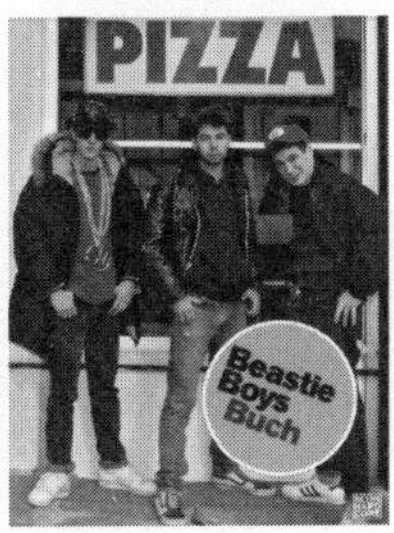

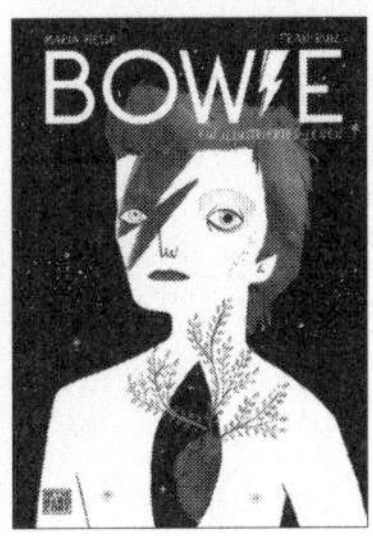

HEYNE HARDCORE

LESEPROBEN AUS ALLEN BÜCHERN UNTER HEYNE-HARDCORE.DE

Umschlaggestaltung: Nele Schütz Design, unter
Verwendung des Originalumschlags.
Fotos von © Larry Rostant (Front- und Autorenfoto)
und © Fin Costello/Redferns/Getty Images
(Rückseitencover)